I0801251

TRAJECTOIRES CULTURELLES TRANSAMÉRICAINES

Collection « Transferts culturels »

La collection « Transferts culturels » se veut un observatoire de la culture contemporaine. Collection ouverte à la multidisciplinarité, elle explore la mobilité et les mutations des différents courants culturels de plus en plus interpellés par les processus de mondialisation. Sous le choc des nouvelles économies du savoir, cette collection se propose d'étudier l'impact des nouvelles technologies de l'information et des rationalités marchandes sur le phénomène culturel tout en mettant en perspective la logique du transfert. Cette collection accueille des manuscrits de langues française ou anglaise.

PATRICK IMBERT

TRAJECTOIRES CULTURELLES TRANSAMÉRICAINES

MÉDIAS, PUBLICITÉ, LITTÉRATURE ET MONDIALISATION

Les Presses de l'Université d'Ottawa

Cet ouvrage a été publié grâce à une subvention de la Fédération canadienne des sciences humaines de concert avec le Programme d'aide à l'édition savante, dont les fonds proviennent du Conseil de recherches en sciences humaines du Canada.

Les Presses de l'Université d'Ottawa remercient le Conseil des Arts du Canada et l'Université d'Ottawa de l'aide qu'ils apportent à leur programme de publication.

Nous reconnaissons l'aide financière du gouvernement du Canada par l'entremise du Programme d'aide au développement de l'industrie de l'édition (PADIÉ) pour nos activités d'édition.

Catalogage avant publication de la Bibliothèque nationale du Canada

Imbert, Patrick, 1948-
Trajectoires culturelles transaméricaines : médias, publicité, littérature et mondialisation / Patrick Imbert.

(Transferts culturels, ISSN 1709-6219 ; 1)
Comprend des réf. bibliogr.
ISBN 2-7603-0571-6

1. Amérique — Civilisation. 2. Identité collective — Amérique. 3. Changement social — Amérique. 4. Mondialisation — Aspect social — Amérique. 5. Amérique — Littératures — Histoire et critique. 6. Publicité — Amérique — Langage I. Titre. II. Collection.

E20.I42 2004 306'.097 C2003-907099-9

Révision linguistique : Marie-Claude Rochon Scribatout
Correction d'épreuves : Yvan Dupuis

Le tableau de l'artiste montréalaise Erin Manning reproduit sur la page couverture est intitulé *Temporary trajectories* (1999).

ISBN 2-7603-0571-6
ISSN 1709-6219

542, King Edward, Ottawa (Ont.), Canada K1N 6N5
press@uottawa.ca http://www.uopress.uottawa.ca

Imprimé au Canada

Nous aimerions remercier le Conseil de recherche en sciences humaines et son programme de l'Initiative de la nouvelle économie qui a attribué la subvention (2002-2005) au projet de recherche dont ce livre est l'un des volets. Il s'intitule : « Les discours économiques transnationaux et la mondialisation dans les médias et les textes de vulgarisation au Canada en comparaison avec l'Amérique latine : déplacements culturels et économiques ». Membres participants : Daniel Castillo Durante (Université d'Ottawa), Amy Colin (University of Pittsburgh), Patrick Imbert, directeur du projet (Université d'Ottawa), Adriana Rizzo (Universidad Nacional de Río Cuarto, Argentine). Assistantes de recherche : Maria-Fernanda Arentsen (Université d'Ottawa), Annie Bissonnette (Université d'Ottawa), Marcela Bosco (Universidad Nacional de Río Cuarto), Annie-Lise Clément (Université d'Ottawa), Heather Cullen (Université d'Ottawa), Julie Delorme (Université d'Ottawa), Nathalie Dumas (Université d'Ottawa). Voir : <www .uottawa.ca/academic/arts/lettres/imbert.html>.

Nous remercions les collègues du Département des sciences de la communication de l'Universidad Nacional de Río Cuarto pour leur accueil chaleureux, en particulier Mabel Grillo, secrétaire de la recherche de la Faculté des sciences humaines, pour sa collaboration dans la diffusion du volet argentin du projet.

Deux volumes collectifs rattachés à ce projet ont été publiés : 1. *L'interculturel au cœur des Amériques,* Collection des Amériques/ Colección de las Américas/The Americas Series, vol. 2 (sous la direction de D. Castillo Durante et P. Imbert), Ottawa/Winnipeg, Université d'Ottawa/ Université du Manitoba/Legas, 2. *L'interculturel et l'économie à l'œuvre,* Collection des Amériques/Colección de las Américas/The Americas Series, vol. 3 (sous la direction de D. Castillo Durante et P. Imbert), Ottawa, Éditions David.

Mentionnons que tous ces projets sont liés aux activités et aux publications du Groupe de recherche sur les discours des Amériques (GRDA) auquel participent aussi Marie Couillard et Danielle Forget de l'Université d'Ottawa, ainsi que Lelia Area et Maria de Los Angeles Yannuzzi de l'Universidad Nacional de Rosario (Argentine).

TABLE DES MATIÈRES

Chapitre 1 Discours et images de soi

1.1 Discours et modernité 3
1.2 Discours et conflits 6
1.3 Discours et postmodernité/postcolonialité 12
1.4 Culture et violence 14
1.5 La nouvelle économie 40

Chapitre 2 Culture, territoire et propriété

2.1 Culture et déplacement 65
2.2 L'origine et l'herméneutique 70
2.3 Territoires, significations et visées progressistes 72
2.4 Les codes européens dans l'espace national proche 73
2.5 Rationalisme et christianisme, lieux de la civilisation rejetant la barbarie 79
2.6 La base du canon national : proximité spatiale et éloignement temporel 83
2.7 Le renversement spatio-temporel 88
2.8 La représentation réaliste 90
2.9 La représentation réaliste dans le contemporain et ses remises en question 92
2.10 Représentation, territoire et droit à la propriété 94
2.11 Territorialisation et déplacement 101

Chapitre 3 Du monoculturel territorialisé aux discours doubles : l'accès au déplacement

3.1 Le local monoculturel et son déplacement 121
3.2 Langue et monosémie 132

3.3 Les bidiscursivités : langage public et langages spécialisés 136
3.4 Les transformations idéologiques et le « double codage » 139
3.5 La lutte contre les discours religieux 144
3.6 La lutte contre les discours de gauche 149
3.7 Libéralisme et symboles publics : crise et anticipation de la crise 153
3.8 L'avenir 159
3.9 Déplacements dans les logiques commerciales 165

Chapitre 4 Productions de significations et images de soi réseautées

4.1 Les doubles discours de la nouvelle économie : l'utilisation de l'espace dans la publicité 203
4.2 L'hôtel comme maison en déplacement 210
4.3 Lieu, espace et philosophie 216
4.4 Du mouvement chtonien à l'isolement océanique 217
4.5 La grande muraille de Chine 222
4.6 Bidiscursivités et productions de significations 226
4.7 La production de significations diverses et légitimes 233
4.8 Intertexte, discours et traversée des orientations sexuelles 251
4.9 Réflexivité et perspectivisme 254
4.10 Interprétance et resémantisation : le troisième élément 256
4.11 Tiers et transformations économico-culturelles 263
4.12 Le tiers oriental 265
4.13 L'accès à l'expérience 268
4.14 Les paradoxes 270
4.15 Réussite et crise 274

Conclusion Les migrations discursives 309

Bibliographie 319

The cause of America is in a great measure the cause of all mankind[1].

The Japanese consul had put it best when he said : « America's great and lasting significance is its existence in the mind[2]. »

Chapitre 1

DISCOURS ET IMAGES DE SOI

> [...] l'évolution actuelle pourrait favoriser, à terme, l'émergence d'une nouvelle approche de la notion d'identité. Une identité qui serait perçue comme la somme de toutes nos appartenances[3].

1.1 DISCOURS ET MODERNITÉ

Le discours est un processus sociosémiotique médiatisant les rapports de pouvoir. Il joue sur la position sociosymbolique de l'instance qui produit ou diffuse un texte. Cela s'exprime très bien dans le passage suivant du roman *Les corrompus* de Gilles Martin-Chauffier : « Le manuscrit faisait deux cent soixante pages. Écrit par un universitaire, il aurait brisé sa carrière. Signé par moi (journaliste), on l'aurait jugé frivole. Sous la plume de Morel (ministre), il allait faire l'effet d'une bombe[4]. »

Dans le cadre du langage public[5] où s'inscrit la modernité, le discours est lié à une épistémè fondée sur la croyance soit à un accès possible à la vérité dans un contexte religieux, soit à la réalité objective, scientifique, sociale ou économique dans un cadre laïque. Cet accès est lié par des institutions religieuses, politiques ou pédagogiques à un jeu de valorisations positif/négatif reposant sur la promesse implicite ou explicite d'accéder à un mieux-être terrestre ou céleste. Dans le cadre de la modernité et de la légitimité de l'État-nation, cette promesse concernant le politique[6] met sur un même pied égalité des chances, affermissement du lien identitaire et occasions de développement socio-économique personnel et collectif. Cette promesse aboutit souvent à des désillusions nécessitant des explications liées parfois à la découverte d'un ennemi bouc émissaire comme on le voit (voir 1.4.5) chez René Girard[7]. Ce bouc émissaire, dans le cadre du consensus national reposant sur le dualisme soi/les autres, a été construit par des discours stéréotypés le plongeant dans une altérité négative : le Juif, le Noir, l'Indien ou le sauvage. Mais il a été aussi produit dans le cadre de la guerre froide comme le communiste ou l'exploiteur capitaliste. Une telle lutte permet, après élimination, démonisation ou marginalisation, de refonder la communauté autour d'une nouvelle problématique discursive où les identités menaçantes ont changé de visage. Ainsi, le Juif peut être doté des attributs du communiste ou de l'exploiteur, ou l'Indien barbare être transformé en dangereux radical. Alors peuvent surgir d'autres discours liés à des promesses renouvelées. C'est dire que tout énoncé qui se veut constatif et fondé sur les faits contient implicitement une fonction illocutoire qui maintient la communauté ensemble, la promesse de bien-être étant ce qui fonde l'appartenance à une communauté protectrice. Celle-ci définit des identités à coups de processus d'attribution[8] (voir 1.4.3). La protection[9] est liée à l'exaltation d'un lieu fixe, d'un espace délimité, à la valorisation des racines et au sentiment du chez-soi. Elle dévalorise implicitement, sauf dans les cas particuliers que sont les pèlerinages[10] (voir 3.5) pour un monde religieux et les guerres pour un monde laïque, tout déplacement géographique qui est toujours corrélé simultanément à des déplacements sur le plan sémantique[11]. Autrement dit, promesse et identité ont pour rôle de freiner et d'encadrer fortement les mouvements de la sémiose en fixant enjeux et valeurs.

Cette promesse d'ordre et de stabilité ouverte à un avenir meilleur provient des experts maîtres de l'orthodoxie religieuse, scientifique, politique ou économique diffusant leurs savoirs construits dans des langages spécialisés, par le biais d'argumentations s'inscrivant dans les productions discursives visant le langage public. Cette promesse soit n'est pas à la hauteur de la pratique, soit est transformée par la capacité de certains participants idéologiques/économiques à modifier les règles du jeu, notamment le rapport de forces centre/marges à leur profit. Par conséquent, elle aboutit régulièrement à une désillusion qui est la source d'une autre promesse avec ses corollaires que sont l'effort, la prise de risques ou les sacrifices. Cette nouvelle promesse réinterprète la promesse précédente. Elle affirme mieux s'adapter au monde en une activation d'évidences fondées sur la croyance en la mimésis. Le système, en effet, est produit à travers un discours affirmant qu'il est adapté plus adéquatement au monde tel qu'il est ou tel qu'il fonctionne. Le discours pose ainsi un extérieur qui agit comme référent stabilisateur que ce discours vise constamment. La capacité à dire cet extérieur est l'enjeu des luttes entre discours en concurrence. C'est ainsi que fonctionnent les discours propres à la modernité. C'est aussi le cas pour les discours économistes libéraux comme ceux diffusés par George Gilder dans *Richesse et pauvreté*[12] où l'auteur affirme pouvoir dire la réalité de la « nature » humaine sur laquelle il fonde ses explications économiques. Désormais, selon lui, elle est fondée sur le changement.

Les discours postmodernes/postcoloniaux tentent d'encadrer cette nouvelle sémiose pour ouvrir au complexe de l'autorégulation dans un contexte de changement permanent. Ainsi, de nos jours, la promesse se définit différemment, car elle n'est plus liée à une identité statique qui tenterait de rejoindre une nature et qui valoriserait fortement le passé. La promesse n'est plus liée à une identité, mais à une image de soi telle qu'elle est ouverte et configurée par l'avenir, comme le suggère Benjamin D. Singer[13]. Elle est un potentiel à exploiter en fonction de réalisations économiques, culturelles et émotionnelles où, dans les pays du Premier Monde, le spectaculaire médiatique, l'ambivalence esthétique et la circulation des discours rejoignent le pragmatique et l'insistance sur l'efficacité. Ce contexte est souvent différent de celui des pays qui ne sont pas du Premier Monde où le spectaculaire ne débouche pas toujours sur l'efficacité pragmatique, comme on le constate dans la nouvelle « And of Clay Are We Created » tirée de *Stories of Eva Luna*, d'Isabel Allende[14]. On y voit mourir une petite fille enterrée dans la boue, faute d'une pompe, mais sous l'œil des caméras. Dans les pays du Premier Monde, l'image de soi s'élabore désormais non à partir d'un passé qui définirait une nature, mais par rapport à une visée couplée aux données multiples du présent où la vitesse et la diversité transforment les relations en rapports temporaires. La vision de soi orientée par l'avenir est ainsi liée à la gestion d'un paradoxe permanent (voir 4.14). En effet, il ne faut plus choisir entre être ceci ou cela dans le cadre d'un dualisme soi/les autres, synonyme de intérieur/extérieur. Il faut s'adapter aux différents contextes et donc être à la fois ceci et cela et développer ses capacités migratoires. C'est ce que souligne Nestor García Canclini : « [...] todo migrante [...] es un sujeto al que a la vez se le ofrece y se le condena a hablar desde más de un lugar[15]. » La promesse ne vise plus le rapprochement consensuel d'une nature ; elle agit comme ouverture aux mondes possibles entrecroisés en réseaux. La visée est alors d'avoir accès au plus grand nombre de ces réseaux pour être efficace et développer ses potentialités dans la jouissance d'expériences inédites. L'espace planétaire, tel que symbolisé sur les cartes des atlas par des couleurs vives bordées de noir, espèce de vitraux[16] de la modernité nationale séparant les États, est transformé en réseaux complexes de centres de pouvoirs multiples et de zones grises d'exclusion. Malgré tout, il ne s'agit pas d'un repositionnement radical de la logique amenant à rejeter tout lien entre culture et limitations, comme le veut Appadurai : « We may need to abandon precisely the idea that space, cultural identity, and distributive politics need to be contained in formally equal, spatially distinct, and isomorphic envelopes, the design which undergirds the architecture of the modern state[17]. » Le réseautage par la nouvelle culture mondialisante est en partie un déplacement stratégique d'une pensée des limites redistribuant les rapports de pouvoir, mais maintenant des fonctionnements d'exclusion.

Dans cet ouvrage, tout en étant conscient, comme García Canclini, que les nouvelles logiques représentent à la fois des occasions et des sources de frustrations, nous nous consacrerons aux déplacements tels qu'ils se traduisent dans les textes médiatiques ou littéraires sous forme de nouvelles capacités positives à produire des significations et à réaliser un potentiel. Tout en percevant aussi les problèmes apportés pour certains groupes par ces nouvelles dynamiques, nous ne viserons pas l'établissement d'un discours qui, comme chez Appadurai ou Erin Manning[18], mène à des positionnements plus radicaux. On retiendra les fonctionnements qui modifient certains aspects de la modernité et qui touchent plutôt positivement des groupes mondialisés ou en processus de mondialisation capables de capitaliser le savoir ou les biens et de se déplacer géographiquement et symboliquement.

1.2 DISCOURS ET CONFLITS

Le discours est un processus sociosémiotique qui narrativise la fonction illocutoire[19] implicite dans toute participation à une culture commune. La promesse faite par un modèle institutionnel construit des récits, tel celui de l'égalité des chances mis en place par les systèmes scolaires publics nationaux, auxquels tous semblent croire malgré les divers démentis apportés par les fonctionnements sociopolitiques et économico-administratifs gérant des inégalités flagrantes non seulement en fait, mais aussi en droit[20]. On pense à la

Déclaration des droits de l'homme et du citoyen qui a inspiré tant de penseurs des Amériques et tant de constitutions. Toutefois, comme le souligne Louky Bersianik dans *Le pique-nique sur l'Acropole*[21], en 1792 était décapitée Olympe de Gouge pour avoir proposé une « déclaration des droits de la femme ». Elle avait perçu les insuffisances de la *Déclaration des droits de l'homme.* On retient que, pendant plus d'un siècle, la plupart des pays ont affirmé l'égalité des droits des citoyens, alors que 50 p. cent de leur population, soit l'ensemble des femmes, n'avaient ni le droit de voter, ni de fonctionner de manière indépendante sur les plans économique et politique si elles étaient mariées. De nos jours, face à ces fonctionnements discursifs tentant de masquer des discriminations certaines, les modèles sont de moins en moins impératifs. Ils sont plutôt indicatifs et perspectivistes. On assiste à une délégitimation des canons historiques et littéraires[22], menée par les groupes minoritaires exclus ou victimisés. Ainsi, les féministes insisteront sur le fait que les États-nations qui se sont bâtis sur un canon historique et littéraire ont imposé des textes et des anthologies qui permettaient d'oublier les femmes et les victimes. L'essence d'une nation est que tous les individus ont beaucoup de choses en commun et aussi qu'ils ont oublié beaucoup de choses comme le rappelle d'une manière opportune García Canclini[23]. D'un certain point de vue, comme l'affirme Chantal Mouffe, la nationalité est une catégorie patriarcale[24]. Celle-ci se fonde sur des distinctions dualistes où le corps de la femme est dans le privé[25], tandis que l'homme est dans le public. Elle est située dans la continuité et est la garante des traditions[26], tandis que l'homme est l'artisan du progrès et de la discontinuité qui peut aller jusqu'à la rupture d'une avant-garde. À l'ère postmoderne/ postcoloniale, ces distinctions privé, continuité/rupture, discontinuité, ainsi que bien d'autres, vont être déplacées. Il ne sera plus question de rupture, mais de décontextualisation/ recontextualistion faisant circuler les concepts et ouvrant à des potentialités qui sont en partie des occasions d'expansion individuelle ou collective.

Autrement dit, un des points importants de la question identitaire réside dans la tension entre une forme de consensus sur le plan des principes et la dissension du point de vue de leur interprétation et de leur mise en application. Tout cela mène à l'affirmation de la non-transparence des signifiés et donc à l'impossibilité d'accéder à une société réconciliée. L'universel est un particulier qui réussit à imposer son pouvoir et ses façons de lire les textes, de construire l'allégeance à un principe supérieur comme le souligne Ernesto Laclau[27]. Les cultures sont donc en conflit permanent et le mieux qui se puisse partager est un dialogue compétitif, une dissension efficace évitant guerre et génocide.

Dans ces expressions, dialogue compétitif et dissension efficace, se manifeste une lecture postmoderne/postcoloniale de la modernité. En effet, cette dernière avait tendance à insister sur les principes liés en particulier à l'État-nation et sur la nécessité de contrôler les interprétations afin de les universaliser, un rôle dévolu à l'école et à l'université, conçues comme génératrices de culture nationale selon le schéma humboldien[28]. Il est clair que la production de significations est centrale du point de vue du fonctionnement démocratique lié non pas au consensus, comme le suggère Habermas[29] dans le cadre de sa conception de la communication fondée sur la bonne foi et l'absence de distorsion, mais au *polémos* (πόλεμος), à la capacité de générer des significations multiples à partir d'identifications qui ne sont pas reçues passivement, mais produites socialement. Dans le cas de la démocratie contemporaine détachée en partie de l'obsession du territoire, les significations sont produites, comme le soulignent MacLure et Gagnon[30], dans la dissension[31].

La promesse de mieux-être passe par des arguments et par des récits, c'est-à-dire par des textes économiques, politiques, fictionnels ou historiques, qui tendent à définir un état non seulement souhaitable, mais en partie réalisé ou en cours de réalisation. Ces arguments reposent sur le processus d'attribution déterminant un être déjà présent : nous sommes libres/ce sont des barbares, nous sommes des gens paisibles/ce sont des agresseurs, nous sommes tous égaux en droit dans le giron de l'État-nation. Ces attributions figent souvent des inégalités de droit doublées d'inégalités de fait fondamentales telles que, par exemple, la différence entre être ou n'être pas propriétaire, c'est-à-dire entre être ou n'être pas emporté dans la dynamique essentielle du renouvellement social apporté par les révolutions du XIXe siècle (voir 2.10) et par le grand espoir soulevé par les Amériques.

Cette visée vers la propriété individuelle qui inscrit les populations dans le progrès en leur promettant, contrairement à l'Ancien Régime regretté par Philippe Aubert de Gaspé père dans *Les anciens Canadiens*[32], un lieu individuel ancré dans une parcelle de territoire, est fondamentale. Elle détermine l'avenir des Amériques, transforme les identités et ouvre aux grands courants idéologiques antagonistes. En effet, promettre la propriété, c'est développer un type d'affirmation identitaire valorisant l'individu au moins autant que la collectivité.

C'est construire l'individu dans ses pouvoirs économiques en ne le soumettant pas uniquement au collectif du territoire national dont useront les États-nations en envoyant les populations défendre les frontières au prix de leur vie[33]. Promettre la propriété, la démocratiser, c'est ouvrir aux Amériques et à l'immensité du continent, c'est attirer des millions d'immigrants qui votent avec leurs pieds et visent à progresser et à s'épanouir. C'est aussi s'engager dans un développement techno-financier et culturel sans précédent. C'est aussi bouleverser sinon détruire le mode de vie des autochtones. Refuser de mettre en place les mécanismes d'accession à la propriété, c'est, en Europe au XIXe siècle, favoriser l'émigration ou accroître, par réaction, l'extension des modes de pensée collectivistes marxistes ou utopistes. Dans les Amériques, c'est refuser le cadastrage et accorder peu de titres de propriété. C'est aboutir à des sociétés qui, principalement en Amérique latine, comme l'explique H. de Soto[34], n'arriveront pas à développer une base importante de capitalisation technologique et financière et une accumulation de connaissances applicables sur le territoire. En effet, l'immense territoire des Amériques avec ses populations diverses demande la multiplication des initiatives individuelles réalisées de manière pragmatique grâce au crédit qui exige des garanties sous forme d'un capital quelconque (voir 2.10).

Dans le cadre des luttes autour de cette question du développement individuel et de la propriété, la narrativisation de la promesse de mieux-être est souvent rendue statique par l'être du processus d'attribution, base d'une assignation identitaire à un territoire national qui est le foyer de significations collectives. La promesse de mieux-être couplée à l'être de l'attribution identitaire est une incitation à vivre d'une certaine manière. Elle est un faire qui vise un faire faire où tous n'ont pas l'occasion de combiner développement individuel lié à la propriété et participation collective.

Ce faire faire passe par des processus argumentatifs et parfois par des actes désinformateurs qui ont pour but de cautionner des processus générant des allégeances et construisant des consensus liés à des groupes qui monopolisent à leur profit des structures de pouvoir politique, religieux ou économique souvent extrêmement inégalitaires et discriminatoires à l'intérieur d'une communauté locale ou nationale. Ce processus rejoint ce que Marc Angenot appelle le discours hégémonique[35]. Pour ce dernier auteur, en effet, un discours hégémonique produit le social entre les classes par le biais d'un ordre du dicible qui a partie liée avec la classe dominante. Toutefois, le discours hégémonique est différent de ce que d'aucuns appelleraient l'idéologie dominante, qui est l'idéologie de la classe dominante, car il traverse l'ensemble des classes et surdétermine les rapports sociaux en proposant des répertoires, des règles et des lieux communs, mais sans imposer d'homogénéité. Au contraire, le discours hégémonique est l'espace des contradictions acceptées où se négocient les rapports de forces entre tendances majoritaires et minoritaires. Par exemple, l'expression stéréotypée « Y a mí qué me importa ? », analysée par García Canclini[36], tend à réactiver l'idéologique égalitariste argentine en rejetant la hiérarchie sociale. Toutefois, la hiérarchie est réactivée, mais de la façon la plus irritante possible. La volonté de réaffirmer l'égalitaire dans l'inégalité de fait contribue à la violence et à l'autoritarisme et stimule les fureurs des puissants. Le discours hégémonique joue donc de la flexibilité pour aboutir à des réajustements constants qui permettent de fonctionner consensuellement à l'intérieur d'un ensemble de systèmes en conflit. Sa base, comme le souligne Angenot[37], est l'État-nation arrivé à maturité[38]. Un discours hégémonique est ancré dans un contexte particulier, celui de l'État-nation capitaliste qui valorise, déjà au XIXe siècle, une forme certaine de mouvement par opposition à un monde précapitaliste valorisant le stable.

De ce point de vue, le discours hégémonique de l'appartenance identitaire à un État-nation tend à gommer les différences entre propriétaires et non-propriétaires. Puisque les classes oisives, comme la noblesse, sont tout à fait marginalisées dans les Amériques, la liberté telle que la pense la modernité est assurée par le travail, sans que l'on veuille distinguer le travail du propriétaire d'avec celui qui ne l'est pas[39], comme nous le constaterons plus loin (voir 2.5) au sujet du slogan d'Étienne Parent, « Le travail, c'est la liberté[40]. » Mais cela signifie aussi que la mobilité sociale liée à la propriété est contrôlée par le discours hégémonique de l'État-nation. En effet, ce discours hégémonique tend à valoriser l'allégeance nationale de tous, propriétaires et non-propriétaires, et à effacer l'inégalité de fait, fondamentale, entre propriétaires et non-propriétaires, sous une égalité de droit en partie illusoire, affirmant que toutes et tous ont droit à la même protection et doivent défendre les mêmes valeurs[41].

Dans le contexte de la modernité en prise sur les grands idéaux, il est nécessaire d'établir une croyance en une égalité de départ visant l'instauration d'une société productrice de biens. Celle-ci passe par une forme de centralisation en rapport avec le système scolaire unificateur[42], qui s'inscrit dans la défense de la culture nationale jusqu'aux modes locaux de se vêtir, de manger et de boire[43]. La cohésion joue alors de la promotion d'une culture nationale où tous participent, car elle est censée être liée aux mêmes idéaux officialisés, respectivement la laïcité et les droits de base « liberté, égalité, fraternité » pour la France, la langue et la religion pour le Canada français au XIXe siècle, le droit au bonheur pour les États-Unis, l'ordre et le progrès pour le Brésil, les grands hommes prenant en charge les souffrances du peuple au Mexique et le système scolaire intégrateur et le drapeau pour l'Argentine. Le consensus contrôlant les différences économiques repose sur le rapport nation unitaire/identité unique. Toutefois, ce discours hégémonique tend à se fracturer dans la deuxième moitié du XXe siècle.

Ainsi, aux États-Unis, dans les années 1960, le questionnement au sujet de l'identité se manifeste par l'apparition de la question ethnique qui fait resurgir les questions de la propriété et de la mobilité socio-économique. On pense aux rapports Noirs/Blancs et à des intellectuels comme Malcolm X ou Martin Luther King[44] (voir 3.6). Il fallait de manière urgente réviser la situation et la rendre plus conforme au slogan original inscrit dans la Constitution : le droit au bonheur. Celui-ci est interprété par les agences publicitaires et le système économique des États-Unis comme le droit de consommer[45]. C'est ce droit que découvre le Québec après la mort de Duplessis dans ce qu'on a appelé la « Révolution tranquille », au moment même où la question de la propriété, majoritairement aux mains des anglophones, se moule dans la question identitaire. On repense alors la mobilité économique en fonction des rapports entre sexes, ethnies et groupes culturels, et en fonction des promesses non tenues vis-à-vis de ces groupes. Ce désir de mobilité s'est accru dans le monde contemporain et constitue un phénomène économico-culturel intéressant du processus de mondialisation[46], car il touche tous les membres de la société qui doivent recontextualiser leurs *a priori*. De plus, cette mobilité se transforme en déplacement, c'est-à-dire en décontextualisation/recontextualisation géo-symboliques des aspirations en fonction d'une ouverture au multiple qui dévie les antagonismes binaires selon une logique ternaire (voir 4.10).

Les discours contemporains valorisent beaucoup le déplacement, ce qui a pour conséquence de favoriser l'éclosion de transformations recyclées par le mouvement de plus en plus rapide de productions de significations nouvelles dans la négociation et la réorganisation de certains rapports de pouvoir. Ainsi, le discours de l'instable et du flux propre à l'ère postmoderne tel qu'il est contextualisé avec la dynamique postcoloniale[47] est un discours lié à la mondialisation qui vise une forme d'intégration dans l'expérience culturelle commune de la consommation et de la production de significations (voir chapitre 4). Ces significations ne sont plus seulement liées au territoire, mais jouent de scénarios multiples dans une conception nouvelle de la relativité des temporalités mettant en valeur des images de soi qui ne fonctionnent pas uniquement dans l'hégémonique connu. Elles valorisent aussi des comportements qui jouent des différences, par exemple ceux qui sont liés à un postcolonialisme intéressé à la promotion « d'identités à traits d'union », comme les nomme García Canclini[48].

1.3 DISCOURS ET POSTMODERNITÉ/POSTCOLONIALITÉ

Comme nous le verrons dans les chapitres suivants à travers divers exemples tirés de discours littéraires, médiatiques et économiques formant un intertexte, une double logique de cohésion et de dissimilation[49] s'accélère, car elle n'est plus bloquée dans un dualisme essentialiste confrontationnel soi/les autres fondé sur la croyance en l'objectivité qui incite à penser que ce qui est vécu correspond à la réalité[50]. Elle tend à se diffuser dans la production d'un troisième terme (voir 4.10) qui est lié à l'utilisation d'une réflexivité (voir 4.9) couplée à la valorisation d'une productivité sémantique (voir chapitre 4) transformant les conflits guerriers en concurrence économique et culturelle. C'est cette valorisation de la production d'un troisième terme dans l'absence du blocage par la rétorsion homogénéisante qui est remarquable dans le fonctionnement de nombreux textes médiatiques et littéraires.

Cette production qui, si elle n'est plus bloquée par la rétorsion, est contrôlée dans les médias par la répétition et l'omniprésence des marques ou de certains paradigmes manifeste le fonctionnement de nouveaux discours que l'on qualifie de postmodernes/postcoloniaux. La transformation du conflit guerrier en concurrence économique et culturelle marque le passage de la domination politique étatique du discours propre à la modernité au discours économique propre à la postmodernité, comme le souligne Etzioni[51]. Mais il faut saisir que le discours économique est lié à la mondialisation[52], qui génère, selon nous, non pas l'homogénéisation, mais plutôt l'invention de nouvelles interactions redistribuant les rapports de pouvoir et changeant les constructions identitaires en images de soi multiples. Cela fonctionne de façon évidente parmi les classes bourgeoises ayant accès au déplacement, qu'il soit d'ordre symbolique, économique ou géographique, et pour qui il y a questionnement positif sur les relations identitaires. L'identité n'est plus vue comme une projection de la raison, de l'histoire et du progrès dans les plans national et individuel. L'identité est relationnelle. Elle comprend l'altérité et débouche sur des images de soi parfois très différentes les unes des autres. Elles fondent le bigarré d'une personne, comme l'explore par exemple Yann Martel dans *Self*[53]. Elle sont pertinentes dans des contextes variés d'autant plus que les relations évoluent rapidement dans un monde qui tend vers le rapprochement des espaces apporté par les réseautages et la vitesse.

Depuis, la fin de la Seconde Guerre mondiale, la décolonisation et la prise de conscience des génocides et de la Shoah[54], ainsi qu'une remise en question des légitimités et un engagement dans la production et l'échange, ont apporté des transformations majeures dans les constructions identitaires. Dans ce cadre, être, c'est de plus en plus être partie prenante d'un rêve de consensus jamais atteint et toujours fragmenté dans des images de soi ouvertes aux contextes divers. Les conduites sont démultipliées et s'inscrivent dans le déplacement des paradigmes intérieur/extérieur et soi/les autres, en fonction de la volonté toute démocratique d'échapper aux effets les plus néfastes et meurtriers des allégeances rigides et des structurations reposant sur des oppositions binaires. La société devient une dynamique d'invention de cultures plurielles en contact où les différences s'agrègent temporairement pour aboutir à des réalisations sociales pouvant profiter à tous.

Ainsi, les discours se modifient et ouvrent sur une condition postmoderne/postcoloniale dont il nous semble possible d'étudier plusieurs aspects, notamment dans le cadre d'une analyse de certains fonctionnements qui traversent les limites traditionnelles entre divers types de texte. Comme corollaire à la légitimation du déplacement, il est possible de penser que le passage de certains aspects de la modernité à la postmodernité/postcolonialité se joue dans le partage de certains intertextes qui contribuent à modifier l'imagination identitaire. En effet, les productions culturelles sont liées à certaines cohérences qui traversent les différences discursives. C'est dans le partage de ces cohérences, de ces fonctionnements, de ces positions s'affichant à travers les publicités, les articles de journaux ou les textes littéraires que se travaille un fonctionnement discursif lié aux redéfinitions où l'individuel, le local, le régional, le national et le mondial changent de significations et se métissent en intégrant des contextes hétérogènes.

C'est donc par le biais de l'étude des productivités sémantiques et des déplacements des paradigmes soi/les autres ou intérieur/extérieur que nous allons envisager certains aspects des modifications menant de la modernité au postmoderne/postcolonial à travers divers types de textes qui forment un vaste intertexte[55] se diffusant dans les Amériques. On pense aussi bien aux lectures multiples favorisées dans les publicités ou dans les romans (voir chapitre 4) qu'aux articles analysant certains aspects d'une culture d'entreprise nationale en rapport avec le mondial (voir 3.9). Le but est de dégager certains éléments qui vont tous dans le sens d'un accroissement de la production de significations menant au déplacement et valorisant la différence et le changement, comme le souligne Santiago Castro-Gomez[56]. C'est un peu comme si une bonne partie de la culture contemporaine variait selon un rythme particulier, d'une part, la valorisation de la production de significations dans ce qui exprime le différent dans la flexibilité et, d'autre part, l'acte consensuel de circuler et de consommer[57] dans des espaces comme les aéroports, les centres commerciaux ou les universités qui sont protégés des dangers de certaines zones urbaines oubliées[58]. Cette double visée est presque l'inverse d'une modernité qui tendait à massifier la production ouvrant sur des objets à accumuler et qui découvrait le consensuel dans un culturel lié plus au politique qu'à l'économique tout en mettant au premier plan la mauvaise répartition des capitalisations matérielles en accord avec l'omniprésence des conflits propres à la guerre froide.

1.4 CULTURE ET VIOLENCE

> On ne veut pas savoir que l'humanité entière est fondée sur l'escamotage mythique de sa propre violence toujours projetée sur de nouvelles victimes[59].

1.4.1 Culture et changement

Culture et territoire et culture et économie marchent de concert avec, comme effet notable, le passage du conflit guerrier à la concurrence dans les pays du Premier Monde et certains pays en voie d'occidentalisation. Mais qu'évoque-t-on par culture? Beaucoup de choses. Sa définition, depuis Edward Taylor introduisant cette notion pour la première fois dans le titre de son livre d'ethnologie intitulé *Primitive Culture* en 1871[60], a varié et varie en fonction même du système économique et politique en place. Sa signification est, comme pour tout terme, fonction de son entourage. Ainsi, Taylor fonde sa définition sur le paradigme binaire culture/nature, ce qui est lié au dualisme propre à la modernité. Cela permet, même si le discours spécialisé de Taylor n'est pas fondé sur de telles conclusions, d'exclure ceux qui sont du côté de la nature, les autochtones par exemple. De Taylor, on passe de nos jours à une définition beaucoup plus large de la culture, celle de Charles Lemert :

> Culture : the complex of socially produced values, rules, beliefs, literatures, arts, media, penal codes, laws, political ideals, and other diversions by which a society, or social group, represents its view of the world as it is and ought to be; the complex mechanisms by which societies, or social groups, justify their exclusions of realities they find intolerable[61].

Pour nous, comme pour Charles Lemert, la culture construit une certaine vision de la nature et, de ce fait, la nature fait partie de la culture qui la construit comme source de significations stables souvent proches de l'attribut barbarie. De plus, la culture n'est pas la civilisation. Le terme civilisation renvoie à une structure différentielle qui permet à toute puissance colonisatrice de classifier les collectivités ou les sociétés en fonction d'un barème dont la norme est l'état le plus avancé de la civilisation à une certaine époque, c'est-à-dire celui représenté par la société colonisatrice.

Toutefois, passer de Taylor à Lemert souligne que le terme culture est loin d'être neutre. En effet, il implique une variété de conceptions qui sont liées à deux grandes options. D'une part, il y a ceux qui conçoivent la culture comme un ensemble d'éléments relativement stables, ce qui mène à utiliser de façon antagoniste un fonctionnement syntaxique propre aux langues indo-européennes comme le processus d'attribution. C'est l'hypothèse de Sapir et de Whorf[62]. Dès lors, la culture sert à figer des groupes dans des positions quasi immuables liées à un passé authentique qui les surdétermine. On dira alors que les Allemands sont organisés et travailleurs, que les Italiens jouissent de la vie, que les Inuits sont tournés vers la communauté. L'utilisation du pluriel marque déjà un progrès par rapport au discours qui circulait avant la Deuxième Guerre mondiale, où l'on utilisait l'article défini au singulier en affirmant que l'Allemand est guerrier, l'Italien pas sérieux, et la femme émotionnelle, donc peu douée pour les responsabilités à l'extérieur de son univers domestique. C'est un peu cette conception essentialiste qui dominait certains discours bureaucratiques du multiculturalisme ainsi que certains discours de la rectitude politique que critiquent Neil Bissoondath[63], Diana Brydon[64] ou Alberto Kurapel[65].

D'autre part, il y a ceux de plus en plus nombreux (Anderson[66], Hobsbawm[67], Hannerz[68]) qui perçoivent la culture comme dynamique, c'est-à-dire comme menant à réfléchir aux questions concernant les limites, les points d'intolérance dans une société donnée, les variations internes, le tout inscrit dans une vision du changement historique[69] qui modifie les processus d'intégration et déplace les cohérences. C'est cette seconde conception n'oubliant pas les fonctionnements stéréotypés freinant la sémiose, comme le processus d'attribution, qui soustend cette recherche. Cette conception permet de prendre en charge la complexité des nouvelles productions médiatiques ou littéraires ainsi que les jeux sur la construction de l'altérité, comme on le constate, par exemple, dans les romans de Dany Laferrière[70].

Cependant, il est bon de pousser plus loin. Nancy Huston, dans son essai intitulé *Nord perdu*[71] concernant ses expériences multiculturelles et bilingues, affirme que ce qui est important pour plusieurs individus ou plusieurs groupes est ce qui est traduisible. Mais elle entend « traduisible » dans une acception toute particulière. Est traduisible pour elle non pas les détails des opinions départageant par exemple les défenseurs de la pureté de la langue et ceux qui prônent l'ouverture à une certaine tolérance, ou bien les détails des règlements scolaires qui obligent tels enfants à aller dans les écoles publiques francophones ou qui autorisent tels autres à se rendre dans les écoles anglophones, mais bien la lutte linguistique telle qu'elle s'inscrit dans le contexte d'un contact proche et difficile. Ce contact est d'ailleurs marqué dans ce que nous venons d'affirmer par le biais de la variation entre « obligent » et « autorisent » au sujet de la fréquentation des écoles. Ce qui est traduisible est ce qui est important pour plusieurs sociétés ou collectivités dans le monde. Non pas le fonctionnement local particulier, mais, par exemple, le rapport conflictuel entre des langues et des cultures. Ce qui est traduisible est ce qui concerne les discours identitaires tels qu'ils sont vécus un peu partout sur la planète, là où il y a des gens différents pris dans des structures de pouvoir inégalitaires et qui doivent établir des limites dans un présent évoluant dans un contexte mondialisé. Est traduisible ce qui est lié à une dynamique culturelle et identitaire active et vécue, c'est-à-dire la relation et son corollaire, le rapport de négociation conflictuel[72].

Si l'on insiste sur les relations conflictuelles, c'est bien parce qu'elles sont l'élément moteur de tout processus de communication. Comme le souligne E. T. Hall[73], la culture est une manière d'organiser les rapports communicationnels entre groupes ethniques, sexuels, générationnels et entre individus. C'est dire que, de ce point de vue, on se situe assez loin de la vision de nombreux lecteurs de McLuhan qui, partant de l'expression célèbre le « village global », percevaient plutôt, selon l'optimisme des années 1960, la communication comme une utopie générant l'entente. Selon ce contexte repris par nombre de psychologues et de psychiatres de cette époque, tel Jürgen Ruesch[74], il suffisait de restructurer les schémas de communication, de prendre conscience des « nœuds » sur lesquels achoppaient les gens, comme le montre ludiquement le psychiatre Laing[75], pour aboutir à libérer les capacités de négociation débouchant sur le consensuel. Toutefois, le village n'est pas un village, mais une série de métropoles où s'exacerbe la compétitivité, seul moyen d'éviter les conflits plus violents[76] comme les guerres et les génocides auxquels se consacre René Girard[77].

L'élément dynamique majeur du rapport interculturel dans notre monde contemporain d'urbanisation globalisante est la relation conflictuelle. Elle permet de dévier le conflit guerrier vers des antagonismes qui peuvent dialoguer. Dans ce cadre, l'identitaire est la résultante historique temporaire de la relation de pouvoir qui construit l'autre, soit selon un processus d'exclusion hégélien[78], soit selon la manifestation d'un désir pour la différence dont parlent Lévinas[79] ou Ricœur[80]. Ce processus hégélien est une manière de promouvoir la légitimité d'un fonctionnement identitaire imposant une amnésie topographique niant toute fracture domestique. Sous des stratégies politiques présentant le territoire comme un tout unifiant, il cache un désir ontologique de s'affirmer par l'opposition en construisant l'autre comme une menace (voir 4.15)[81]. Il est inscrit, à l'ère de la modernité, dans la légitimité de l'État qui se veut presque toujours en relation quasi symbiotique avec la nation, ce qui signifie que les frontières des États sont pensées comme des limites culturelles. Dans cette vision qui affirme qu'il est possible de fonctionner en système fermé, et qui, pour tenter d'y parvenir, joue de l'exclusion au nom de principes que l'institution s'arroge le droit d'interpréter de manière orthodoxe, le but est de ramener les différences à une unité. Par contre, un monde démocratique actif, qui repose plus sur la capitalisation des savoirs que sur la légitimité territoriale, peut se permettre de favoriser l'expression des différences en domestiquant l'hostilité, en transformant l'ennemi en adversaire ou en concurrent. C'est ce vers quoi veut tendre le monde économiste libéral postmoderne[82] en favorisant déplacement, flexibilité, compétitivité, intérêt pour la différence et production de significations.

Pour aboutir à cette transformation, il faut avoir une conception particulière des relations socio-économiques. Il faut d'abord concevoir que tout organisme, au sens individuel ou collectif du terme, tend vers son développement qualitatif et quantitatif, c'est-à-dire vers des formes diverses d'expansion. Cette expansion le met en conflit avec les autres organismes. Suivant la conception que ces organismes ont des rapports, le conflit peut déboucher soit sur la guerre, soit sur la compétition. En effet, dans le cas où les organismes croient que les rapports sont fondés sur un jeu à somme nulle[83], croître, c'est retirer quelque chose à d'autres. Les rivalités s'exacerbent et l'autre est l'ennemi. Un contrôle de l'expansion est alors nécessaire afin de maintenir une certaine homéostasie évitant les problèmes de l'exploitation économique, de la perte des marchés[84], de l'assimilation culturelle et de la marginalisation accélérée. Par contre, si les organismes croient que les rapports peuvent s'engager dans un jeu à somme non nulle, croître est alors produire des richesses nouvelles. C'est la vision privilégiée de la nouvelle économie et du libéralisme. Dans ce cas, la question est de parvenir à ce que celles-ci s'écoulent[85] jusqu'aux moins favorisés afin qu'ils participent aussi de l'expansion et qu'ils capitalisent des richesses économiques, technologiques, culturelles ou linguistiques. Là est le problème et il est clair que si certains groupes ou pays savent se placer dans cette dynamique économico-culturelle, ce n'est pas le cas pour tous[86].

Cette diffusion de la richesse grâce à la croyance en la création, en une possibilité d'expansion qui ne nuit pas aux autres, rejoint l'idée que le fondement de la société est la mobilité sociale. Cette mobilité sociale est liée à la légitimation du déplacement propre à l'ère postmoderne/postcoloniale et libérale. Toutefois, comme l'affirme Christopher Lasch[87], historiquement le fondement de la société aux États-Unis et aussi au Canada est bâti sur le rêve de l'égalité civique et le postulat que les citoyens sont tous égaux en droit, libres et responsables. Il semble donc y avoir une transformation politico-culturelle qui fait que la société nord-américaine et certaines sociétés des Amériques, ainsi que celles en voie d'occidentalisation mondialisée, sont en train de changer de rêves et de promesses. On passe du rêve de l'égalité civique protégée par les institutions nationales liées au développement de la classe moyenne au rêve de la mobilité et du déplacement en rapport avec les flux de savoirs spécialisés et de capitaux où les millions de représentants d'une partie des classes bourgeoises établissent des solidarités avec des pairs par-delà les frontières. Quant aux autres, ils tentent de participer activement à ces nouveaux enjeux. La nouvelle économie redistribue la structuration de la classe bourgeoise elle-même.

La culture qui était liée au monde spirituel et la technologie à l'univers matériel changent de signification. La culture est de plus en plus prise en charge par nombre de techniciens qui tendent à l'industrialiser et à la commercialiser pour la diffuser mondialement. L'antithèse spirituel/matériel synonyme de culture/technologie n'est plus valide. Cela mène aux protestations d'un penseur comme Paul Chamberland :

> Ce n'est certes pas en détournant l'attention vers les biens et les équipements culturels, encore moins vers les représentations à caractère gestionnaire et promotionnel de son « industrialisation » que nous comprendrons la misère de la culture, qui, étant la misère morale des civilisés, en révèle la complicité avec la barbarie [...][88].

Pour lui, cette barbarie marche de concert avec les nouvelles formes d'organisation et de diffusion de la culture. Elles font partie d'un nouveau contrôle totalitaire, apanage du paradigme barbarie/civilisation tant exploité par Sarmiento au XIXe siècle (voir 2.5) et dont se servaient aussi régulièrement les penseurs canadiens[89]. À travers de nouveaux médias technologiques et des réseaux de diffusion transformés et étendus, la culture rejoint de plus en plus le discours de l'économisme libéral postmoderne nord-américain[90] qui promet un rêve de mobilité plus qu'un rêve d'identité et d'égalité[91]. Cela se vérifie parfois dans la fascination pour le différent qui stimule les aspirations au mieux-être et au changement par l'exotisme. Ainsi, dans le petit village de Villazon, en Bolivie, à la frontière argentine, une commerçante autochtone Coya qui vendait aux touristes des couvertures et des chandails locaux regardait à la télévision un épisode d'une série télévisée d'origine américaine dans son petit magasin. Elle était fascinée non pas par la richesse du décor, mais par une position de pouvoir particulière. Elle n'arrivait pas à comprendre comment une femme pouvait diriger une entreprise et donner des ordres à des hommes[92].

1.4.2 La vulgarisation anthropologique

L'équation État-nation/culture liée au dualisme est un des piliers de la pensée de la modernité. Elle a parfois été renforcée par ceux qui maîtrisent les discours spécialisés[93], par exemple par un anthropologue comme Gregory Bateson. Pourtant, dans *Steps to an Ecology of Mind*[94], Bateson proposait de comprendre tout fonctionnement significatif/ informatif comme un système de différences. Il tentait ainsi de renouveler la conception de l'identité dans sa philosophie fondée sur un constructivisme basé sur la théorie de l'information où il affirmait en une formule célèbre que « [a] "bit" of information is definable as a difference which makes a difference[95] ». C'est dire que tout semblait en place pour penser la nation en fonction de ses capacités productrices dans un système d'interactions différentielles. Toutefois, comme on l'a affirmé ailleurs[96], les langages publics sont formés en partie sur les éléments figés de langages spécialisés anciens, par exemple celui qui est fondé sur un monde platonicien. Ceux-ci ont perdu leur efficacité dans les domaines spécialisés nouveaux, mais ils sont encore utiles dans le domaine public. Par conséquent, pour être compris par le plus grand nombre par l'intermédiaire de textes médiatiques, Bateson est passé du langage spécialisé lié aux paradigmes dynamiques de la théorie de l'information, de l'anthropologie et de la sémiotique aux paradigmes dualistes propres au langage public. Cette approche refusant d'engager la population dans le complexe et traitant souvent de manière synonyme le compliqué et le complexe a abouti à traduire une pensée du flux et du tiers non exclu en un dualisme vécu à travers les structures paradigmatiques des langages publics liés aux grandes narrativités de la modernité. En effet, lors de la Deuxième Guerre mondiale, Bateson a mis son savoir au service de la victoire et a donné une série de conseils au gouvernement des États-Unis afin qu'il communique à la population des vues simples et facilement compréhensibles. Bateson conseillait au gouvernement et à la presse de parler des Alliés (Américains, Anglais, Russes) contre les puissances de l'Axe (Japonais, Allemands, Italiens), en évitant de mettre trois termes antagonistes : les Alliés, les Russes et les puissances de l'Axe.

La vulgarisation est en train de s'orienter différemment dans le cadre de la postmodernité et de l'économie libérale valorisant la compétitivité et le dynamique. La vulgarisation encensée par Etzioni[97], et renouant avec une dynamique propre aux idées pédagogiques de Horace Mann au Massachusetts au XIXe siècle[98], vise à produire des individus efficaces et compétitifs dans un monde de plus en plus complexe. Le dualisme de la modernité, s'il est loin d'être absent de nos jours, fait place à des modes de vulgarisation qui tiennent compte du tiers (voir 4.10, 4.11, 4.12) et du multiple de la différence. Or, c'est la pensée du tiers qui ouvre sur le complexe et la production de significations menant au processus différenciateur, ainsi que le souligne Jean Fisette[99]. Ce dernier se consacre à Peirce et à la philosophie pragmatique de John Dewey. Dans ce cadre, la signification d'un objet, d'une notion ou d'un symbole ne repose pas sur une codification préalable. Elle rejoint ce qu'elle deviendra dans son usage futur, dans ses conséquences. Le faire prédomine sur l'être dans des significations à venir qui sont toujours déjà des prospectives[100]. De nos jours, toutefois, la pensée du tiers non exclu et du dynamisme issu des langages spécialisés du constructivisme anthropologique et de l'école de Palo Alto, comme celle d'un pragmatisme rejoignant le mouvement de la sémiose peircienne, est celle qui est vulgarisée dans le cadre de la mondialisation liée à l'ère postmoderne/postcoloniale. Cela s'effectue grâce à l'encouragement à produire des significations et des scénarios multiples à partir d'un texte ou d'une image (voir chapitre 4) et à travers un certain nombre de médias visant en particulier un public intéressé aux avancées conceptuelles, économiques et technologiques contemporaines[101], ainsi qu'aux orientations conceptuelles tenant compte des rencontres culturelles issues des différents types de déplacement.

Une de ces orientations conceptuelles rejoint une forme de multiculturalisme. Celui-ci marche de concert avec la pensée vulgarisée du tiers non exclu, car les sociétés démocratiques contemporaines ne visent pas le consensus par-dessus tout. Cette orientation ne vise pas la suppression de la différence, de l'autre (par exclusion ou processus d'homogénéisation), mais la déhiérarchisation des couples dualistes soi/les autres, Blancs/Noirs où un des deux termes est inférieur à l'autre et est bloqué par un essentialisme inscrit dans le processus d'attribution et sa naturalisation identitaire. Dans ce cas s'efface l'idée d'une objectivité sociale et d'une instance qui en dirait les fondements d'une manière transparente. Elle est remplacée par l'idée que l'identité est une construction, ce qui veut dire aussi une déconstruction de la croyance en une capacité à instaurer une présence à laquelle on peut se référer. Cette déhiérarchisation, qui n'aboutit jamais à la stabilité d'une égalité définie et définitive, est ce qui permet la concurrence et donc la circulation des individus, des objets et des conceptions. Elle est à la base d'un pluralisme échappant en partie au figé du processus d'attribution dans la multiplication des images de soi.

1.4.3 L'être et le processus d'attribution

Le processus d'attribution tel qu'il s'utilise dans la structure syntaxique des langues d'origine européenne[102] manifeste, dans la grammaire même, une capacité à figer les autres dans des identités statiques par un marquage sémantique/idéologique/politique/ économique assignant une place et un rôle dans le concert social ou national.

Le processus tend à stabiliser une identité dans un comportement qui sera lu de manière figée et donc à contrôler le mouvement de la sémiose. Cela a été amplement vérifié par les chercheurs comme Korzybski[103] et par ceux qui s'en sont inspirés comme I. Illich[104], N. Postman et C. Weingartner[105], ou J. Holt[106], lors de la montée des mouvements de contestation aux États-Unis et lors de la Révolution tranquille des années 1960 au Québec. Tous rappellent les études qui prouvent qu'un élève classé avec des notes basses au début de l'année, dans des domaines d'études à caractère plus discursif que scientifique, telles l'histoire ou la littérature, aura du mal à faire varier sa note, même s'il s'est amélioré. Cependant, celle-ci pourra être très différente si un de ses travaux est corrigé par un professeur qui ne le connaît pas. Ces études concernant le processus d'attribution sont aussi reprises par Thomas J. Peters et R. H. Waterman[107] s'inspirant eux-mêmes de Stanford Lee Ross et de son « *attribution error* ». Ce dernier démontre que, dans le cas des gens qui travaillent pour une entreprise, le succès amène le succès. Cela est dû en bonne partie à la perception qu'ont certaines personnes de leur propre performance. Cette perception repose sur la capacité à s'attribuer des qualités positives ou à associer son comportement à un premier succès qui a entraîné de la part des autres une attribution positive sur cette personne.

Le processus d'attribution distille avant tout de l'être. C'est bien ce que met en valeur R. D. Laing, s'insérant dans le contexte de rapports de pouvoir sociaux ou interindividuels :

> To get someone to *be* what one wants him to be [...] is another matter. The best way is, within a hypnotic (or similar) context, not to tell him what *to* be, but to tell him what he is. Such *attributions*, in context, are many times more powerful than orders[108].

Laing permet de saisir que l'être qu'impose le processus d'attribution est un faire, le faire de celui qui détient le pouvoir et qui tente d'imposer un faire faire à celui qui dépend de lui. Là réside une idéologie particulière que Whorf et Sapir[109] contrastent nettement avec les points de vue qui gouvernent les langues amérindiennes. Ces divergences dans les paradigmes de base sont aussi explorées dans les romans anthropologiques de Castaneda[110] vulgarisant ces théories. Castaneda confronte les *a priori* et les syntagmes de l'Anglo et du sorcier Yaqui. Ces paradigmes ordonnent la sémantique, le discours et, ultimement, les rapports socio-psychologico-économiques. Cela peut aller jusqu'aux organisations bureaucratiques[111] qui classifient, excluent et parfois envoient au camp de concentration ou à la fosse commune.

Toutefois, les théories de Sapir et de Whorf semblent figer le fonctionnement du processus d'attribution comme s'il participait d'une essence même des langues indo-européennes, tandis que certaines langues amérindiennes auraient pour essence de favoriser un mouvement sémantique. Il nous semble que ces études, quoique intéressantes, ne considèrent qu'un aspect de la question. En effet, dans toute langue, il semble possible de privilégier une forme d'instabilité sémantique ou, au contraire, de contrôler celle-ci par des fonctionnements particuliers. Les textes littéraires en sont souvent les vecteurs privilégiés, car ils jouent de rencontres thématico-rhétoriques qui permettent, surtout si elles se transforment en une tendance, d'infléchir ce substrat linguistique où une syntaxe a permis de mouler une pensée plus platonicienne qu'héraclitéenne.

Ces luttes attributives se manifestent dès le début de l'invention des nations dans les Amériques. On le saisit bien si l'on compare Patrice Lacombe et Sarmiento. Au Canada français, une vaste entreprise littéraire et culturelle essaye d'imposer les mêmes qualités à tous. Sous couvert de constat, ces qualités constituent des arguments injonctifs comme le prouve sans ambages la conclusion de *La terre paternelle* de Patrice Lacombe :

> Laissons aux vieux pays, que la civilisation a gâtés, leurs romans ensanglantés, peignons l'enfant du sol, tel qu'il est, religieux,

> honnête, paisible de mœurs et de caractère, jouissant de l'aisance et de la fortune sans orgueil et sans ostentation, supportant avec résignation et patience les plus grandes adversités [...][112].

Cette accumulation de vertus par le biais du rapport de copule avec le sujet est à la fois liée à des paradigmes binaires soi/les autres, au-delà/ici-bas, et à un fonctionnement argumentatif sous-jacent rejoignant la logique aristotélo-platonicienne que P. Rajotte[113] démonte clairement. On y voit le fonctionnement de la prémisse générale dans le déroulement de l'injonction logique :

1. Les hommes simples rejettent les complications du monde ;
2. or vous êtes des hommes simples ;
3. donc vous allez les rejeter.

Le processus d'attribution est donc renforcé par une argumentation qui, elle-même, est impliquée dans une thématique valorisant la stabilité et la lecture monosémique. Il est intéressant de noter le développement d'un processus d'attribution statique similaire à celui de Lacombe dans un texte des antipodes qui, pourtant au départ, prône le bouleversement historique. C'est celui de Monteagudo intitulé « ¡Energía, Americanos ! Energía[114] », dans lequel il fait l'apologie de la révolte et de l'indépendance des régions du Río de la Plata. On y pousse les gens à rejeter la pusillanimité, l'inconstance, le luxe, la mollesse et la léthargie. Et il continue en faisant l'apologie de la modération : « La templanza que es la virtud contraria a este vicio, es tanto más recomendable, cuanto ella es la base de la libertad y el cimiento de las repúblicas. Ningún pueblo fue libre sin ser moderado[115]. » Ceux qui doivent agir pour la liberté sont ainsi en même temps invités à être plus qu'à faire. Le processus historique menant à la liberté est alors très vite enserré à l'intérieur d'une démarche visant à stabiliser celle-ci par une modération dont on cherche des exemples dans une essence de l'harmonie nationale issue des lois agraires et funéraires propres à la majesté du peuple romain. La conséquence de la liberté nationale est la modération et elle aboutit à un essentialisme issu d'une pureté patriotique. L'être prime chez Monteagudo et repose sur une injonction demandant d'imiter les exemples antiques pour être vertueux, donc libres, car la vertu est la meilleure arme contre la tyrannie. La différence avec Lacombe réside dans un élément du contenu : « supporter avec résignation et patience les plus grandes adversités ». Là se trouve la différence entre l'indépendance et la non-rupture avec l'ordre colonial. Quant au reste, on retrouve des contenus similaires, car ils sont fondés sur une vision classique du monde, dirigée vers l'essentialisme, et la valorisation d'un ordre statique.

L'être lié au processus d'attribution est une injonction stratégiquement marquée déterminant une conformité au consensus détenant le pouvoir des sanctions et rejetant toute possibilité de fracture interne. Par contre, l'opposition avec l'extérieur est mise en valeur. Cet enfant du sol est opposé aux habitants des vieux pays criminels emportés par les guerres et les révoltes contre l'Ancien Régime, de même que Monteagudo mentionne explicitement les ennemis et la tyrannie. Cependant, par l'attribution se maintient un mode de pensée lié à l'Antiquité et échappant au faire pragmatique d'une idéologie libérale et économique qui tend à surgir des nouvelles relations entre les individus et avec l'espace américain. Cette nouvelle idéologie est plus particulière aux États-Unis qui, par la Révolution, ont réussi la rupture avec l'Europe. Ce mode de pensée va s'étendre lentement au continent.

1.4.4 Le relativisme pratique opposé au marquage

La conception du monde manifestée par Lacombe et Monteagudo ne permet pas de s'engager pleinement dans le mouvement du matérialisme économique et de l'échange dans la concurrence des individus bâtissant le Nouveau Monde. Cela, Sarmiento, écrivain et futur président de la République argentine, l'exprime avec une acuité toute moderne dans son journal de voyage au Canada et aux États-Unis. Il souligne les catégorisations relativisantes de temporalité qui transforment complètement le fonctionnement du processus d'attribution, car le contexte est tout. Ce contexte donne son sens au monde dans une instabilité qui est mouvement du progrès générateur d'optimisme : « The Yankee is a born proprietor [...] he does not say that he is poor but that he is poor right now or that he has been unlucky, or that times are bad[116]. » Voilà une des clés de l'évolution de Sarmiento par rapport à ce qu'il a écrit dans *Facundo*[117]. Dans ce texte, il manifestait encore une pensée prise dans le statique pour deux raisons. D'abord parce qu'il utilisait le processus d'attribution d'une façon essentialiste vis-à-vis de l'arrière-pays : il s'agit d'être ou de ne pas être sauvage, affirmait-il. Ensuite, parce qu'il insistait pour présenter le lien entre l'individu et le sol comme un lieu fixe surdéterminant la psychologie[118]. Autrement dit, il reprenait le cliché biblique de l'homme né de la terre, mais en y ajoutant le lien avec l'espace de la raison moderne et ses concepts clairs et distincts[119]. Cette rationalité théorique fige un raisonnement essentialiste dans une problématique spatiale, comme on peut le voir dans la poésie patriotique *La Cautiva* de Echeverria[120]. De ce fait, elle occulte la conscience historique du temps apportée par les révolutions américaine et française. Cela se marque dans la description de l'Argentine perçue comme un désert et souvent comme un désert littéraire :

> El mal que aqueja a la República Argentina es la extensión : el desierto la rodea por todas partes, y se le insinúa en las entrañas : la soledad, el despoblado sin una habitación humana, son, por lo general, los límites incuestionables entre unas y otras provincias[121].

Une nature, dans son essence, semble déterminer l'homme et le pays, car, dans *Facundo*, Sarmiento ne semble pas encore intégrer l'histoire au territoire. Il ne parvient donc pas à penser la nation comme invention de réseaux économiques et culturels. C'est pourtant ce qu'ont entrepris de construire les États-Unis dans leur rupture avec l'Angleterre et l'Europe. Ils ont décidé de lier le temps à un espace nouveau, tous deux liés à l'accès à la propriété individuelle, c'est-à-dire de s'inscrire dans une dynamique qui ne reposerait pas uniquement sur la colonisation et son essentialisme, mais sur des visées temporelles vers l'avenir. Ces visées sont différentes de ce qui est compris par la nature. Celle-ci est souvent inscrite dans une conception du temps circulaire et répétitive, telle qu'on la voit au Canada français dans des romans comme *La terre paternelle* de P. Lacombe ou *Les anciens Canadiens* de Ph. Aubert de Gaspé, deux œuvres bercées au rythme des saisons. De plus, par l'insistance sur le cadastrage (voir 2.10) et l'accès immédiat à la propriété individuelle, les États-Unis ont pu favoriser la mise en valeur des ressources par le lien entre le capital économique et les savoirs conceptuels et techniques. Dans cette invention d'un lien qui fait réseau systémique entre savoir, institution de haut savoir et monde de l'argent, lien qui fait défaut à l'époque de Rosas en Argentine ou à celle de Mgr Bourget au Canada français, il leur a été possible d'inventer une nation différente et d'écrire une nouvelle histoire.

Ainsi, d'un bout des Amériques à l'autre, de Patrice Lacombe à Monteagudo et de Parent à Sarmiento, au XIXe siècle, une Amérique littéraire s'invente en déplaçant, selon des visées stabilisantes ou dynamisantes, les références aux pensées européennes. Celles-ci mènent à une stabilité qui entre en conflit avec la logique pragmatique des productivités significatives liées aux progrès matériel et culturel du continent. Cette logique pragmatique dynamisante jouant du développement accéléré est omniprésente, de nos jours, dans le cadre d'une pensée propre à l'économisme libéral. Celui-ci rejoint la prise en compte relativiste des conditions changeantes et se détache du processus d'attribution. Cela se marque d'un bout à l'autre du continent dans la littérature comme dans les textes médiatiques. Par exemple, le roman de Roa Bastos *La veille de l'amiral* met en scène la transformation majeure apportée par le Nouveau Monde. Il développe le constat de Sarmiento au sujet de « *poor right now* » : « Il n'y a pas de savants, m'a-t-il répondu. Il n'y a que des *moments* de savoir, que peut avoir le plus ignorant des analphabètes. Le peu que l'on sait est fait de lacunes, d'actes de foi, d'incertitudes[122]. »

Il est alors intéressant de réfléchir au marquage. Celui-ci est construit symboliquement dans le processus d'attribution, mais il peut aussi s'afficher tout matériellement et d'une manière prémoderne à cause d'une décision institutionnelle. On le voit sous le régime dictatorial de Rosas à Buenos Aires dans les années 1840. Dans le paradigme soi/les autres, l'autre est présenté comme un sauvage. Rosas écrit par exemple au gouverneur de la province de Cordoba : « Ils [les Unitaires opposés à Rosas] doivent éprouver les terribles conséquences de leur iniquité, de leurs traîtrises, de leur sauvagerie[123]. » Marmier, qui a voyagé au Canada, aux États-Unis, à Cuba et dans les provinces du Río de la Plata, s'inspire, dans ses *Lettres sur l'Amérique,* de ce que dit Sarmiento dans son essai *Facundo*[124]. Il saisit bien le fonctionnement du régime dictatorial de Rosas, qui veut affirmer que, si les autres sont des sauvages, ils ne sont plus des hommes. Dans ce cadre, il est nécessaire de manifester un marquage à la fois physique et public de ce processus d'attribution. Tous les habitants des Provinces unies du Río de la Plata sont donc obligés par Rosas de porter un ruban rouge, couleur symbole des fédéralistes rosistes. Le processus d'attribution et le paradigme soi/les autres sont directement envisagés dans un marquage[125] qui met en œuvre le processus victimaire dont parle René Girard.

De nos jours, dans une logique postcoloniale, le marquage ne sert plus à exclure, mais à se souvenir de l'exclusion. Le marquage ne repose plus sur l'essentialisme, mais sur le relativisme historique. Le marquage souvent repris par les idéologies territorialisantes et suprématistes est remis en question par l'Association modulaire des gais, lesbiennes et bisexuel-le-s dans une affiche demandant de porter un triangle rose le 14 février 1992[126]. On y souligne que ce triangle a été utilisé par les nazis pour marquer les homosexuels. Le triangle rose toutefois est désormais symbole du souvenir. Il souligne qu'il faut encore lutter pour les droits, mais avec fierté. Le déplacement est donc important sur le plan des valeurs. On passe de l'exclusion à la lutte pour la reconnaissance. Les changements culturels parviennent ainsi à modifier la valeur du marquage dans un contexte de lutte pour la reconnaissance dans un monde démocratique où il est légitime de prendre la parole. Si ces deux types de marquage marquent une évolution, ils ouvrent à d'autres possibilités. La logique économique se sert elle aussi du marquage à des fins ludiques pour instaurer finalement le sérieux stable de la marque commerciale. À ce sujet, on retient les vêtements de sport Degré 7 dont le nom est inscrit sur un triangle avec le texte suivant : « Et oui, cher Darwin, l'intelligence humaine a fait des merveilles pour s'adapter au froid et à la neige[127]. » En dessous apparaît une sorte de pagne triangulaire en fourrure ! Le théoricien de l'évolution est vulgarisé pour s'inscrire dans une logique du temporaire contemporain qui n'offre pour tout ancrage qu'une étiquette.

Dans ces nouveaux fonctionnements est remise en question une logique d'exclusion par les marquages symboliques du processus d'attribution ou par le marquage réel manifestant des positionnements sociohistoriques de pouvoirs liés à la structuration de limites entre groupes. Elle est remplacée par une logique de l'impermanence déjà amorcée par Sarmiento et explicitée par l'écrivain contemporain paraguayen Roa Bastos. Ce dernier est rejoint par les discours postcoloniaux qui retournent les significations du marquage comme chez les gais et les lesbiennes dans une recontextualiation audacieuse. Le marquage est aussi déplacé par les discours publicitaires valorisant l'adaptation aux différents contextes. Dans cette montée de l'impermanence, dans la valorisation des images de soi adaptées aux changements, les discours contemporains, littéraires, publicitaires et les articles de vulgarisation prennent donc, d'un bout à l'autre du continent, des aspects divers. Toutefois, ils renvoient tous à une valorisation du déplacement géosymbolique et à un relativisme relatif.

C'est ce type de discours que nous allons étudier dans les chapitres 3 et 4 à l'aide d'exemples qui rejoignent les différents aspects du multiple. Celui-ci apparaît, par exemple, dans le slogan d'une publicité des montres Pathek Philippe : « Who will you be in the next 24 hours[128] ? » Le temps n'est pas figé ni circulaire, mais lié au changement, à des images de soi multiples et couplées à une relativité temporelle beaucoup plus qu'à un territoire déterminant des axes de valeurs et de significations. Cette « relativité relative », comme l'évoque Nancy Huston[129], est ce qui permet de redynamiser la compétitivité. Celle-ci rejoint une mimésis d'appropriation démocratisée qui échappe en partie au blocage du conflictuel dans des luttes de prestige entre deux adversaires oubliant le troisième terme, l'objet même du conflit qui, comme on l'a vu avec Fisette, est désormais pragmatiquement ouvert sur ses conséquences.

1.4.5 La mimésis d'appropriation girardienne, la mimésis platonicienne et le mimétisme de Bhabha

René Girard explique la dynamique d'exclusion qui a été poussée à l'extrême au XXe siècle. C'est la question de la mimésis d'appropriation. La mimésis d'appropriation est orientée vers la possession d'un objet et vers l'assertion de pouvoirs souvent mortifères entre deux groupes ou deux individus qui agissent comme doubles s'imitant dans leur tentative de triompher l'un de l'autre. C'est par l'exemple de deux bébés qui luttent pour posséder un objet, même si un autre objet identique est à portée de la main, que Girard démontre le désir d'affirmer des pouvoirs économiques ou symboliques. La mimésis d'appropriation, toutefois, conduit à briser les conduites de dominance telles qu'on peut les observer dans la vie animale[130]. Elle est l'expression d'un désir d'affirmer l'individualité en passant par l'autre qui indique l'objet désirable. Elle mène à un monde conflictuel enraciné dans le jeu des désirs où les antagonistes s'imitent mutuellement dans leurs gestes tendus vers le pouvoir.

Ce pouvoir se fonde sur le désir de maîtriser ce qui est posé comme extérieur au discours. Dans une société religieuse, il s'agit du verbe de Dieu menant à des exclusions fondées sur les orthodoxies affirmant le canonique de la vérité, de ce qui peut être révélé. Dans un monde laïcisé, il s'agit des faits objectifs couplés aux écoles scientifiques ou idéologiques menant elles aussi, par le processus d'attribution, à l'exclusion, quand ce n'est pas au processus victimaire radical et à la mort, comme le souligne Girard. Cette violence qui produit des cadavres était cependant contrôlée dans un monde fondé sur le sacré parce que la victime était sacrée et perçue comme le lieu de production de significations différenciatrices. Ce processus violent était organisé, canalisé par les institutions religieuses qui permettaient de produire des significations, mais dans la monosémie de leur logique. Dans ce contexte, le christianisme a apporté un élément nouveau essentiel, comme le souligne Girard : le refus du processus victimaire ainsi que la saisie que la violence est interne et se couple à une angoisse ontologique fondamentale. C'est dire que le monde de la foi chrétienne critique le type de sacré lié au processus victimaire. Antonio d'Alfonso, citant Jean-Claude Barreau, auteur de *La reconnaissance*, l'exprime fort bien : « La foi est reconnaissance de quelqu'un [...] Le christianisme n'est-il pas à l'origine une gigantesque "désacralisation" de l'univers ? Les chrétiens refusaient toutes les idoles y compris l'idole qu'était l'État impérial romain[131]. » Cet État impérial offrait des images, comme on l'a constaté pour Monteagudo, qui ont été reprises pour cautionner la logique de l'État-nation moderne. L'important est donc la reconnaissance de l'altérité qui, dans le message chrétien tel qu'envisagé par Girard et d'Alfonso, est génératrice de significations nouvelles. Selon eux, la victime et le cadavre qui sont aux origines de la culture, mais d'une culture victimaire jouant du sacré et du dualisme, doivent faire place à la reconnaissance du tiers non exclu qui se multiplie dans chaque personne[132].

Dans un monde laïcisé, la mimésis d'appropriation fonctionne aussi. Elle repose sur le processus victimaire qui conduit à de nombreuses guerres et à des génocides commis au nom d'idéaux comme le nationalisme qui s'allie ou non à une mission civilisatrice. Dans ce cadre, Girard souligne que le sacré étant déplacé, tandis que l'optique chrétienne telle qu'il l'envisage n'est pas intégrée, le monde de la modernité multiplie les cadavres. Ce monde ne parvient pas à produire efficacement des significations multiples, sources de différenciations. Toutefois, un nouvel élément se présente, car après la multiplication insoutenable des cadavres, après Auschwitz, le monde ne peut plus être comme avant. Un changement s'effectue. Cela est possible en particulier si les victimes survivantes peuvent obtenir suffisamment de pouvoir symbolique et économique pour faire réfléchir sur ce qui s'est produit. Des films comme *Le regard d'Ulysse*, *La liste de Schindler*, un roman comme *Le choix de Sophie* de William Styron[133] ou une bande dessinée comme *Maus* de Art Spiegelman[134] sont des exemples de tels développements. Cette réflexion au sujet de ce qui s'est produit, grâce à un troisième élément, dans ce cas le discours de ceux qui ont été lynchés et qui ont survécu, mène à redéfinir les paradigmes. Les discours violents (le nazisme ou le stalinisme) comme les discours inefficaces (l'humanisme[135]) qui menèrent à l'explosion de la mimésis d'appropriation sont critiqués. Les grands récits de légitimation souffrent ainsi d'une débâcle[136] fondée sur la possibilité de communiquer des idées différentes. La littérature n'est plus pensée comme une machine identitaire liée à la cohésion de l'État-nation : « "Literature" in the vernacular, ever since its institutionalization as an academic discipline, has been perceived primarily as an identity-machine[137]. »

Une partie de la planète cherche ainsi à intégrer la reconnaissance de l'autre. Cela passe par des réflexions théoriques comme celles menées par Girard, Polanyi[138], Popper[139], Lévinas[140], Ricœur[141] et aussi par une pratique démocratique, économique et libérale qui tente d'éviter les dangers de la pénurie et de la concentration des pouvoirs exacerbant les rivalités. La compétition démultipliée évite qu'une culture mortifère s'engage dans la lutte de prestige des doubles. La compétition s'appuie sur une légitimation de la production de significations multiples provenant non du cadavre de la victime sacrée, mais, au contraire, de la reconnaissance du tiers échappant à la lutte des doubles pris dans des luttes de prestige. Pour cela, il est nécessaire d'échapper au dualisme se résorbant dans un monisme[142], celui de l'accord final sur la manière dont il faut interpréter le rôle de la victime dans le chaos social qu'elle est censée avoir produit. Il s'agit finalement d'échapper à l'accord sur la représentation, sur un monisme sous-jacent à celui de la légitimité étatique. Elle peut être représentée par exemple par Créon face à Antigone[143] ou par celui d'un progrès technique qui ne tient pas compte de besoins autres et sur lequel s'accordent capitalisme et marxisme face aux autochtones. C'est ce qu'on voit dans le roman de Youri Rytkhèou intitulé *L'étrangère aux yeux bleus*[144].

Cet accord sur la représentation est lié au pouvoir institutionnel qui prétend montrer le réel, la mort à travers des images qui sont des constats. À partir de ces images prouvant l'accès à l'objectivité et la capacité à la diffuser, l'institution construit un discours, une manière de lire qui, par les attributions (savoir qui est un traître et qui est un héros[145] selon les valorisations du paradigme intérieur/extérieur), refonde la communauté. Ce discours qui départage les bons des méchants parce qu'il est ancré sur le hors-discours qu'est le cadavre, l'indéniable du passage de vie à trépas, est cru lui aussi constatif[146]. Le cadavre est le garant de l'objectivité fondée sur le constat de la disparition d'où peut surgir un sens vrai construit par un pouvoir institutionnel[147]. Dès lors, la lutte contre la démultiplication des significations et pour maintenir un binarisme qui se réduira en monisme lors du triomphe d'un discours hégémonique sur son double antagoniste est au cœur de l'acharnement déployé dans la mimésis d'appropriation. L'antagonisme propre à la mimésis d'appropriation a pour but ultime de contrôler la mimésis platonicienne qui vise à affirmer qu'il est possible de copier le réel. Cette mimésis platonicienne vise à imposer un discours lié à un certain type de représentation, à un accord sur les faits. Elle sert donc à ancrer les promesses de mieux-être sous-jacentes à tout discours « constatif » dans un rapprochement avec le « naturel » de l'extérieur au discours.

En effet, à partir de la mimésis platonicienne, on peut affirmer qu'on a directement accès à la vérité, au monde des idées ou aux faits et à la réalité. Par conséquent, celui qui peut dire ce qu'est la réalité, ce qu'est un « fait[148] » contrôle le monde symbolique, la culture, les affirmations identitaires et aussi le monde économique, car il peut convaincre les autres de se conduire d'une manière qui renforce son pouvoir. Ces conduites sont généralement contrôlées par le biais du processus d'attribution qui définit une identité censée être stable, un être. La mimésis platonicienne et sa capacité à légitimer ce qui est, et donc ce qui doit être fait, est l'enjeu principal de la mimésis d'appropriation et de son lien à la violence. La mimésis platonicienne, par sa capacité à générer la croyance en un monde stable lié à une institution qui est le symbole du pouvoir organisant un monde significatif, est omniprésente dans les conflits dualistes s'exprimant selon des rivalités politiques, religieuses, ethniques, économiques ou de classes et surtout dans les conflits entre les interprétations[149].

La maîtrise de la croyance en la possibilité d'établir une équivalence avec la réalité est insérée dans le cadre de la mimésis d'appropriation et a pour conséquence ultime l'activation du processus victimaire. Mais cette maîtrise, dans une société démocratique et libérale orientée vers les consommateurs que l'on incite de plus en plus à devenir producteurs, manifeste certaines différences non seulement avec l'Antiquité ou avec des régimes dictatoriaux, mais avec le dualisme de la modernité. Dans le cas d'une société démocratique et libérale donnée, les objets visés, économiques ou symboliques, sont tellement multipliés que le conflit est apprivoisé. Les rivalités sont aussi calmées par la division des pouvoirs et des responsabilités, ce qui empêche la monopolisation des décisions et la centralisation par une orthodoxie organisée autour de l'idéal de l'État-nation. Toutefois, dans le cadre de la postmodernité/postcolonialité, ce processus contemporain de démultiplication est lié à une forme de collaboration entre États-nations, multinationales et flux financiers, comme le souligne Martin Wolf[150].

Il y a aussi des rapprochements à établir entre la mimésis d'appropriation et le mimétisme[151] de Homi Bhabha. Le mimétisme est l'expression du *pas tout à fait*, c'est-à-dire d'une lutte identitaire entre un modèle colonial valorisé et une série de conduites dévalorisées, puisque le colonisé ne peut qu'imiter le modèle, mais pas tout à fait : « [...] mimicry emerges as one of the most elusive and effective strategies of colonial power and knowledge [...] colonial mimicry is the desire for a reformed, recognizable Other, as a *subject of difference that is almost the same, but not quite*[152]. » En effet, il ne peut pas devenir un modèle, vu son accent, la couleur de sa peau, son rapport aux femmes souvent doublement opprimées, sa connaissance de plusieurs cultures et de plusieurs langues (au moins la sienne et celle du colonisateur). En un mot, dans ce contexte, en savoir plus est négatif, car cela empêche d'être un calque du colonisateur qui, par son pouvoir, n'a pas besoin d'en savoir plus, d'apprendre plusieurs langues, par exemple. Le colonisé est donc *comme*. Mais dans ce *comme* se joue la lutte de la mimésis d'appropriation de ceux qui ont été rejetés en tant que barbares pris, selon le colonisateur, dans les passions des signes ésotériques ou par une émotivité imprévisible. Ils ont été déclarés inassimilables, exclus, tués ou enfermés dans des hors-lieux. Le mimétisme de Bhabha est la théorisation de l'invalidation souhaitée par la puissance coloniale[153]. Le mimétisme montre que la mimésis d'appropriation visant le contrôle de la mimésis est toujours maîtrisée par les mêmes et que la concurrence est impossible. Toutefois, le mimétisme est aussi l'effet de la mimésis d'appropriation et des luttes quotidiennes pour parvenir à une légitimité qui entraîne à transformer l'essentialisme de départ en stratégies d'affirmation subtile. Le mimétisme de Bhabha est aussi l'indication de l'échec de l'invalidation planifiée par le colonisateur et de l'échec de l'acte illocutoire qu'est, dans le monde des non-colonisés, la promesse d'un monde meilleur. En effet, la promesse de civilisation rejette dans un avenir toujours repoussé cet aboutissement souhaité pour les colonisés.

La postcolonialité manifeste le retour des colonisés qui tentent d'affirmer leurs voix parmi les autres voix. Or, la mimésis d'appropriation est la dynamique conflictuelle pour maîtriser l'objet qui est la capacité à dire ce qu'est le réel. À partir du moment où un groupe peut définir ce qu'est le réel, il impose sa voix/voie, contrôle le processus de représentation et aboutit à présenter son imaginaire comme valide, sinon comme universel. De nos jours, le mimétisme, au sens de Bhabha, est une manière de faire prendre conscience non seulement d'une dynamique coloniale, mais aussi de luttes de pouvoir particulièrement prégnantes dans certains espaces de la planète. C'est aussi une manière de déplacer les représentations identitaires en les voyant comme un processus historique instable[154]. Elles sont construites et reconstruites dans des dynamiques conflictuelles visant à maîtriser les éléments importants d'un système culturel particulier pris dans la lutte mimétique d'appropriation d'un extérieur stable, d'une base « authentique » à laquelle se rapporter. Ce mimétisme postcolonial est conflictuel et potentiellement libérateur même s'il est parfois encore inscrit dans une forme de rétorsion prise dans le dualisme.

Dans la nouvelle dynamique postmoderne/postcoloniale, le mimétisme du *comme* n'est plus négatif, car des affirmations économiques et symboliques se sont produites et se produisent tous les jours. Le rapport de pouvoir n'est pas uniquement négatif pour ceux et celles qui vivaient dans le *comme* et l'inscription dans plusieurs cultures. Cela est vrai pour des minoritaires qui sont souvent soumis à des dynamiques leur imposant un plus de savoir nécessaire et un effort de communication qui a été perçu jusqu'à récemment comme négatif. Ainsi, la Cité collégiale d'Ottawa, le collège technique francophone, joue positivement de la différence linguistique qui n'est plus présentée comme liée à une minorité opprimée ou dépossédée, mais comme capitalisation d'un savoir supplémentaire utile qui s'ajoute à la maîtrise technique : « FRENCH speaking students BILINGUAL employees[155] ». Le renversement d'optique est phénoménal et efficace, car il transforme la différence des minoritaires en avantage surtout lorsqu'elle se combine à la maîtrise des technologies ainsi que l'affirme la citation « the gateway to a broad range of *regional, national* and *global* opportunities[156] ».

Comme le mentionne Alfonso de Toro[157], pour rendre compte de cette nouvelle dynamique où les minoritaires biculturels et bilingues parviennent à transformer leur position en avantage, il vaut mieux parler de postcolonialité, car le terme de postcolonialisme possède des acceptions diverses. Cette postcolonialité, où les minoritaires parviennent à s'insérer dans des réseaux, comme l'explique García Canclini[158] au sujet de nombreux artisans autochtones du Mexique ou du Guatemala, ne correspond pas à l'optique de Jameson[159] et à sa construction du Tiers-Monde. Elle n'est pas la même que celle de Bhabha articulant un sens politique et confrontationnel dans le cadre de pays qui ont été des colonies britanniques jusqu'à récemment. Dans notre cadre, la postcolonialité implique la possibilité d'une redistribution des rapports de pouvoir entre les réseaux (anciennement des centres) et les subalternités dynamiques (anciennement des périphéries), principalement dans le domaine de la culture, mais aussi du point de vue de l'économie : « I will replace it [postcolonialism] with "postcoloniality" by which I mean an intellectual, social and cultural attitude linking the periphery and the center in a pluralistic and internationalizing way in order to produce dialogue[160]. »

Dans le cadre de ce *comme* qui n'est plus une fatalité, tandis que la capitalisation de savoirs multiples, biculturels et bilingues devient un avantage, il est moins question de s'expliquer et d'expliquer au dominant qui on est[161]. Il s'agit de faire fonctionner ses diverses images de soi comme producteur d'avantages différentiels. Le fond n'est plus uniforme, il est lui-même bigarré et le mimétisme devient l'art efficace de celui qui est au moins biculturel, une situation désormais positive et avantageuse, et qui peut se faire bigarrure sur un fond qui n'est plus le monoculturel de la société d'origine, mais le multiculturel de groupes en contacts parfois rapprochés. Ceux-ci vivent des processus de déplacements des significations dans le cadre d'une compétitivité techno-commerciale où capital symbolique, capital scientifique et capital économique se conjuguent. C'est bien pour cette raison que le protagoniste du roman *Self* de Yann Martel parle du contexte composé d'étudiants anglophones, d'artistes, de ceux qui étaient *cool* et des Québécois francophones et qu'il ajoute : « Je pouvais m'identifier à au moins trois de ces groupes, ce qui faisait de moi plus un caméléon qu'un hybride[162]. » On retient la différence dans la conception du caméléonage avec ce qui est dit dans *Le partage des eaux* d'Alejo Carpentier : « près de l'aspect trompeur d'un caméléon un peu trop branche[163] ». Dans le discours de la modernité, le caméléon est conçu comme trompeur puisqu'il faut avoir une allégeance à un seul discours ou à une seule culture. Le passage est peut-être fascinant, mais il est encore pris dans un dualisme demandant le choix entre l'un et l'autre. Ceci n'est pas le cas dans le monde postmoderne où le multiple est valorisé et où il est tout à fait concevable de se fondre sans excès.

Dans *Life of Pi*, Yann Martel, récipiendaire du Booker Prize pour cet ouvrage[164], s'intéresse au paresseux, cet animal très lent qui sait se fondre dans l'environnement :

> A sloth's hairs shelter an algae that is brown during the dry season and green during the wet season, so the animal blends in with the

> surrounding moss and foliage and looks like a nest of white ants or of squirrels, or like nothing at all but part of a tree[165].

Cela rejoint une remarque de Douglas Coupland dans son roman *Girlfriend in a Coma* :

> Scott, a production guy from Los Angeles, told us that they film everything here because Vancouver's unique : You can morph it into any North American city or green space with little effort and even less expense, but at the same time the city has its own distinct feel. See that motel over there? That was « Pittsburgh » in a movie of the week[166].

On pense aussi à Pico Iyer dans *The Global Soul :*

> Kazuo Ishiguro, « Ish », as he is generally known [...] seems in many ways a quintessential global Soul, not quite apart of the Japan he left when he was five and not really a part of England [...] « Whenever it was convenient for me to become very Japanese, I could become very Japanese », he says, disarmingly. « And then when I wanted to drop it, I would just become this ordinary Englishman[167]. »

1.4.6 Hybridité et effet caméléon

> La identidad nacional — como toda identidad — es un constructo imaginario inacabado e inacabable[168].

Dans l'utilisation non pas hybride, mais débridée des concepts, il est bon de comparer les acceptions de l'effet caméléon, de l'hybridité et du métissage. L'hybridité est généralement définie dans les encyclopédies et les dictionnaires par un vocabulaire qui est plutôt négatif. Dans l'article « Métissage » de l'*Encyclopaedia Universalis*, l'hybride est « alors l'individu (animal ou végétal) provenant du croisement de variétés, voire d'espèces différentes ». On souligne dans l'article « Hybridation » qu'on évoque une fécondation « qui ne suit pas les lois naturelles[169] » Dans un contexte moderne, il s'agit d'une attribution fortement négative. Par contre, dans l'article « Métissage », le métis est plutôt perçu avec des attributs avantageux dans le monde contemporain. On cite Jacques Ruffié qui affirme à son sujet que « le stock génétique d'un métis est donc plus riche que celui de chacun des groupes dont il est issu » et que, « dans un environnement incessamment modifié, tel gène jusque-là défavorable ou indifférent peut brusquement s'avérer favorable[170] ». Quant au métis, il correspond à un homme dont le père et la mère ne sont pas de la même race, ce qui a été défavorable socialement et économiquement jusqu'à récemment et l'est encore dans bien des cas. Toutefois, comme nous l'avons vu avec Bhabha, dans le cadre postmoderne/postcolonial, *le plus* devient un avantage. Les textes publicitaires et les textes littéraires l'expriment régulièrement comme nous le verrons tout au long du chapitre 4. Ils visent cependant moins à rendre positif cet état d'hétérogénéité interne qu'à ouvrir sur « les phénomènes interculturels de frontière[171] » dans une entreprise ou dans une situation sociopolitique particulière. Ces textes ne considèrent plus la frontière comme une limite, mais comme une passerelle pour les interactions et les transformations intéressantes qui permettent d'interagir intelligemment avec le contexte. En ce sens, chez des auteurs comme Martel, Iyer ou Coupland, ces mots sont dégagés de l'arrière-plan sémantique valorisant la pureté qui leur conférait des valeurs soit négatives, soit progressistes, mais toujours entachées d'un questionnement ambigu, d'un marquage marginalisant. Dans le monde de Martel ou de Iyer, comme le souligne Amaryll Chanady, « on ne devrait plus parler d'entité culturelle hybride (dans le sens d'écart par rapport à une forme de pureté originelle) quand on rejette la notion d'entité culturelle tout court, car hybride est par définition un mélange de deux entités non hybrides et présuppose donc une notion de pureté originelle[172] ». Chez les auteurs cités, comme chez de nombreux anthropologues et sociologues, il n'y a plus de place pour la croyance en du non-hybride. Ce n'est pas toujours le cas toutefois, comme le souligne Daniel Castillo Durante au sujet de la position floue de García Canclini à ce sujet : « García Canclini [...] no nos ayuda en realidad a determinar cuáles son las bases epistemológicas que articulan precisamente la noción de hibridación; su preferencia por este término no logra una reconceptualización que evite las generalizaciones[173]. » Or, ce ne sont pas tant les généralisations qui importent. Ce sont plutôt les bases épistémologiques. Le terme est-il encore employé avec en arrière-plan la croyance que les individus peuvent être de race pure ou faire partie d'une société homogène qui a évité les influences autres, ou bien pense-t-on qu'il y a toujours eu mélange, rencontre de différences ? Certes, à l'ère postmoderne, le passage est un élément important du déplacement et la fonctionnalité des termes réside dans leur utilisation multiple renvoyant à des discours qui s'entrecroisent. En ce sens, on ne peut exiger un verrouillage conceptuel. Pour nous, toutefois, on pose que tout est déjà hybride, mélange, résultante temporaire de relations de différences concurrentielles ouvertes sur des projets. Pour Martel ou Iyer, l'important est l'avenir, c'est-à-dire la circulation des significations et de leur potentiel de transformation des mondes et des discours. Ce qui est stimulant pour les personnages de Martel ou de Iyer est de se fondre quand on veut ou de s'afficher quand cela est efficace. Les images de soi sont des stratégies soutenues par la productivité des significations dans des situations permettant le caméléonage, la capacité à se fondre temporairement dans un milieu bigarré.

La position du protagoniste de Martel ou de Iyer correspond à celui qui pénètre les groupes séparés et qui s'y fond sans pour autant en faire complètement partie. Ainsi, comme le souligne García Canclini[174], ce qui s'explore est le côté contingent de toute culture. Il est important de saisir que celui qui vit le multiple ne fait jamais complètement partie d'un groupe, car il en dépasse les limites par une forme de relativisme, celui des historicités souvent non synchrones des langues et des cultures par lesquelles il développe son potentiel. Il s'agit d'un individu qui retrouve le sens étymologique du terme personnage, car il cumule les rôles symboliques. Il est riche de la connaissance de l'intérieur et de l'extérieur de plusieurs cultures et de plusieurs langues, elles-mêmes en contacts rapprochés. Cela fait de lui un caméléon et non un hybride qui connaîtrait plusieurs cultures en partie seulement et qui ferait tache sur un fond relativement homogène, sur une coloration dominante tenant éloignées les nuances variées.

1.4.7 Double épistémè/double culture : intérieur/extérieur

Le mimétisme fonctionne dans le cadre de la présence d'une marque négative (couleur de la peau, accent, etc.) équivalant, d'une certaine manière, à un ocelle[175], c'est-à-dire à une tache négative. Celle-ci permet à celui qui la porte d'observer l'observateur qui est fasciné par cette tache. Cette différence est le fondement d'un savoir sur soi et, par exemple, sur les représentants de la société colonisatrice. Dans une dynamique postcoloniale, les ocelles se multiplient, modifient les contextes anciens comme les nouveaux. Il devient difficile d'ignorer les savoirs des anciens colonisés affirmant leur culture dans l'accès aux savoirs et aux technologies récents sous peine de ne pouvoir être efficace et compétitif. Cette question est bien marquée dans un texte de *Forbes*[176] valorisant les différences et le côté positif des savoirs multiples dans les entreprises. Au sujet des gens que l'on va engager, des entreprises utilisent la métaphore du zèbre ne sachant pas s'il est blanc avec des rayures noires ou noir avec des rayures blanches, l'important étant que des gens de cultures différentes développent ensemble leurs talents et que tous coopèrent pour ne pas être dévorés.

Dès lors, le mimétisme et les images de soi déplacent le paradigme dualiste intérieur/extérieur qui n'est plus conçu comme calquant le réel. Il est pris dans une chaîne de rétroaction où intérieur/extérieur est conçu comme produit par un processus discursif le réinscrivant comme un effet de discours. Ce processus discursif se dédouble lui-même en de multiples discours entretenant des rapports inégaux, certes, mais où la brutalité de la négation coloniale fondée sur l'affirmation que la division intérieur/extérieur est fondée sur les faits ne peut plus avoir lieu dans les mêmes termes[177].

Le processus discursif repositionnant l'extérieur, non comme donné, mais comme produit par interaction et donc comme élément qu'il est possible de transformer ou de déplacer, brise la conception du sujet unifié[178], du groupe homogène et monoculturel, car il n'est plus possible d'imposer un type de représentation qui affirme vouloir copier la réalité. Il est impossible alors d'affirmer qu'il faut imiter ceux qui, comme les colonisateurs, affirment qu'ils savent imiter le réel. Le déplacement du paradigme intérieur/extérieur redémarre une mimésis d'appropriation moins inégale qui vise toujours le contrôle d'objets économiques et symboliques. Toutefois, ceux-ci sont débarrassés de leur universalité fondée sur la copie du réel censé être commun à tous. Il reste une accélération compétitive qui demande une capitalisation du savoir et une créativité productrice de significations démultipliées menant à établir un leadership temporaire soumis à différents types de compétitions, par exemple celles qui sont dans la logique d'accumulation économique et culturelle (voir 1.5) comme celles qui jouent de dynamiques écologiques populistes (voir 3.4) ou celles qui jouent de nouvelles visées essentialistes religieuses (voir 3.5). Ce déplacement permet non de s'en tenir au résultat, mais d'envisager, comme le mentionne Michel de Certeau[179], les conditions de production du discours, un fonctionnement réflexif (voir 4.9) propre aux langages spécialisés qui passe petit à petit dans le langage public à l'ère postmoderne et qui rejoint une réflexion sur le rapport entre le contexte et sa prise en charge par un sujet. C'est ce que souligne García Canclini qui commente la réception des spectateurs des films mexicains. Ils sont plus intéressés quand l'acteur ne dit pas « voici comment est le Mexique », mais « esto es lo que me ocurrió a mí cuando viví en México[180] ».

Accepter que le paradigme intérieur/extérieur puisse varier, le concevoir comme historique, penser l'extérieur comme produit par l'intérieur, c'est-à-dire par le discours, c'est déjà vivre au moins dans une double culture. C'est saisir comment est construit un monde essentialiste grâce à la capacité de penser l'écart par rapport à celui-ci. Vivre dans l'ère postmoderne/postcoloniale, c'est se construire à la fois dans l'essentialiste et dans son déplacement vers le non-essentialiste par des significations qui se décident en fonction de leurs conséquences. Cette ère met en place une forme de *double coding* au sens de Jencks[181]. Cette double culture compétitive se démultiplie dans le cadre où les sociétés qui affirment leurs voix participent d'une remise en question des centres, eux-mêmes en train de devenir des réseaux pour y glisser les modalités de mimétismes particuliers, c'est-à-dire de rejet et d'attrait. Comme le soulignait Albert Memmi dans *Portrait du colonisé*[182], l'erreur du colonisé a été de croire que tout ce que le colonisateur avait apporté n'était pas pour lui et devait être rejeté. De nos jours, ce processus autovictimaire montrant que le colonisé avait intégré l'identité dévalorisée imposée par l'autre est en bonne partie dépassé. Les nouvelles voix s'affirment dans le désir de ne pas être exclues de la participation au monde de la technologie, ou des développements symboliques et financiers, comme on peut le saisir, par exemple, au sujet de certains groupes autochtones[183]. Ainsi au Yukon, une bonne partie des communautés sont branchées sur Internet. À Old Crow chez les Vuntut Gwitchin, une communauté de 350 habitants, le commerce des bottes, des gants et de divers objets en peau de caribou se développe grâce au site <www.oldcrow.yk.net/>. Cela contribue à favoriser une affirmation identitaire comme le souligne Paul Doehle qui travaille pour le gouvernement Vuntut Gwitchin : « If they hadn't gotten the Internet, they wouldn't have gotten their sovereignty[184]. » La souveraineté est d'assurer son développement par la culture comme par la création d'un marché en rapport avec la nouvelle économie.

1.5 LA NOUVELLE ÉCONOMIE[185]

La nouvelle économie est la tendance à favoriser la capitalisation et la circulation des capitaux. Par capitalisation, on entend ce qui concerne les biens fonciers et les biens sous forme d'actions et d'investissements. Toutefois, comme le soulignait Amitaï Etzioni en 1968 et, par la suite, le conseiller du président Reagan, George Gilder[186] dans ses nombreux ouvrages, le savoir, son application et sa circulation sont devenus des enjeux majeurs de la nouvelle économie. Etzioni comme Gilder renouent avec une tradition états-unienne, celle mise en place par le pédagogue du Massachusetts, Horace Mann, qui, dès la première moitié du XIXe siècle, créa un système scolaire permettant de mettre en valeur le potentiel du pays grand comme un continent. De la modernité industrielle liée à la promotion d'individus tournés vers la géographie continentale et non vers l'Europe ainsi que vers la volonté de développer l'industrie et les réseaux par l'accumulation du savoir, au nouvel élan mondialisé de la nouvelle économie, il y a solution de continuité[187].

La nouvelle économie se définit aussi par la croissance dans la capitalisation du savoir, dans la création des banques de données et l'accès facile et rapide à celles-ci, dans la possibilité de faire circuler l'information immédiatement et de communiquer dans l'instantané par le truchement des nouvelles technologies. Cette circulation rapide du savoir se couple généralement, dans les régions développées technologiquement, à une inflation faible et à une expansion de l'emploi dans des sociétés qui ont intégré dans leur dynamique productrice les femmes, les adolescents travaillant à temps partiel et un nombre phénoménal d'immigrants légaux ou clandestins. Encore une fois, même si trop rapidement on considère que la nouvelle économie est fondée sur le développement de réseaux de fibres optiques, de fonctionnements financiers en temps réel et sur l'expansion de sociétés multinationales couvrant la planète, la matière grise est ici primordiale. C'est la possibilité d'interconnecter cette matière grise grâce au réseau mondial des ordinateurs par la norme TCP/IP et des satellites que le savoir se distribue en réseaux personnalisés, permet des innovations qui démultiplient la concurrence et mène à l'innovation visant la qualité totale et les normes ISO 9001.

Du point de vue des rapports entre économie et culture, des changements de perspective ont été effectués ou sont encore en cours. Ils concernent l'économie de l'immatériel qui permet de créer des richesses par la circulation libre des textes, des images et des sons. Cette circulation réduit non seulement les coûts de la recherche, mais donne aussi accès à des savoirs technologiques comme culturels nouveaux, autrefois réservés à des groupes restreints ou contrôlés par les protectionnismes nationaux.

Néanmoins, il est clair que parfois la protection est nécessaire. De ce point de vue, il est intéressant de voir la distinction entre les biens et les services donnée dans les règlements de l'Accord de libre-échange nord-américain (ALENA) comme de l'Accord général sur les tarifs douaniers et le commerce (GATT). Par exemple, en ce qui concerne la protection des biens auxquels sont assimilés les périodiques, le Canada, dans le projet de loi C-103 adopté en décembre 1995, imposait une taxe de 80 p. cent sur la valeur de la publicité figurant dans une édition à tirage dédoublé au Canada. Les États-Unis ont alors présenté l'affaire devant l'Organisation mondiale du commerce (OMC), tandis que le Canada faisait valoir que le projet C-103 portait sur des services (la publicité) et non sur les biens (les périodiques). Selon le Canada, on devait appliquer l'Accord général sur le commerce des services (GATS) et pas le GATT. Le premier est moins restrictif que le second. L'OMC s'est toutefois prononcée contre la décision canadienne. Le Canada a donc dû réévaluer sa position. Il a produit le projet de loi C-55 stipulant qu'il est « interdit à tout éditeur étranger de fournir des services publicitaires destinés au marché canadien à un annonceur canadien ou à une personne agissant pour son compte[188] ». C'est dire que les biens matériels comme les périodiques sont davantage soumis à des règles de commerce contraignantes au niveau des douanes et des impôts que les services, plus immatériels. Il est clair que ces services, quand ils passent par des supports non matériels comme les fibres optiques et la digitalisation, ne peuvent qu'être plus difficilement contrôlés. Ils sont moins soumis à des règles précises par le biais des accords internationaux qui permettent des clauses d'exception de la part des États sur la base que leur culture et leurs réseaux de diffusion sont vulnérables à la concurrence. De ce fait, la matière grise, la culture, la diffusion du symbolique sont des enjeux économiques et identitaires importants, mais qui peuvent être de plus en plus ouverts à diverses formes d'accès[189] ou de connaissances ouvrant sur des possibilités nouvelles malgré les tentatives pour protéger les productions nationales.

Toutefois, l'important est d'exporter ses cultures. C'est ce qu'a réussi Nia Vardalos, une Canadienne d'origine grecque, qui a écrit et joué *My Big Fat Greek Wedding*. Capitalisant sur son insertion dans le multiculturalisme canadien et sur la diversité culturelle « souvent absente des écrans états-uniens[190] », le film dont l'intrigue est localisée aux États-Unis est un succès, car, pour des frais engagés de 5 millions de dollars, il a jusqu'à maintenant généré des revenus de 150 millions de dollars. Il démontre, à l'instar d'autres entreprises culturelles comme le Cirque du Soleil, fonctionnant à la fois dans la qualité et la diversité, qu'il est possible de participer aux réseaux bien en place si on sait positionner ses produits.

Désormais, l'inconnu et l'inédit sont plus à la portée des gens éduqués ou cultivés. Cet accès à l'inédit permet de recombiner les savoirs, de créer des liens nouveaux et donc de personnaliser les éléments. La circulation à faible coût donne un essor à la diversité, qui n'est plus fondée sur l'authenticité d'une conformité à un groupe restreint, mais sur la possibilité individuelle ou commune de la recombiner en la recontextualisant avec d'autres influences provenant de diversités restreintes ou de grandes configurations mondialisées. Singularité et diversité marchent alors de concert et déplacent l'opposition dualiste local/global. Souvent, le local semble s'opposer au global dans une inquiétude réactivant le grand stéréotype mettant en scène David et Goliath. Par contre, dans le nouveau cadre économique, la diversité culturelle par exemple, par la facilité d'accès, se contextualise avec d'autres diversités culturelles. Elle mène, comme dans le CD de Manu Chao intitulé « Clandestino », à produire une singularité nourrie de diversités issues des cultures immigrantes hispanisantes, tout en passant par un chanteur qui utilise aussi le français et qui rejoint la planète entière par la diffusion radiophonique, en vendant des CD, sans oublier bien sûr le système MP3 répandu sur la toile. Ainsi, la concentration des réseaux diffusant sur la planète a pour corollaire la flexibilité et la segmentation, car les nouveautés singulières et temporaires visent des marchés de moins en moins homogènes, contrairement au monopole national souvent lié à une production de masse. Mondialisation et révolution technologique sont les deux éléments liés à la nouvelle économie et à une nouvelle épistémè où la culture et la capitalisation du savoir deviennent essentiels. Ce savoir est moins lié à la promotion d'un canon qu'à la capacité à établir de nouveaux réseaux efficaces et temporaires pouvant personnaliser les approches. De ce point de vue, un élément important dans le renouveau culturel est l'entraînement des populations à la production de significations et de scénarios multiples (voir chapitre 4) permettant de se contextualiser avec les discours divers de plus en plus proches et donc en concurrence constante dans nos sociétés de contacts rapprochés.

C'est à la culture dans le contexte de la nouvelle économie et de l'ère postmoderne/postcoloniale que nous allons nous consacrer. Nous allons donc voir en quoi l'enracinement propre à la modernité s'efface devant la légitimité des déplacements géographique comme symbolique (voir chapitre 2). Ceux-ci échappent au monoculturel et ouvrent sur une réflexivité concernant les productions de significations multiples (voir chapitre 3). Cette nouvelle culture met en marche une productivité discursive et sémantique (voir chapitre 4) qui a pour corollaire la rencontre avec l'autre et, découlant de celle-ci, la problématique liée à sa reconnaissance comme à ce qui, en lui, n'est pas acceptable[191].

Notes

1 Thomas Paine, « Common Sense », p. 3. *The Complete Writings of Thomas Paine*, New York, Citadel, 1945. Nous traduisons : « La cause de l'Amérique est en grande partie la cause de l'humanité. » Le prouve par exemple l'*Alien Tort Claims Act* (voté en 1789), qui accorde aux cours fédérales des États-Unis le pouvoir de juger, au civil, qui que ce soit accusé de violations graves des droits de la personne, quels que soient sa nationalité ou le lieu du délit.

2 Pico Iyer, *The Global Soul*, New York, Vintage, 2000, p. 229. Nous traduisons : « Le consul japonais l'a très bien exprimé quand il a dit : La signification fondamentale et durable de l'Amérique est sa présence dans l'esprit des gens. »

3 Amin Maalouf, *Les identités meurtrières*, Paris, Grasset, 1998, p. 133.

4 Gilles Martin-Chauffier, *Les corrompus*, Paris, Livre de poche, 1998, p. 204.

5 Les langages publics fonctionnent souvent à partir de fondements propres à d'anciens langages spécialisés qui ont fini par être vulgarisés comme les conceptions définissant le point de vue aristotélo-platonicien. Les langages spécialisés, eux, fonctionnent selon d'autres *a priori*, comme le démontrent les théories de l'école de Palo Alto par exemple. Celles-ci insistent sur le flux et le relationnel menant à concevoir la réalité non comme un donné, mais comme un construit par les rapports complexes individu/groupe/environnement. Voir pour la distinction entre langage public et langages spécialisés : Basil Bernstein, *Class, Codes and Control*, Londres, Routledge and Kegan Paul, 1971, 3 vol.

6 Le politique concerne les questions d'affirmation ou d'émancipation par rapport à la politique liée aux questions des fonctions dans une hiérarchie gouvernementale.

7 René Girard, *Des choses cachées depuis la fondation du monde*, Paris, Grasset, 1978.

8 Voir Patrick Imbert, « Le processus d'attribution », dans *Les discours du Nouveau Monde au* XIX*e siècle au Canada français et en Amérique latine/Los*

discursos del Nuevo Mundo en el siglo XIX en el Canadá francófono y en América latina (M. Couillard et P. Imbert, dir.), Ottawa, Legas, 1995, p. 43-60.

9 Au sujet de la protection et des identités latino-américaines, voir le roman ironique de Romain Gary, *Les mangeurs d'étoiles*, Paris, Folio, 1966.

10 Le pèlerinage nous entraîne dans une autre vision du monde qui transcende les espaces nationaux. Il se vit aussi dans un rapport au langage qui établit une continuité entre l'extérieur, le monde de Dieu, et l'intérieur, l'espace humain. Le langage, alors, n'est plus lié au territoire et à ceux, linguistes ou historiens, qui en établissent la signification et la circulation, mais à l'universel. Cet universel peut alors être soit dirigé par des spécialistes fondant une orthodoxie, soit délégué à chaque individu comme dans les pensées kabbalistes. Voir par exemple Umberto Eco, *Baudolino*, Paris, Grasset, 2000.

11 La remise en question de cette corrélation lieu géographique/sémantique est fort bien exprimée par Marguerite Yourcenar, qui rejette les grands récits de légitimation : « Le véritable lieu de naissance est celui où l'on a porté pour la première fois un coup d'œil intelligent sur soi-même : mes premières patries ont été des livres. » *Mémoires d'Hadrien*, Paris, Folio, 1980, p. 43.

12 George Gilder, *Richesse et pauvreté*, Paris, Albin Michel, 1981.

13 Cité par Alvin Toffler, *Future Shock*, New York, Bantam, 1970, 421 p.

14 Isabel Allende, « And of Clay Are We Created », *Stories of Eva Luna*, New York, Bantam, 1991. Nous traduisons : « Et nous sommes issus de la terre. »

15 Néstor García Canclini, *La globalización imaginada*, Buenos Aires, Paidos, 1999, p. 123. Nous traduisons : « Tout migrant est un sujet à qui on offre la possibilité de parler depuis plus d'un lieu, mais qui aussi est condamné à parler depuis plus d'un lieu. »

16 Il est intéressant d'observer la publicité de la compagnie hp. Elle projette l'image d'un individu découpé en vitraux de couleur symbolisant la possibilité de participer aux informations par le biais audiovisuel n'importe où dans le monde grâce à Internet. Le multiculturel des réseaux s'impose ainsi dans cette image (voir 4.1).

17 Arjun Appadurai, *Modernity at Large : Cultural Dimensions of Globalization*, Minneapolis, University of Minnesota Press, 1996, p. 448. Nous traduisons : « Il se peut que nous soyons précisément obligés d'abandonner l'idée que l'espace, les identités culturelles et la politique distributive doivent être contenus dans des enveloppes isomorphes, formellement égales et spatialement distinctes, le plan même qui sous-tend l'architecture de l'État moderne ».

18 Erin Manning, *Ephemeral Territories : Cross-cultural Representations of Nation, Home and Identity*, Minneapolis, University of Minnesota Press, 2002.

19 Voir John Searle, *Speech Acts : An Essay in the Philosophy of Language*, Londres, Cambridge, 1969.

20 Voir à ce sujet les critiques de penseurs comme Ivan Illich, *Deschooling Society*, New York, Harper and Row, 1971, ou Neil Postman et Charles Weingartner, *Teaching as a Subversive Activity*, New York, Dell, 1969.

21 Louky Bersianyk, *Le pique-nique sur l'Acropole*, Montréal, VLB, 1979.

22 Face à la présence parfois très forte et très antagoniste des discours valorisent l'État-nation, des intellectuels comme Erin Manning (*op. cit.*) soulignant que l'on doit prendre garde à toute forme de rétorsion face à l'État-nation : « We must become attentive, for example, to the ways in which we, as transnationals, are forced by the very logic of the nation-state to become anti-national or anti-state, thus succumbing to the vocabulary of the nation in its negative form, rendering ourselves captive within the very forces we seek to undermine, and we find ourselves ventriloquating the language of the state even as it is written as the counter-narration of the nation. » Traduction : « Nous devons rester attentifs, par exemple, à la manière par laquelle nous, en tant qu'individus transnationaux, sommes forcés, par la logique même de l'État-nation, de devenir antinationaux ou antiétatiques, ce qui nous fait tomber dans le vocabulaire de la nation dans sa forme négative et nous rend captifs des forces mêmes que nous cherchons à déstabiliser. Ainsi, nous devenons des ventriloques du langage de l'État même quand il est construit comme un contre-discours de la nation. »

23 « La esencia de una nación es que todos los individuos tengan mucha cosas en común y también hayan olvidado muchas cosas » (Néstor García Canclini, *La globalización imaginada*, *op. cit.*, p. 60). Nous traduisons : « L'essence d'une nation est que tous les individus ont beaucoup de choses en commun et aussi qu'ils ont oublié beaucoup de choses. »

24 Chantal Mouffe, *El retorno de lo politico : comunidad, ciudadania, pluralismo, democracia radical*, Buenos Aires, Paidos, 1992, p. 374.

25 On assiste parfois à une réflexion critique qui remet en question les bases culturelles et linguistiques de la communauté. Cela apparaît clairement dans *Madeleine and the Angel* de l'écrivaine franco-albertaine Jacqueline Dumas : « Vache aux yeux d'crottes de chienne ! Bouteille de merde ! Show some respect », dit le mari à Madeleine son épouse (Saskatoon, Fifth House Publishers, 1989, p. 79). Cela amène ce commentaire de la critique Pamela Sing : « Chez Jacqueline Dumas, autre francophone écrivant en anglais, le concept de langue maternelle est un leurre. Approprié par les pères qui, au nom de l'ordre culturel dont ils sont les maîtres, s'en servent pour coloniser, séquestrer la femme, le français, considéré comme langue paternelle, est relégué à des fragments en italique et textualisé avec ironie afin que le sujet au féminin, en s'en distanciant, s'en sente libéré et capable

de s'exprimer. » Pamela Sing, « Exiguïté et rapports à la langue de l'autre : comment écrire lorsqu'on est Franco-Albertain », dans *La création littéraire dans le contexte de l'exiguïté* (Robert Viau, dir.), Québec, MNH, 1999, p. 410. On peut toutefois se demander en quoi l'anglais serait moins marqué par le machisme, sinon par le fait que, par rapport à un milieu très minoritaire, il permet d'ouvrir à la diversité des discours et peut donner accès à la réflexion des autres, car la plupart des publications variées et des émissions passent dans cette langue.

26 Voir encore récemment : « South Korea's National Assembly has overwhelmingly rejected President Kim Dae Jung's attempt to appoint a woman as the country's first prime minister » (*National Post*, mardi 1er août 2002, p. A11). Nous traduisons : « L'Assemblée nationale sud-coréenne a majoritairement rejeté les efforts du président Kim Dae-jung de conférer le poste de premier ministre du pays à une femme. »

27 Ernesto Laclau, *Emancipación y diferencia*, Buenos Aires, Ariel, 1996.

28 Bill Readings, *The University in Ruins*, Cambridge, Harvard University Press, 1996.

29 Jürgen Habermas, *Theory and Practice*, Boston, Beacon Press, 1974.

30 Jocelyn MacLure et Alain G. Gagnon, *Repères en mutation : identité et citoyenneté dans le Québec contemporain*, Montréal, Québec Amérique, 2001.

31 Cela est différent de ce que souligne Laclau dans *Emancipación y diferencia* (*op. cit.*) au sujet des dictatures. Celles-ci favorisent l'appel au respect de grands principes qui ne sont pourtant pas mis en pratique. On se trouve face à des significations non pas monosémiques, mais vides, car les oppositions à la dictature luttent toutes contre l'ensemble du système et de son ordre. Elles ne définissent pas les modalités de réalisations pragmatiques du fonctionnement démocratique, car elles sont prises dans un mouvement généralisé de rétorsion. Cette fonction d'équivalence produit les significations vides qui sont la condition même de l'hégémonie.

32 Philippe Aubert de Gaspé, *Les anciens Canadiens*, Québec, Desbarats, 1867.

33 Voir ce que dit Einstein de ce fonctionnement : « Le service militaire obligatoire me paraît être le symptôme le plus honteux du manque de dignité personnelle dont notre humanité civilisée souffre aujourd'hui. » Albert Einstein, *Comment je vois le monde*, Paris, Flammarion, 1979, p. 19.

34 Hernando de Soto, *The Other Path*, New York, Harper and Row, 1990.

35 Marc Angenot, *1889 : un état du discours social*, Montréal, Le Préambule, 1989.

36 Néstor García Canclini, *La globalización imaginada*, *op. cit.*, p. 219.

37 Marc Angenot, *op. cit.*, p. 26.

38 Au sujet de l'État-nation, de son système, du nationalisme et de sa critique, voir Isaiah Berlin, « Le nationalisme : dédains d'hier, puissance d'aujourd'hui », dans *À contre-courant*, Paris, Albin Michel, 1988; Julio Cabrera

Varela, « La Reproducción del sistema ideológico nacionalista », dans *Revista Española de investigaciones sociologicas*, avril-juin 1991, p. 113-135; Mario Vargas Llosa, « Le nationalisme et l'utopie », dans *Les enjeux de la liberté*, Paris, Gallimard, 1997, p. 65-72.

39 Cela différencie Étienne Parent de Médéric Lanctôt, qui précise les différences dans un texte peu connu intitulé « L'association du capital et du travail ». Voir Marie Couillard, « Médéric Lanctôt : une voix dissidente gommée par l'histoire », dans *Croire à l'écriture* (Y. Lepage et R. Major, dir.), Orléans (Ontario), David, p. 95-108.

40 Étienne Parent, *Du travail chez l'homme*, Montréal, Institut canadien, 23 février 1847, p. 61.

41 Encore une fois, l'âge de la majorité était de 25 ans dans la plupart des pays. Par contre, le service militaire obligatoire concernait les jeunes de dix-sept ou dix-huit ans. Il était ainsi possible de se faire tuer, mais pas de se développer socialement ou économiquement.

42 Voir à ce sujet : Adriana Rizzo, « Lo Público y lo privado », dans *Discursos locales* (Mabel Grillo-Silvina Berti et Adriana Rizzo, dir.), Río Cuarto (Argentine), Universidad Nacional de Río Cuarto, p. 153-293.

43 Voir Roland Barthes, *Mythologies*, Paris, Seuil, 1960. Cette division se maintient d'ailleurs à notre époque dans les mouvements opposés à la mondialisation s'attaquant aux multinationales du *fast food* comme McDonald's, qui représente une manière populaire de se sustenter. Ces protestations ne visent jamais les multinationales du luxe comme LVMH (Louis Vuiton, Moët, Hennessy). Autrement dit, le champagne peut se diffuser mondialement, car il concerne des classes aisées pour lesquelles il est légitime de se déterritorialiser, mais le Coca-Cola est vu comme une ingérence qui détruit le mode de consommer national incarné tout romantiquement par le peuple.

44 Désormais, les publicités concernant les compagnies de télécommunication soulignent que tous ces contestataires, y compris Martin Luther King, dépendent d'elles pour avoir un impact. Sinon, ils parlent devant un espace vide.

45 Le prouve l'évolution du contestataire Jerry Rubin, auteur de *Do It*, Paris, Seuil, 1973, reconverti dans le domaine de la mode à New York.

46 Soulignons que le mot *globalization* est apparu dans le dictionnaire *Webster* pour la première fois en 1961.

47 Fernando de Toro, « From Where to Speak? Post-modern/Post-colonial Positionalities », dans *Borders and Margins*, Francfort/Madrid, Vervuert/Iberoamericana, 1995, p. 131-148.

48 Néstor García Canclini, *La globalización imaginada*, *op. cit.*, p. 109. Il parle ici des Afro-Américains ou des Italo-Canadiens.

49 Marc Angenot, *op. cit.*, p. 1096.

50 Voir par exemple la critique de Crevel : « Les prétentions à l'objectivité de tant d'intellectuels, les soi-disant neutralités littéraires, poétiques, philosophiques et autres ne sont, au bout du compte, que de sournoises, mais solides alliances entre qui fait profession de penser et un état des faits qui, justement, donne à penser que la pensée devrait commencer par renoncer aux habitudes de petit confort et d'assoupissement, qui lui ont permis de tolérer l'intolérable » (René Crevel, *Le clavecin de Diderot*, Paris, Jean-Jacques Pauvert, 1966, p. 81).

51 Amitaï Etzioni, *The Active Society*, New York, The Free Press, 1968.

52 On différencie « globalisation » comme processus d'américanisation et « mondialisation » comme processus de rencontres des cultures dans le contexte du dynamisme économique liberal, lié au postmodernisme/postcolonialisme. En ce qui concerne la globalisation, lire Marjorie Ferguson, « The Myth of Globalization », *European Journal of Communication*, vol. 7, n° 1, mars 1992.

53 Yann Martel, *Self*, Montréal, XYZ, 1998.

54 Il ne faut pas oublier que le droit des peuples à disposer d'eux-mêmes, en passant sous silence les différences, notamment dans les pays du centre et de l'est de l'Europe, par exemple en Bukowine, a mené à des ethnocides et au déplacement forcé de centaines de milliers de personnes. Le droit des peuples à disposer d'eux-mêmes a été souvent le droit de certains peuples à disposer des autres. On a fait longtemps silence sur des milliers de victimes, car la violence étatique était perçue comme légitime. Voir Amy Colin, *Im Gegenlicht des Todes : Poetik der jüdischen Identität in der multikulturellen Bukowina*, Munich, Fink Verlag, 2000. Voir aussi Frank Chalk et Kurt Jonassohn, *The History and Sociology of Genocide*, Montreal Institute for Genocide Studies, New Haven, Yale University Press, 1990.

55 Dès lors, nous déplaçons le programme de la littérature comparée pour aller vers des comparaisons entre discours, ce qui concerne davantage les études culturelles « cultural studies ».

56 Santiago Castro-Gómez, *Crítica de la razón latinoamericana*, Barcelone, Puvill, 1996.

57 Voir la publicité Chandon : « 6.000.000.000 de personas hay en el mundo. 30 000 botellas de Chandon Cuvée Réserve. Pero bueno. Nuestra misión en el mundo no es hacerlo más justo » *Vein/ti/tres*, juin 2001, p. 17. Nous traduisons : « Il y a six milliards de personnes dans le monde. Trente mille bouteilles de Chandon Cuvée Réserve. Mais bon. Notre mission dans le monde n'est pas de le rendre plus juste. » Cela est à comparer avec les mouvements de protestation antimondialisation qui s'attaquent surtout aux produits mondialisés populaires comme le Coca-Cola.

58 Cela signifie que nous ne parlerons pas de tout et que nous nous consacrerons à des textes en rapport avec une classe qui a accès à l'information et qui a certains droits de parole. Il ne faut pas conclure à partir de la remarque concernant les zones urbaines défavorisées que cette situation est nouvelle. En effet, à l'époque de la modernité, un *lumpenproletariat* a toujours été rejeté par les exploités conscientisés par les formations syndicale et politique. De nos jours, divers pauvres n'ont guère accès au monde de ce postmoderne/postcolonial qui s'étend comme discours aux multiples facettes et qui est lié à l'accès à l'école et au monde des technologies modernes. On pense aux « sin tierras » (sans terre) du Brésil, pourtant organisés, mais dont le message qui lie très clairement possession de la terre et organisation sociale et culturelle structurée reste marginalisé. On pense surtout à toutes celles et à tous ceux qui n'ont d'autre voix que l'épisodique de l'intérêt d'une organisation non gouvernementale (ONG) comme Anti-Slavery International, qui prend en charge du mieux qu'elle peut des espoirs que les enfants et les adultes concernés n'ont même pas le loisir de formuler. On pense aussi aux malades trop pauvres pour être soignés et qui n'intéressent personne et meurent complètement oubliés. Notre but, sans ignorer ces aspects, est d'étudier divers textes qui, par leur diffusion médiatique ou culturelle, parlent d'attitudes et d'individus qui n'avaient parfois guère voix au chapitre dans le cadre d'une monosémie culturelle centrée sur une modernité ayant prise sur la valorisation et parfois l'hypervalorisation de l'identité nationale, mais qui, de nos jours, peuvent se manifester. Et pouvoir prendre la parole, c'est déjà échapper à une forme de pauvreté, comme le souligne Domitila Barrios de Chungara dans *Si on me donne la parole…*, Paris, Maspero, 1981. De plus, de nombreux groupes diffusent des discours différents et luttent contre le discours postmoderne libéral sur la planète. Voir par exemple : « Open letter to foreign Tourists visiting Nepal : Dear Foreign Tourists, Welcome to the country of the roof of the world, and warmest greetings from the materially poor but spiritually rich people of Nepal! […] wishing you all the best for a future visit to a democratic, progressive and prosperous people's republic of Nepal, Yours sincerely, Dr. Baburam Bhattarai, Convenor, United Revolutionary People's Council, Nepal, March 15, 2002. » Nous traduisons : « Lettre ouverte aux touristes étrangers en visite au Népal : "Cher touriste étranger, bienvenu au pays du toit du monde, et la plus chaleureuse bienvenue de la part du peuple népalais pauvre matériellement, mais riche spirituellement! […] Nous vous souhaitons un séjour fructueux pour votre visite future dans une république népalaise démocratique, progressiste et prospère. Sincères salutations […]." »

59 René Girard, *op. cit.*, p. 244.

60 Edward Taylor, *Primitive Culture*, New York, Harper, 1958.

61 Charles Lemert, *Postmodernism Is Not What You Think*, Oxford (Royaume-Uni), Malden (Mass.), Blackwell, 1997, p. 65. Nous traduisons : « Culture : l'ensemble des valeurs, des règles, des croyances, des littératures, des arts, des médias, des codes pénaux, des lois, des idéaux politiques et autres éléments produits socialement par lesquels une société ou un groupe social représente sa vision du monde comme il est et comme il doit être; les mécanismes complexes par lesquels les sociétés ou les groupes sociaux justifient l'exclusion des réalités qu'ils trouvent intolérables. »

62 Edward Sapir, *Selected Writings in Language, Culture and Personality*, Berkeley, University of California Press, 1968; Benjamin Lee Whorf, *Language, Thought, and Reality*, New York, Braziller, 1965.

63 Neil Bissoondath, *Le marché aux illusions*, Montréal, Boréal, 1995.

64 Diana Brydon, « The White Inuits Speaks : Contamination as Literary Strategy », dans *Past the Last Post* (Ian Adam et Helen Tiffin, dir.), Calgary, University of Calgary Press, p. 191-203.

65 Alberto Kurapel, *Station artificielle*, Montréal, Humanitas, 1993.

66 Benedict Anderson, *Imagined Communities : Reflections on the Origin and Spread of Nationalism*, Londres, Verso, 1991.

67 Eric Hobsbawm, *The Age of Capital 1848-1875*, Londres, Cardinal, 1975.

68 Ulf Hannerz, « Borders », dans *International Social Science Journal*, Oxford, Blackwell/Unesco 154, 1997.

69 La pensée occidentale a été modifiée quand les États-Unis, en particulier, ont insisté de plus en plus sur les concepts de reconfiguration et de changement, étant donné qu'ils étaient peuplés par des immigrants provenant de différentes parties d'Europe et du monde et qu'ils devaient donc inventer un nouveau type de nation, comme le soulignent Bissoondath, Vasconcelos, Hartz, et de nouvelles identités provenant de ces différences mises ensemble dans un espace à développer : « America is already the world federation in miniature, the continent where for the first time in history, has been achieved that miracle of hope, the peaceful living side by side, with character substantially preserved, of the most heterogeneous peoples under the sun » (Randolph Bourne, « Trans-national America », *The Atlantic Monthly*, n° CXVIII, 1916, p. 93). Nous traduisons : « L'Amérique est déjà une fédération mondiale en miniature, le continent où pour la première fois dans l'histoire a été atteint ce miracle d'espoir, de vie paisible côte à côte avec leurs caractères préservés de façon substantielle, des peuples les plus hétérogènes sous le soleil. » Mais cette situation n'a pas été perçue immédiatement car, jusqu'au milieu du XXe siècle, les

États-Unis n'étaient pas une puissance militaire, économique, scientifique et politique aussi capitale que de nos jours. Ils sont devenus une superpuissance après que les horreurs de la Seconde Guerre mondiale eurent été surmontées, quand ils ont aidé l'Europe à se reconstruire grâce au plan Marshall et aux accords de Bretton Woods et aussi quand la culture populaire/techno/d'élite s'est diffusée dans le monde par le biais de Hollywood, des agences publicitaires et de Disney Corp. Au sujet de Bissoondath, Hartz et Vasconcelos, voir Neil Bissoondath, « A Question of Belonging : Multiculturalism and Citizenship », dans William Kaplan, *Belonging : The Meaning and Future of Canadian Citizenship*, Montréal-Kingston, McGill-Queen's University Press, 1993 ; Louis Hartz, *Les enfants de l'Europe : essais historiques sur les États-Unis, l'Amérique latine, l'Afrique du Sud, le Canada et l'Australie*, Paris, Seuil, 1968 ; José Vasconcelos, *La raza cosmica*, Mexico, Espasa-Calpe, 1966. On retient d'ailleurs que Bourne en 1916 a été le premier à utiliser le terme *postmodernism*. Voir P. Imbert, *The Permanent Transition*, Francfort/Madrid, Vervuert/Iberoamericana, 1998, p. 9.

70 Dany Laferrière, *Comment faire l'amour avec un Nègre sans se fatiguer*, Montréal, VLB, 1985, et aussi *Cette grenade dans la main du jeune Nègre est-elle une arme ou un fruit ?*, Montréal, VLB, 1993. Cette construction de l'altérité sera approfondie dans un autre volume en préparation : Patrick Imbert, *Mondialisation et déplacements identitaires dans les Amériques : de la violence du stéréotype à la singularité des voies multiples*.

71 Nancy Huston, *Nord perdu*, Montréal, Actes Sud/Leméac, 1999.

72 En ce sens, on retient ce que dit Kibédi Varga : « La philosophie a eu tort de ne s'intéresser qu'à la question de savoir comment l'homme pourrait maîtriser la nature (et se faire ainsi l'arme de la modernité), elle doit analyser la guerre, la violence, les conflits » (*Littérature et postmodernité*, Groningen, CRIN, 1986, p. 7).

73 Edward T. Hall, *The Silent Language*, New York, Anchor, 1973.

74 Jürgen Ruesch, *Disturbed Communication*, New York, Norton, 1972.

75 Ronald David Laing, *Knots*, Harmondsworth, Penguin, 1972.

76 Ceux-ci sont un arrière-plan constant de plusieurs romans explorant des conditions autres d'interrelations culturelles. On le voit par exemple dans la phrase suivante : « Ce monde est une boîte de Pandore dont mes paupières sont le couvercle : chaque fois que je cligne les yeux, le mal et l'horreur s'échappent du monde et sautent dans mes yeux » (Yann Martel, *Self*, *op. cit.*, p. 276).

77 René Girard, *op. cit.*

78 Cette critique de Hegel a lieu notamment chez Michael J. Shapiro (*Violent Cartographies : Mapping Cultures of War*, Minneapolis, University of

Minnesota Press, 1997) et chez Karl Popper : « Most of the modern totalitarians are quite unaware that their ideas can be traced back to Plato. But many know of their indebtedness to Hegel, and all of them have been brought up in the close atmosphere of Hegelianism. They have been taught to worship the state, history, and the nation » (Karl Raimund Popper, *The Open Society and Its Enemies*, New York, Harper, 1963, vol. 2, p. 31). Traduction : « La plupart des penseurs totalitaires modernes ne sont pas conscients du fait que leurs idées peuvent remonter à Platon. Mais nombreux sont ceux qui reconnaissent leur dette envers Hegel et tous ont été élevés dans l'atmosphère fermée de l'hégélianisme. On leur a enseigné à adorer l'État, l'histoire et la nation. »

79 Emmanuel Levinas, *Totalité et infinité. Essai sur l'extériorité*, La Haye, Nijhoff, 1961.

80 Paul Ricœur, *Oneself as Another*, Chicago, Chicago University Press, 1992.

81 On n'échappe jamais à cette situation comme on le voit aussi dans la conclusion où l'on commente la phrase tirée des *Silences du corbeau* de Yvon Rivard (Montréal, Boréal, 1986) : « L'univers est une corde abandonnée dans un champ qu'un passant dans la pénombre prend pour un serpent. »

82 Bien sûr, il existe d'autres types d'approches discursives. Ainsi, les discours révolutionnaires sont, eux aussi, des participants à une forme de solidarité internationale en lutte contre le libéralisme. Toutefois, ils ne font pas partie de notre objet d'étude, même s'ils sont toujours très actifs : « In a statement to the Intelligence Committee of the US Senate, Carl Ford, Assistant Secretary, Bureau of Intelligence and Research of the US State Department, said that : "Cuba harbors 20 members of the Basque terrorist organization ETA, who from the island assist the Revolutionary Armed Forces of Colombia (FARC)." Ford also said that an Irish citizen residing in Havana, arrested in Colombia last year for training the FARC, is now representative of the Irish Republican Army (IRA) on the island » (*Europa Press*, 7 février 2002). Nous traduisons : « Dans un texte au Comité sur l'information du Sénat des États-Unis, Carl Ford, secrétaire adjoint du bureau d'information et de recherche du Département d'État américain a dit : "Cuba est le port d'attache de vingt membres de l'organisation terroriste basque ETA qui, depuis cette île, aident les forces armées révolutionnaires de Colombie (FARC)." [...] » N'oublions pas les discours récents du commandant Marcos critiquant l'Espagne et niant tout lien avec l'ETA et indirectement rejetant ce qu'affirme C. Ford. Il annonce aussi que les zapatistes se défendront par les armes si le gouvernement Fox envoie l'armée reprendre la réserve naturelle des montagnes Bleues. Il exprime aussi sa solidarité avec tous ceux qui, en Argentine, sont mobilisés autour

du slogan « Que se vayan todos » visant les classes politiques argentines au complet. Nous traduisons : « Qu'ils s'en aillent tous. » *Clarín,* 31 décembre 2002, p. 12.

83 Voir George Gilder, *op. cit.*

84 Voir à ce sujet la critique de David Crane : « Golden's speech also reveals a widespread Canadian suspicion of Mexico that's unfortunate — in this zero-sum view, Mexican gains seem to be seen as a loss for Canada. For example, Golden worries that Mexico will be a greater magnet for future auto industry investment than Canada, and this is probably true for rational reasons. But Canada can still have an important auto industry, though one more focussed on high value components and advanced manufacturing » (*Ottawa Business Journal,* 20 mai 2002, p. 7). Nous traduisons : « Du discours de Golden se dégage aussi une méfiance canadienne répandue vis-à-vis du Mexique, ce qui est dommage du point de vue reposant sur le jeu à somme nulle : les gains mexicains semblent être une perte pour le Canada. Par exemple, Golden s'inquiète du fait que le Mexique attirera plus les investissements de l'industrie automobile que le Canada, et cela est probablement vrai pour des raisons rationnelles. Mais le Canada peut encore avoir une industrie automobile importante, quoiqu'elle doive être plus orientée sur des éléments à haute valeur ajoutée et sur des avancées dans la fabrication. »

85 C'est l'effet *trickle-down* (« écoulement ») qui soutient qu'un filet de richesse va s'écouler vers les plus pauvres et qu'il va resserrer le filet de protection sociale.

86 Cette vision est discutée par exemple par Charles Taylor (*Les sources du moi,* Montréal, Boréal, 1998, p. 630) : « L'atomisme a brouillé à ce point notre conscience de la relation entre les actes et leurs conséquences sociales que ceux-là mêmes dont le mode de vie mobile et tout orienté vers la croissance a considérablement accru les charges du secteur public sont aussi ceux qui protestent le plus vivement contre l'obligation d'assumer leur part du coût qui en résulte. L'hégémonie de ce point de vue dans notre vie politique, consolidé qu'il est, en outre, par une bureaucratie irresponsable, représente également une menace permanente à notre bien-être écologique. Telle serait ma thèse. »

87 Christopher Lasch, *The Revolt of the Elites and the Betrayal of Democracy,* New York, W. W. Norton, 1995.

88 Paul Chamberland, *En nouvelle barbarie,* Montréal, L'Hexagone, 2000, p. 171.

89 Voir Marie Couillard et Patrick Imbert, « L'invention des Amériques : de barbarie/civilisation à oisiveté/travail », *Revue canadienne de littérature comparée,* vol. 27, n° 3, septembre 2000, p. 437-461.

90 Dans les Amériques, en particulier au Québec comme au Brésil, au Chili ou en Argentine, la culture échappe de plus en plus à l'influence des intellectuels français et à toute l'idéologie jacobine qu'ils ont véhiculée au XIXe siècle et au XXe siècle et qu'ils véhiculent toujours, notamment dans un organe comme *Le Monde* et encore plus *Le Monde diplomatique.*

91 Voir dans *Quarta Feira*, Folha ilustrada, 3 novembre 1999, p. 4 : « Cada sociedade tem a barbárie que merece. » Traduction : « Chaque société a la barbarie qu'elle mérite. » Et on développe les liens entre pauvretés économique et culturelle et crimes.

92 Réaction constatée par l'auteur de cet ouvrage.

93 Voir Basil Bernstein, *op. cit.* Toutefois, les langages spécialisés sont constamment réévalués au plan expérimental par des artistes ou des écrivains. On pense à ce que dit le curateur du Musée des Beaux-Arts de Santiago au Chili, Justo Pastor Mellado : « la gran invención chilena a nivel international está dada por los desplazamientos del grabado que permiten establecer una crítica de la representación pictórica a traves de los mismos procedimientos del arte contemporáneo [...]. » Nous traduisons : « la grande invention chilienne sur le plan international est donnée par les déplacements de la gravure qui permettent d'établir une critique de la représentation picturale à travers les procédés de l'art contemporain [...] » (*El Mercurio*, dimanche 23 janvier 2000, p. C12).

94 Gregory Bateson, *Steps to an Ecology of Mind*, New York, Ballantine, 1972.

95 *Ibid.*, p. 315.

96 Patrick Imbert, *The Permanent Transition, op. cit.*

97 Voir Amitaï Etzioni, *op. cit.*

98 Voir Marie Couillard et Patrick Imbert, « L'influence des États-Unis sur l'élaboration des systèmes d'éducation au Canada au XIXe siècle et sa mise en perspective avec l'Argentine : contribution à l'invention des nations en Amérique », *Québec Studies*, n° 23, printemps-automne 1997, p. 82-94.

99 Jean Fisette, *Pour une pragmatique de la signification*, Montréal, XYZ, 1996. Voir aussi de Fisette, « L'apport de la sémiotique à la réflexion sur l'américanité : altérité, métissage et utopie », conférence au colloque « L'Amérique, terre d'utopies », Congrès Intercom, Salvador de Bahía, septembre 2002.

100 Gérard Deledalle, « Peirce dans l'histoire de la pensée. La philosophie américaine et la nouvelle philosophie universelle », dans *Versus*, n°s 55-56, 1990, p. 29-40.

101 D'où les plus démunis restent souvent exclus, ce qui est une situation connue aussi à l'ère de la modernité coincée dans les luttes propres à la guerre froide. On pense à ce que disait un pauvre de Lima à Gustavo

Gutiérrez, le père de la théologie de la libération : « Moi, je n'ai pas la chance d'être exploité » (*La Croix*, 16-17 février 2002, p. 8).

102 Voir Wendell Johnson, « Words and Not-words », dans *Mass Media and Communication* (C. S. Steinberg, dir.), New York, Hastings House, 1972, p. 28-43.

103 Alfred Korzybski, *Science and Sanity*, New York, The International Non-Aristotelian Library, 1933.

104 Ivan Illich, *op. cit.*

105 Neil Postman et Charles Weingartner, *op. cit.*

106 John Holt, *The Underachieving School*, New York, Dell, 1969.

107 Thomas J. Peters et Robert H. Waterman, *In Search of Excellence*, New York, Harper and Row, 1982.

108 Ronald David Laing, *The Politics of the Family*, Toronto, CBC, 1969, p. 11. Nous traduisons : « Pour arriver à ce que quelqu'un devienne ce que l'on veut [...] est autre chose. La meilleure manière est, dans un contexte hypnotique ou similaire, de ne pas lui dire ce qu'il doit être, mais ce qu'il est. De telles attributions, en contexte, sont beaucoup plus puissantes que des ordres. »

109 Benjamin Lee Whorf, *Linguistique et anthropologie*, Paris, Denoël, 1969; Edward Sapir, *op. cit.*

110 Voir par exemple Carlos Castaneda, *Journey to Ixtlan*, New York, Simon and Schuster, 1974.

111 Voir Nicole Morgan, « La chanson de Gavroche », dans « Mensonge et désinformation », n° 8, numéro spécial de *Carrefour* dirigé par P. Imbert, vol. 16, n° 1, 1994, p. 25-38.

112 Patrice Lacombe, *La terre paternelle*, Montréal, Beauchemin et Valois, 1871, p. 118. À noter que ces idées ainsi que ce qui concerne le travail et les autochtones vont se retrouver chez Parent, Lamartine et autres : « Les Canadiens, c'est-à-dire les créoles du Canada [...] les manières douces et polies sont communes à tous [...] mais la légèreté, l'aversion d'un travail assidu et réglé et l'esprit d'indépendance [...] sont là les défauts qu'on reproche le plus et avec le plus de fondement aux Français canadiens, c'est aussi celui des Sauvages [...] la fréquentation de ses [le continent] habitants naturels, qui mettent tout leur bonheur dans la liberté et l'indépendance, sont plus que suffisants pour former ce caractère [...] » (François-Xavier Charlevois, *Histoire et description générale de la Nouvelle-France*, 1744). Quant au processus d'attribution, Lord Durham s'en servira pour produire des éléments bien particuliers de l'identité canadienne-française.

113 Pierre Rajotte, *Les mots du pouvoir ou le pouvoir des mots*, Montréal, L'Hexagone, 1991.

114 Monteagudo, « ¡Energía, Americanos! Energía », *Gaceta de Buenos Aires*, 10 janvier 1812, p. 93.

115 *Ibid.*, p. 93. Nous traduisons : « La tempérance qui est la vertu contraire à ce vice est bien plus recommandable car elle est la base de la liberté et le ciment des républiques. Aucun peuple ne fut libre sans modération. »

116 Michael Aaron Rockland, *Sarmiento's Travels in the United States in 1847*, Princeton (N. J.), Princeton University Press, 1970, p. 166. On note que le titre ne mentionne pas le Canada. Pourtant Sarmiento a voyagé notamment à Niagara, à Montréal, et fournit de nombreux commentaires sur Montréal et sur les différences qu'il perçoit entre le Canada et les États-Unis. Nous traduisons : « Le Yankee est un propriétaire-né [...] il ne dit pas qu'il est pauvre, mais qu'il est pauvre en ce moment ou qu'il a eu de la malchance ou que l'époque est mauvaise. »

117 Domingo F. Sarmiento, *Facundo*, Barcelona, Planeta, 1986.

118 Voir Lelia Area citant Ramos et analysant les liens entre territoire, littérature et invention de la nation argentine : « Travesía por la biblioteca de una nación "naciente" », <www.lehman.cuny.edu/ciberletras/v08/area.html>. Julio Ramos, *Desencuentros de la modernidad en América latina. Literatura y política en el siglo XIX*, Mexico, FCE, 1989.

119 Carlos Fuentes, *Tiempo mexicano*, Mexico, Cuadernos J. Mortiz, 1973.

120 Esteban Echeverria, *El Matadero : La Cautiva*, Madrid, Catedra, 1986.

121 *Ibid.*, p. 19. Nous traduisons : « Le mal qui afflige la République argentine est son extension : le désert l'entoure de toutes parts et il s'insinue dans ses entrailles : la solitude, le manque de population sans aucune habitation humaine sont en général les limites indubitables entre les provinces. »

122 Augusto Roa Bastos, *La veille de l'amiral*, Paris, Seuil, 1994, p. 55.

123 Cité par Xavier Marmier, *Lettres sur l'Amérique*, Paris, Bertrand, 1851, vol. 2, p. 318.

124 Voir la comparaison historique : Sarmiento dans *Facundo* établit des analogies entre ce port obligatoire du ruban rouge et la rouelle que les Juifs ont été obligés de porter à certaines époques en Europe.

125 Voir au sujet du marquage : Jacques Hassoun et Cécile Wajsbrot, *L'histoire à la lettre*, Paris, Mentha, 1991.

126 Affiche apposée à l'Université d'Ottawa au printemps 1992.

127 *Grands Reportages*, n° 118, novembre 1991, p. 120-121.

128 *Architectural Digest*, janvier 2001, p. 47. Nous traduisons : « Qui serez-vous dans les prochaines vingt-quatre heures? »

129 Nancy Huston, *op. cit.* L'expression est aussi utilisée chez Richard Rorty, *Contingency, Irony, Solidarity*, Cambridge, Cambridge University Press, 1989.

130 Voir à ce sujet Henri Laborit, *Éloge de la fuite*, Paris, Gallimard, 1976.

131 Antonio d'Alfonso, *Avril ou l'anti-passion*, Montréal, VLB, 1990, p. 159.

132 Comme nous le verrons plus loin dans les publicités qui parodient le discours religieux (voir 3.5), il se produit une lutte pour la monopolisation de la reconnaissance de l'altérité et, par conséquent, de la production de significations différenciées. En effet, la parodie publicitaire des discours et rituels chrétiens stéréotypés et les transformations de ceux-ci en discours soit excluant, soit ralliés au discours libéral, affirmant que lui est porteur de reconnaissance de l'autre, sont une manifestation contemporaine de luttes discursives où le message chrétien n'est pas vu selon l'optique de René Girard. Le discours libéral économiste se présente dans ces publicités comme favorisant la production de significations différentes, donc adaptées à de multiples contextes, discours et cultures.

133 William Styron, *Sophie's Choice*, New York, Random House, 1979.

134 Art Spiegelman, *Maus*, New York, Pantheon Books, 1973; *Maus II*, New York, Pantheon Books, 1986.

135 Voir sa critique dans *La peste* d'Albert Camus, Paris, Gallimard, 1954.

136 Celle-ci est bien évoquée par Milan Kundera ou encore par Alexandre Soljenitsyne dans *L'archipel du goulag*, Paris, Seuil, 3 vol., 1974.

137 Theo d'Haen, « Post-scripts : Postnational Identities in Contemporary North-American Fiction », dans *Roman contemporain et identité culturelle en Amérique du Nord/Contemporary Fiction and Cultural Identity in North America* (Jaap Lintvelt *et al.*, dir.), Québec, Nota Bene, 1998, p. 29-43, p. 31. Nous traduisons : « La littérature dans le monde vernaculaire, depuis son institutionnalisation comme discipline académique, a été perçue avant tout comme une machine identitaire. » C'est aussi ce que souligne Julio Ramos pour l'Amérique latine, *op. cit.*

138 Michael Polanyi, *La logique de la liberté*, Paris, PUF, 1989.

139 Karl Raimund Popper, *op. cit.*

140 Emmanuel Lévinas, *Totalité et infinité : essais sur l'extériorité*, La Haye, Nijhoff, 1961.

141 Paul Ricœur, *op. cit.*

142 « Le totalitarisme et le monisme vont de pair », dans Michel Maffesoli, *L'ombre de Dionysos*, Paris, Méridien/Anthropos, 1992, p. 128.

143 Voir Jean Anouilh, *Antigone*, Paris, La Table ronde, 1952.

144 Youri Rytkhèou, *L'étrangère aux yeux bleus*, Paris, Actes Sud, 2001.

145 Voir à ce sujet la relecture d'*Antigone* non par Anouilh, mais par Antonio d'Alfonso, qui affirme qu'Antigone ne représente pas la fixation enfantine d'une femme pour son père et son frère, mais qu'elle « personnifie l'espoir face à la dévastation de la guerre » : *Avril ou l'anti-passion*, Montréal, VLB, p. 91. Ici, on reconnaît les divergences dans les

interprétations fondées aussi sur le choix des théories. On pense aussi aux lectures de *Rue Deschambault* de Gabrielle Roy (Montréal, Boréal compact, 1993) à visées mythocritiques qui occultent toute la prise en charge de la critique du racisme. Voir Patrick Imbert, « Critique littéraire, lecture canonique, prise en charge de la différence et exclusion », dans *Croire à l'écriture* (Y. Lepage et R. Major, dir.), Orléans (Ontario), David, 2000, p. 179-194.

146 Le seul point hors discours indéniable est bien le passage de vie à trépas d'où l'intérêt profond pour les dictatures modernes de faire disparaître les cadavres. Le corollaire en est l'invention d'un genre littéraire particulier : le testimonio.

147 Il permet de plus aux lyncheurs de croire que la victime était bien la cause réelle des dissensions à l'intérieur du groupe puisque le mort rassemble dans sa fonction de bouc émissaire.

148 Voir Alfred Korzybski, *op. cit.*, p. 182.

149 On différencie donc interprétation liée à la modernité et à la recherche de l'imposition d'un canon borné dans le cadre étatique national et productions de significations menant, à partir de lectures individuelles situées dans la concurrence textuelle, à favoriser la rencontre dans la reconnaissance.

150 Martin Wolf, « Countries Still Rule the World », *The Financial Times* (Londres), mercredi 6 février 2002, p. 12.

151 Mimétisme (au sens de *mimicry*) qu'il ne faut pas confondre avec la mimésis, comme le rappelle Alfonso de Toro dans « ¿Cambio de paradigma? », *El debate de la postcolonialidad en latinoamérica* (A. et F. de Toro, dir.), Francfort/Madrid, Vervuert/Iberoamericana, 1999, p. 47.

152 Homi Bhabha, « Of Mimicry and Man : The Ambivalence of Colonial Discourse », *October 1984*, n° 28, p. 126. Nous traduisons : « Le mimétisme apparaît comme une des stratégies du pouvoir colonial les plus insaisissables et les plus efficaces. Le mimétisme colonial est le désir d'un autre transformé et reconnaissable, présent comme sujet d'une différence qui, en fait, est presque le même, mais pas tout à fait. » Voir aussi : Homi Bhabha, « Representation and the Colonial Text : A Critical Exploration of Some Forms of Mimeticism », dans *The Theory of Reading* (F. Gloversmith, dir.), Brighton, Harvester, 1989, p. 93-122.

153 Certes, il faudrait nuancer, car les résultats actuels de la colonisation sont parfois très bénéfiques pour certains anciens « colonisés ». Ainsi, à Pondichéry, ancienne colonie française sur la côte de l'Inde, un ancien employé reçoit 6000 F mensuels de retraite « alors qu'un citoyen indien, même de haute caste, gagne péniblement 500 F par mois » (*Grands Reportages*, octobre 2001, p. 76-77).

154 C'est ce que nous verrons dans la section 2.1 avec Frederik Barth, *Ethnic Groups and Boundaries. The Social Organization of Culture Difference*, Bergen/Londres, Universitetsforlaget/Allen & Unwin, 1969.

155 Nous traduisons : « Étudiants francophones, employés bilingues ».

156 *Ottawa Business Journal*, 24 avril 2000, p. 11. Nous traduisons : « La porte d'entrée à un large éventail d'occasions régionales, nationales et mondiales ».

157 Alfonso de Toro, « The Epistemological Foundations of the Contemporary Condition : Latin America in Dialogue with Postmodernity and Postcoloniality », dans *Latin American Postmodernisms* (Robert Young, dir.), Atlanta, Rodopi, 1997, p. 36.

158 Néstor García Canclini, *Consumidores y ciudadanos*, Mexico, Grijalbo, 1995.

159 Frederic Jameson, *Postmodernism and the Cultural Logic of Late Capitalism*, Durham, Duke University Press, 1991.

160 Alfonso de Toro, « The Epistemological Foundations... », *op. cit.*, p. 36. Traduction : « Je vais le remplacer [le terme de postcolonialisme] par "postcolonialité", et par cela je veux dire une attitude intellectuelle, sociale et culturelle liant la périphérie au centre d'une manière pluraliste et internationale produisant le dialogue. »

161 On verra toutefois comment ce dialogue pédagogique se produit dans le deuxième volume en préparation.

162 Yann Martel, *Self*, *op. cit.*, p. 204.

163 Alejo Carpentier, *Le partage des eaux*, Paris, Gallimard, 1956.

164 Voir la polémique concernant son « plagiat » du résumé d'un ouvrage de Moacyr Scliar intitulé *Max and the Cats*, dans *The Ottawa Citizen*, jeudi 7 novembre 2002, p. A4, et aussi dans *La Presse*, jeudi 7 novembre 2002, p. C1.

165 Yann Martel, *Life of Pi*, Toronto, Vintage Canada, 2001, p. 4. Nous traduisons : « Le pelage d'un paresseux protège une algue qui est brune durant la saison sèche et verte durant la saison humide de telle façon que l'animal se fond avec les feuillages et les mousses alentour et qu'il ressemble à un nid de fourmis blanches ou d'écureuils ou à rien d'autre sinon à un morceau d'un arbre. »

166 Douglas Coupland, *Girlfriend in a Coma*, Toronto, HarperCollins, 1998, p. 88. Nous traduisons : « Scott, un producteur de Los Angeles, nous a dit qu'ils filment tout ici parce que Vancouver est unique : il est possible de fondre cette ville en n'importe quelle autre ville nord-américaine ou espace vert avec un effort minimal et avec encore moins de frais, mais en même temps la ville a sa personnalité propre. Vous voyez ce motel là-bas ? C'était Pittsburgh dans le film de la semaine. »

167 Pico Iyer, *op. cit.*, p. 20. Traduction : « Kazuo Ishiguro, "Ish" ainsi qu'on le nomme [...] semble de plusieurs manières être la quitessence de l'âme mondiale, pas si éloigné du Japon qu'il a laissé quand il avait cinq ans tout en ne faisant pas réellement partie de l'Angleterre [...] "Quand il m'était utile d'être très japonais, je pouvais être très japonais", dit-il avec un air désarmant. "Et ensuite quand je voulais cesser, je devenais juste cet Anglais ordinaire." »

168 Abril Trigo, *¿Cultura Uruguaya, Culturas Linyeras?*, Montevideo, Vintén, 1997, p. 23. Nous traduisons : « L'identité nationale, comme toute identité, est une construction imaginaire inachevée et inachevable. »

169 *Encyclopaedia Universalis*, Paris, Éditions universitaires de France, 1990, vol. 15, p. 228.

170 *Ibid.*, p. 228. ·

171 Amaryll Chanady, « Entre hybridité et interculture : de nouveaux paradigmes identitaires à la fin du deuxième millénaire », dans *Les enjeux de l'interculturel au cœur des Amériques* (D. Castillo Durante et P. Imbert, dir.), Ottawa/Winnipeg, Université d'Ottawa/Université du Manitoba/ Legas, 2003, p. 62.

172 *Ibid.*, p. 64.

173 Daniel Castillo Durante, *Los vertederos de la postmodernidad : literatura, cultura y sociedad en América Latina*, Ottawa/Mexico, Dovehouse Editions Canada/Universidad Nacional Autónoma de México, 2000, p. 110, note 22. Nous traduisons : « García Canclini ne nous aide pas en réalité à déterminer quelles sont les bases épistémologiques qui articulent précisément la notion d'hybridité; sa préférence pour ce terme n'aboutit pas à une reconceptualisation qui éviterait les généralisations. »

174 Néstor García Canclini, *La globalización imaginada*, *op. cit.*, p. 199.

175 Voir Roger Caillois, *Méduse et cie*, Paris, Gallimard, 1960.

176 *Forbes*, 3 avril 2000, p. 181-194.

177 Ce fonctionnement est similaire à l'exploration de l'identité produite par le fonctionnement de l'écriture autobiographique dans *Le livre brisé* de Serge Doubrovsky (Paris, Grasset, 1989), où le sujet est le produit de l'écriture. Même chose dans *L'amour, la fantasia* d'Assia Djebar (Paris, A. Michel, 1995), où le sujet est, de plus, issu d'un discours où les cultures et les langues s'affrontent et se complètent. Dans ces textes, il n'est plus issu d'une description d'un monde réel qui le précéderait et qu'il s'agirait de traduire le mieux possible en mots. Voir à ce sujet : Claudia Gronemann, *Postmoderne/Postkoloniale Konzepte der Autobiographie in der französischen und maghrebinischen Literatur*, Hildesheim, Olms Verlag, 2002.

178 Voir Sara Castro-Klarén, « Mimicry Revisited : Latin América, Postcolonial Theory and the Location of Knowledge », dans A. et F. de Toro, *El debate de la postcolonialidad en Latinoamérica*, *op. cit.*, p. 137-163.

179 Michel de Certeau, *Histoire et psychanalyse : entre science et fiction*, Paris, Gallimard, 1987.

180 Néstor García Canclini, *La globalización imaginada*, *op. cit.*, p. 209. Traduction : « voici ce qui m'est arrivé quand j'ai vécu au Mexique ».

181 Charles Jencks, *The Language of Postmodern Architecture*, New York, Rizzoli, 1977.

182 Albert Memmi, *Portrait du colonisé*, Montréal, Éditions du Bas-Canada, 1963.

183 « Brazilian Tribe Joins the Wired World with New Computer School », *National Post*, samedi 28 novembre 1998, p. A15.

184 *Forbes ASAP*, 29 mai 2000, p. 182. Nous traduisons : « S'ils n'avaient pas eu Internet, ils n'auraient pas eu leur souveraineté. »

185 Cette expression n'a pas été forgée par les économistes, mais par les médias, comme le précise J.-M. Harribey. Voir <cfeytout.free.fr/lisboa_ses/net_eco/nouvelle_economie.htm>. Voir aussi *Dictionnaire du Web*, Éditions Dalloz; entrée « Nouvelle économie, économie numérique, netéconomie » : <www.cerna.ensmp.fr/documents/ob-dalloz.pdf>. Il est à noter que, dans tous ces textes, on ne parle quasiment pas de culture.

186 Voir par exemple George Gilder, *op. cit.* Voir aussi ses publications concernant les nouvelles technologies et le monde de la finance comme le *Gilder Technology Report*, le site <www.gildertech.com>, ainsi que ses nombreux textes publiés dans le magazine *Fortune*.

187 C'est ce que souligne aussi J.-M. Descarpentries dans ses remarques : voir <www.esa.upmf-grenoble.fr/documents/pdf/conf_nouvelle_economie.pdf>.

188 Voir <www.parl.gc.ca/36/1/parlbus/chambus/house/bills/summaries/c55-f.htm>. Pour approfondir ces questions, voir aussi : « Mondialisation de l'économie et diversité culturelle : les enjeux pour le Québec », *Commission de la culture* (Ivan Bernier, dir.), mars 2000, Secrétariat des commissions, bureau 3.29, Québec, G1A 1A3.

189 Voir les remarques concernant le Canada et la souveraineté culturelle dans « Made in Canada? Only When It Suits », *National Post*, lundi 8 juillet 2002, p. FP3 : « First, a foreign player attempts to enter Canada to bring competition to a closed, quasi-monopolistic marketplace. Incumbent Canadian players stand to lose if they don't adapt to foreign competition. Canadian consumers, on the other hand, would be the main beneficiaries […] the federal government boldly announces a "made-in-Canada" solution that preserves domestic monopolies and keeps

foreigners out. » Nous traduisons : « D'abord un participant étranger essaye de pénétrer au Canada pour faire concurrence dans un marché fermé qui est un quasi-monopole. Les joueurs canadiens risquent de perdre s'ils ne s'adaptent pas à la concurrence étrangère. De l'autre côté, les consommateurs canadiens seraient les bénéficiaires [...] le gouvernement fédéral annonce hardiment une solution "faite au Canada" qui préserve les monopoles domestiques et gardent les étrangers à l'extérieur. »

190 *L'Express*, 17 novembre 2002, p. 39.

191 Ce deuxième aspect, la rencontre avec l'autre, sera analysé plus en profondeur dans notre ouvrage en préparation intitulé : *Mondialisation et déplacements identitaires.*

Chapitre 2

CULTURE, TERRITOIRE ET PROPRIÉTÉ

> In a world in which everyone's problems are everyone's else's, a new sense of community must be formed on the basis of something deeper than soil and higher than interest rates, if our « One World » dreams are not to devolve into One Nation parties[1].

2.1 CULTURE ET DÉPLACEMENT

> Interdisciplina e interculturalidad : hay analogías entre el hecho de cambiar de país, y aprender otros códigos culturales, y el mudarse de disciplina, ser una especie de migrante epistemológico[2].

> The word « field » itself conjures up mental images of cleared space, cultivation, work, ground. When one speaks of working in the field, or going into the field, one draws on mental images of a distinct place with an inside and outside, reached by practices of physical movement[3].

À la fin des années 1960, Frederik Barth publiait *Ethnic Groups and Boundaries. The Social Organization of Culture Difference*[4]. Il soutenait la nécessité de considérer le fait de partager une même culture moins comme une caractéristique définitive que comme le résultat d'une activité constante. Pour lui, cette activité devait être saisie dans sa dimension relationnelle liée au pouvoir. Par pouvoir, on entend une violence légitimée, c'est-à-dire appropriée par une institution qui s'impose et qui est reconnue. C'est dire que certains groupes vont, à une certaine époque, se constituer en nation, tandis que d'autres seront des ethnies à l'intérieur d'une nation ou aux marges de celle-ci. Ces ethnies seront considérées comme exploiteuses, peu avancées ou folkloriques, selon la manière dont elles seront construites par le regard de l'autre, d'un autre qui sent qu'il doit attribuer des qualifications pour se différencier lui-même. De plus, certains groupes seront construits comme races par d'autres groupes. C'est dire que le processus d'attribution possède une étendue fluctuante et s'affirme en fonction de grandes configurations politico-idéologiques historiques comme l'affirme d'une manière percutante James Baldwin : « Color is not a human or a personal reality; it is a political reality[5]. » Ces configurations sont renégociées, en particulier dans les Amériques où les flux migratoires sont constants. Autrement dit, la couleur de la peau n'est pas naturelle, mais politico-culturelle. Sa signification s'inscrit dans les conséquences socio-économiques qu'elle comporte. Elle est un trait marqué dans la construction sémantique qui mène à définir un autre selon la catégorie de l'ethnique ou du national, les deux pouvant se combiner ou non. Il en est de même pour le sang ou le lieu de naissance qui sont des catégories attributives servant à construire l'autre en fonction d'un trait qui donne ou non du pouvoir. Les rapports identitaires sont relationnels et inscrits dans des rapports inégalitaires en renégociation constante, en particulier dans le cadre plus large apporté par la mondialisation et ses vecteurs postmodernes et postcoloniaux. Dans ce cadre s'affrontent des discours antagonistes en des bidiscursivités stratégiques qui tentent souvent d'échapper, comme pour les autochtones, aux logiques discursives nationales qui les ont exclus.

Dès lors, ce qui permet de produire des discours culturels divers n'est pas l'isolement, qui est de toute façon en bonne partie une fiction, mais le contact avec les autres groupes. C'est la relation, sinon l'interpénétration qui permet l'épanouissement et la multiplication de la diversité culturelle et non l'enfermement dans des positions défensives et des territoires aux frontières visant la permanence d'une pureté imaginaire. C'est la dynamique de construction des autres par soi, de soi par les autres et la saisie que l'autre est aussi en soi qui est le moteur de définitions et de redéfinitions culturelles. On pourrait prouver par l'absurde l'importance du relationnel en soutenant l'hypothèse que, pour protéger les rôles sexuels, il faudrait isoler les femmes et les hommes, ou encore mieux, selon un article issu du magazine *Homemakers*[6], envisager la possibilité d'un monde sans hommes. Si un tel monde s'avérait possible, il mènerait simplement à une grande homogénéité aboutissant à l'extinction de l'espèce. S'enfermer dans des frontières est nuisible, en outre, impossible. En tout cas, le résultat serait un appauvrissement qui mènerait un groupe isolé à subir un choc énorme, lors d'une rencontre culturelle avec un groupe très différent, ce qui demanderait d'intégrer rapidement un montant considérable de nouvelles données. C'est d'ailleurs cette situation qu'évoque Tzvetan Todorov dans *La conquête de l'Amérique*[7]. D'après la recherche de Todorov, on pourrait affirmer que la violence de la rencontre entre les Européens et les autochtones est liée en partie au manque d'interaction qui n'a pas permis d'assurer un rééquilibrage régulier des différences et des enjeux concurrentiels[8]. C'est ce rééquilibrage dans la mobilité des réseaux que permet de plus en plus la mondialisation. C'est pourquoi on ne considérera pas que la mondialisation ferait planer nécessairement une menace d'homogénéisation culturelle. Renato Ortiz l'affirme dans une entrevue journalistique : « Hay una economía global y una tecnología global, pero no hay una cultura global y no la habrá […] hay un proceso integrador de dimensión planetaria, aunque "ese proceso se diferencia históricamente en los diversos lugares del planeta"[9]. » La mondialisation apporte du nouveau à diverses collectivités locales qui entament un processus d'affirmation vis-à-vis de certaines formes de monolithisme, d'exclusion traditionnelle, de violence rituelle ou de non-différenciation culturelle interne. Il est intéressant de constater que cela est de plus en plus souvent souligné dans les médias. Au sujet, par exemple, des abus sexuels perpétrés à l'île Pitcairn selon une tradition qui est de plus en plus remise en question, on affirme ce qui suit : « Social commentators suggest the alleged sexual abuse has come to light because the mores of the rest of the world have caught up with what has been regarded as a traditional way of life on Pitcairn[10]. » On pense aussi au statut des femmes ou des homosexuels[11] qui est en train de changer dans nombre de milieux locaux les rejetant. Cela est parfois difficile, comme le montre Fernando Andacht[12] dans son analyse peircienne des médias en Uruguay. Toutefois, ces mouvements et leurs manifestations médiatisées sont liés aux mouvements culturels urbains et médiatiques mondiaux et y trouvent une légitimité certaine. Il est ainsi possible de dire avec Arif Dirlik[13] que, dans le cadre généralisé d'une crise historique réinsérant la légitimité du discontinu, du contradictoire et du juxtaposé, le Premier Monde vit en partie une forme de dynamique postcoloniale depuis les décolonisations théorisées par Césaire[14], Fanon[15] et Memmi[16]. Mais ce Premier Monde se redéfinit, d'une part, en modifiant les rapports centre/marge devenus réseaux et subalternités dynamiques dans le cadre des transformations économiques, technologiques et symboliques postmodernes et, d'autre part, en vivant une contestation interne, de la part des mouvements féministes[17] ou gais à visées déconstructionnistes qui en théorisent, fictionnalisent et quotidianisent la pratique de partage des lieux de pouvoir. Il est remarquable qu'une forme de postcolonialité, provenant des États-Unis, puisse contribuer à modifier une situation discriminatoire dans d'autres pays. C'est ce qu'on voit en Argentine : « Balza quiere anular castigos a los homosexuales del Ejército[18] », en donnant un exemple qui justifie la visée démocratique : « El 19 de marzo de 1993, el presidente Bill Clinton anunció su decisión de permitir el ingreso de homosexuales a las Fuerzas Armadas de su país[19]. » C'est ce qu'on constate aussi au Canada dans une page de publicité de l'IFAW (International Fund for Animal Welfare) : « The Liberal government's failure to enact endangered species legislation — not once but twice — is a national shame. (By way of comparison, the United States has had an endangered species law for over 25 years)[20]. » On pense aussi à un fonctionnement comme celui des créations publicitaires par des agences multinationales pour des groupes hôteliers multinationaux, où se marquent nettement des approches différentes suivant le contexte culturel où s'insère la publicité (voir 4.2). De plus, par les déplacements physiques et par le biais des réseaux de communication, la mondialisation assure une interaction qui évite la brutalité de l'ignorance totale. Certes, il reste beaucoup de stéréotypie, mais la mondialisation garantit la présence régulière d'une fonction phatique, d'un maintien du contact qui donne l'occasion d'ajuster les représentations aux changements culturels et aux changements technologiques, économiques et conceptuels. Les limites fluctuent dans une interaction qui fonctionne en un partage inégal, certes, mais qui manifeste toutefois une volonté de prendre en charge les nouvelles caractéristiques attributives ainsi que les enjeux objectaux. Les responsabilités, elles aussi, sont inégales, comme le souligne García Canclini : « Para decirlo más claro, lo que suele llamarse globalización se presenta como un conjunto de procesos de homogeneización y, a la vez, de fraccionamiento articulado del mundo, que reordenan las diferencias y las desigualdades sin suprimirlas[21]. » Mais la diversification des responsabilités domestique les luttes mimétiques appropriatives, car, dans les démocraties occidentales ou en voie d'occidentalisation, aucun groupe n'a totalement le pouvoir de définir les rapports sociaux, culturels et économiques. C'est ce que souligne

Alain Minc[22], considérant qu'une puissance mondiale comme les États-Unis est de plus en plus soumise à une compétition difficile provenant de diverses régions du monde. Les cultures minoritaires, exiguës[23] ou majoritaires s'engagent dans des rapports systémiques qui visent, par la négociation dans l'inégalité, à éviter les luttes de prestige. Ces luttes peuvent toutefois être aussi des luttes de désespoir de la part d'un groupe qui n'a plus rien à perdre. D'où le danger des inégalités profondes qui passent de plus en plus, de nos jours, par l'accès ou le non-accès aux réseaux mondiaux. Dès lors, il faut saisir qu'il est dangereux que les plus démunis soient coincés dans un monde local statique peu relié au reste du monde et qu'ils n'aient pas accès au grand mouvement postmoderne/postcolonial de démocratisation et de légitimation de la mobilité et du déplacement propre à la fin du XXe siècle, mais déjà commencé dès la fin du XIXe siècle libéral.

Précisons que cette mobilité sociale, ces déplacements épistémologiques et ces transformations économiques se sont effectués à des rythmes et selon des succès divers dans les sociétés des Amériques. Journaliste à *La Nación*, Jorge Oviedo s'est récemment lancé dans une comparaison entre l'Argentine, l'Australie et le Canada. Après avoir souligné qu'au début du XXe siècle le Canada et l'Australie se demandaient pourquoi ils ne pouvaient être aussi riches que l'Argentine, il met en valeur les causes de la différence actuelle : « En la Argentina, caracterizada por instituciones más rígidas y menos pluralistas [...] la inflexibilidad institucional permitió una concentración de poder y beneficios del crecimiento en pocas manos [...] la insatisfacción generó rupturas en la sociedad, fomentándose la reacción exagerada de los grupos que quedaban fuera[24]. » De ce fait est communiquée une vision critiquant le statisme et prônant comme solution un dynamisme qui ne peut équivaloir seulement à une privatisation sauvage[25]. Souvent, celle-ci, comme pour l'utilisation des lignes téléphoniques, maintient parallèlement les réglementations nationales et empêche une compétitivité qui ferait baisser les prix et profiterait à la population. Dans ce discours, la mobilité semble souhaitable, car elle tend à rendre les individus inventifs, confiants et entreprenants. C'est ce que souligne García Canclini en évaluant quatre types de déplacements.

Dans *La globalización imaginada*, Canclini lie le déplacement à quatre types de relations : 1. Les relations primaires directes entre personnes; 2. les relations secondaires établies par les fonctions et les rôles joués dans la vie sociale; 3. les relations tertiaires médiatisées par les technologies et les grandes organisations; et 4. les relations quaternaires reposant sur l'espionnage, les archives et la surveillance[26]. Les démunis sont défavorisés sur le plan de la restructuration culturelle qui privilégie les relations étendues par le biais des organisations internationales, des réseaux de télécommunications et des médias globaux. À travers cette restructuration inégalitaire se joue pourtant un enjeu majeur du troisième millénaire : donner accès au déplacement et aux relations tertiaires aux plus démunis. Sinon, l'ignorance culturelle due à l'absence de contact sera telle qu'un jour, des monolithismes qui s'ignorent s'affronteront soit dans l'impossibilité de trouver un terrain d'entente, soit dans l'incapacité à saisir qu'il existe des règles du jeu à partager. En ce cas, le processus de différenciation par le partage de limites, d'interactions et de frontières n'aura pas eu lieu. C'est ce qu'évoque Alain Minc[27], retenant qu'un corollaire au dynamisme et au déplacement est que l'on vit de plus en plus dans un monde peu prévisible où, derrière la compétitivité (et son organisation épistémique, culturelle, économique et discursive particulière), pointe la menace de la crise (voir 4.15). Cette crise n'est pas uniquement économique; elle risque de surgir aussi de fondamentalismes dévastateurs tentant de réinstaurer un monde de la vérité, c'est-à-dire un monde où un territoire délimité est lié à une herméneutique monolithique[28].

2.2 L'ORIGINE ET L'HERMÉNEUTIQUE

> Itinéraires. Itinéraires. Itinéraires. Itinéraires. Itinéraires. Itinéraires. Itinéraires[29].

La valorisation du déplacement dont il vient d'être question est encore fortement contextualisée dans une idéologie qui a été et est encore le fondement de la légitimité des États-nations. Elle lie territoire et herméneutique. Cela se vérifie par des réflexes courants. En effet, beaucoup de personnes, hors de leur collectivité d'origine, expriment un malaise sous la forme d'un cliché bien connu : « Cela ne fait aucun sens » ou encore d'une question plus angoissée : « Qu'est-ce que je fais là ? » Dans ce malaise s'exprime la perte de l'environnement protecteur connu qui est avant tout un giron producteur de significations.

Cet environnement générant des significations familières a été longtemps enraciné dans un mythe territorial, c'est-à-dire dans un mythe imposant l'attachement au sol comme source herméneutique primaire. C'est le récit biblique fondateur qui pose le noyau producteur de significations à la fois dans un faire, l'homme façonné à partir de la glaise, et dans un être, Adama signifiant « issu du sol[30] ». Le mythe qui est essentiel à la construction de significations, car il fournit une sémantique contextuelle, des classèmes dirait Greimas[31], permet d'insérer les éléments sémantiques épars ou nouveaux dans une structure narrative contraignante préétablie où tout, ou presque, peut prendre sens. Tout mythe est un grand récit de légitimation, de ceux dont parle Lyotard dans *La condition postmoderne*[32]. Mais le récit biblique a l'avantage, en permettant de mettre ensemble territoire et signification, de lier le territoire et l'invention même du système de signification, les deux étant synthétisés dans le nom du personnage terrestre principal, Adam[33].

En suivant ce grand récit qui fonde une logique d'allégeance fondée sur le territoire, l'homme issu du sol est exalté par tous les chantres d'un nationalisme de l'Ancien Régime, tels les personnages du roman *La terre paternelle* de Patrice Lacombe[34]. Mais l'État-nation laïque issu de la modernité se nourrit aussi des racines, même si le mythe, comme le souligne Propp[35], a perdu ses vertus tutélaires et ses capacités à générer la sacralisation des victimes, c'est-à-dire de ceux qui ne font partie ni du consensus, ni du territoire, ni des deux, comme les autochtones[36], les marranes[37], les Noirs, etc. Le mythe est devenu récit laïque au service d'une conception jacobine du territoire conçu comme un lieu sur lequel s'exerce une autorité centralisatrice. Cette conception se couple à une vue girondine du territoire qui le définit comme un lieu identitaire fondé sur des solidarités. Conception jacobine et conception girondine s'allient dans les romantismes nationaux du XIXe siècle pour faire du lieu d'autorité un lieu de convivialité, et du juridique un espace de sens. Cette conjonction des conceptions renforce les luttes dualistes politiques et identitaires et contribue à mener aux dérives belliqueuses et génocidaires du XXe siècle. C'est pourquoi on soulèvera divers aspects des rapports entre herméneutique et territoire, en se consacrant particulièrement aux nouvelles façons de se territorialiser.

2.3 TERRITOIRES, SIGNIFICATIONS ET VISÉES PROGRESSISTES

> Montréal [...] [a] revêtu peu à peu à mon insu la peau coriace des vraies villes, celles où il faut apprendre à devenir quelqu'un tout seul sans soutien patriotique[38].

Dans une optique postmoderne, comprendre que les significations sont détachées du territoire d'origine est fondamental. Cela était déjà exprimé dans *Future Shock* d'Alvin Toffler en 1970. Toffler expliquait la logique inhérente à la sélection des étudiants dans de grandes universités comme Yale ou Princeton : « Many people no longer stay in one place long enough to acquire distinctive regional or local characteristics [...] It is not the place they're from, really, but rather some sense of a different background that we're looking for[39]. » Ce dépassement de la territorialisation par les cultures multiples mène à produire des significations nouvelles et à repositionner les identités et les rapports sociaux, une initiative d'autant plus importante dans le contexte de la mondialisation.

La rationalité propre à la modernité attachée à l'État-nation a, elle aussi, détaché certaines significations des territoires, quoique d'une manière toute différente du monde contemporain qui joue d'un désir fondé sur la valorisation du déplacement, du temporaire et de l'adaptation à des contextes culturels, économiques et temporels changeants. En effet, dans tous les idéaux évolutionnistes de la modernité, le mot progrès était un élément essentiel, car il était admis que, comme le soulignait Hobbes, tous les peuples avaient vécu dans un état de nature ou de guerre de tous contre tous, mais que l'homme était parvenu à un stade supérieur de civilisation grâce à la raison. Il ne fait aucun doute que cette explication ouvrait sur un problème grave. Certaines sociétés avaient atteint cet état de civilisation représenté comme idéal par la Révolution française, et d'autres non. La résolution du problème était simple : les sociétés dont les coutumes étaient étrangères étaient considérées irrationnelles. Elles se faisaient attribuer le terme de barbare, comme le souligne Sarmiento dans son essai *Facundo*. Condorcet était lui-même convaincu que la Révolution française avait produit l'ordre le plus parfait du monde. L'utopie de la raison exigeait d'établir des associations particulières entre races et cultures ou entre coutumes et accidents géographiques et imposait d'établir des antithèses qui expliquaient la logique des différences et des hiérarchies entre sociétés[40]. Ainsi, la rationalité de la modernité a nié qu'il y ait un lien entre territoire et autochtones, car ils étaient des nomades, donc des barbares irrationnels.

Au XIXe siècle, les États-nations des Amériques ont tout fait pour détacher le territoire des significations barbares déjà là afin de promouvoir une notion exclusive et dualiste du progrès. Pour cela, ils ont diffusé des représentations affirmant que l'espace était désertique ou bien que les autochtones étaient liés directement à la nature, donc qu'ils n'étaient pas des humains ayant une histoire.

2.4 LES CODES EUROPÉENS DANS L'ESPACE NATIONAL PROCHE

Ces discours se sont mis en place sous la pression d'une Europe qui avait tendance à considérer tous les gens des Amériques comme des semi-barbares. Le Vénézuélien Fermin Toro rappelle dans « Europa y América » de 1839 que les Européens considèrent les Américains comme des semi-barbares[41]. Cette idée est fondée sur ce qu'affirmaient les commerçants anglais qui, comme le disait en 1809 Mariano Moreno, un théoricien argentin du libre-échange, diffusent en Europe « un general concepto de nuestra barbarie[42] ». L'ironie est qu'ils le font à l'époque des pires massacres des guerres napoléoniennes. Cela rejoint ce que répètent aussi des colonialistes comme E. G. Wakefield. Pour lui, le monde anglo-saxon est civilisé, mais les autres sont des « Sauvages » :

> If they [the Dutch colonies of South Africa] had not obtained some slaves, that is, some combination of labour in the particular works of their farms, they would, being so scattered, and prevented from combining their own labour, have degenerated into the state of those savage descendants of Spaniards, who inhabit the plains of Buenos Ayres[43].

Sarmiento, en adoptant cette vision du monde, reprend une optique européenne qui construit la créolité comme la barbarie. Il en déplace l'application à l'arrière-pays, puisque la bourgeoisie portuaire est, de son point de vue, civilisée et en rapport avec l'Europe. Ainsi, certains passages de *Facundo* présentent le paysage de la pampa comme un désert[44] qui rappelle les déserts de l'Orient avec ses Bédouins[45], ce que reprend le monarchiste libéral Xavier Marmier dans ses *Lettres sur l'Amérique*[46], où il suit Sarmiento à la lettre dans ce domaine. L'on ne peut s'empêcher de comparer leurs descriptions avec celles fournies par un Français, Théodore Pavie, en 1838, au sujet de Montréal :

> [...] [du côté du nord-ouest de Montréal] ce ne sont que des forêts sauvages, monticules noirs et bleus comme le firmament, océan de bois, de déserts, de plaines comme les steppes de l'Asie, les sables de l'Arabie, puis tout cela s'enfonce et disparaît à l'ouest pour aller se perdre dans les glaces du pôle[47].

Ce texte fait comprendre que la description est bien un système fondant une idéologie qui se veut représentative du réel, mais l'invente en construisant l'identitaire. Même certains Canadiens français se complaisent dans un tel romantisme et dans des références littéraires importées, au point de comparer le paysage près de Québec à l'Égypte. C'est ce qu'on découvre dans *L'influence d'un livre* de Philippe Aubert de Gaspé fils dont la rhétorique est prise dans un ensemble de codes européens romantiques où l'Orient sert d'exutoire au mythe colonial :

> [...] près de la baie Saint-Paul, le cap au Corbeau. Ce cap a quelque chose de majestueux et de lugubre. À quelque distance on le prendrait pour un de ces immenses tombeaux jetés au milieu des déserts de l'Égypte par la folle vanité de quelque chétif mortel[48].

Par conséquent, les influences européennes construisent un espace dit naturel, mais avant tout sociodiscursif qui incarne la barbarie, car il est utile de fonctionner selon un tel paradigme pour inventer la nation et légitimer ses intentions. Ce rejet culturel et économique est critiqué, de nos jours, par Hernando de Soto, l'apôtre de l'entreprise informelle et le critique des horreurs bureaucratiques :

> The surrounding desert and hills have ceased to be a passive landscape and themselves become part of the city, and the city's European style has yielded to a noisy, tawny skinned personality. (Peru) But the cities have also conferred individuality on their inhabitants. Individual effort has come to predominate over collective effort[49].

Cette référence aux situations contemporaines montre bien que le paradigme barbarie/civilisation est couplé à de profondes structures de rejet, à un processus victimaire qui se fonde sur le processus d'attribution. Au Pérou, ce rejet provient des Blancs éduqués et des propriétaires terriens ou des professionnels par rapport aux métis et aux Indiens.

Après avoir détaché les significations autochtones du territoire, les nations en gestation, en une démarche complémentaire, ont établi des rapports étroits entre territoire et déclaration d'indépendance, puis entre territoire et constitution. Ainsi, le préambule de la Constitution argentine dit dans un de ses paragraphes : « [...] para nosotros, para nuestra posteridad y para todos los hombres del mundo que quieran habitar en el suelo argentino [...][50] » ; dans l'article 14, cette fois, concernant le rôle qu'il incombe au Congrès de jouer, la Constitution argentine affirme : « arreglar definitivamente los límites del territorio de la Nación, fijar los de las provincias, crear otras nuevas [...][51]». C'est dire que, dans les Amériques, les penseurs et les politiciens ont importé une conception de la nation mise en œuvre par l'Europe au XIXe siècle.

Toutefois, les élites créoles n'ont pas saisi que, dans les politiques européennes, ce nationalisme qui servait à développer un marché économique intérieur important, gage d'indépendance véritable dans un XIXe siècle visant à démocratiser le droit à la propriété, était lié à l'exploitation de territoires extérieurs, les colonies. Cela est vrai de la France, comme de l'Angleterre, de l'Espagne, du Portugal ou de la Hollande. Les pays qui se développent comme des nations fortes sont ceux qui ont accès à un territoire qui dépasse les espaces nationaux circonscrits manquant de matières premières et possédant un surplus de main-d'œuvre ainsi que de jeunes éduqués et sans fortune. Les penseurs d'Amérique latine comme du Canada français, quoique conscients qu'ils sont un enjeu pour les puissances européennes, conçoivent la nation comme un espace où se développent un marché et une identité, sans toujours avouer qu'il leur manque le pouvoir de couvrir économiquement et technologiquement un espace d'expansion qui servirait de réseau extérieur pour qu'ils puissent eux-mêmes se positionner comme un centre[52]. Autrement dit, affirmer son identité dans un espace protecteur, c'est tenter d'échapper à un colonialisme de l'Ancien Régime, celui de l'Espagne pour l'Amérique latine et celui de la France de l'Ancien Régime, puis celui de l'Angleterre à la fois aristocrate et libérale pour le Canada français. Mais si on ne peut rapidement développer un marché intérieur comme le font les États-Unis et imposer son pouvoir au-delà de ses frontières, on tombe dans une forme de dépendance propre aux enjeux de la modernité bâtissant des empires. En ce sens, le Canada français et l'Amérique latine vivent une dynamique différente de celle des États-Unis qui courent à la *frontier*[53] et qui s'engagent vite dans le continental et l'international, comme le voient bien Bilbao, Papineau ou Sarmiento pour qui le modèle états-unien devient vite une menace.

De plus, il faut retenir une différence fondamentale dans le rapport au territoire. Pour la France en particulier et aussi pour l'Angleterre, un grand récit de légitimation moderne se met en place. C'est celui qui affirme l'importance d'une visée progressiste, que celle-ci soit fondée sur les idéaux jacobins français ou sur ceux du parlementarisme anglais allié au libéralisme économique. Dans ce cadre, l'Espagne est alors perçue comme rétrograde. Le territoire, s'il n'est pas couplé à une visée culturelle vers le progrès et vers l'universel, se transforme en un lieu d'enracinement uniquement local. Une forme de structure coloniale passe dans ce rapport. Il y a des territoires en expansion économique et géographique qui sont aussi en expansion culturelle grâce à un grand récit de légitimation qui ouvre à une mission pour l'humanité tout entière. Ce fonctionnement se retrouve très tôt aux États-Unis dans la notion de « destinée manifeste ». Elle est liée au fait que Dieu est du côté de ce pays[54]. Toutefois, dans nombre de pays, ces visées messianiques vers le progrès sont peu activées ou sont en butte à d'autres courants forts comme l'ultramontanisme au Canada français. Alors, des littératures marquées par un discours pédagogico-nationaliste voient le jour. Elles imitent la croyance européenne, issue de Fichte[55] et de Herder[56], à l'ancrage dans le territoire. Ces littératures aboutissent à une absolutisation locale qui ne parvient pas à occuper le champ de la relativité politique et canonico-littéraire qui est tenu par les grandes options liées aux discours de la démocratie ou des droits de l'homme[57]. Cette relativité politico-canonique permet d'ouvrir le champ de la création à des œuvres diverses, du point de vue thématique et formel, car la mission est de rejoindre les progressistes de la planète dont les origines doivent rencontrer les idéaux du futur. Autrement dit, pour les cultures et les économies dominantes, le territoire devient un espace, car il se couple déjà au XIXe siècle à une temporalité relative et en relation avec l'avenir. Cette temporalité est certes aussi tournée vers un passé. Mais le territoire n'est pas uniquement un lieu de canonisation historique construisant une identité locale. Il est aussi un lieu de mémoire. La mémoire est, comme le souligne Ricardo Piglia[58], ce qui, dans les discours esthétique et littéraire, interrompt les circulations stéréotypées du débat public et fait resurgir des tensions importantes du drame social. La mémoire est l'inscription d'une image de soi transhistorique qui rejoint ce qu'il y a de commun entre soi et l'autre, qui ouvre à une reconnaissance de l'altérité marquée par les grandes émotions humaines, de l'amour au génocide, de la reconnaissance à l'exclusion. Cette différentialité liée à une visée progressiste mêlant la définition de l'espace à l'ouverture temporelle sont les éléments clés de la visée progressiste propre à la modernité. Cette visée, qui finit par s'immobiliser quand la modernité se fige dans les luttes dualistes propres aux deux guerres mondiales, se remet en marche dans le cadre de la décolonisation contextualisée avec la puissance des États-Unis. Alors, une nouvelle dynamique se met en marche. Elle se déplace vers un relativisme relatif inscrit dans une logique temporelle reléguant les enracinements au second plan.

Autrement dit, le regard tourné vers une Europe laïcisant le mythe biblique de l'enracinement, sans retenir aussi que la viabilité des identités nationales est dépendante des ouvertures sur les altérités planétaires[59], empêche longtemps, dans certaines régions, de saisir les dynamiques des Amériques[60] où se vivent des rapports de forces jouant à la fois de l'exclusion et de métissages[61] ethniques, discursifs, épistémiques ou culturels particuliers.

La dynamique rationaliste construisant un territoire où s'ancre une symbolique motivée par le progrès fonctionne de façon différente selon qu'on a affaire au pragmatisme anglo-saxon ou à une forme de jacobinisme centralisateur. Si les deux excluent l'inassimilable, par exemple les autochtones et les Noirs, l'attitude varie pour les différents peuples issus d'Europe. L'Argentine, par exemple, a tout fait pour inventer le plus rapidement possible des Argentins à partir des Russes, des Italiens ou des Allemands, en homogénéisant les différences afin de fonder une nation blanche à partir de la suppression des différences[62]. Les enfants des étrangers sont des Argentins typiques et il est impossible de parler, comme aux États-Unis ou au Canada, d'Italo-Argentins, comme on peut dire Italo-Américains. L'homogénéisation a supprimé le trait d'union et le préfixe. Par contre, dans le monde anglo-saxon, certaines cultures qui passaient par le *melting pot* ont pu aussi l'éviter et marquer une différence. Cette différence ne concerne pas vraiment les cultures anglo-saxonnes ni anglophones blanches. On ne dit guère Germano-Canadien, mais on pourra dire plus souvent Italo-Québécois ou Hispano-Américain. C'est dire qu'il y a des cultures latines qui, du point de vue de la rationalité définie par l'éthique protestante, pourraient n'être que partiellement assimilables ou qui prendraient plus de temps à être assimilées. De ce fait, une forme de séparatisme ethnique et culturel qui se joue à deux, dans un rapport centre/marge, ancienneté/nouveauté, est en place et aboutit au maintien de différences dans une forme de discrimination économique qui reste à corriger.

Dans les deux cas, toutefois, le point saillant a été l'impossibilité de penser le mélange par métissage, par caméléonage, par addition de contenus. En Argentine, en effet, le fonctionnement tendait vers l'homogène, c'est-à-dire vers la production d'individus construits selon une idéologie patriotique forte comme le montre Gorostiza[63]. En Amérique du Nord anglo-saxonne, le métissage homogénéisant (creuset) a été refusé en partie dans la séparation communautaire fonctionnant parfois de façon quasi essentialiste sous forme d'hétérogénéité statique (mosaïque), comme le souligne Bissoondath pour le Canada[64]. Cette séparation a été conforme à la posture culturaliste essentialiste, propre au discours spécialisé de la raison anthropologique et sociologique, critiquée par Jean-Loup Amselle :

> La posture culturaliste implique donc l'enjambement sans transition et la dislocation des « chaînes de sociétés », c'est-à-dire à la fois la mise en relation de sociétés éloignées par l'exploration ou la conquête, la sélection de traits culturels décontextualisés et la transcription de ces unités sociales discrètes que sont les différentes cultures. Or tout anthropologue ayant une réelle expérience de terrain sait que la culture qu'il observe se dissout dans un ensemble sériel ou dans un réservoir de pratiques conflictuelles ou pacifiques dont les acteurs sociaux se servent pour renégocier en permanence leur identité. Figer ces pratiques aboutit à une vision essentialiste de la culture qui à la limite est une forme moderne du racisme[65].

D'une certaine manière, comme nous l'avons déjà vu avec Bateson au sujet de la Deuxième Guerre mondiale, lors de la modernité comme de la postmodernité, les discours des spécialistes de la culture influencent les politiques et la communication. Ils contribuent à construire un monde en privilégiant certains paradigmes plutôt que d'autres[66].

Toutefois, à l'ère postmoderne, l'effort de vulgarisation des nouvelles données culturelles et épistémiques est plus grand et passe non seulement par une institution nationale comme le système scolaire, mais aussi par le privé, par les médias et la publicité par exemple, donc par des aspects nouveaux dans la sphère publique. Par opposition à certains discours anthropologiques vulgarisés à visée dualiste ou essentialiste, dans une dynamique postmoderne/ post-coloniale, ce qui se pense est le multiple, le métis, le caméléon traversant les limites et rejetant l'unitaire. Ces transformations se mettent en place par le biais de diverses stratégies discursives, toutes fondées sur une valorisation du dynamique, du déplacement et de l'insertion temporaire dans des contextes multiples[67]. Ces conceptions rejoignent les multiples formes d'hétérogénéités dynamiques à l'œuvre dans l'ensemble social jusqu'au niveau individuel. Diversité, mouvement, relations multiples se combinent pour mettre en marche des réseaux menant à des transformations culturelles en partie indéterminables qui contribuent à changer le rapport à l'autre et les constructions identitaires[68].

2.5 RATIONALISME ET CHRISTIANISME, LIEUX DE LA CIVILISATION REJETANT LA BARBARIE

> White Americans have supposed « Europe » and « civilization » to be synonyms — which they are not — and have been distrustful of other standards and other sources of vitality, especially those produced in America itself[69].

> Et les sauvages ne restent sauvages que parce qu'ils ne développent pas assez la loi de la propriété[70].

Au XIXe siècle, l'exclusion se fonde sur les paradigmes dualistes barbarie/civilisation rejetant ceux qui ne peuvent participer à la rationalité instrumentale; elle se fonde aussi sur une mythisation romantique du rapport au climat, à la suite de Montesquieu[71], Herder et Rousseau. C'est ce qu'on distingue aussi dans *Facundo* où la pampa représente le lieu de l'animalité et de la sauvagerie[72], le comble du despotisme qui a besoin de vastes plaines désertes et d'espaces sans secrets, ouverts aux regards. Les tendances vers la mobilité rejetant l'essentialisme sont donc contrôlées par une mythologie dualiste qui affirme la nocivité des grands espaces. Cette méfiance est intégrée dans l'idéologie du village au Québec. Elle marque une différence importante par rapport à la *frontier* états-unienne. Cette méfiance des grands espaces est commune aux traditionalistes catholiques et aux libéraux économiques. La différence entre eux réside dans le fait que les premiers valorisent le village communautaire, tandis que les seconds, comme Parent ou Sarmiento, valorisent la ville. Pour Sarmiento, Buenos Aires est un port tourné vers l'Europe. En ce sens, ils sont tous, libéraux comme catholiques traditionalistes, dominés par l'idée du jardin opposé à la grande nature[73] qui échappe au contrôle, à l'ordre et que l'on doit dominer et domestiquer ainsi que ses habitants naturels, les sauvages. Cette valorisation du jardin provient d'une domination biblique à laquelle presque tous participent consciemment ou inconsciemment. Elle se prolonge dans une représentation liée à la rationalité instrumentale qui amène les plus progressistes comme Parent et Sarmiento à exalter le travail industriel. Cette vision idéalisant l'espace restreint et consensuel de la concentration des activités, où tous sont proches, n'est certes pas propre à un discours religieux, mais plutôt à un discours inscrit dans le triomphe de la modernité où s'inscrit le religieux et qui se répand de nos jours dans le réseautage planétaire et la métaphore du village global.

Au Canada, la lutte principale va se faire entre les tenants du discours scientifique positiviste et les tenants du discours religieux. Même si un penseur comme Parent n'est pas antireligieux, il manifeste très bien le renversement direct des paradigmes de la chrétienté. Pour lui, le cliché « Tu travailleras à la sueur de ton front » n'est plus valide. Travailler n'est pas une condamnation, c'est le fondement même de la liberté : « Ainsi les peuples les plus industrieux furent-ils presque toujours les plus libres[74]. » L'expression est intéressante car elle se rapproche nettement d'un renversement complet de paradigme qui prend l'allure d'un paradoxe. En effet, Parent affirme clairement : « LE TRAVAIL C'EST LA LIBERTÉ[75]. » Le mythe biblique est presque invalidé par cette assertion.

Cependant, il faut discerner les contextes, et Parent est un maître du contexte. Son expression tend à construire une société qui refuse l'esclavage. Il reprend les mêmes arguments que les abolitionnistes (même s'il n'y a plus d'esclaves à cette époque au Canada). Il refuse le servage et tout ce qui lui ressemble, c'est-à-dire un certain rapport de soumission à la glèbe et à l'ordre établi. Pour cela, il construit un texte qui allie travail et liberté, et promet le bien-être individuel. Cette expression transforme l'acception du mot travail. Le travail n'est plus une malédiction que pour les exploités de l'Europe souffrant encore du joug d'une organisation qui a rejeté la féodalité et le temps de loisirs religieux pour incarcérer les ouvriers dans l'horreur des conditions de travail imposées par la bourgeoisie capitaliste[76] et constatées par tous ceux qui s'intéressent à l'Europe, de Fermin Toro à Sarmiento ou Bilbao. Un discours nouveau se construit alliant travail, liberté, individu et civilisation, dans la production et l'échange, moyen de construire la grande fraternité humaine. Parent veut des hommes libres et maîtres de leur destin, car la nature, comme disait Locke, les a créés ainsi.

Ce travail est lié à la créativité et à l'originalité, c'est-à-dire à une nouvelle forme de valorisation identitaire qui peut être mise en place en partie dans l'application pratique. En effet, Fermin Toro[77] souligne que les Américains n'ont pas inventé les théories. Par exemple, le parlementarisme et les procès avec jury ont été repris et appliqués avec des améliorations aux États-Unis à partir de théories démocratiques qui proviennent surtout de penseurs anglais. Sarmiento souligne aussi dans son journal de voyage[78] que les Américains appliquent des idées et améliorent techniquement des produits. L'originalité est bien dans l'application, c'est-à-dire dans l'adaptation à un contexte social[79], à des cultures, à un espace géographique, aux ressources énormes et différentes qu'il faut savoir travailler pour produire une société en mouvement, et diffusant objets et savoirs nouveaux sur la planète. L'espace proche est donc valorisé non seulement par les littéraires évoquant les légendes, mais aussi par ceux qui s'intéressent au progrès et qui, s'ils s'inspirent de l'Europe, savent recontextualiser en partie les savoirs européens dans un espace géographique et culturel différent.

Toutefois, en visant le contemporain, E. de Ipola et L. de Riz, deux penseurs argentins, regrettent cette difficulté à s'insérer activement dans le contexte de la part de penseurs et de politiciens plus récents. Ils soulignent le problème en une phrase lapidaire : « La Argentina es, por así decir, eidéticamente rica; sólo falta que su eidos se transforme de mera potencia (dinamis) en acto (energeia)[80]. » Voilà bien posé le rapport entre les essences et l'acte, entre le stable et le mouvement. Ceux qui progresseront au XXe siècle seront ceux qui commenceront à savoir se servir efficacement du mouvement, c'est-à-dire à se contextualiser dans les Amériques et à jouer de déplacements productifs[81], une dynamique qui s'accélère de nos jours dans la valorisation du déplacement géographique ou symbolique.

Le paradigme dualiste barbarie/civilisation convient bien aux tenants du rationalisme instrumental comme aux ultramontains, car il est assez large pour inclure à la fois paganisme/chrétienté et oisiveté/travail. Il est tellement large qu'il occupe tout l'espace et qu'il marginalise complètement les autochtones. En effet, une épistémologie dure s'impose à eux qui, comme le souligne O. de Andrade, en 1928, « n'avaient pas le verbe être. C'est pourquoi ils ont échappé au danger métaphysique qui chaque jour fait de l'homme paléolithique un chrétien sucette à la bouche, un mahométan, un bouddhiste, bref un homme moralisé[82]. » Le choc de la rencontre se situe bien dans cette pérennité d'une pensée essentialiste, qui est couplée à un dualisme orienté vers la rationalité pratique. Cet assemblage valorisant l'ordre et le progrès, devise imprimée sur le drapeau brésilien, bouleverse les civilisations autochtones et tous ceux et celles qui ne peuvent ou ne veulent s'y adapter.

La sémantique est donc territorialisée selon un imaginaire géographique[83] fondé sur une amnésie topographique qui insiste sur l'espace inhabité et sur les territoires vides. De plus, l'État-nation en constitution est présenté par le biais de la métaphore de l'organisme, ce qui unit ses éléments civilisés en un consensus de fait[84] qui se combine à une vision darwinienne de la survie des plus forts. La sémantique est stabilisée pour longtemps en fonction de paradigmes dualistes laïcisés qui ont un lien avec le territoire.

Cette manière de penser propre à la modernité territorialisante perdure de nos jours de différentes manières. C'est ce que l'on constate chez plusieurs Latino-Américains dans la façon dont ils parlent de leur rapport avec le Nord. En effet, ils dénoncent la vision que le Nord a d'eux et qui suppose qu'ils sont incompétents. Mais dans cette dénonciation, ils perpétuent une vision dualiste par leur volonté de lutter sous forme de rétorsion. Ils ne peuvent pas déplacer le paradigme et jouer avec la manière dont l'autre les a construits ou les construit encore, pour vivre des images d'eux-mêmes qui échapperaient à cette présence de l'autre en eux, dont le point de vue domine[85]. On le constate dans un article récent intitulé « El barbarismo de los países subdesarrollados » :

> He aquí uno de esos tópicos pregonados y universalmente aceptados [...] ¿Quiénes son los bárbaros? ¿Son aquellos que de pie, frente a sus chozas y casi sin armas difienden su tierra, su familia, su soberanía, sus credos y sus convicciones morales y políticas? [...] ¿o son aquellos que vienen de tierras remotas a usurpar por la fuerza o el soborno nuestras riquezas naturales y humanas, nuestros gobiernos, nuestro derecho a la autodeterminación[86]?

Ici se marque le dualisme manichéen où le mal vient toujours d'ailleurs et où, pourtant, l'identité se définit en fonction de cet ailleurs contre lequel on est condamné à réagir. Dans ce texte, cette situation à saveur coloniale n'a pas réussi à passer dans une dynamique où le soi et l'autre seraient liés de façon plus complexe et où les problèmes sont autant à envisager à l'intérieur qu'à l'extérieur comme le montrent certains mots du commentaire. En effet, en plus du mot « cabane » évoquant un problème social qui n'est peut-être pas causé par l'extérieur, on retient l'opposition entre « cabane » et « nos richesses » nationales. Cette reconnaissance (car la reconnaissance est reconnaissance par l'autre, mais aussi de l'autre en soi) est la base de la capacité à développer des dynamiques où il serait possible de réfléchir sur ces richesses nationales pour se transformer et transformer les processus internes ou extérieurs qui empêchent d'y avoir accès. Cette attitude dualiste est en partie présente aussi chez Paul Chamberland, même si son mode d'appréhension de soi est influencé par les philosophies orientales de type zen. Ainsi, dans *En nouvelle barbarie*[87], il établit une opposition radicale entre culture et technologie et entre culture et fonctionnement économique. Il cite un philosophe français, Gilbert Hottois, dont les remarques sont symptomatiques d'une conception présentant de manière antithétique légitimité territoriale et mobilité : « [...] le fait aussi que la technique détache toujours davantage l'homme de la Terre, le déracine[88]. » Les discours propres à la modernité perdurent dans le monde postmoderne/postcolonial favorisant le déplacement et mettant en question l'idée de déracinement.

2.6 LA BASE DU CANON NATIONAL : PROXIMITÉ SPATIALE ET ÉLOIGNEMENT TEMPOREL

> Not, of course, all literature, not the one that is celebrated as long as it serves or reflects the self-identity of a group, a State, a nation, a religion, a language, or any other instituted power. But there has always been little tolerance for the literature that, at least in part, questions such a status or such a mission as if it took place only where it was denied any place[89].

Au XIXe siècle, le lien avec le territoire est fondamental pour le canon littéraire. Le territoire étant encore trop naturel, pas assez saturé de significations, il faut importer constamment le symbolique d'Europe pour vivre dans un monde civilisé. C'est dans ce cadre que se placent les célèbres remarques du Rapport Durham parlant des Canadiens français comme d'un peuple sans histoire et sans littérature. Donc, en un sens, quelque peu barbare ! Pour échapper à cette terrible attribution ramenant les Canadiens français au niveau de ceux qu'on nomme « sauvages », deux voies seront prises. Ce sera chez nombre de penseurs la valorisation des grandes œuvres littéraires, par exemple Balzac, Shakespeare et les classiques français et latins. On verra même Bibaud dans sa *Biographie des Sagamos illustres*[90] comparer les autochtones aux héros de l'Antiquité classique afin de les faire échapper au processus d'attribution qui les plongent dans le néant de la barbarie. Ces penseurs relient les nouvelles nations à un grand courant rationaliste, fondement du développement universel ou impérial de la civilisation européenne. Chez les ultramontains, on assiste à la création d'une littérature du terroir, donc de textes qui lient mots et sol et, humblement, chrétiennement, transforment la nature en texte. Le but, dans les deux cas, est de constituer un canon historique lié à des distinctions de qualité. Celles-ci vont permettre d'avoir accès, d'une manière quasi transparente, à l'essence même de la nature humaine telle qu'elle s'incarne chez les peuples civilisés. Cette littérature se couple à une critique littéraire centrée sur l'homme, sur sa biographie et sur ce qu'il a voulu dire.

Dans la première moitié du XXe siècle, malgré des changements certains, les bases épistémologiques ne varient guère du point de vue de la critique littéraire. Certes, le *New Criticism* prend de l'ampleur, mais guère dans les milieux littéraires canadiens français. De toute façon, il est anhistorique et présente les significations dans leur portée humaine intemporelle. Alors, marcheront de concert en littérature deux modalités complémentaires du rationalisme et de l'essentialisme, l'historicisme et l'esthétisme formaliste. C'est bien pourquoi tout un courant critique traditionnel repose sur deux *a priori*. Il faut être « de l'endroit » pour comprendre[91] et il faut avoir « de la distance dans le temps » pour juger. Donc, proximité spatiale consensuelle et distance temporelle fondent la réflexion critique traditionnelle qui s'accroche à une légitimité nationale tournée vers le passé. Cette situation est toutefois différente pour une littérature assujettie à une forme de colonisation par une métropole littéraire. Pour les littératures des Amériques, la distance spatiale — l'inspiration par l'espace lointain du colonisateur — s'ajoute à la distance temporelle valorisée dans les institutions collégiales et les humanités classiques. Dans ce cadre, les tenants de la promotion des littératures nationales tentent de reprendre une dynamique propre à une littérature majeure, celle de la valorisation de l'espace proche dans la distanciation temporelle. En cela, ils participent d'un romantisme issu tout droit des théories de Herder ou de Fichte. Cela se produit au départ par le travail de réécriture et de réappropriation des contes populaires oraux comme l'ont démontré Grimm ou Philippe Aubert de Gaspé père.

Dans tous ces cas, la littérature possède une mission importante car, par son canon historique, elle définit l'identité du présent. Elle possède un rôle anthropologique que ne joue guère, même au début du XXe siècle, l'anthropologie. En effet, celle-ci s'occupe surtout des primitifs ou des barbares vivant dans des contrées lointaines et, pour des yeux européens, à des siècles de distance. Cette anthropologie offre en contrepoint de la littérature un spectacle étrange, bizarre, qui conforte les civilisés[92] dans leur bonheur d'être comme ils sont. Mais la littérature de Sarmiento et son paradigme barbarie/civilisation comme les textes de Bibaud et sa tentative de récupérer l'humanité pleine et entière des « sauvages » ouvrent à une anthropologie des problématiques de l'espace proche dont il faut rendre compte.

Ainsi, le jeu sur les distances temporelle et spatiale définit des positions de pouvoir. Être colonisé, c'est en partie devoir se consacrer à ce qui est loin dans le temps et loin dans l'espace, c'est-à-dire au champ de référence culturel du colonisateur. Il faut essayer de l'imiter en intégrant son champ de savoir comme l'a montré Homi Bhabha dans le *not quite* (voir 1.4.5). Cet effort restera toujours vain. Le mimétisme, dans le contexte colonial, ouvre sur l'échec du même antagoniste inscrit dans la rivalité mimétique. Dès lors, deux moments peuvent être envisagés. D'abord, la visée nationale et le rapprochement spatial local dans la distance temporelle, car le colonisateur se consacre, lui, à son espace proche. Dans ce cas, on assiste à une copie du geste du colonisateur et de son fonctionnement national. Mais cette copie reste une copie, car la dimension relativisante liée au pouvoir d'une visée vers un grand idéal à diffuser hors frontière est absente. Ensuite, l'insertion postmoderne/postcoloniale dans l'espace proche et dans le monde de la temporalité contemporaine traversé par les mouvances du mondial et de ses réseaux. Dans ce cas, des occasions s'ouvrent de dépasser la copie vis-à-vis de laquelle manque le relatif historique lié à un idéal ouvert sur l'avenir dans la possibilité de se positionner dans un réseau efficace. Toutefois, ce positionnement est toujours temporaire, car le relatif historique inscrit dans une vision progressive de l'évolution a disparu sous les discours en concurrence.

De nos jours, dans le rapprochement apporté par la mise en contact des cultures et la circulation des biens et des personnes, on pourrait même affirmer que la distanciation est déplacée. Comme le souligne Tzvetan Todorov[93], il est nécessaire d'être à la fois dedans et dehors, ce qui signifie que l'on n'est plus ni dehors, car il y a toujours des interférences discursives, ni dedans, car on vise le recul de la réflexivité. Toute production, qu'elle soit littéraire ou anthropologique, est implication particulière dans un système discursif de confrontations de discours. Le recul n'est pas possible. Il n'y a pas de métalangage possible au sens donné à ce terme par les structuralistes. Il y a confrontation de discours déplacés menant à une réflexivité (voir 4.9) sur les conditions de production des systèmes de significations. En ce cas, l'intellectuel ne peut plus assumer la position du penseur qui prend du recul et qui indiquerait la voie. Il participe de la modification/construction/invention d'un discours toujours en train de changer et qui transforme le discours étudié. Cela est manifeste dans un film comme *Atanarjuat*, premier film concernant les Inuits, fait par les Inuits, qui échappe à l'œil anthropologique et propose une autoréflexion sur la vie inuit. Cette réflexivité n'est pas une distanciation, mais un ralentissement au sens propre puisque nombre de scènes s'épanouissent dans la lenteur. La réflexivité contrôle la vitesse et permet de promouvoir un changement de vision de soi sur soi et des autres sur soi, par la production d'images qui vont contribuer à envisager les différences esthétiquement dans le ralenti. C'est ce ralenti qui contribue au dynamisme ! En effet, la vitesse du quotidien vécu sans réflexivité ne permet pas de s'insérer efficacement dans un réseau en contrôlant quelque peu son jeu propre en lui. La vitesse sans moment de ralenti réflexif laisse l'individu en position de proie à la logique dévorante du contexte. C'est ce que souligne Yann Martel au sujet de ce curieux animal qu'est le paresseux : « How does it survive, you might ask. Precisely by being so slow. Sleepiness and slothfulness keep it out of harm's way, away from the notice of jaguars, ocelots, harpy eagles and anacondas[94]. » Le changement, l'affirmation de soi et de ses pouvoirs ne nécessitent ni le pulsatile d'un dualisme faisant osciller d'un monde à un autre, ni la distanciation temporelle, mais la confrontation de discours et l'expérience de vitesses différentes, de désynchronisations qui déstéréotypisent. Ces désynchronisations contemporaines sont des manières d'incorporer le relativisme relatif dans la circulation des discours en concurrence. Elles sont liées au passage des savoirs des langages spécialisés dans le langage public par le biais de vulgarisations esthétiques comme médiatiques ou publicitaires. Elles complémentent les jeux sur la territorialisation/déterritorialisation qui ne peuvent seuls déboucher sur une pénétration efficace des réseaux par l'affirmation d'une image de soi jouant de contextes divers, car peut se maintenir une forme de dualité dans la double allégeance territoriale. Celle-ci ne permet pas vraiment de créer en fonction des nouvelles logiques. On le note dans deux citations tirées respectivement de Émile Ollivier et de Dany Laferrière :

> Migrer à n'en pas douter est une tragédie, mais c'est aussi un salut. Il faut essayer de faire avec ces deux versants, et l'on se trompe soi-même si on en oublie un. J'ai forgé le mot migrance pour indiquer que la migation est une douleur, une souffrance (la perte des racines, d'une certaine « naturalité ») et, en même temps, une posture de distance, un lieu de vigilance. Je vois très bien les pertes que cette situation inflige : le bain utérien, la langue maternelle, le sol, l'éclatement de l'identité, mais dans le même temps, il y a une contrepartie à cette violence et à cette brutalité, celle d'une individualité polyphonique, celle de naître à un univers décloisonné qui est irisation, rhizome, foisonnement, bourgeonnement de vie et de liberté[95].

Dans cette citation, on trouve la plupart des éléments d'un dualisme territorial qui aboutit à une position nostalgique, un mal-être très proche de la modernité posant la légitimité d'un naturel originel. Cette oscillation entre deux territoires génère une angoisse peu propice au ralentissement qui est jouissance des modalités diverses d'insertion caméléonne dans des cultures et des réseaux. Dany Laferrière propose quelque chose de différent : « [...] celui qui voyage ne revient jamais. Car si jamais il revient, tout aura changé. Il ne reconnaîtra rien de ce qu'il avait laissé. Et lui-même ne sera plus le même[96]. » Même si Dany Laferrière produit selon deux mondes parallèles, celui de Haïti et celui de Montréal, les fonctionnements textuels semblent déboucher sur une multiplicité d'attitudes et de relations qui dépassent cette biterritorialité. Les jeux sur les variations dans les rapports à l'altérité, la conscience du changement rapide, font surgir une complexité dans l'appréhension du monde et des autres qui appelle des plages de ralentissement. À partir de celles-ci, une ironie réflexive prend son essor qui mène à une capacité à s'inventer dans le plaisir de la découverte des contextes culturels et économiques divers.

De nos jours, on pourrait donc presque affirmer que, contrairement au début du XXe siècle, l'anthropologie, l'histoire ou la sociologie ont rejoint la littérature. D'une part, car il n'y a plus d'objectivité, mais une construction de l'objet en rapport avec l'autre dans une compétitivité de discours antagonistes. D'autre part, parce que, comme le souligne García Canclini, « por la importancia que dan [la antropología, la historia, la sociología] a la creatividad en el proceso de investigación, [o] por la necesidad de recurrir a las metáforas y al ensayo para decir lo que no logran exponer con el rigor del discurso científico[97] ». Ces disciplines affirment donc moins donner un accès à des représentations objectives que déboucher sur des constructions qui sont des rapports de pouvoir incluant une part d'indéterminé. C'est dans celui-ci que l'autre se construit dans un rapport dynamique et en déséquilibre contrôlé permanent, inscrit dans la mobilité des réseaux entrecroisés.

2.7 LE RENVERSEMENT SPATIO-TEMPOREL

Dans le contexte de la modernité, une conception détachée du centralisme européen et de ses fonctionnements gouvernant les rapports au temps, à l'espace et à l'authentique se manifeste. C'est celle du Brésilien Oswald de Andrade qui publie le *Manifeste anthropophagique* en 1928. Il remet en question le rôle anthropologique de la littérature et ses visées représentatives qui excluent. Par le biais du ludisme anthropophagique, il déplace le centre et rejette le dualisme barbarie/civilisation, centre/marge, canon/minoritaire. Il rejette tout mimétisme au sens où Bhabha le définira plus tard, car pour lui les Amérindiens, par leur existence même, ont contribué à transformer radicalement le monde des Occidentaux : « Nous voulons la Révolution Caraïba. Plus grande que la Révolution française. Unifier toutes les révoltes efficaces convergeant vers l'homme. Sans nous, l'Europe n'aurait même pas sa pauvre déclaration des droits de l'homme[98]. » De Andrade, en un renversement hardi, affirme que c'est l'Amérique qui, d'une certaine manière, a inventé l'Europe. En effet, par leur différence, les autochtones contribuent à ce que l'Europe se libère de l'interdit augustinien qui condamnait comme hérétique la notion d'antipodes non découverts ou habités. Il relit ainsi la démarche des philosophes remettant en question les philosophies chrétiennes en fonction d'une réflexion sur l'identité comme changeante[99]. S'il n'y avait pas eu d'Amérindiens, de ces autres radicalement autres, les philosophes des Lumières comme La Hontan, Helvétius ou Voltaire, eux qui ont presque complètement fermé les yeux sur la traite des Noirs et l'esclavage[100], auraient-ils pu s'engager dans une réflexion menant à produire un discours philosophico-historique qui menaçait l'unité et le centralisme de l'être aidé par le processus d'attribution et ses qualifications définitives figeant l'identité dans un espace restreint, fonction du paradigme paganisme/chrétienté[101] et dans une temporalité fixée sur l'éternel et qui appartenait à Dieu[102]? On peut en douter. Mais leurs réflexions qui visaient les droits de l'homme, donc une universalité de la liberté de conscience et d'opinion, aboutirent surtout, comme on le saisit en lisant *Anthropophagies*, à la promotion d'un rationalisme pratique excluant les autochtones, l'altérité. En effet, la Révolution française a tenté, dans sa volonté d'universalisme, de briser le couple dualiste français/étranger, mais elle lui a substitué celui d'humanité civilisée/sauvagerie ou de civilisation/barbarie[103]. Dès lors, De Andrade ouvre à une révolution culturelle visant à la fois les représentations européennes d'origine chrétienne et positiviste, car sa pensée n'est plus contrôlée par une vision de la nation en rapport avec des schémas européens visant l'homogène, mais par une vision qui anticipe le postcolonialisme. Sa démarche tente de s'affirmer comme légitime et valorise une dynamique non exclusive ouverte sur le troisième terme qui déplace le conflit entre christianisme essentialiste et positivisme. Ce troisième terme ouvre à un métissage du progrès positiviste, du christianisme et d'expressions des cultures amérindiennes et afro-brésiliennes. Selon de Andrade, il ne faut ni copier, ni obéir, ni s'opposer, ni être pris dans la rétorsion, mais bien digérer les éléments symboliques des puissances intellectuellement ou économiquement colonisatrices et les recontextualiser avec les cultures populaires ou propres aux élites locales[104]. Il faut produire dans le déplacement des significations nouvelles. Il préfigure ce qui se développe dans le cadre postmoderne/postcolonial, c'est-à-dire le mouvement, le mélange, le déplacement à la fois territorial et conceptuel[105]. La pensée ludique de Oswald de Andrade est d'ailleurs récemment reprise dans une publicité du magazine brésilien *Veja* au sujet de la XXIVe biennale de São Paulo. On y voit le visage de Van Gogh sans yeux avec ces mots : « Antropófago ou canibal[106]? » On ajoute : « Pela primera vez a Bienal se estructura de un ponto de vista brasilero — a Antropofagia. Diálogos históricos e contemporáneos do

Brasil com o mundo[107]. » La confrontation avec le monde peut donc aussi être source d'affirmation, de présence dans la diffusion de certaines particularités de son monde propre circulant dans des réseaux transfrontières si on sait déplacer les significations et forcer la reconnaissance.

2.8 LA REPRÉSENTATION RÉALISTE

Il est important de saisir que s'inscrire dans la logique sémantique du paradigme barbarie/civilisation et de son discours sur les espaces séparés, c'est croire qu'il est conforme à la réalité. Un fondement stable, base de réactions et d'actions stéréotypées à couleur de mort et d'exclusion, est construit dans cette microculture vulgarisée par les journaux, les discours politiques, les romans qui, au XIXe siècle servent à inventer les nations et leurs discours stéréotypés[108]. Cette culture est fondée sur la stabilité de l'équation où l'on pense que les mots représentent la copie des choses, des situations, des êtres et des fonctionnements sociaux. L'enjeu est donc de contrôler la représentation pour aboutir à un point de vue consensuel sur le monde.

Dans le cadre d'étrangeté discursive où l'Orient est transplanté dans les Amériques, la représentation réaliste accentuant les visées déjà opératoires dans le romantisme est peu présente au Canada français au XIXe siècle, sauf dans *Charles Guérin* de P. J. O. Chauveau[109]. Cette représentation réaliste est, malgré tout, le point de ralliement de la société en rapport avec la modernité bourgeoise. Elle ne s'impose que petit à petit pour s'épanouir dans les romans urbains de Gabrielle Roy, soit en 1945, avec *Bonheur d'occasion*[110], et aussi dans *Les Plouffe* de Roger Lemelin[111]. Elle se met en place aussi plus tard qu'en Europe dans beaucoup de pays d'Amérique latine, mais passe parfois, comme au Mexique, par les films. Ce code de perception et de communication partagé par les élites bourgeoises s'accorde bien avec le documentaire. Cette logique « universelle » de la représentation en prise sur le positivisme naturalise ce qui est représenté et propose un décodage qui passe, avec les avancées technologiques, de la littérature aux images filmiques ou picturales[112] qui visent à représenter l'âme du peuple. Ces images contribuent cependant à rendre statique la dynamique de la vie en engluant êtres et choses dans un médium cru intemporel et valide sous toutes les latitudes. De ce fait, ce qui n'intéresse pas ce mode de représentation n'existe pas, puisqu'il n'est pas dans la

« nature » et que la perception réaliste est de croire qu'il est possible de traduire la vie de façon transparente et sans médiation.

Affirmer copier le réel par les mots ou par les images, c'est tenter de contrôler la planète, jouer de la mimésis d'appropriation pour obtenir l'objet, c'est-à-dire la mimésis, la capacité à dire le réel. Dans ce rationalisme instrumental se met en place l'espoir de simuler la vie, de l'arrêter dans des clichés qui la disent. Le dynamisme de la modernité se fige dans une représentation qui a pour fondement les paradigmes soi/les autres, intérieur/extérieur, isotopie fondamentale des textes, des images et des lectures nationalisantes. Celles-ci, par cette représentation réaliste du peuple et de l'espace, construisent une image des autres conforme à ce que le pouvoir consensuel désire qu'elle soit.

Cette représentation réaliste est loin d'être disparue de nos jours. Souvent, elle s'impose stratégiquement quand elle peut s'avérer utile pour une puissance dominante, et ce, dans le contexte d'un post-modernisme qui est suffisamment dynamique pour jouer de multiples stratégies discursives. C'est ce que démontre récemment le ministre des Affaires étrangères du Nicaragua, Miguel d'Escoto, qui raconte son dialogue avec un émissaire de la Maison-Blanche :

> Well d'Escoto (this was before the Hague judgement) [...] suppose we both agreed to abide by international law? That would be a fairly objective basis. — That's your problem father, Rocky told him. You're a philosopher. You don't concentrate on the facts — And what were the facts[113]?

L'émissaire américain affirme clairement ce qu'est un fait. Et un fait est que les sandinistes sont menacés par La Contra et qu'ils doivent négocier. Affirmer qu'on dit avec objectivité ce qu'est un fait permet de masquer que La Contra a été mise en place par les États-Unis pour déstabiliser le gouvernement sandiniste et qu'il ne s'agit pas d'un fait, mais d'une construction militaire conflictuelle inventée par les États-Unis et appuyée sur un discours positiviste qui nie qu'il s'agit d'une construction pour la présenter comme un fait stable dont il faut absolument tenir compte. Autrement dit, dans ce cas, la force des États-Unis ne réside pas seulement dans sa culture médiatique, mais aussi dans la culture de ses élites qui sont capables d'utiliser de manière stratégique plusieurs systèmes discursifs fondés sur des paradigmes antagonistes. Dans les deux cas, celui de la réalité ancrée dans le marxisme ou celui attaché au monde libéral, les élites, en parlant au nom des faits, sont capables de camoufler la pratique qui détermine la représentation[114]. Par contre, après l'effondrement de l'Union soviétique, face à des sociétés où l'on ne trouve pas de discours valorisant l'objectivité selon une optique marxiste ou la vérité selon une optique islamiste fondamentaliste et occupant un lieu de pouvoir sur lequel il faut compter, les puissances dominantes vont stratégiquement tenter de tirer avantage d'une organisation discursive et paradigmatique postmoderne qui insiste sur le changement constant, le déplacement, le dynamisme, le temporaire. Le but n'est pas de stabiliser, mais d'être un leader du mouvement. C'est le cas des discours littéraires, médiatiques et économiques qui vont être analysés dans le présent ouvrage (voir chapitres 3 et 4).

2.9 LA REPRÉSENTATION RÉALISTE DANS LE CONTEMPORAIN ET SES REMISES EN QUESTION

Dans la littérature contemporaine, on assiste à une remise en question de la représentation réaliste et de l'équation où les mots représentent la copie des choses, des situations, des êtres et des fonctionnements sociaux. Ainsi, dans *Les silences du corbeau*[115], Yvon Rivard évoque ce « prisonnier retrouvé gelé dans un wagon frigorifique qui ne fonctionnait pas ». Croire à l'équation réel/langage mène à la rigidité glaciale de la mort. On songe aussi à *Palomar*[116] de Italo Calvino. Dans le premier chapitre intitulé « Lecture d'une vague », il ridiculise le statisme sémantique qui nous fait croire à l'existence d'une vague alors qu'il s'agit d'ondes dans un mouvement permanent. Par là même, d'ailleurs, à l'instar de nombreux écrivains contemporains, il transfère un savoir théorique, un discours spécialisé et scientifique issu du *general semanticism* américain et avant lui de Alfred Korzybski[117] dans un discours littéraire plus accessible au grand public, grâce au ludisme fictionnel. Korzybski et d'autres comme W. Johnson[118] proposent à la critique l'exemple « je vois une vague ». Ils s'attachent à critiquer l'épistémè à la base de cette structuration syntaxico-sémantique[119]. Cette fonction de transmission du savoir et de concentration de celui-ci par le roman contemporain est bien soulignée par W. Krysinski dans *Carrefour de signes* : « Le roman tel qu'on le voit évoluer manifeste une constante, à savoir qu'il se constitue toujours en tant que recherche de cognition. Il est la quête d'un savoir épistémique esthétiquement médiatisé où le rapport du narrateur au référent devient par là même essentiel[120]. » Mais il faut saisir que si les romanciers contemporains critiquent l'utilisation de l'épistémè fondant la représentation de la modernité, ils n'en restent pas là. En effet, comme on le voit chez Yvon Rivard, la rigidité dénoncée est à l'opposé de la production de significations dans la valorisation du tiers non exclu. C'est ce qu'on constate au sujet d'énoncés qui illustrent aussi ludiquement la fonction peircienne d'interprétance fondant une épistémè en accord avec le postmodernisme (voir 4.10 et 4.11)[121] : « Disons que j'avais le choix entre deux femmes et que j'ai choisi la troisième[122]. » Cette tendance à diffuser à travers la fiction un langage esthético-ludique transformant les fondements philosophiques de la vision du monde des millions de représentants des bourgeoisies éduquées de la planète est constante. Ce fonctionnement a souvent été noté et rejoint le nouveau rôle anthropologique de la littérature qui n'est plus de stabiliser dans du pseudo-authentique fondé sur l'habitude et le stéréotype, mais au contraire de faire circuler les savoirs spécialisés contemporains à travers de multiples publics. Parallèlement, comme on l'a vu plus haut dans le texte de Canclini (2.6), l'anthropologie, dans son discours, rejoint parfois la littérature.

Ces transferts de savoir par l'esthétique peuvent être perçus aussi ailleurs. On retient ce qu'affirme Denise Rochat au sujet de *Homme invisible à la fenêtre* de Monique Proulx. Elle commente le fait que Monique Proulx remercie Patrick Fougeyrollas, auteur de la thèse d'anthropologie sociale intitulée *Entre peaux : logis de la différence* :

> S'il s'inspire explicitement de l'esthétique expressionniste, *Homme invisible* [...] s'appuie tout autant sur les thèses avancées par la sociologie et l'anthropologie culturelle — à savoir que notre corporéité, si intime soit-elle, est un langage (Brohm 13) polysémique tissé d'une multitude de discours et de codes qu'il appartient à Max, en tant que peintre et narrateur, de déchiffrer. Or cette lecture du corps, placée ici sous le signe du miroir et de la peinture, renvoie doublement à l'autoportrait[123].

Cet autoportrait d'une marginalité qui refuse la commisération provenant de l'autre, puisque le personnage principal est un handicapé moteur, et qui se pose comme compétente, est une des modalités de la productivité signifiante réflexive contemporaine dégagée des traditions de la représentation réaliste. Elle est engagée dans l'élaboration d'une évaluation des conditions de production des significations et dans une exploration des multiplicités d'interprétations et de leur évaluation des conditions de réception. La transformation est donc importante entre le rôle de la littérature comme fixation de la représentation moderne et la dynamique postmoderne/ postcoloniale où les discours spécialisés diffusant une logique du flux passent du théorique à la vulgarisation fictionnelle en nous confrontant à l'inattendu. Les publics évoluent donc dans un intertexte où la surprise évoque le stéréotype. On le mesure aussi dans certaines publicités. Depuis quelque temps, on assiste à la diffusion d'images particulièrement ludiques qui remettent en cause les décontextualisations hybridisantes postmodernes. On voit par exemple un paysage canadien typique avec un homme qui fait du canoë, un lac, la forêt et des montagnes. On semble évoluer en pleine esthétique réaliste. Cependant, du lac s'envolent non pas des canards ou des huards, mais des flamands roses. La légende suit : « It's not the same if it's not Canadian. Get the genuine article. Read a Canadian magazine[124]. » Les entreprises culturelles sont conscientes qu'elles doivent défendre leur territoire. Pour cela, elles doivent réaffirmer un authentique particulier. Celui-ci n'est cependant plus défendu par des affirmations sérieuses valorisant le local. L'image s'accroche à une représentation reposant sur la décontextualisation évoquant l'influence états-unienne, mais pour en démasquer l'incongru. Une différence culturelle ou territoriale continue donc à se manifester, mais à travers un discours qui n'est plus uniquement celui du stéréotype local. C'est plutôt celui de la confrontation de deux discours. Cette confrontation permet alors de donner son envol à la réflexion et de repositionner la différence dans le nouveau contexte.

2.10 REPRÉSENTATION, TERRITOIRE ET DROIT À LA PROPRIÉTÉ

> Enchaîner les hommes à leur glèbe par des préjugés d'affection fut de tout temps le but secret ou découvert d'une politique oppressive et craintive de perdre sa proie. Or comme ce fut pour rompre de telles chaînes religieuses et civiles que les Américains émigrèrent d'abord, il ne serait pas étonnant que l'émigration, en devenant pour eux un besoin d'habitude, ne réunisse encore à leurs yeux le charme d'user de leur liberté[125].

> Le vieil homme se contenta de répondre que les biens changent de mains, car ce sont les lois du marché; il ne peut venir aucune richesse d'un bien qui ne circulerait jamais[126].

Dans les Amériques comme en Europe, dans un XIXe siècle oscillant entre la protection et le libre-échange et vibrant aux rythmes de transformations économiques et technologiques, le déplacement était lui aussi important. Toutefois, les traditionalistes et même nombre de libéraux canadiens-français qui lisent les idées libérales avec des yeux catholiques, dans une bidiscursivité où les paradigmes essentialistes et rationalistes pratiques se mêlent, ne le saisissent pas pleinement. Ils cherchent à copier l'Europe (tous), la vérité (les essentialistes) ou les faits (les positivistes, « rouges » et libéraux), beaucoup plus qu'à améliorer, à appliquer ou à digérer selon une dynamique évoquée en 1928 par Oswald de Andrade.

Tous manifestent un problème vis-à-vis de la représentation et ne saisissent pas que l'Amérique passe par un décloisonnement optique qui ouvre l'espace à un œil géomètre évaluant non seulement le territoire auquel il appartient, mais surtout celui qui lui appartient. L'œil géomètre est donc capable de se déplacer et de déplacer les allégeances. Sarmiento souligne avec admiration en 1849 cet « œil géomètre », car « one New York House alone has in ten years sold a million and a half atlases and maps to the public[127] ».

La capitalisation du savoir passe par l'arpentage, la définition de nouvelles limites, l'exploration et le rêve d'autres espaces. Cela a pour corollaire le droit à la propriété, qui est l'idée révolutionnaire mise en place par la Révolution américaine. Ce droit se traduit par le don ou la vente de titres basés sur le cadastrage scientifique du territoire et l'enregistrement légal. Mais bien des problèmes se posent dans ce domaine où la propriété, avec le droit de vendre, est ce qui permet de capitaliser, de se déplacer (par opposition au servage) et d'affirmer une valeur individuelle et symbolique dans un monde qui assure une base économique générant des changements planifiés basés sur la possibilité d'obtenir un crédit (par opposition aux non-propriétaires dépendants de l'offre de travail).

Dans ce contexte, Hercule Beaudry, quand il s'inspire du *Conseiller du peuple* de Lamartine dans son ouvrage au titre identique, passe sous silence l'éloge dithyrambique du commerce et de l'industrie faite par Lamartine[128]. Cela mène cependant à l'exaltation de la propriété[129], comme chez Lamartine. Beaudry ajoute qu'au Canada elle est pour tous, car le malheur pour un pays est que le sol soit la propriété d'un petit nombre seulement. Or, au Canada, le paupérisme est inconnu, dit-il. Cela est une des grandes différences avec ce que déplore Lamennais parlant de l'esclave moderne où « deux cent mille privilégiés dominent trente-trois millions de Français, véritables serfs de cette époque[130] » et où il appelle à la révolte[131]. Autrement dit, Beaudry affirme qu'au Canada point n'est besoin de révolte puisqu'il y a des terres. Pour lui, il suffit de travailler son lopin dans la résignation. Il passe sous silence les seigneuries et le monopole des terres accordées à de riches Anglais. Pourtant, Edward Gibbon Wakefield en 1834 dans *England and America* mentionne le problème que représentent à la fois les seigneuries dans le Bas-Canada et l'attribution de terres à des privilégiés[132]. De plus, Wakefield évoque clairement les données économiques qui sont déterminantes dans les questions liées au développement des Amériques et à l'avenir de l'Angleterre :

> What country, in which land is cheap, is most fit [...] to provide the English with cheap corn? [...] not Buenos Ayres, because the people of this colony [*sic*] are barbarously unskilful and have no desire for English goods; [...] but the United States, Canada, and the English settlements in South Africa and Australia; because in all of those countries, corn might be raised on cheap land, with English skill, by people anxious to buy English goods[133].

On voit donc clairement le fossé qui sépare les penseurs de la colonisation qui envisagent les problèmes du point de vue de l'Empire, où ce qui importe est la ramification du commerce international contrôlé par l'Angleterre, et les penseurs locaux qui poussent les gens à assumer leur vocation restreinte et à en tirer gloire. L'identité est donc fondée sur la terre nourrissant l'agriculteur et passant quasiment dans sa chair et son sang. Il ne s'agit pas du désert comme chez Echeverria ou Sarmiento. Il n'en reste pas moins que cette campagne canadienne riante idéologiquement et littérairement tend à étouffer une pensée libérale qui jouerait du développement des villes et des réseaux commerciaux ouverts sur le monde. De ce fait, le Canada français, par les textes canoniques littéraires et propagandistes, est dirigé vers un avenir rural, alors que, de plus en plus, au fur et à mesure que le siècle avance, le Canada s'oriente vers un fonctionnement économique capitaliste fondé sur les mines, le développement des réseaux de communication (canaux et chemins de fer) et les industries. De plus, cet avenir rural est bloqué par des lois inadéquates, qui mènent les gens à émigrer aux États-Unis, dans les villes manufacturières de la Nouvelle-Angleterre. Si l'Argentine, comme le dit L. Area, est « una Patria pensada como urbana, pero literaturizada como rural[134] » par le mythe du *gaucho*, le Canada français est présenté, dans les textes, comme essentiellement rural à travers l'évocation, reprise jusque dans les années 1930, d'une communauté villageoise heureuse utopique. Cette évocation masque les contradictions économiques inhérentes au système de l'attribution foncière et de la détermination du titre de propriété.

Nous remarquons la présence de ces contradictions en Argentine après la Confédération de 1862 quand l'immigration se développe. En effet, si en 1876 une loi inspirée du *Home Stead Act* des États-Unis permet de distribuer des lots de 25 à 50 hectares aux immigrants, rapidement d'immenses superficies du « désert » sont accordées aux personnes proches du pouvoir, et en 1890 il n'y a plus rien à donner[135]. De plus, ces contradictions dans l'attribution des terres cachent aussi que le Canada comme l'Argentine prennent rapidement la voie d'une insertion dans le capitalisme mondial, dominé par l'Empire britannique qui fait circuler ses finances et ses spécialistes du nord au sud des Amériques[136].

Même s'il critique l'émigration massive vers les États-Unis, Beaudry n'étudie pas les différences dans les lois concernant l'obtention de la propriété au Canada et aux États-Unis. Pourtant, cela est fondamental, car le problème des capitalistes colonisateurs en Amérique du Nord est qu'il y a trop de terres et que tout le monde peut devenir petit propriétaire. La lutte s'est bien passée aussi sur ce plan. Comment faire pour que les paysans sans terre des systèmes féodaux ne deviennent pas propriétaires[137] et passent de serfs à ouvriers au service d'un capitalisme naissant qui valorise une nouvelle forme de propriété, mais pour un groupe restreint ? E. C. Wakefield est clair à ce sujet : « A passion for owning land prevents the existence of a class of labourers for hire [...] Cheapness of land is the cause of scarcity of labour for hire[138]. » Créer des non-propriétaires qui manifesteront une certaine allégeance au territoire dans un monde d'abondance est donc un problème fondamental pour tous les colonisateurs qui désirent à la fois créer un marché intérieur lié à la puissance mondiale anglaise et créer un lien affectif vis-à-vis d'un territoire neuf non marqué par l'histoire et ses monuments millénaires.

Selon les traditionalistes, pour que la machine économique tourne, il faut des masses déterritorialisées au sens économique et individuel, c'est-à-dire sans terre, afin qu'elles s'agglutinent dans les villes. En même temps, il faut qu'elles soient formées à l'amour de la patrie, enracinées, afin qu'elles n'émigrent pas et ne détruisent pas la réserve qui permet de maintenir les salaires suffisamment bas pour concurrencer les autres régions industrialisées du monde. Il ne faut pas que le peuple voyage, ni dans sa tête, ni dans la réalité, mais qu'il soit enraciné en un lieu qui lui assure une sécurité minimale. Ce problème s'est posé aussi avec acuité dans la plupart des régions d'Amérique latine où les pouvoirs en place fondés sur des traditions espagnoles ont voulu échapper à la révolution du siècle, qui, avant celle des droits de l'homme et du citoyen, est celle qui se produit dans les Amériques et en particulier aux États-Unis, et qui permet d'échapper à la pénurie en devenant propriétaire[139].

Néanmoins, une grande partie des populations sont soumises à une idéologie nationaliste territorialisante propre à l'invention des États-nations sans en avoir les bénéfices. Les gens appartiennent à l'État-nation sans qu'aucune terre leur appartienne. De serfs, ils se transforment en citoyens, en peuple souverain, mais leur statut de vagabonds économiques ne change guère, puisqu'ils n'ont pas de titre légal de propriété[140]. De plus, les élites font tout culturellement pour les empêcher de se déplacer et de chercher ailleurs un mieux-être, notamment en insistant sur le fait que les autres, de l'autre côté de la frontière, sont menaçants. Le problème reste celui du monde ouvrier urbain ou non pour qui, en plus de valoriser le récit biblique, on valorise aussi l'opposition intérieur/extérieur et on accentue la peur de la menace extérieure, les Canadiens anglais et les États-Unis pour les Canadiens français, le Chili pour les Argentins, les gringos pour les Mexicains sans oublier les barbares qu'il faut tuer. Comme nous l'avons déjà vu avec M. Shapiro[141], cet imaginaire de type hégélien masque sous des stratégies politiques un désir ontologique de s'affirmer en percevant l'autre comme une menace[142].

Dans le cadre du progrès et de la modernité, il ne s'agit ni de détacher le territoire des significations comme pour les autochtones, ni de détacher les significations du territoire comme dans un processus globalisant postmoderne/postcolonial menant à la circulation des significations et des valeurs dans le multiculturel et le bidiscursif. Il s'agit plutôt d'attacher des significations fortes à un territoire qui n'en a pas encore suffisamment, en attachant la population à ce territoire.

Cela est bien souligné par Hernando de Soto dans *The Other Path* et dans ses articles publiés récemment dans des publications de vulgarisation économique comme *Forbes*, *L'Actualité* ou le *National Post*. De Soto montre que les pauvres ne sont pauvres que parce qu'ils n'ont jamais eu de titres de propriété et qu'ils ne peuvent emprunter, car ils n'ont aucune garantie pour le prêteur. Dès lors, leurs productions restent au niveau local et ne peuvent se multiplier pour atteindre un nombre suffisant qui leur permettrait de développer leur réseau pour vendre leurs produits dans d'autres marchés, localement ou mondialement :

> Under the guidance of De Soto's think-tank, 300,000 titles were registered in urban Lima from 1991 through 1995. Results were soon palpable. By 1998 the value of the registered urban land had typically doubled; previously non-existent private mortgage and consumer credit markets had begun to develop[143].

Là est bien le point. L'ère postcoloniale/postmoderne peut mener aussi à faire bénéficier d'une territorialisation légale ceux qui, dans l'essor de la modernité, n'y ont jamais eu droit. Malheureusement, dans de nombreux cas, ceux qui luttent pour un titre de propriété sont tout simplement tués comme à Eldorado, une localité située à 650 kilomètres de Belém au Brésil : « Des témoins raconteront comment 200 policiers armés ont surgi brusquement et ont pris les manifestants en souricière. Munis de mitraillettes, les policiers ont ouvert le feu sur la foule. Bilan du massacre : 19 personnes tuées et 35 autres blessées[144]. »

Toutefois, dans le contexte contemporain, certains laissés-pour-compte de la modernité peuvent découvrir des occasions de se glisser dans le mouvement de transformation économique brisant le statu quo local en ouvrant sur le mondial. Cela est souligné dans des articles de journaux comme le suivant : « Peruvian Economist Reveals Mysteries of Poverty[145] ». Dans l'article, Hernando de Soto souligne ce qui semble paradoxal (voir 4.14) dans l'optique de la modernité, mais qui est tout à fait en accord avec le glissement de paradigmes contemporains :

> I'm trying to get people away from thinking along Calvinist lines that poor people are poor because they don't have a good work ethic. I want people to move away from this cultural argument, which is simply not true[146].

Il est clair qu'en critiquant la bureaucratie étatique étouffant l'économie, H. de Soto se réfère à certains aspects de l'éthique protestante (voir 3.5) qu'il découvre aussi chez les pauvres qui font tout pour réaliser leur potentiel. Il cherche, par contre, à retirer de la tête des élites bureaucratiques locales et des penseurs des pays riches l'idée que si les pauvres sont pauvres, c'est de leur faute. De ce fait, il déplace le système de pensée de l'éthique protestante afin de l'amener à provoquer un changement radical dans les pays fondés sur des règlements bureaucratiques au service des élites traditionnelles. L'éthique protestante est un des moteurs du changement si elle sert à rejoindre le plus grand nombre et si elle permet de reconnaître les éléments économiques et culturels de base qui empêchent le développement économique et individuel des populations. H. de Soto joue donc l'éthique protestante contre elle-même et la recontextualise dans un continent qui en ignore en partie le potentiel. Autrement dit, il valorise le titre de propriété, base du développement capitaliste et premier élément qui peut permettre la mobilité commerciale et financière[147]. Cette mobilité est chez lui à la fois dépendante de conceptions culturelles à déplacer en rapport avec un contexte qui leur sont inadéquates, et génératrices de capitalisations symboliques passant à la possibilité de vivre selon des économies fondées sur la capitalisation du savoir.

Le fonctionnement traditionnel vis-à-vis du territoire et de ses ancrages symboliques semble donc fondé sur une réflexion théorique qui détermine les réseaux paradigmatiques déterminant le permis. Si on se réfère au carré greimassien, ces réseaux débouchent sur des contraires qui, combinés, n'impliquent pas des contradictoires antithétiques : ainsi on obtient enracinement/mobilité (et donc émigration) et propriété/non-propriété. Toutefois, on aboutit aussi à un discours qui les combine de manière particulière puisque, dans le cadre de la modernité et de l'invention des États-nations, propriété et non-propriété impliquent tous deux un enracinement. Les penseurs qui sentiront là une difficulté iront vers des solutions parfois bien différentes. Les marxistes s'orienteront vers la suppression du terme propriété en conservant l'enracinement, et ce, jusqu'aux stratégies des mouvements de libération nationale. Les libéraux valoriseront le pôle mobilité, à l'instar du Vénézuélien F. Toro. En 1839, ce dernier produit une « déclaration des droits » qui convient aux pays du Nouveau Monde et en particulier à ceux d'Amérique du Sud. On peut y lire qu'il faut maintenir son indépendance et son autonomie, signer des traités entre les peuples de la terre afin de favoriser les échanges, mais que cela se double de droits individuels comme le droit d'émigrer de son pays et d'être admis dans le pays de son choix[148]. Pour lui, la mobilité est un droit fondamental qui contribue à l'accroissement des richesses. Néanmoins, s'il discute du droit à la propriété, il est loin d'explorer toutes les questions qui se posent à son sujet dans les grands espaces américains.

L'État-nation ne fait souvent que recycler le mythe biblique valorisant le lien entre sol et signification, mais en le laïcisant et en créant un nouveau mythe, celui du consensus dans l'égalité autour de la langue et des valeurs particulières à la société. Le grand interdit est de démasquer ce que cache ce consensus et de tenter de fracturer l'unanimisme fondateur des valeurs propres à la néo-bourgeoisie nationale qui va s'enrichir grâce à l'État-nation, c'est-à-dire grâce au développement d'un marché intérieur en rapport avec les échanges internationaux contrôlés en bonne partie au XIXe siècle par l'Empire britannique. La modernité couple donc propriété et non-propriété à enracinement, tandis que, dans le cadre de la mondialisation[149] et du postmodernisme, propriété et non-propriété tendent à rejoindre le pôle mobilité et ses corrélats euphoriques (pour les investisseurs et pour une bonne partie des nouvelles classes bourgeoises internationales), tels accès, capitalisation du savoir, productivité sémantique, émigration et tourisme. Dans ce nouveau cadre, pour certains pauvres, des occasions s'ouvrent quand on leur donne le moyen légal de se territorialiser minimalement et qu'on leur permet de participer à la révolution fondamentale d'avoir un capital foncier[150]. Cependant, cette propriété territoriale est loin d'être une panacée dans un monde où la richesse est liée à l'accès dans le temporaire et à la capitalisation mouvante du savoir.

2.11 TERRITORIALISATION ET DÉPLACEMENT

Autrement dit, le thème du déplacement est récemment devenu euphorique alors qu'il était plutôt générateur de nostalgie ou de malaise dans le cadre de la modernité. En effet, il était employé par les nationalistes et les nostalgiques de l'identité perdue pour valoriser la sédentarité enracinée, comme chez Marco Micone dans *Gens du silence*[151]. Dans cette optique, il est intéressant d'analyser les conflits de clichés issus de la bouche de Durin, amoureux de Lioubov dans *Les saltimbanques* de Sergio Kokis. Lioubov, jeune femme parfois naïve, demande à Durin comment est l'Argentine et s'il y a des guerres là-bas. Il répond : « Je ne crois pas. Les guerres, c'est surtout ici où les gens ne peuvent pas avoir de grandes fermes, où les gens vivent pauvres et entassés. En Argentine, ils n'ont pas besoin de se battre parce qu'il y en a assez pour tout le monde. Et c'est si loin que personne ne veut y aller[152]. » Cette remarque qui renvoie à une situation économique liée à la fin de la Deuxième Guerre mondiale est pertinente. Mais son contenu de rêves lié à des clichés qui datent du XIXe siècle est remarquable. En effet, en Argentine, il n'y avait déjà plus de terres à donner dès la fin du XIXe siècle. Il faut retenir toutefois que ce rêve, de la part de nomades travaillant dans un cirque, est intéressant. En effet, eux peuvent rêver d'aller « si loin », tandis que la plupart des gens sont pris entre la peur de la guerre dans leur lieu national et l'incapacité à quitter ce lieu puisque l'autre territoire, qui est pourtant promesse de paix, est « trop loin ». Dans ce constat de pauvreté et de guerre dans le national subsiste une inertie bien marquée dans la deuxième phrase. Les gens enracinés justifient leur sédentarité par le fait que l'Argentine est trop loin même si elle est promesse de bonheur. Dans ce texte qui répète des savoirs publics, se manifeste la position des identités dominées par une logique propre aux États-nations. C'est loin de quoi ? De la guerre et de la pauvreté ? Alors pourquoi justement ne pas s'en aller ? Parce que, dans la logique de la modernité, le départ est dysphorique. Il est en effet rupture avec une communauté. Parfois, contre toute évidence, celle-ci est perçue comme sécurisante, d'autant plus s'il s'agit d'une communauté qui a atteint la reconnaissance de statut de nation comme le souligne Frederik Barth[153]. De plus, les personnages nomades sont des saltimbanques, c'est-à-dire, selon les clichés qui perdurent, des gens obligés de se déplacer et souvent peu recommandables. Pour l'esprit de la modernité, le déplacement est dysphorique s'il n'est pas encadré dans des structures fortes. Les promesses qui dominent sont donc celles qui sont faites dans le contexte d'un territoire lié à des institutions définies comme protectrices.

De nos jours, par contre, l'euphorie se construit sur la légitimisation du déplacement couplée aux divers aspects du droit à la propriété et de l'insertion dans les flux économiques. En effet, il n'est certes pas question de nier la possession du territoire, mais bien de coupler ce lien avec le déplacement. L'un et l'autre ne sont plus antithétiques comme l'expriment une bonne partie des textes littéraires contemporains, de *Self* de Yann Martel à *The Global Soul* de Pico Iyer.

Cela est très différent de l'opposition entre les romans de la terre et les romans plus rares mettant en scène des survenants (coureurs des bois, *bandeirantes*, etc.[154]). Territorialisation et déplacement sont désormais complémentaires. Avoir plusieurs lieux financiers, territoriaux, culturels, commerciaux est ce qui permet facilement de voyager physiquement et dans sa tête[155]. C'est ce qui permet d'étendre son influence tout en mettant le distant à portée de la main[156]. Cela signifie redéfinir ses limites physiques et multiplier les images de soi dans des jeux de différences qui sont des stratégies de concurrence. Cette nouvelle dynamique redéfinit la conception du corps, qu'il soit social ou individuel[157]. Il n'est donc plus question de paradigme dualiste, mais bien de complémentarité.

Dans cette prise en charge de la légitimité du déplacement, il ne faut pas oublier certains de ses aspects dysphoriques tels que le sont le vagabondage, l'incapacité à se joindre au mouvement[158], la poubellisation des êtres et des choses[159] ou même un certain déracinement qui prouve que les valeurs de la modernité sont encore opérantes au sein même de la postmodernité, que la combinaison entre modernité et postmodernité se fait selon des vitesses différentes et que parfois certaines régions ou certains groupes qui sont restés dans une logique économique et culturelle en partie prémoderne, comme le souligne H. de Soto, ne peuvent vivre le mouvement postmoderne d'une manière satisfaisante.

Ainsi, l'œil générateur d'images nouvelles dont parle Sarmiento est, au XIXe siècle, un œil rationaliste gouverné par la pratique, la technique et l'intérêt économique dans un monde qui n'est plus immuable. Il part de l'observation, du doute et de l'hétérodoxe. Il aboutit toutefois à une nouvelle stabilisation qui aime consommer le mythe des espaces ouverts par le biais du Wild West et du cow-boy, de la pampa et du *gaucho*, de la forêt et du *bandeirante*[160] ou du coureur des bois. Cette stabilisation se combine à la valorisation d'un État-nation où l'allégeance territoriale n'est pas seulement située au niveau des mots, d'une dépendance affective masquant le travail du processus d'attribution, mais elle passe aussi par l'accès ou le non-accès à la propriété.

La modernité a été un immense projet d'accord sur des relations internationales réglées (fuseaux horaires, union postale universelle, réseaux bancaires comme la banque Barring fonctionnant au Canada, en Argentine, en Angleterre, etc.). L'important, dans le cadre de la modernité, se situe donc dans l'application d'un savoir en gestation allant de concert avec le mouvement des rapports contextuels nouveaux se rééquilibrant dans une tentative d'ajustement efficace régulier. En ce sens aussi, il n'y a pas de rupture entre modernité et postmodernité, mais déplacement de ses logiques qui parfois sont simplement poussées à l'extrême, à l'hyper. C'est cet extrême qui fait basculer le fonctionnement et ouvre au nouveau dans la productivité de significations où culture, consommation et économie marchent de concert et où valorisation de la singularité et diversité se moulent dans le compétitif.

Notes

1 Pico Iyer, *op. cit.*, p. 34. Nous traduisons : « Dans un monde où les problèmes de chacun sont les problèmes de tous, un nouveau sens de la communauté doit être formé sur une base plus profonde que le sol et plus haute que les taux d'intérêt si on ne veut pas que nos rêves d'un monde uni tombent dans la célébration d'une seule nation. »

2 Néstor García Canclini, *La globalización imaginada*, *op. cit.*, p. 215. Traduction : « Interdisciplinarité et interculturalité : il y a des analogies entre le fait de changer de pays et d'apprendre d'autres codes culturels et le fait de déménager de discipline et d'être une espèce de migrant épistémologique. »

3 James Clifford, *Routes, Travel and Translation in the Late Twentieth Century*, Cambridge, Harvard University Press, 1997, p. 54. Nous traduisons : « Le mot champ évoque des images mentales d'espace nettoyé, de cultivation, de travail, de sol. Quand on parle de travailler dans son champ ou de se rendre dans son champ, on se réfère à des images mentales propres à un lieu distinct avec un intérieur et un extérieur, et qui est atteint par la pratique de mouvements physiques. »

4 Frederik Barth, *op. cit.*

5 James Baldwin, *The Fire Next Time*, New York, The Modern Library, 1995, p. 103.

6 Voir l'article de *Homemakers*, Toronto, Transcontinental Media, avril 1987, p. 31 : « I am convinced that if men didn't exist, there would be no need for female intimacy. » Tra-duction : « Je suis convaincue que si les hommes n'existaient pas, il n'y aurait pas besoin d'intimité féminine. » Pour continuer dans cette logique, on peut imaginer que la technique du clonage pourrait aboutir à une humanité où il n'y aurait que des femmes, ce qui serait revivre sur le plan libidinal, le phantasme de la production de masse. En effet, comme le souligne Albert Jacquard dans *Éloge de la différence* (Paris, Seuil, 1978), la « reproduction » est un mot mal choisi. Lors de la naissance,

il y a production d'un nouvel être différent à partir du couple (voir aussi la section 3.7 pour les images mettant en scène Washington cloné).

7 Tzvetan Todorov, *La conquête de l'Amérique*, Paris, Seuil, 1982.

8 Et ce manque mène à la réactivation d'une logique d'exclusion dualiste ancrée dans une vision hégélienne du monde critiquée par Karl Popper dans *The Open Society and Its Enemies, op. cit.*

9 « Los procesos transnacionales que llegaron a los colegios », *La Voz del interior* (Córdoba, Argentina), samedi 11 novembre 2000, p. A18. Nous traduisons : « Il y a une économie mondiale et une technologie mondiale, mais il n'y a pas de culture mondiale et il n'y en aura pas [...] il y a un processus intégrateur de dimension planétaire quoique "ce processus se différencie historiquement dans les divers lieux de la planète". » C'est ce que l'on constatera à l'aide de l'analyse des nombreux exemples tirés d'articles économiques (voir 3.9) ou des publicités (voir 4.1).

10 *National Post*, jeudi 18 juillet 2002, p. A13. Pitcairn est une petite île du Pacifique Sud. Nous traduisons : « Les commentateurs sociaux suggèrent que le problème des supposées agressions sexuelles a été révélé parce que les fonctionnements du reste du monde ont rejoint ce qui avait été considéré comme un mode de vie traditionnel sur Pitcairn. »

11 Voir Katie King, « Global Gay Formations and Local Homosexualities », dans *A Companion to Postcolonial Studies* (H. Schwartz et S. Ray, dir.), Oxford, Blackwell, 1996, p. 508-519.

12 Fernando Andacht, *Signs of Passion in Mesocracy. The Media Treatment of the Unreasonable in the Land of Hyper-reason*, à paraître.

13 Arif Dirlik, « The Postcolonial Aura : Third World Criticism in the Age of Capitalism », *Critical Inquiry*, n° 20, 1994, p. 331-350.

14 Aimé Césaire, *Discours sur le colonialisme*, Paris, Présence africaine, 1955.

15 Frantz Fanon, *Les damnés de la terre*, Paris, François Maspero, 1968.

16 Albert Memmi, *op. cit.*

17 Parfois l'influence du féminisme nord-américain n'est pas assez forte pour contrer les réflexes d'exclusion provenant des manières de fonctionner traditionnelles. C'est ce qu'on a vu récemment en Corée du Sud quand Mme Chang San, théologienne et présidente du plus grand collège du monde pour femmes, a été rejetée comme premier ministre par l'Assemblée à raison de 142 voix contre 100 (*National Post*, jeudi 1er août 2002, p. A11).

18 Nous traduisons : « Balza désire supprimer la discrimination au sujet des homosexuels dans les forces armées. »

19 *La Voz del interior*, mardi 24 août 1999, p. A7. Traduction : « Le 19 mars 1993, le président Bill Clinton a fait part de sa décision de permettre l'entrée des homosexuels dans les forces armées de son pays. » Voir aussi au Chili la

présence des femmes à l'école d'aviation dans le but de devenir pilote de chasse : « Aumenta Presencia de la Mujer en Fuerzas Armadas. » Nous traduisons : « La présence féminine augmente dans les forces armées. » (*El Mercurio*, Santiago de Chile, jeudi 3 février 2000, p. 1). Il est certain que ces changements ont à voir avec les nombreux accords de collaboration entre les pays d'Amérique latine et les États-Unis ou le Canada : « Las relaciones entre las marinas de Chile y Canadá se han acrecentado a partir de mediados de la década del 80, materializándose en el intercambio de oficiales y en la participación de ejercicios navales combinados. » Nous traduisons : « Les relations entre les marines du Chili et du Canada ont augmenté à partir du milieu des années 1980, ce qui s'est matérialisé dans l'échange d'officiers et la participation à des exercices navals combinés. » (*El Mercurio*, dimanche 23 janvier 2000, p. C7). On note aussi le fait que les dénonciations pour discrimination contre les handicapés ou les personnes obèses se sont multipliées par trois en Argentine grâce à l'Instituto Nacional contra la Discriminación, la Xenofobia y el Racismo, lui-même lié à diverses ONG. Le directeur souligne d'ailleurs que « El Estado fracasó en la tarea de educar a sus funcionarios para evitar actos intolerantes » (*La Nación*, vendredi 20 août 1999, p. 15). Là comme ailleurs, on souligne donc que le problème de l'exclusion des individus différents se manifeste, car l'idéologie de la modernité et de la protection sociale pour tous reste un mythe. Alors, les nouvelles données contemporaines risquent de permettre de changer cette situation. Cela rejoint ce que constate le journal *El País* : « Gracias a los norteamericanos existe la ecología, aunque luego no firmen el tratado de Kioto, y gracias a los norteamericanos existe el feminismo más feroz, las vindicaciones gay, las parejas de hecho, la igualdad en las parejas, la aceptación multicultural. » Nous traduisons : « L'écologie existe grâce aux Nord-Américains même s'ils n'ont pas signé le Traité de Kyoto, et le féminisme le plus virulent, les revendications gaies, les couples en union de fait, l'égalité dans les couples, l'acceptation multiculturelle existe aussi grâce aux Nord-Américains » (Version Internet, samedi 27 avril 2002).

20 *National Post*, samedi 21 octobre 2000, p. A9. Traduction : « L'échec du gouvernement libéral de mettre en œuvre une loi concernant les espèces en danger — pas une fois, mais deux — est une honte nationale. (Par comparaison, les États-Unis ont une loi sur les espèces en danger depuis vingt-cinq ans.) »

21 Néstor García Canclini, *La globalización imaginada*, *op. cit.*, p. 49. Nous traduisons : « Pour le dire plus clairement, ce qui semble s'appeler mondialisation se présente comme un ensemble de processus d'homogénéisation et, simultanément, de fractionnement articulé du monde qui réorganisent les différences et les inégalités sans les supprimer. »

22 Alain Minc, *Le nouveau Moyen Âge*, Paris, Gallimard, 1993.

23 Voir François Paré, *Les littératures de l'exiguïté*, Hearst/Ottawa, Nordir, 1994.

24 *La Nación*, dimanche 27 août 2000, p. 1, section 2. Nous traduisons : « En Argentine, pays caractérisé par des institutions plus rigides et moins pluralistes [...] l'inflexibilité institutionnelle a permis une concentration du pouvoir et un accroissement des avantages dans peu de mains [...] L'insatisfaction a généré des ruptures dans la société, favorisant des réactions exagérées des groupes restés en retrait. »

25 Maria de Los Ángeles Yannuzzi, *La modernización conservadora*, Buenos Aires, Editorial Fundación Ross, 1995, p. 81 : « Si en algo se caracteriza el modelo neo conservador [...] es que reduce peligrosamente el espacio de interés común entre los hombres. Dicho en otros términos, no podemos reconocernos en un código interpretativo común. » Nous traduisons : « Si on peut caractériser de quelque manière le modèle néo-conservateur [...] c'est en ce qu'il réduit de façon dangereuse l'espace des intérêts communs entre les humains. Autrement dit, nous ne pouvons nous reconnaître dans un code interprétatif commun. » Évidemment, cette fracture interprétative, très prégnante dans un contexte étatique centralisateur, l'est moins dans un contexte décentralisé comme au Canada ou aux États-Unis. De plus, en Amérique du Nord, la privatisation est liée au fait que la participation joue beaucoup dans l'accès aux objets et à l'expérience même d'achat qui est partage commun.

26 Néstor García Canclini, *La globalización imaginada*, *op. cit.*, p. 29.

27 Alain Minc, *op. cit.*

28 Cela se révèle dans la destruction des tours du World Trade Center où l'on n'a trouvé aucune demande. Il ne s'agit donc pas là de terroristes au sens habituel du terme. Ceux-ci sont des gens prêts à mettre leur vie en jeu en échange de reconnaissance et d'avantages. Il s'agit de fanatiques de la vérité pour qui la reconnaissance vient de l'extérieur au discours, c'est-à-dire de Dieu.

29 Oswald de Andrade, *Anthropophagies*, Paris, Flammarion, 1982, p. 270.

30 Voir le lien établi par Gilberto Freyre entre *bairro* (quartier) et *barro* (glaise) dans *Terres du sucre*, Paris, Quai Voltaire, 1992, p. 46, et la discussion à ce sujet dans Michel Maffesoli, *L'instant éternel*, Paris, Denoël, 2000, p. 229.

31 Algirdas Julien Greimas, *Sémantique structurale*, Paris, Larousse, 1966.

32 Jean-François Lyotard, *La condition postmoderne*, Paris, Minuit, 1979.

33 Évidemment tous ne sont pas d'accord avec ce mythe. Certains penseurs s'engagent dans la rétorsion qui est malgré tout une façon d'être contrôlé par l'élément central : « Un homme dont le nez est un réservoir à poussière et la bouche un vieux hangar pour ranger des dents se penche sur la terre, et voudrait en manger un petit morceau étalé sur une miche de pain qu'il a conservée soigneusement. Celui-là aime la terre, celle qui est sa terre, qui a

un goût spécial, un goût d'excrément et il veut la garder. Au besoin même, est-ce qu'il ne s'y ferait pas enterrer pour mieux la surveiller? Près de lui, ô liberté, il y a un chien qui saute et qui se fout du tiers et du quart, et qui s'amuse à pisser sur les fleurs, gentiment. Liberté à tête d'étoile, n'oublie pas cet homme qui lèche la terre comme si c'était du sucre. » Philippe Soupault, *Histoire d'un Blanc*, Paris, Sans Pareil, 1927, p. 38.

34 Patrice Lacombe, *op. cit.*

35 Vladimir Propp, *Morphologie du conte populaire*, Paris, Seuil, 1968.

36 Cela se vérifie très bien dans deux textes canadiens : on pense à *Wacousta* de John Richardson, et à *L'Iroquoise*, présenté par Michel Bibaud dans *La bibliothèque canadienne*. Dans les deux cas, il y a diabolisation des Indiens. Dans *Wacousta*, il s'agit de légitimer l'avancée de la civilisation blanche et dans *l'Iroquoise* le but est de mettre en valeur le travail des missionnaires. Voir Christian Lerat, « [...] A-t-on jamais vu un bon sauvage? La réponse des littératures canadiennes », dans *Mythes et réalités transatlantiques* (C. Lerat, dir.), Talence, Éditions Maison des sciences de l'homme d'Aquitaine, 1997, p. 21-38. Voir aussi la thèse de maîtrise de Vincent Masse, Département d'études littéraires, Université McGill, 2002.

37 Voir Marcos Aguinis, *La gesta del Marrano*, Buenos Aires, Planeta, 1991.

38 Monique Proulx, *Les aurores montréales*, Montréal, Boréal, 1996, p. 232.

39 Alvin Toffler, *op. cit.*, p. 92. Traduction : « Beaucoup de gens ne restent pas assez longtemps au même endroit pour acquérir des traits régionaux ou locaux distincts [...] Nous ne recherchons donc pas l'endroit d'où ils proviennent, mais plutôt un certain sens d'un arrière-plan différent. »

40 Marvin Harris, *El desarrollo de la teoría antropológica. Historia de las teorías de la cultura*, Madrid, Siglo XXI, 1987.

41 Fermin Toro, « Europa y América », dans *La doctrina conservadora*, Caracas, Ediciones commemorativas del sesquicentenario de la independencia, 1960 (1839), p. 89.

42 Julio Irazusta, *Influencia económica británica en el Río de la Plata*, Buenos Aires, Eudeba, 1963, p. 23. Nous traduisons : « une conception générale de notre barbarie ».

43 Edward Gibbon Wakefield, *England and America*, New York, A. M. Kelley, 1967 (1834), p. 264. Nous traduisons : « Si elles [les colonies hollandaises d'Afrique du Sud] n'avaient pas obtenu des esclaves, c'est-à-dire une certaine combinaison des forces de travail pour les travaux particuliers de leurs fermes, étant donné qu'elles étaient si espacées, et si elles avaient été empêchées de combiner leur force de travail, elles auraient dégénéré au niveau de l'état des sauvages descendants des Espagnols qui peuplent les plaines de Buenos Aires. »

44 Cette rhétorique n'est pas complètement perdue comme le prouve un sous-titre caricatural d'un article récent concernant l'Argentine : « Entre la région de Buenos Aires, urbanisée et industrialisée, et le reste du pays, désert et sous-développé, il n'y a rien de commun » (*Géo*, avril 2002, p. 22). La multinationale Bertelsman qui publie ce magazine n'hésite pas à reconduire les vieux clichés.

45 Ibn Khaldun soulignait que les Bédouins étaient des nomades ennemis de la civilisation, des villes, de la pensée, de l'écrit. Voir à ce sujet : Olivier Rolin, *Méroé*, Paris, Seuil, 1998.

46 Xavier Marmier, *op. cit.*

47 Théodore Pavie, *Souvenirs atlantiques*, Paris, Bossange, 1838, vol. 1, p. 163.

48 Philippe Aubert de Gaspé fils, *L'influence d'un livre*, Québec, Cowan, 1837, p. 74 ; roman révisé (censuré) et réédité par H.-R. Casgrain, sous le titre *Le chercheur de trésors* en 1864, 1878, 1885, 1937 et 1974.

49 Hernando de Soto, *op. cit.*, p. 3. Nous traduisons : « Le désert et les collines environnants ont cessé d'être un paysage passif et ils sont devenus eux-mêmes une partie de la ville, et le style européen de la ville a cédé la place à une personnalité bruyante et basanée (au Pérou). Mais les villes ont aussi conféré une individualité à leurs habitants. Les efforts individuels ont fini par dominer par rapport aux efforts collectifs. »

50 Traduction : « [...] pour nous, pour notre postérité et pour tous les hommes de la planète qui désirent habiter sur le sol argentin [...]».

51 Nous traduisons : « délimiter définitivement le territoire de la nation, fixer les limites des provinces, en créer de nouvelles [...]».

52 Voir cependant certains débats autour du *Manifeste d'annexion* (1849) pour le Canada français et les idées de Simon Bolivar pour l'Amérique latine.

53 *Frontier* a justement une acception opposée à « frontière » en français ; *frontier* renvoie à un espace ouvert où l'expansion est valorisée.

54 Voir Marie Couillard et Patrick Imbert, « Les déclarations de principes au XIXe siècle au Canada français et leur portée dans les Amériques », *Québec Studies*, n° 28, automne 1999-hiver 2000, p. 81-97.

55 Johann Gottlieb Fichte, *Addresses to the German Nation*, New York, Harper and Row, 1968.

56 Johann Gottfried Herder, *Sämtliche Werke*, Hildesheim, Gohms, 1967.

57 Même s'il y a une visée messianique au Canada français, celle de diffuser le catholicisme sur le continent, elle ne parviendra pas à conquérir de nouveaux espaces discursifs liés à un territoire politique.

58 Ricardo Piglia, *Conversación en Princeton* (A. Diaz Quinones, dir.), Princeton, Princeton University Press, 1998, p. 17.

59 Ce qui pourrait aussi être perçu comme une laïcisation des buts de l'Église catholique réinscrivant le mythe adamique nationaliste dans des visées planétaires.

60 Voir *Le grand récit des Amériques* (D. Cuccioletta, J.-F. Côté, F. Lesemann, dir.), Québec, Presses de l'Université Laval, 2001 ; *L'américanité et les Amériques* (D. Cuccioletta, dir.), Québec, Presses de l'Université Laval, 2001 ; Guy Bouchard et Yvan Lamonde, *Québécois et Américains*, Montréal, Fides, 1995.

61 Par métissage, on entend la conjonction d'hétérogénéités ; l'hétérogénéité est elle-même définie par Brunner comme la participation segmentée et différenciée à un marché international de messages qui pénètrent la trame locale de la culture aboutissant à la déstructuration/restructuration de représentations collectives (Alfonso de Toro, « La postcolonialidad en Latinoamérica en la era de la globalización », dans *El debate sobre la postcolonialidad en Latinoamérica, op. cit.*). Par contre, l'hybridité est une stratégie discursive transdisciplinaire liée à la mutation de théories à l'intérieur d'une pluralité de méthodologies permettant de penser de manière alternative la postmodernité.

62 Voir Adriana Rizzo, « Exclusion sociale et exclusion de l'immigrant en Argentine aux temps de la globalisation. Leurs traces dans les discours médiatiques », dans *Les enjeux de l'interculturel au cœur des Amériques, op. cit.*

63 Carlos Gorostiza, *Vuelan las palomas*, Buenos Aires, Planeta, 1999.

64 Neil Bissoondath, *Le marché aux illusions, op. cit.*, 1995.

65 Jean-Loup Amselle, *Logiques métisses. Anthropologie de l'identité en Afrique et ailleurs*, Paris, Payot, 1990, p. 10.

66 Cette influence des langages spécialisés se retrouve dans les réflexions de Teun A. van Dijk affirmant que le racisme et les réflexes d'exclusion au quotidien proviennent de la vision ethnocentriste nationaliste des élites : « In sum, if the social mind is essentially formed by the public discourse, and if the public discourse is largely controlled by various elite groups, it warrants searching for at least some roots of racism among these elite groups themselves. » Voir *Elite Discourse and Racism*, Newbury Park, Sage Publications, 1993. Nous traduisons : « En somme, si l'esprit social est formé essentiellement par le discours public et si le discours public est largement contrôlé par des groupes variés provenant des élites, il est pertinent de rechercher au moins quelques racines au racisme parmi ces élites elles-mêmes. »

67 C'est ce que souligne Will Kymlicka comparant diverses bases épistémologiques gouvernant les multiculturalismes canadiens, québécois et états-uniens. Will Kymlicka, « Building a modern, pluralist distinct society in Quebec », <www.mri.gouv.qc.ca/la_bibliotheque/willkym_an.html>.

68 Amaryll Chanady, *Entre inclusion et exclusion : la symbolisation de l'autre dans les Amériques*, Paris, Champion, 1998.

69 James Baldwin, *op. cit.*, p. 92. Nous traduisons : « Les Américains blancs ont supposé que l'Europe et la civilisation étaient synonymes — ce qu'elles ne sont pas — et ils se sont méfiés d'autres standards et d'autres sources de vitalité, particulièrement ceux qui ont été produits en Amérique même. »

70 Alphonse de Lamartine, *Le conseiller du peuple*, Paris, Gosselin, 1851, vol. 1, p. 26.

71 Lui-même s'inspirant des voyageurs comme Jean Chardin, *Voyages de Paris à Ispahan*, Paris, Maspero, 1983 (c1686), ou Jean-Baptiste Tavernier, *Les six voyages de J.-B. Tavernier, écuyer, baron d'Aubonne, qu'il a fait, en Turquie, en Perse et aux Indes, pendant l'espace de quarante ans, 1676*, Paris, Maspero, 1981. Voir *De l'esprit des lois, Œuvres complètes*, Paris, Gallimard, 1994, p. 801 : « Les hommes qui vivent dans les pays du nord [...] ont plus confiance en eux-mêmes [...] plus de connaissances de la supériorité [...] Mettez un homme dans un lieu chaud et enfermé, il souffrira, par les raisons que je viens de dire, d'une défaillance de cœur très grande [...] Les peuples des pays chauds sont timides comme les vieillards le sont; ceux des pays froids sont courageux comme le sont les jeunes gens. »

72 Ce rejet moderne fondé sur un discours naturel et géographique a déplacé le discours plus ancien fondé sur une nature biblique comme le montre le romancier argentin Marcos Aguinis dans *La gesta del Maranno* (*op. cit.*).

73 Il serait bon de voir ce que devient cette idée du jardin dans le cadre de l'économisme tel que représenté par Jerzy Kosinski dans *Being There* (New York, Harcourt Brace Jovanovich, 1970; traduction espagnole : *Desde el Jardín*, Barcelone, Pomaire, 1973). Un homme a passé sa jeunesse à se promener dans un jardin et à regarder la télévision sans jamais sortir dans la rue. Cet enfermement aboutit à un individu qui produit des paraboles que les puissants interprètent comme une science profonde des tendances économiques.

74 Étienne Parent, *op. cit.*, p. 61.

75 L'équation entre le travail et la liberté individuelle, telle que proposée au XIXe siècle dans le cadre d'une organisation du monde rejetant l'esclavage, n'est pas contradictoire. Cela ne veut pas dire, cependant, que l'équation travail/liberté n'a pas été vue comme une structure perverse par les tenants de l'Ancien Régime. Évidemment, Parent n'est pas le seul à tenir de tels propos; on pense au poète Adolphe Marsais dans « Les nouvelles inventions » : « Bien qu'à l'homme il fut défendu, De goûter le fruit de la science, Vers un horizon inconnu, son esprit chaque jour s'élance. Dans le champ de l'Invention, Il moissonne gloire et fortune [...] », dans Yolande

Grisé et Jeanne d'Arc Lortie, *Les textes poétiques du Canada français 1600-1867*, Montréal, Fides, 1987, p. 430.

76 Voir ce que dit Paul Lafargue : « Pour que la concurrence de l'homme et de la machine prît libre carrière, les prolétaires ont aboli les sages lois qui limitaient le travail des artisans des antiques corporations; ils ont supprimé les jours fériés » (*Le droit à la paresse : réfutation du droit au travail de 1848*, Castelnau-le-Lez, Climats, 1992, p. 44). « Sous la Révolution, dès qu'elle [la bourgeoisie] fut maîtresse, elle abolit les jours fériés et remplaça la semaine de sept jours par celle de dix. Elle affranchit les ouvriers du joug de l'Église pour mieux les soumettre au joug du travail » (*ibid.*, p. 45).

77 Fermin Toro, *op. cit.*

78 Michael Aaron Rockland, *op. cit.*

79 Cette idée est bien celle de Peter Mark Roget (voir 4.10), l'auteur du *Thesaurus* cité par l'écrivain Yann Martel dans le roman postmoderne *Self*, *op. cit.*, p. 238-239. Roget a fondé en Angleterre une société pour la diffusion des connaissances utiles, a publié un traité sur la phrénologie (voir les liens entre phrénologie et adaptation au contexte à la section 3.5). Dans son superthésaurus multilingue, il tentait de jumeler les langues pour parvenir à une langue internationale qui mènerait l'humanité à la paix. Il est bien certain que, pour un auteur comme Martel, le multilinguisme organisé de Roget est d'un attrait particulier dans le cadre de la mondialisation, du multiculturalisme et du franchissement des limites comme il l'est aussi dans *The Law of Love* (New York, Crown, 1996) de Laura Esquivel (voir 4.7.1).

80 Emilio de Ipola et Liliana de Riz, « Un juego de cartas políticas », dans *América latina : ideología y cultura* (D. Camacho *et al.*, dir.), San José (Costa Rica), Flacso, 1982. Nous traduisons : « L'Argentine est pour ainsi dire riche sur le plan idéel; il manque seulement que l'idée se transforme de simple potentiel (*dinamis*) en acte (*énergie*). »

81 Au Canada, le progrès est donc affirmé à l'aide de paradigmes qui vont à l'encontre des paradigmes catholiques ultramontains sans pour autant les heurter de front. En effet, Parent reconnaît l'autorité de l'institution et de la hiérarchie ecclésiastique pour assurer l'ordre social à l'époque de l'invention des nations dans une Amérique emportée par l'immigration, l'émigration et le nomadisme. Voir aussi à ce sujet l'étude des grands mouvements migratoires qui emportaient tout l'est du continent et pas seulement le Canada français : Maurice Poteet, *Textes de l'exode*, Montréal, Guérin, 1987.

82 Oswald de Andrade, *op. cit.*, p. 278.

83 Michael J. Shapiro, *op. cit.*

84 Leslie W. Hepple, « Metaphor, Geopolitical Discourse and the Military in South America », dans Trevor J. Barnes et James S. Duncan, *Writing*

Worlds : Discourse, Text and Metaphor in the Representation of Landscape, Londres/New York, Routledge, 1992.

85 Cela est une situation qui se retrouve parfois dans *Nord perdu* (*op. cit.*) de Nancy Huston, notamment dans ses remarques concernant l'accent français et où elle se positionne comme définie par une idéologie linguistique française qui l'emprisonne.

86 Julio Herrera, « América latina : países bárbaros ? », *El Mensajero*, Gatineau, 22 août 2001, p. 4. Nous traduisons : « La barbarie des pays sous-développés : voilà une de ces topiques claironnées et acceptées universellement. Qui sont les barbares? Est-ce que ce sont ceux qui, debout devant leur cabane et presque sans armes, défendent leur terre, leur famille, leur souveraineté, leurs croyances et leurs convictions morales et politiques? [...] ou bien ce sont ceux qui viennent de terres lointaines pour usurper par la force ou la corruption nos richesses naturelles et humaines, nos gouvernements, notre droit à l'autodétermination? »

87 *Ibid.*

88 Gilbert Hottois, *Le signe et la technique. La philosophie à l'épreuve de la technique*, Paris, Aubier, 1984, p. 121, cité dans Paul Chamberland, *op. cit.*, p. 180.

89 Jacques Derrida, « To Choose Their Place », *Autodafe*, automne 2000, <www.autodafe.org>. Traduction : « Évidemment pas toute littérature, pas celle qui est célébrée aussi longtemps qu'elle sert ou reflète l'identité propre d'un groupe, d'un État, d'une nation, d'une religion, d'une langue ou d'une quelconque puissance instituée. Mais il y a toujours eu peu de tolérance pour la littérature qui a, au moins en partie, questionné un tel statut ou une telle mission comme si cela avait lieu seulement là où on lui interdit tout espace. »

90 F. M. Maximilien Bibaud, *Biographie des Sagamos illustres de l'Amérique septentrionale*, Montréal, Imprimerie de Lovell et Gibson, 1848. Pour approfondir ce sujet, voir Katalin Kürtosi, *From Sagamos to Nanabush : Stage Representations of Natives in Canada*, à paraître.

91 Voir à ce sujet Patrick Imbert, « Critique littéraire, lecture canonique, prise en charge de la différence et exclusion », dans *Croire à l'écriture* (Y. Lepage et R. Major, dir.), Orléans (Ontario), David, 2000, p. 179-194.

92 Fermin Toro, *op. cit.*, Notons que l'auteur y mentionne les hauts faits des Patriotes de 1837 au Bas-Canada.

93 Tzvetan Todorov, *op. cit.*

94 Yann Martel, *Life of Pi*, *op. cit.*, p. 4. Traduction : « Comment survit-il, allez vous demander. Précisément parce qu'il est lent. La torpeur et la paresse le gardent loin du mal, loin des repérages des jaguars, des ocelots, des aigles et des anacondas. »

95 Émile Ollivier, « Et me voilà otage et protagoniste », *Boutures*, vol. 1, nº 2, 2001.

96 Dany Laferrière, *Le cri des oiseaux fous*, Outremont, Lanctôt, 2000, p. 163.

97 Néstor García Canclini, *La globalización imaginada*, *op. cit.*, p. 208. Nous traduisons : « à cause de l'importance que donnent [l'anthropologie, l'histoire et la sociologie] à la créativité dans le processus de recherche [ou] par la nécessité de recourir à des métaphores et à l'essai pour dire ce qu'elle ne parviennent pas à présenter avec la rigueur du discours scientifique. »

98 *Ibid.*, p. 269.

99 Voir aussi José Mariategui, *Siete ensayos de interpretación de la realidad peruana*, Lima, Amanta, 1973.

100 Voir Louis Sala-Molins, *Le code noir ou le calvaire de Canaan*, Paris, PUF, 1987.

101 « Le jugement sur le nouvel arrivant se portera donc au-delà de la nation qui n'est pas toujours significative, et s'accrochera plutôt à la notion de chrétienté par opposition à celle de paganisme. En d'autres mots, il valait mieux partager son pays avec un Anglais ou un Allemand [...] plutôt que de subir le choc des cultures en face de l'Amérindien [...] qui vit en sauvage » (Hélène Grenier, « Les étrangers sous le Régime français », dans André Lachance, *Les marginaux, les exclus et l'autre au Canada aux XVIIe et XVIIIe siècles*, Montréal, Fides, 1996, p. 238).

102 Cela interdisait le prêt avec intérêt puisque les intérêts représentent le prix du temps. « Le temps, c'est de l'argent » est donc un cliché manifestant une dérive par rapport à l'ordre clérical.

103 Sophie Wahnich, *L'étranger dans le discours de la Révolution française*, Paris, Albin Michel, 1997. On explique bien que le paradigme barbarie/civilisation provient directement de la rupture de l'unité du monde chrétien par les Lumières hiérarchisant les sociétés en fonction de leur accession au progrès et à la raison tels que définis par les élites intellectuelles européennes.

104 Voir Néstor García Canclini, *Culturas híbridas, estrategias para entrar y salir de la modernidad*, Mexico, Consejo nacional para la cultura, 2001.

105 Ces idées sont aussi présente chez Jovette Marchessault dans *Le voyage magnifique d'Emily Carr*, Montréal, Leméac, 1990.

106 *Veja*, 30 septembre 1998, p. 102.

107 Nous traduisons : « Pour la première fois, la Biennale s'est structurée d'un point de vue brésilien — comme anthropophagie. Dialogues historiques et contemporains du Brésil avec le monde. »

108 Lelia Area et Mabel Morana, *La imaginación histórica en el siglo XIX*, Rosario, UNR Editoria, 1994.

109 Pierre J.-O. Chauveau, *Charles Guérin*, Montréal, M. A. Guérin, 1973 (1846).

110 Gabrielle Roy, *Bonheur d'occasion*, Montréal, Pascal, 1945.

111 Roger Lemelin, *Les Plouffe*, Québec, Belisle, 1948.

112 Voir à ce sujet Régis Debray, *Vie et mort de l'image : une histoire du regard en Occident*, Paris, Gallimard, 1992.

113 Salman Rushdie, *The Jaguar Smile : A Nicaraguan Journey*, Londres, Pan Books, 1987, p. 41. Nous traduisons : « Eh bien d'Escoto (c'était avant le jugement de La Haye) [...] supposez que nous acceptions tous deux de nous conformer à la loi internationale? Ce serait une base juste et objective. — C'est votre problème, mon père, lui dit Rocky. Vous êtes un philosophe. Vous ne vous concentrez pas sur les faits. — Et qu'étaient les faits ? »

114 Le retour à une épistémè de l'objectivité se manifeste chaque fois qu'il y a conflit direct avec un antagoniste qui lui aussi valorise l'objectivité. C'est ce que l'on constate dans le quotidien *La Presse*. On nous présente Castro qui tient compte de la valeur de l'objectivité du journal *La Presse* pour agir. À chaque fois que l'antagonisme idéologique est fort, le système dualiste objectivité/subjectivité, soi/les autres est réaffirmé. (Voir 3.6.)

115 Yvon Rivard, *Les silences du corbeau*, *op. cit.*, p. 35.

116 Italo Calvino, *Palomar*, Paris, Seuil, 1985.

117 Alfred Korzybski, *op. cit.*

118 Wendell Johnson, *op. cit.*, p. 28-43.

119 De plus, on sait qu'Italo Calvino s'est inspiré des textes scientifiques greimassiens pour structurer un texte comme *Si par une nuit d'hiver un voyageur...*, Paris, Seuil, 1988.

120 Wladimir Krysinski, *Carrefour de signes : essais sur le roman moderne*, La haye, Mouton, 1981, p. x.

121 David Ray Griffin, John B. Cobb, Jr., Marcus P. Ford, A. Y. Pete Gunter et Peter Ochs, *Founders of Constructive Postmodern Philosophy : Peirce, James, Bergson, Whitehead and Hartshorne*, New York, State University of New York Press, 1993.

122 Yvon Rivard, *Les silences du corbeau*, *op. cit.*, p. 21.

123 Denise Rochat, « Le corps dérobé : handicap et condition postmoderne dans *Homme invisible à la fenêtre* de Monique Proulx », *Québec Studies*, n° 31, printemps-été 2001, p. 116. Au sujet de Brohm mentionné dans la citation, voir Jean-Marie Brohm, « Pluralité des corps construits », *Le corps 1 : Sociétés, sciences, politiques imaginaires* (J.-M. Brohm, C. Larrère et P. Lascounes, dir.), Paris, Belin, 1992, p. 5-8.

124 *Affaires universitaires/University Affairs*, octobre 2002, p. 28. Nous traduisons : « Ce n'est pas la même chose si ce n'est pas canadien. Recevez l'article original. Lisez un magazine canadien. »

125 Constantin Francois Volney, *Tableau du climat et du sol des États-Unis d'Amérique*, Paris, Courcier, 1803, p. 418.

126 Cette remarque suit la mention du fait qu'il existe un papier affirmant la protection royale des terres communales et que personne d'autre n'a droit à ces terres du général Arroyo (Carlos Fuentes, *Le vieux Gringo*, Paris, Gallimard, 1986, p. 45).

127 Michael Aaron Rockland, *op. cit.*, p. 138. Nous traduisons : « une maison de New York à elle seule a vendu plus d'un million et demi d'atlas et de cartes au public en dix ans. »

128 *Ibid.*, p. 25.

129 Hercule Beaudry, *Le conseiller du peuple*, Montréal, Sénécal, 1861, p. 179.

130 Félicité Robert de Lamennais, *Paroles d'un croyant, divers écrits pour le peuple*, Paris, Lutétia, 1920, p. 369.

131 Ses idées sont répandues dans toute l'Amérique car ses livres sont traduits en espagnol comme en anglais et largement diffusés. Fermin Toro, l'écrivain et politicien vénézuélien, publie en 1839 une série de réflexions fondamentales au sujet des rapports entre l'Europe et l'Amérique (« Europa y América », *op. cit.*). Il y rappelle les tares profondes de l'Europe se disant civilisée et libérale et plongeant au moins un tiers de sa population, notamment la France et l'Angleterre, dans la pauvreté absolue (p. 31). Il souligne que « América posee ya el pueblo más libre y más religioso que han visto las edades. ¡Paso gigantesco en la carrera de la civilizacion! » (p. 64). Traduction : « L'Amérique possède déjà le peuple le plus libre et le plus religieux que les époques aient vu. Pas gigantesque dans le cheminement de la civilisation. » De ce fait, pour lui, la religion et le libéralisme (inspirés des réflexions de Victor Cousin ou de Guizot) couplés à l'espace sont les moteurs d'une nouvelle société échappant aux horreurs de l'industrialisation forcenée et destructrice.

132 Edward Gibbon Wakefield, *op. cit.*, p. 262.

133 *Ibid.*, p. 246. Nous traduisons : « Quel pays où les terres sont peu chères est-il le plus apte à fournir du blé peu dispendieux aux Anglais [...] Pas Buenos Aires, parce que les gens de cette colonie sont peu spécialisés et barbares et n'ont aucun désir de se procurer des produits anglais [...] mais les États-Unis, le Canada et les colonies anglaises d'Afrique du Sud et d'Australie, car dans tous ces pays le blé peut être cultivé sur des terres peu chères avec le savoir faire anglais et par des gens désireux d'acheter des produits anglais. »

134 Lelia Area et Mabel Morana, *op. cit.*, p. 9. Nous traduisons : « une patrie pensée comme urbaine, mais inventée littérairement comme rurale ».

135 Guy Bourdé, *Urbanisation et immigration en Amérique latine*, Paris, Aubier, 1974, p. 151.

136 Silvia Docola, « William Perkins : un Canadiense proyectando ciudad/ region : Rosario 1858/1874 », dans *Les discours du Nouveau Monde au* XIX*e siècle au Canada français et en Amérique latine/Los discursos del Nuevo mundo en el siglo XIX en el Canadá francófono y en América latina* (M. Couillard et P. Imbert, dir.) Ottawa, Legas, 1995, p. 192-211.

137 Stanley Bréhault Ryerson, *Unequal Union*, New York, International Publishers, 1968.

138 Edward Gibbon Wakefield, *op. cit.*, p. 191. Nous traduisons : « La passion pour posséder la terre empêche l'existence d'une classe de travailleurs à engager [...] Le coût réduit de la terre est la cause de la pénurie de travailleurs à engager. »

139 Cette révolution du XIXe siècle a pour complément, dans le discours libéral contemporain, celle du XXe siècle telle que l'exprime Jean-François Revel : « La grande révolution du XXe siècle aura été, en fin de compte, non pas la révolution socialiste dont il était déjà en 1970 patent qu'elle avait échoué partout, mais la révolution libérale » (*L'obsession anti-américaine*, Paris, Plon, 2002, p. 31).

140 Dans ce cadre, Oswald de Andrade propose une solution propre à une écologie sociale inspirée du surréel : « À nos yeux, ce qui est intéressant, c'est la "consommation" — le but de la production. Tout simplement. D'où notre théorie (réponse à d'autres théories) de la possession contre la propriété. Le contact contre le titre mort. La propriété acquise avec de faux titres. Si ce n'est que le Brésil est la plus grande propriété de l'histoire connue acquise par ce moyen! » *Anthropophagies, op. cit.*, p. 280.

141 Michael J. Shapiro, *op. cit.*

142 On peut évidemment toujours aller plus loin dans ce domaine. On pense aux grammaires de langue albanaise qui, en période marxiste, enseignaient les chiffres à l'aide d'icônes représentant des fusils.

143 *Forbes*, 15 mai 2000, p. 106. Nous traduisons : « Sous la direction des penseurs formés par de Soto, 300000 titres ont été enregistrés dans le Lima urbain de 1991 à 1995. Bientôt les résultats étaient notables. En 1998, la valeur des terrains urbains enregistrés avait doublé; les prêts fonciers inexistants avant et le crédit à la consommation avaient commencé à se développer. »

144 *Solidarités* (Développement et paix), vol. 20, no 4, juin 1996, p. 7.

145 *National Post*, samedi 26 mai 2001, p. B1. Nous traduisons : « Un économiste péruvien révèle les mystères de la pauvreté. »

146 *Ibid.*, p. B7. Nous traduisons : « J'essaye d'éviter que les gens pensent selon une logique calviniste et croient que les pauvres sont pauvres

parce qu'ils n'ont pas une bonne éthique de travail. Je veux que les gens s'éloignent de cet argument culturel qui n'est tout simplement pas vrai. »

147 Évidemment, de nombreux problèmes se posent. Ainsi, les travailleurs boliviens de l'industrie du vêtement se plaignent du fait que 4000 tonnes de vêtements usagés entrent en Bolivie chaque mois et tuent l'industrie locale. De fait, les riches du Premier Monde, qui donnent leurs vieux vêtements à des organismes caritatifs qui les revendent au poids à des compagnies qui les exportent dans les pays pauvres, contribuent par leur geste charitable à détruire un moyen de créer des entreprises et de donner du travail. Accéder à la propriété dans la logique de l'invention des États-nations au XIXe siècle ou au début du XXe siècle, quand l'indépendance nationale se définissait par la création d'un marché économique intérieur, et devenir propriétaire de nos jours quand la logique qui emporte le monde est celle d'un dépassement de l'espace et de la propriété dans l'accès aux réseaux et aux expériences, est une voie nécessaire, mais semée d'embûches. En effet, la capitalisation liée à la propriété par la possibilité d'emprunter et de se développer n'a pas encore eu lieu dans ces pays. Pourtant, les populations doivent faire face à la concurrence du reste de la planète. *El Deber*, Santa Cruz de la Sierra (Bolivie), samedi 8 juin 2002, p. B5 : « El gobierno no derogará decreto de importación de ropa usada ». Nous traduisons : « Le gouvernement ne changera pas le décret sur l'importation de vêtements usagés. »

148 Fermin Toro, *op. cit.*, p. 212.

149 Le Fonds monétaire international (FMI) la définit comme suit : « l'interdépendance économique croissante de l'ensemble des pays du monde, provoquée par l'augmentation du volume et de la variété des transactions transfrontières de biens et services, ainsi que des flux internationaux de capitaux, en même temps que par la diffusion accélérée et généralisée de la technologie » (Fonds monétaire international, *Les perspectives de l'économie mondiale*, Washington, mai 1997).

150 Il faut bien voir aussi que la conception de la propriété varie suivant l'état d'avancement des pays. Ainsi, en Bolivie, pays qui n'a jamais réussi à constituer un marché intérieur suffisant, source de la véritable indépendance nationale lors de l'invention des nations au XIXe siècle et au début du XXe siècle, on fait face à des confusions intéressantes. Une compagnie de location d'automobiles, Localiza Rent a Car, informe sa clientèle que la protection contre le vol est partielle « con participación del 30 % del valor comercial del auto por parte del cliente » (dépliant Localiza Santa Cruz de la Sierra ; notre traduction : « avec la participation du client pour 30 p. 100

de la valeur commerciale de l'automobile »). Certes, on explique que l'agence doit se protéger contre les vols nombreux qui permettent à des clients peu scrupuleux d'exporter les autos au Paraguay. Toutefois, cette logique relève une confusion dans le concept même de propriété, car un client qui loue n'est pas propriétaire et ne doit en aucun cas payer pour le vol d'un objet dont il n'est pas propriétaire. Cela indique un fonctionnement qui n'a peut-être pas intégré complètement la logique de base du capitalisme.

151 Marco Micone, *Gens du silence*, Montréal, Québec Amérique, 1982.

152 Sergio Kokis, *Les saltimbanques*, Montréal, XYZ, 2000, p. 146.

153 Frederik Barth, *op. cit.*

154 Il faut bien voir que cette antithèse était plus culturelle qu'économique, car les villages ont commencé à produire pour les villes dès le XIXe siècle, et se sont ainsi en partie inscrits dans un mouvement d'extension de leur territoire, du local à la ville, de la ville à la province, puis à l'échange avec la nation ou avec le continent sinon avec la planète. D'ailleurs, un des reproches fait à la puissance coloniale anglaise est justement d'interdire en partie au Canada de la concurrencer industriellement en créant des industries qui non seulement satisferaient les besoins de son marché intérieur, mais aussi qui pourraient étendre son influence au loin. Coloniser, c'est toujours aller plus loin pour les uns et interdire d'aller plus loin pour les autres, au sens propre comme au sens figuré.

155 Voyager dans sa tête est encore souvent décrié. On pense à la suggestion de rendre accessible aux étudiants de Paris les livres étrangers qui sont des références , qui a provoqué « des hurlements hystériques d'indignation » (*Le Nouvel Observateur*, 14-20 juin 2001, p. 66). On pense aussi aux manuels d'espagnol utilisés en URSS présentant non pas un personnage hispanophone dans son pays d'origine, mais bien Pedro à Moscou.

156 Cela est souligné par un article donnant en exemple le développement des McDonald's en Bolivie. La compagnie qui exige des normes de qualité internationales soutient le développement des entreprises locales qui lui fournissent la nourriture et qui exportent au Chili et dans le nord de l'Argentine, en dépit du fait, comme on l'affirme dans l'article, qu'il manque de routes (*www.la razon.com*, dimanche 26 mai 2002, p. B10).

157 Cela est souligné par Gregory Bateson (*op. cit.*) qui se demande où s'arrête le corps : à la main ou à l'arbre que l'on coupe ou que l'on plante, aux doigts ou au bout de la canne de l'aveugle.

158 Néstor García Canclini, *La globalización imaginada, op. cit.*

159 Daniel Castillo Durante, *Los vertederos de la postmodernidad…, op. cit.*

160 Voir George Lang, « Trajets parallèles et destins divers du voyageur canadien-français et du bandeirante brésilien », dans *Les discours du Nouveau Monde au* XIXe *siècle au Canada français et en Amérique latine/Los discursos del Nuevo mundo en el siglo XIX en el Canadá francófono y en América latina* (M. Couillard et P. Imbert, dir.), Ottawa, Legas, 1995.

Chapitre 3

DU MONOCULTUREL TERRITORIALISÉ AUX DISCOURS DOUBLES : L'ACCÈS AU DÉPLACEMENT

> Primitive civilizations are static to the extent to which they do not describe themselves, to the extent to which they do not elaborate a semiotic metalanguage which exposes their social mechanisms. Western civilization is an evolving one because, by continually describing its own semiotic and social mechanism, it is able to destroy them and to cause them to evolve[1].

3.1 LE LOCAL MONOCULTUREL ET SON DÉPLACEMENT

> Perhaps the most powerful cause of the breakdown of the closed society was the development of sea-communications and commerce[2].

La valorisation défensive du local est le complément d'un national qui se méfie de la présence de l'altérité. Cette situation est très bien analysée par Adriana Rizzo au sujet des discours télévisés locaux en Argentine à Río Cuarto. Elle démontre qu'une identité se renforce par la menace[3] représentée par les autres identités perçues de façon négative :

> en los programas locales es lo global percibido como una amenaza lo que fundamenta el sentimiento de exclusión generador de una resistencia local que se refuerza en las referencias a los proprios lugares y símbolos[4].

Dans ce cadre, le global est présenté comme l'effet d'indifférenciation qui menace l'harmonie de la ville et de la société argentine tout entière :

> La vinculación de los jóvenes con su patria, « rasgos de la nacionalidad dignos de ser respetados », se está olvidando [...] y las fiestas patrias ya no convocan como antes (« La Trama »)[5].

Il est intéressant de voir aussi que le milieu local reprend les clichés présentant les femmes inférieures aux hommes :

> un dispositivo que hace posible la identificación conductor/televidente ancla la simetría al compartir, de una manera asumida como natural, la inferioridad de la mujer : Silvana la conductora de « Un, dos, tres » le dice a la participante : « No somos así las mujeres. » También, los valores cristianos se configuran como compartidos cuando los conductores apelan a « la solidaridad cristiana », o dicotomizan el espectro de opiniones entre « quienes opinan como la iglesia católica » y « los otros » (« La Trama »)[6].

La mondialisation et ses valeurs nouvelles sont vues comme un tout indifférencié, alors que c'est en partie la mondialisation et l'accès à des informations extérieures qui font prendre conscience aux femmes du milieu local qu'elles sont les égales des hommes et qu'il est nécessaire de déplacer les rapports de pouvoir[7]. Ce discours médiatique rejoint celui de certains chercheurs qui, comme Darci Ribeiro du Brésil cité par Veneza Mayora Ronsini, affirme que nous assistons à un processus de déculturation des populations et que les institutions traditionnelles perdent leur pouvoir de contrôle. S'il est vrai que les institutions traditionnelles perdent souvent des monopoles, cela ne signifie pas qu'il reste un vide comme le suggère la phrase suivante : « A escola nao ensina, a igreja nao catequiza, os partidos nao politizam[8]. » Cette phrase évoque un désastre qui semble ouvrir sur une perte comme si le monde était un jeu à somme nulle. Mais les nouveaux discours médiatiques, les nouvelles pensées ouvertes au déplacement proposent d'autres contenus. Il n'y a pas déperdition, mais déplacement des structures institutionnelles et division différente des pouvoirs et des influences. On pourrait même dire qu'il y a un ajout, celui de nouvelles logiques qui ne suppriment pas les autres, mais qui les recontextualisent et permettent des reconfigurations culturelles. Certes, le cas du Brésil, comme d'autres pays d'Amérique latine, est différent de celui des pays de l'Amérique du Nord. Le Brésil n'a pas vécu un processus achevé de modernité. Son système d'éducation n'a jamais intégré l'ensemble des populations et sa structure pédagogique institutionnelle n'a peut-être, contrairement à l'Argentine, jamais cherché à inclure tous les Brésiliens. Les déplacements rapides peuvent menacer parfois certains fonctionnements fragiles. Toutefois, à travers le raisonnement de Darci Ribeiro, on sent un stéréotype qui renvoie au jeu à somme nulle, à la croyance que la vie est faite d'une certaine somme de richesses et que, si certains en ont plus, d'autres en auront moins. C'est d'ailleurs ce qui est exprimé dans le premier Seminario de Contracultura do Movimiento Hip Hop Organizado de Cearà : « Para o MH2O o mundo é dividido entre pobres e ricos [...] os ricos sò sao ricos porque nòs somos pobres, pois toda riqueza que eles acumulam é, na verdade, a parte que cabe a nòs [...][9].» Cela, comme nous le verrons plus loin (4.7), est bien différent de ce qu'affirme le directeur de la Radio Wayna Tambo de El Alto, le quartier populaire de La Paz. Il a saisi la dynamique contemporaine et essaye de travailler efficacement en fonction des transformations apportées par les nouveaux discours en visant à ce que les pauvres aient accès aux réseaux.

Pourtant, la mondialisation génère souvent une reconnaissance des différences dans un milieu local resserré sur un dualisme traditionnel. Elle brise la normativité partagée de la perception unique du monde ou plutôt de sa construction. Les idées, le symbolique voyagent et s'exportent pour influencer des cultures qui sont obligées de changer et de s'ouvrir à certaines idées et conduites où différence et égalité marchent de plus en plus de concert, en tout cas en ce qui concerne les classes bourgeoises. De plus, comme on le souligne dans l'article intitulé « La Argentina que puede desaparecer », on constate que les enfants de la province de Jujuy sont moins grands en moyenne de cinq centimètres vu les carences alimentaires[10]. Toutefois, on met aussi en valeur que cette situation n'est pas provoquée uniquement par les rapports économiques contemporains, mais que cette Argentine remplie de promesses qui se seraient concrétisées n'a jamais existé : « La Argentina que desaparece — dice — no es la que dejará de existir : es la que no fue [...] hay un sueño que no se hizo realidad : el de un país que crecería pujante y concretaría las esperanzas de todos aquellos que pusieron su esfuerzo en ella[11]. »

Le fonctionnement qui valorise nettement le local et le canonique national et rejette ce qui lui est extérieur est exposé de façon particulièrement claire, en 1951, par le penseur vénézuélien Mario Briceño-Iragorry dans *Mensaje sin destino* dont l'édition de 1994, en anglais, a pour titre *A People Crisis*[12]. Il faut placer ce texte dans le cadre du Venezuela qui, comme plusieurs autres États d'Amérique latine, cherche à affirmer son identité à la fois face au reste de la planète, et aussi face à des divisions politiques internes qui, dès l'Indépendance, n'ont pas permis de fonder une culture nationale, base d'un large consensus :

> On the other hand, it is high time that we spontaneously and uniformly adopt a historical « canon ». This « canon » must not come from any government source nor from the police but must rather spring from the depths of our history and must be erected on the ideal foundations of several generations. The principal objective of this popular national « canon » will naturally be to serve as a defence mechanism and in fact it will be an effective bulwark against any foreign attempt to discredit our national heroes and history. Our society will be strong enough to repulse any offensive against « its » historical truth and will not need to resort to drastic, repressive measures [...][13].

Voilà qui a le mérite d'être clair et qui rejoint un mode de pensée hégélien typique d'affirmation identitaire par l'invention d'un grand récit de légitimation provenant du peuple et servant à lutter contre les autres. Ses héros en sont Bolivar et Christophe Colomb qui sont des surhommes. Cette construction utilise une rhétorique fondée sur une vision de la communauté qui est un organisme fonctionnant d'une manière toute physiologique. Le positivisme nourrit l'argumentation de ce penseur nationaliste, ce qui est tout à fait conforme à l'analyse de Leslie Hepple :

> Like the physiologist who recognizes the importance of those toxic substances, which help the body's immune system, the history critic must willingly accept as positive certain values, which might appear to hinder the social process itself [14].

Chez Briceño-Iragorry, ce désir de synthèse court après l'origine et exclut radicalement les indésirables :

> And if I esteem my Hispanic ancestry far more than I do the part of me I inherited from the colonized Indians and the enslaved Africans, it is because my Hispanic ancestors are not only numerically greater but have also been the culturally dominant element in the history of our nation. My case is typical of most Venezuelans[15].

De ce fait, l'accumulation d'une mythisation de Bolivar[16] et de Colomb et de la valorisation d'un seul héritage ouvre à la construction d'une authenticité qui peut générer exclusion et racisme, ainsi que le souligne Étienne Balibar : « Since there is no way to *find* racial-national purity or to guarantee its source in the origins of the people, it must be *fabricated* after the idea of a (super)national Superman[17]. »

Cette fabrication est soulignée dans les textes littéraires, en particulier dans notre monde contemporain. De plus, les commentaires qui prennent en charge ces textes dans les médias se consacrent spécifiquement à cet aspect. On pense au compte rendu du livre de Juan Carlos Martelli, *French y Beruti : Los Patoteros de la patria*[18] :

> Desde las perspectivas de Domingo French y de Antonio Beruti (protagonistas centrales de esta historia, y testigos a la vez que narradores), Martelli elige para contar una posición marginal, que más que acrecentar la información le otorga a la ya conocida otros matrices interpretativos. Y acompaña y refuerza esa propuesta de resignificación con una narración coral, poliédrica[19].

Ce côté fabriqué est parfois démonté dans des articles de vulgarisation. Il est symptomatique que les limites discursives soient maintenant dévoilées dans la presse, alors que cela n'aurait pu se produire, il n'y a pas si longtemps, que dans le cadre d'une réflexion provenant de milieux universitaires, intellectuels ou artistiques. À Panama, des articles soulignent en une logique toute postmoderne que les histoires nationales sont fabriquées :

> Según palabras de Gasteazoro : « En medio del entusiasmo patriótico de los primeros años republicanos, una de las tareas de mayor significación y responsabilidad fue la de dar a la nueva entidad fundamento histórico que justificara la independencia y creara, en la juventud estudiosa, el orgullo de poseer una nacionalidad que no surgía en virtud de circunstancias foráneas, sino culminación de un ideal largamente sentido a lo largo del tiempo […] » ¿ Y por qué había que escribir ese fundamento histórico ? Porque no existía. El mismo Gasteazoro cita las obras históricas precedentes sobre Panamá escritas a lo largo del siglo XIX, y en todas ellas aparece el Istmo relacionado en una misma historia nacional con Colombia y la Nueva Grenada[20].

Cette réflexion est en accord avec l'article de la page A5 du journal où l'on souligne que la société doit réapprendre à fonctionner dans le respect des accords internationaux, ce qui permettrait de donner des droits réels aux minorités qui sont exclues des processus socio-politico-économiques. L'analyse de l'organisation du quotidien montre la présence d'un discours postcolonial ouvert au multiculturel couplé à la déconstruction postmoderne de l'invention du discours national dont le canon est démythifié par l'explication de son mode de fabrication. Cette vulgarisation d'une réflexivité (voir 4.9) qui est une position propre à des spécialistes intéressés à l'analyse des processus socioanthropologiques fait partie du déplacement dynamique des processus discursifs dans le cadre postmoderne. Elle impose une forme d'hybridité discursive qui n'est pas composée que de discours juxtaposés. Elle permet de considérer les différences discursives pour en mettre à jour la multiplicité et ouvrir à ce qui, en eux, constitue les processus de leur propre mise en place. Le déplacement repose sur la capacité à vulgariser de manière de plus en plus large un processus propre aux sociétés occidentales ainsi que l'explique Teresa de Lauretis :

> Primitive civilization are static to the extent to which they do not describe themselves, to the extent to which they do not elaborate a semiotic metalanguage which exposes their social mechanisms. Western civilization is an evolving one because, by continually describing its own semiotic and social mechanism, it is able to destroy them and to cause them to evolve[21].

Ce processus démocratise la réflexivité qui est aussi fortement encouragée dans les publicités et l'humour dont elles sont imprégnées. L'ère postmoderne/postcoloniale est en partie une entreprise économico-culturelle de vulgarisation de processus réflexifs déplaçant les discours et menant à favoriser des processus de différenciation fondés sur une participation active à une productivité créatrice de significations multiples.

Comme le souligne Shapiro[22] au sujet de la logique hégélienne, Mario Briceño-Iragorry débouche sur une conception darwinienne du monde : « Our origins are rather to be found by retracing the remote past of the Spanish navigators and by accepting as our own that unique history which is already in danger of becoming extinct[23]. » Cette logique est omniprésente dans les nationalismes tournés vers le passé comme celui de Lionel Groulx exaltant les conquistadors : « Que faites-vous vous-mêmes lorsque vous rappelez au peuple de froussards que sont aujourd'hui les Canadiens français qu'ils descendent pourtant en droite ligne des conquistadors de notre Amérique septentrionale[24]. » De nos jours, au Québec, le nationalisme ouvre cependant sur les dynamiques contemporaines. Il n'en reste pas moins que, parfois, le discours nationaliste rejoint des ancrages qui ne sont pas sans analogies avec un canonique connu. On le vérifie dans une homélie ouvrant non pas sur l'origine, mais sur le céleste. C'est ce que l'on entend lors des funérailles de Yves Blais, candidat du Parti québécois dans la circonscription de Masson et militant nationaliste pour l'indépendance du Québec :

> J'espère qu'au ciel la souveraineté est déjà faite, a lancé le célébrant [...] Sinon tu y travailleras une bonne partie de ton éternité [...] Et nous sommes certains qu'ensemble, vous demanderez à Dieu qu'il pousse sur ce petit peuple afin qu'il atteigne votre idéal[25].

Selon le célébrant, tous sont donc réunis au ciel dans un État souverain distinct[26], tandis qu'ici-bas les clivages sont marqués entre les représentants et au sein de la population. L'invocation s'effectue par le biais d'un discours qui mêle de façon quasi contradictoire les deux discours parallèles de la modernité comme les évoquait Parent dans son slogan « le travail, c'est la liberté », qui était contextualisé avec le discours ultramontain. En effet, la valorisation du travail liée à l'organisation productive du temps (« une bonne partie ») crée, par juxtaposition immédiate avec l'éternité, un effet contradictoire. Cette contradiction ici-bas/au-delà n'est généralement pas notée dans la pratique quotidienne où tout le monde fonctionne, à ses heures, dans les logiques séparées des deux discours. Mais l'appel à l'unanimisme est ici tellement fort qu'il efface les écarts discursifs et aplanit les incompatibilités à tous les niveaux. De plus, l'invocation affiche un effet rétroactif. En un raisonnement digne du cours classique, on voit que la souveraineté est potentiellement faite et que le point essentiel est de la mettre en acte par un mouvement de rétroaction qui permettra de réécrire l'histoire de la nation québécoise selon la logique de l'idéal atteint[27]. C'est fondamentalement la démarche suggérée par Mario Briceño-Iragorry. L'affirmation identitaire transforme le présent en destin qui unifie en un tout générateur de sens le disparate des événements parmi lesquels on doit choisir.

Ce n'est d'ailleurs pas un des moindres paradoxes de la modernité nationaliste que des penseurs se servent en partie d'un point de vue darwinien, alors qu'ils devraient être plus tournés vers une tradition catholique visant une origine du monde éloignée des théories évolutionnistes. C'est cette interpénétration discursive déjà présente dans la modernité et poussée plus loin dans la logique postmoderne, que souligne l'écrivain argentin Marcos Aguinis dans ses romans. Il renvoie aux discours scientifiques qui font autorité au XIVe siècle, mais vise des lecteurs qui sauront en déplacer le fonctionnement pour l'appliquer au monde contemporain. Aguinis, comme Eco, écrit des romans historiques nourris d'éléments aux similarités frappantes avec les problématiques contemporaines afin que les lecteurs construisent le passé à partir du présent. Dans la modernité fondée sur la croyance en l'objectivité, on croit retrouver l'authentique ancien, tandis que, dans une vision postmoderne/postcoloniale, on conçoit le passé comme une construction issue de rapports de pouvoir présents fonctionnant selon la logique de la mimésis d'appropriation. Celle-ci impose la version orthodoxe de la lecture du passé. En une boucle de rétroaction très utile, ce passé donne des arguments pour imposer le présent souhaité dépendant lui-même des stratégies nécessaires pour assurer l'expansion sociale, économique et politique de la collectivité, en particulier de ses élites. Dans son roman intitulé *La conspiración de los idiotas*, Aguinis souligne que tous rejettent l'anatomiste Vésale pour continuer la tradition du savoir sur l'homme établi par Galien, même quand il est prouvé que ce dernier a analysé un squelette de singe et qu'il applique cette connaissance à l'homme. Dès lors, dit Aguinis, un disciple de Galien affirme que le corps de l'homme s'est modifié, car, à l'époque romaine, le corps de l'homme était identique à celui du singe[28]. Certes, ce n'est pas le XIVe siècle qui intéresse Aguinis, mais bien la contradiction de ces penseurs soumis aux autorités ecclésiastiques. Bien avant Darwin, ils prenaient le risque de suggérer une évolution allant du singe à l'homme pour sauver l'autorité. Aguinis nous propose une manière burlesque de déconstruire l'autorité et l'origine en soulignant que ses représentants sont prêts aux pires hérésies pour garder leur pouvoir. Il souligne aussi, par la même occasion, que toute société repose sur des discours en conflit et qu'il s'agit, en un processus déconstructif, de souligner les hétérogénéités au lieu de vouloir croire à tout prix à l'homogénéité du texte. Par ce biais, il contribue à souligner que la modernité et la cohésion nationale sont de l'ordre du besoin. Il est certes intéressant d'affirmer que le postmodernisme jouit du contradictoire et du multiple, mais Aguinis fait voir que le contradictoire est inhérent à tout discours, y compris celui de la modernité. Il n'y a donc pas lieu d'opposer, sinon dans un but de présentation pédagogique, les discours de la modernité à ceux de la postmodernité. Il s'agit plutôt de voir que les discours postmodernes tiennent compte des conditions de production des discours et les envisagent en fonction d'un processus dont la signification s'ordonne par les conséquences. L'ère postmoderne se vit positivement dans le *in progress*[29]. La reconnaissance positive de ce fonctionnement ou sa critique négative qui peut aller jusqu'à son occultation fondent en partie la différence entre modernité et postmodernité. Autrement dit, se joue entre ces deux moments le refus ou l'acceptation du déplacement, de la mouvance et d'un relativisme relatif trouvant leur lieu dans les failles ouvertes par l'hétérogène pouvant aller jusqu'au contradictoire[30].

Dans le texte de Briceño-Iragorry, nous retenons malgré tout que les discours ne sont pas homogènes. Mais cette hétérogénéité se trouve qualifiée de « distorsion ». Le monovalent, la pureté sont menacés par cette conscience de la différence. Celle-ci doit disparaître :

> [...] we have not assimilated our own history to the extent necessary to produce a national, uniform and productive way of life which would help us to incorporate new values without the resulting distortion to our national character by those new values which are so different from our historical form and content[31].

Tout cela aboutit à la menace par les autres valeurs et l'altérité face au contenu historique affirmé comme uniforme, alors que l'auteur lui-même a souligné que le canon devait être produit. Ce type de discours est caricaturé par l'écrivain paraguayen Roa Bastos dans son roman portant sur Colomb, *La veille de l'amiral*, où il souligne que le roi d'Espagne refuse de mentionner le nom des banquiers génois qui ont financé l'entreprise : « Je ne dois pas donner le nom de ces banquiers pour ne pas ternir le caractère exclusivement national du traité[32]. » Dans les secteurs économique et technologique, ces fonctionnements provenant de l'extérieur sont souvent dénoncés comme tout à fait négatifs. C'est ce que souligne Antonio Pasquali : « Según recientes estudios, Venezuela, Argentina y México encabezan la lista con la telefonía más cara del mundo. Con el agravante que se paga carísimo una telefonia que no es propia[33]. » Pasquali dénonce les compagnies étrangères qui font des profits énormes et exploitent les populations. Mais, dans ce cas, c'est parce que les gouvernements n'ont pas déréglementé les tarifs et ont refusé d'instaurer une compétitivité forte. Cette précision n'est pas donnée. Une ellipse est faite qui permet de dédouaner le gouvernement national qui n'a pas voulu jouer la carte de la compétitivité propre à la logique du libéralisme. Cette utilisation courante de l'ellipse est remise en question par l'humour dans les ouvrages de Roa Bastos. On pense à l'éthique protestante[34] qui est critiquée par le curé de *À contrevie* de Roa Bastos, parlant du châtiment de Dieu infligé à ceux qui voyageaient dans le train, lui-même provenant d'un « pays protestant qui ne fait qu'appauvrir le nôtre[35] ». Le texte de Pasquali repose sur une valorisation du national qui ne tient pas compte des pauvres, qui sont, dans les deux cas, tout à fait défavorisés. Il suggère que, si les prix étaient chers, mais que s'ils profitaient à une entreprise nationale, la situation ne serait pas si grave. Il rejoint ainsi un fonctionnement ancien où les services téléphoniques nationalisés étaient chers et inefficaces. Un discours dualiste naturalisant un consensus masquant les rapports de forces entre groupes sociaux à l'intérieur de la logique de l'État-nation est à l'œuvre[36].

Ce discours joue d'une rhétorique essentialiste qui se retrouve ailleurs. Éric Toussaint affirme au sujet du Mexique : « Un gobierno que tuviera como perspectiva la dignidad y la soberanía nacional tendría que suspender el pago de la deuda externa [...][37].» Il mentionne aussi que le Mexique ne contrôle pas ses décisions en ce qui concerne la dette. En cela Éric Toussaint a raison. Les interdépendances sont fortes et chaque pays dépend du contexte économique mondial. Mais dans un contexte libéral, il n'est peut-être pas suffisant de poser les problèmes uniquement sur le plan de la dignité. Il faut aussi penser à l'efficacité afin de parvenir à ce que le pays puisse prendre avantage d'une situation quand le contexte le permet. En ce sens, on ne peut être d'accord avec Éric Toussaint affirmant que le gouvernement Fox a eu de la chance (« ha corrido con suerte ») pour mettre de l'avant ses politiques, car le prix du pétrole est resté élevé. Il semblerait toutefois que ce n'est pas seulement une question de chance, mais aussi de capacité à mettre en place des politiques qui tiennent compte du contexte international et qui permettent simultanément de jouer d'une identificaion nationale quand elle est efficace économiquement. C'est ce que l'on constate dans la phrase suivante : « Hoy más que nunca asegúrate que tu dinero se quede en México[38]. »

Le mode de pensée dualiste ne semble pas permettre de résoudre les problèmes essentiels pour les populations. Ces problèmes passent par les tentatives de hausser le pouvoir économique du pays et aussi de proposer l'accès à des expériences culturelles nouvelles et à la capitalisation de savoirs. Pour cela, il est bon de jouer la carte de liens contextuels et de réseautages, ce qui, comme le souligne García Canclini dans tous ses ouvrages, passe par exemple par des connections Internet peu chères ouvrant aux jeunes un monde d'informations scientifiques et culturelles nouvelles et par des structurations épistémiques marchant de concert avec la démocratisation du savoir et l'expression des différences.

Dans tous les cas, de Aguinis à Roa Bastos, ce qui est critiqué est un discours de rejet face à l'apparition de changements technologiques, économiques ou culturels qui transforment les fonctionnements sociaux et favorisent la rapidité et le déplacement géographique et symbolique. Ces textes suggèrent que, par-delà la mondialisation, sont critiqués, de la part de penseurs ou de politiciens, des transformations amenant les populations locales à déplacer les significations et à se déplacer, ce qui peut leur permettre aussi bien d'échapper en partie au contrôle socio-économico-politique sur lequel repose la structure nationale, et d'avoir accès à de nouvelles occasions de réaliser leur potentiel, que de tomber dans une situation économique plus difficile.

Tous ces exemples rejoignent directement les commentaires de Zizek : « What is "national heritage" if not a kind of ideological fossil created retroactively by the ruling ideology in order to blur its *present* antagonism[39] ? » La remarque de Zizek s'applique bien à la publication de *Mensaje sin destino* en 1994 en anglais. Ce qui concernait la modernité identitaire des années 1950 est désormais lié, par simple effet de contextualisation[40], aux questions de mondialisation. Cette recontextualisation du texte dans le cadre postmoderne, grâce à la traduction linguistique est d'ailleurs mise en marche dans un passage du texte qui rappelle la fascination qu'a exercée une autre mondialisation, celle de l'Angleterre au XIXe siècle :

> Juan José Churrión, a writer noted for his happy disposition, reached the point where he actually began to seriously consider the benefits we would supposedly have derived if Walter Raleigh had conquered Venezuela[41].

3.2 LANGUE ET MONOSÉMIE

Les clercs sont clercs, car ils sont bilingues. Ils ont la capacité de lire le texte sacré en latin, tandis que le peuple les écoute raconter les narrations fondatrices en langues vernaculaires et se prosterne devant l'image rassembleuse, foyer d'émotions et de fascination[42]. C'est dire que ce bilinguisme est en même temps lié à la capacité à fonctionner dans deux langages, un langage spécialisé et le langage public, chacun d'eux couplé à une langue différente, par exemple le latin et la langue vernaculaire, qui démarque les discours. Bilinguisme et bidiscursivité marchent de concert dans ce cas. Par leur accès aux langages spécialisés, les clercs sont capables de diffuser les récits unificateurs et le recentrage communautaire. Cette capacité à diffuser images et récits permet de dépasser le local des langues vernaculaires et de donner un sens plus large, plus universel à la vie. Autrement dit, le mythe biblique, au départ nationaliste et local, prend son essor universel grâce aux spécialistes qui tiennent deux discours et jouent aussi de deux médias, l'icône et le texte. D'une part, ils parlent aux autres spécialistes et forment une élite qui trouve son point focal dans l'exégèse normée et codifiée du livre sacré, d'autre part, ils entraînent les non-lettrés à la répétition de bribes qui dépassent les ancrages proches, même si les images de la Vierge se multiplient et enracinent le transcendant dans le territoire, la mère de Jésus rejoignant les mythes de fécondité locaux[43]. De plus, les clercs élaborent une herméneutique sophistiquée tout en étant pédagogues en répandant les images saintes et surtout le symbole de la croix dans le monde connu. Autrement dit, il n'y a pas de fracture entre local et universel, pas de contradiction entre livre et image, mais rapport d'implication basé sur une double visée et sur une organisation sociale fortement hiérarchisée. De ce point de vue, les États modernes ont reconduit ce fonctionnement en contrôlant l'accès aux autres langues et aux bidiscursivités et en les réservant à certaines classes sociales. La fracture, ce que veut éviter à tout prix l'institution, arrive cependant par la technologie et l'imprimerie qui multiplient les textes et font baisser les coûts[44]. Elles font voyager les individus qui savent lire en leur ouvrant des territoires insoupçonnés. Elles permettent la montée de l'anti-icônisme protestant et la volonté de lire les textes individuellement où chacun produit la signification du texte biblique qui reste toutefois texte universel de référence. La population s'entraîne ainsi à être productrice de significations et à légitimer ses pouvoirs culturels. Universel et individuel sont complémentaires même si les sectes protestantes se multiplient et réactivent des communautés interprétatives locales.

Les élites fonctionnent dans le discours double tout au long de la montée en force de la modernité puisque l'essentialisme et le rationalisme font bon ménage et contribuent à mettre de l'ordre dans le jeu social. C'est dire que les significations, dans le cadre d'un monde administré monoculturellement (barbarie/civilisation) mais bidiscursivement (essentialisme/libéralisme), sont imposées aux classes sociales les moins favorisées par le biais d'un essentialisme dualiste qui ne leur permet guère de discerner la bidiscursivité à l'œuvre. Elle est pourtant perçue par certains penseurs comme Sarmiento saisissant la dynamique des processus d'attribution dans le *poor right now*[45] qui tend à ouvrir l'essentialisme identitaire au mouvement du libéralisme jouant d'un relativisme accéléré à l'ère postmoderne/postcoloniale. Elle est mise en œuvre dans les discours de Parent affirmant que « la République de Platon est vraie tout autant que la Constitution des États-Unis[46] ». Voilà qui satisfait les pouvoirs tout en marquant ses préférences libérales pour la république américaine et pour une expansion économique ancrée dans le développement individuel.

Mais la République de Platon lue dans le cadre de la Constitution américaine ne signifie pas du tout la même chose lorsqu'elle est lue dans le cadre d'un catholicisme romain hiérarchique. Il en est de même pour la mode du style copiant la latinité romaine. Dans le mobilier américain de la fin du XIXe siècle, cette mode est liée à une optique qui voit dans les classiques le triomphe de la république et de la démocratie. Pour les dirigeants des collèges classiques, au Canada français et dans de nombreux pays d'Amérique latine comme l'Équateur de Garcia Moreno admiré par Mgr Bourget[47], la Rome antique est celle de l'empire et du triomphe de César.

La bidiscursivité est liée, comme nous l'avons vu pour les clercs et la situation du rapport entre le latin et les langues vernaculaires, aux politiques de la langue. Il est certain que ces politiques sont fondamentales pour la cohérence des États-nations et pour le fonctionnement de la territorialisation. La langue est perçue, dans un univers néopositiviste reposant sur une vision de l'identité selon le schéma hégélien, comme un enjeu politico-éthique de première importance qui assure la cohésion sociale attachant les significations au territoire et masquant les clivages importants, comme celui entre propriétaires et non-propriétaires. Elle est le lieu d'un unanimisme qui débouche sur des architectures institutionnelles et des pédagogies particulières pour les individus dont on retarde souvent l'accès à l'apprentissage de plusieurs langues. Derrida expose bien la situation :

> The monolingualism imposed by the other operates by relying upon that foundation, here, through a sovereignty whose essence is always colonial, which tends, repressively and irrepressibly, to reduce language to the One, that is, to the hegemony of the homogeneous[48].

Derrida souligne que le langage ne peut jamais être maîtrisé, qu'il ne peut jamais être le lieu de l'appartenance, et qu'il ne peut être la base d'une distinction soi/les autres, sauf par décision institutionnelle forcée, car il est toujours parlé par l'autre. Pour Derrida qui renvoie à tous les processus sémantiques issus de la kabbale tels qu'analysés par Susan Handelman[49], les productivités langagières sont le lieu d'un enjeu d'appropriation par une orthodoxie herméneutique. Celle-ci tente de contrôler ses glissements, ses failles, sa capacité à mener à des significations dans les marges et donc dans les marges du Livre saint. Mais, pour Derrida, les commentaires dans les marges sont tous légitimes, car ils ont tous le potentiel d'exprimer une étincelle de l'infinité de la parole non pas indicible, mais multidicible. Dès lors, les commentaires jouant d'une capacité à manifester les failles[50], les contradictions, les ruptures dans les textes, permettent de pointer le mensonge d'une interprétation qui dominerait par rapport à une autre, d'une lecture qui se voudrait supérieure. Cette multiplicité du dicible est aussi fondée sur le fait que le langage n'est pas qu'un processus rationnel conscient et qu'il est mené aussi par les émotions et par les actions de l'inconscient, par le foisonnement de réseaux signifiants qui apparaissent dans la production linguistique. Dès lors, le maniement de la langue est fondé sur l'individualité profonde du travail produit hors des stéréotypies institutionnelles, hors d'une jalousie liée à la loi[51], affirme Derrida[52]. Le langage est, pour lui, lieu de partage dans l'universalité fondée sur l'individualité de chacun qui, de l'inconscient au conscient, génère des significations rencontrant l'autre.

Par rapport à cette universalité langagière fondée sur l'irréductibilité individuelle productrice de différences, mais contrôlée par la loi appropriative religieuse ou nationale, se joue l'expansion mondialisante provenant des réseaux multinationaux. Ils tendent à influencer une partie de plus en plus grande des populations qui s'ouvrent à une forme de bilinguisme anglais-américain/langue nationale/locale, ou au multilinguisme. Cette nécessité d'un monde multipliant déplacements et échanges mène aussi à transformer les assises discursives des langues nationales en valorisant de plus en plus la mobilité comme le montrent des écrivains rédigeant dans leurs romans, comme Yann Martel dans *Self*[53], des passages parfois assez longs en d'autres langues.

Toutefois, jusqu'à maintenant on pourrait dire que la langue est encore beaucoup plus inscrite dans un statisme défensif propre à l'État-nation qui a fondé son pouvoir sur une politique pédagogique unie au couple langue/littérature[54]. En effet, on n'enseigne quasiment pas de textes en traduction dans les départements de littérature définis d'abord par des allégeances linguistiques nationales. Étudier un best-seller mondial comme *Le nom de la rose* de Umberto Eco demande presque d'être inscrit dans un département d'italien. De la sorte, la formation littéraire permet encore peu d'appréhender les dynamiques mondiales qui passent dans les best-sellers et les traductions. Par contre, à travers les films qui demandent des capitaux importants et qui nécessitent des apports internationaux (acteurs et réseaux de diffusion), l'image filmique ainsi que l'image publicitaire tendent à être appréhendées dans leurs impacts multiples et délocalisés. C'est bien ce que souligne Appadurai. Par le cinéma, les spectateurs sont attirés « outside the certainties of home and the cordon sanitaire of local and national media effects[55] ». Cette nouvelle position se vérifie même pour des films à diffusion relativement restreinte comme *Le polygraphe* (1996) de Robert Lepage. Dans ce film, comme le souligne Erin Manning[56], la politique linguistique prend des dimensions internationales et les identités sont constamment en train de se construire plutôt que d'être l'expression d'un type national. Cela se produit dans le développement d'une narration où le polygraphe, c'est-à-dire le détecteur de mensonges, aboutit à une situation non conclusive. Les repères habituels sont brouillés dans les multiples discours traversant langues et individus[57]. De ce fait, Erin Manning a raison d'affirmer : « Visual imagination thus potentially becomes a social practice and a key component of the new social order where global flows occur in and through various ethnoscapes, mediascapes and technoscapes[58]. »

3.3 LES BIDISCURSIVITÉS : LANGAGE PUBLIC ET LANGAGES SPÉCIALISÉS

> Discourse : language used in representing a given social practice from a particular point of view[59].

Les langages publics reposent en partie sur un syncrétisme d'éléments mythiques et sur une forme de statisme, sur des *a priori* dualistes mettant face à face les êtres humains et l'environnement ou les hommes entre eux. Ces langages sont marqués par une conception monosémique de la signification qui n'est généralement attaquée que par les jeux de mots. Ces langages publics sont les héritiers de langages spécialisés, comme le platonisme, qui étaient fonctionnels à une certaine époque, mais qui mènent maintenant à des conceptualisations dépassées par rapport aux domaines de pensée spécialisés, même si leurs paradigmes peuvent être parfois utilisés de façon stratégique comme l'a démontré Bateson (voir 1.1) durant la Deuxième Guerre mondiale dans ses conseils au gouvernement des États-Unis. Ce fonctionnement correspond aussi aux analyses de Lakoff et Johnson qui, dans *Metaphors We Live By*[60], soulignent la difficulté rencontrée par les gens pour penser créativement en dehors des syntagmes propres aux routines du langage public quotidien. Cela ne signifie pas que les langages spécialisés échappent au dualisme, comme le souligne Kuhn[61] et qu'il y ait coupure entre langages spécialisés et langage public. Il s'agit plutôt de dominance ou de changements qui se produisent d'abord sur le plan des langages spécialisés pour passer plus tard dans le langage public[62]. Ainsi, nombre de chercheurs intéressés aux relations internationales affirment que croire aux « faits », à l'objectivité, au donné brut, c'est se resituer dans le cadre d'une interférence contre-productive du langage public avec les langages spécialisés par le biais d'associations sémantiques, de métaphores. Pour eux, c'est être dans l'incapacité de penser de façon créatrice, en dehors des paradigmes stéréotypés du quotidien comme la coupure dualiste entre *paix* et *guerre*. Ils déplorent ce dualisme présent dans les langages spécialisés :

> Closely related to mirror-imaging or perhaps a peculiar American aspect of it, is the tendency to evaluate likely decisions by the probability of demonstrable military success, and the inability to appreciate that political aims can be achieved through unsuccessful military efforts (Tet, Middle East War). To a large degree this reflects

> the traditional American bifurcation of peace and war into antithetical states rather than elements among the same continuum[63].

Cela rejoint Bittman qui affirme ce qui suit :

> Which characteristics of American foreign policy is seen to provide the most fertile soil for Soviet bloc special operations ? Foremost is the US attempt to resolve complex political problems by military means[64].

On rejoint donc les conclusions du Comité de Santa Fe[65] affirmant que la décision du monde communiste d'utiliser tous les moyens possibles pour détruire l'ordre capitaliste donne à saisir que la sécurité interne et la sécurité externe deviennent inséparables. Cette remise en question des oppositions mène à l'idée de la crise permanente (voir 4.15)[66]. Elle demande cependant à être nuancée. En effet, après les événements du 11 septembre 2001, le président Bush a créé l'Office of Homeland Security, soit le 20 septembre. L'administration distingue donc la sécurité intérieure et la sécurité extérieure prises en charge par le National Security Council. Toutefois, Bush nomme aussi un coordonnateur qui répond aux deux directeurs. De plus, dans ce contexte de collaboration/désinformation s'étendant à la planète, il est clair que la sécurité intérieure est très liée aux relations et aux collaborations en tous genres avec l'extérieur. Les paradigmes dualistes ne sont donc plus considérés comme efficaces, sauf dans des cas d'antagonismes précis comme pour le Nicaragua, par exemple (voir 2.9).

Les lignes de force propres à un mode d'appréhension nouveau des discours et de ce qu'ils construisent du monde semblent tracées en partie dans un livre écrit pour des spécialistes et intitulé *Political Warfare and Psychological Operations*[67] :

> Psychological-political penetration and subversion of foreign states and of international organizations and movements remain a distinguishing feature of the contemporary strategic environment. Though taking place in peacetime (or what currently passes under that term) such activity is nonetheless intimately linked with violence.

Ce texte souligne qu'il est nécessaire de penser selon des paradigmes où *paix* et *guerre* ne sont pas exclusifs, mais font partie d'un continuum de gradations au sein d'un univers ou violence, crise et mensonge sont non seulement répandus, mais fondateurs[68]. Ces changements de conception se trouvent vulgarisés récemment sous diverses formes à partir de recherches savantes qui ne sont pas directement liées aux études stratégiques, mais plutôt à l'histoire des conflits. Ainsi, on apprend que « [l]a pax romana, c'était la guerre[69] ». Dans cet article, on procède à une relecture du savoir historique. On affirme que l'économie romaine était fondée sur « l'exploitation sauvage qui consistait à massacrer ses adversaires ou à les asservir, et à les dépouiller entièrement de leurs richesses ». Cela mène à la conclusion qu'il faut rejeter le césarisme, le rapport charismatique entre les masses et le chef, la dictature militaire, mais qu'il faut aussi repenser les rapports de pouvoir entre les démocraties dans le contexte de la violence généralisée contemporaine.

Dans les remarques de Lord et Barnell, on va donc plus loin que le Comité de Santa Fe. Celui-ci affirme qu'il y a un certain continuum conflictuel depuis les conflits de basse intensité incluant les opérations psychologiques, la désinformation, l'information erronée, le terrorisme et la subversion culturelle et religieuse jusqu'aux conflits armés complets[70]. Mais il retient un palier stable, la possibilité d'une information « objective » et la coupure intérieur/extérieur au sujet de la désinformation ou des opérations psychologiques. Cela n'est pas le cas dans l'ouvrage de Lord et Barnell, qui diffusent une conception fluide des rapports de pouvoir et des conflits économiques, culturels et guerriers.

Cette critique du besoin de viser un palier stable lié à des paradigmes dualistes qui seraient la caution de sémantiques originelles se manifeste aussi dans l'ouvrage de Gayatri Spivak intitulé *Reading the World*. Parlant des informations fournies par le *New York Times* et par diverses publicités au sujet des propositions d'achat de Brooks Scanlon Inc. par Diamond ainsi que des assertions contradictoires de Merrill Lynch et de Paribas Becker affirmant aux propriétaires d'actions que les offres respectives étaient en leur faveur, Spivak démontre l'aporie fondamentale de ces luttes discursives au sujet de sommes d'argent très élevées. Son ouvrage met en valeur le fait qu'il n'y a pas de vérité déterminable, indépendante des circuits d'échange[71]. De « faits », point! Il y aura des gens qui perdront et d'autres qui gagneront dans un mensonge sous-jacent où chacun a voulu faire des profits et protéger ses prérogatives en fonction d'accords et de négociations qui n'ont pas été révélées. C'est ici, rappelle Spivak, que la philosophie rejoint directement les médias et les circuits financiers. La « vérité » est intéressée et indéterminable dans une lutte discursive et économique où ne peut se situer aucun point intangible hors de ces luttes dont les enjeux et l'issue sont infléchis par le poids de l'interaction entre réseaux. Le polygraphe ne peut fonctionner comme le montre Robert Lepage.

3.4 LES TRANSFORMATIONS IDÉOLOGIQUES ET LE « DOUBLE CODAGE »

Les langages qui étaient bloqués dans le cadre de la guerre froide dans des antagonismes figés sont soumis à des transformations conceptuelles à saveur économique, dès les années 1980, comme le souligne la discussion de Spivak[72]. C'est alors que le public a fait face à des slogans comme « Profits isn't a dirty word[73] », qui tendent à rejeter le discours antithétique présent dans la société capitaliste de l'époque, celui du marxisme et de ses épigones. En Europe, on pouvait lire : « Il était temps qu'un capitaliste fasse la révolution. » Cette phrase était imprimée au-dessus d'une image montrant les œuvres de Mao, de Engels, de Lénine et de Marx et annonçait les ordinateurs Apple[74]. Le langage public est pris comme cible par les spécialistes des médias qui ajoutent leur savoir à celui des intellectuels afin de disséminer un mode de pensée libéral économiste renouvelé[75]. Mais, à cette époque, l'économisme libéral est encore lié à un dualisme confrontationnel ouvrant sur une sorte de monisme, car le but est de faire triompher le libéralisme par l'échange économique et la technologie et de rejeter d'autres discours, en particulier ceux qui sont liés aux dictatures de gauche ou de droite. Il tend aussi à cette époque à maintenir dans les marges des discours qui sont différents. On pense à ceux qui expriment les idéaux de la démocratie sociale ou ceux qui rendent publique la condition des gais ou des lesbiennes.

Ces slogans expriment en tout cas la nouvelle culture du libéralisme qui lutte non seulement contre le marxisme, mais aussi contre toute situation statique et violente comme la dictature des Marcos aux Philippines : « Happiness isn't 3,000 pairs of shoes », se permettent de dire *The World's sole authorities*[76]. On y voit une photo de Mme Marcos et aussi du premier secrétaire du Parti communiste, Krouchtchev, lors de la célèbre intervention à l'ONU où il avait tapé avec son soulier sur la table. Le nouveau langage public, quoique utilisé en accord avec les paradigmes statiques jouant de l'« objectivité » par le biais d'un humour reposant sur la confrontation, ouvre au libéralisme et à ses *a priori*, le changement, la liberté et la responsabilité individuelle. Mais, dans les années 1980, ces valeurs sont encore prises dans un cadre paradigmatique s'accordant à un consensus fondé sur la pseudo-capacité du langage public à dire la vérité[77]. Le langage public libéral des années 1980 repose donc en partie sur la monosémie, c'est-à-dire sur un dualisme dynamisme/statisme qui se résoud dans le monosémique et la croyance en l'objectivité. Toutefois, les changements discursifs vont bientôt s'ouvrir à trois aspects importants qui marquent l'ère postmoderne/postcoloniale : 1. une forme de bidiscursivité (*a priori* statiques/*a priori* dynamiques) où les deux discours sont utilisés en fonction de leurs conséquences, donc de stratégies; 2. une capacité à produire des énoncés nouveaux dans une réflexivité qui repose sur la vulgarisation de la productivité sémantique déplaçant la fonction métalinguistique propre à la modernité. Celle-ci est transformée par la conception qu'il n'y a plus de plan « méta », mais des confrontations discursives activées par la réflexivité (celles sur la bidiscursivité mentionnée précédemment en 1.). Cette réflexivité se résoud dans des déplacements qui recontextualisent les confrontations dans la production d'un troisième énoncé (voir 4.10). Ces fonctionnements incitent non au décodage d'une signification orthodoxe à partir d'un texte, mais à 3. une production de significations multiples dans l'ouverture au multiculturel (voir 4.7).

Ce passage des *a priori* des langages spécialisés dans le langage public se vérifie de plus en plus, et ce, dans des communautés diverses. Il est lié à ce que Jencks[78] appelle le *double-coding*, manifesté dans des fonctionnements artistique, littéraire et discursif qui échappent à l'antagonisme entre culture d'élite et culture de la rue[79] :

> Hence the double-coding, the architecture which speaks to the elite and the man on the street. The double-coding of high and low codes also does not necessarily mean the homogenization of the two, but a juxtaposition of both which provides each with a new set of references as well as with a foregrounding of the original limits of their own codes [...] does not eliminate the division between high and low art [...] but is able to bring both different sets of codes together in a variety of new ways[80].

Ces fonctionnements, qui intéressent aussi un chercheur comme García Canclini[81], ne mènent pas à l'homogénéisation, car on assiste, d'une part, à un déplacement du canon par l'ouverture à d'autres lectures et écritures et, d'autre part, à l'incitation, vulgarisée dans les textes littéraires, médiatiques et dans les publicités, à produire individuellement plusieurs significations à partir d'un texte (voir chapitre 4). C'est dans ce processus de vulgarisation des *a priori* des langages spécialisés dans le langage public que l'on peut parler de postmodernité contextualisée avec la postcolonialité et mesurer l'écart avec ce que Jencks appelle une forme de *late modern*, celui analysé par M. Rose[82]. Ce *late modern*[83] maintient encore une visée vers la tradition du nouveau sans s'engager dans le complexe pluriel de réseaux discursifs qui transforment la culture occidentale se diffusant sur l'ensemble de la planète grâce à un processus complexe d'adaptation aux contextes.

Dans ce cadre, certaines cultures non occidentales s'inspirent de ces nouvelles logiques et parviennent à prospérer dans des logiques postindustrielles débouchant sur le postmoderne contextualisé avec le postcolonial. On peut reprendre un exemple intéressant de Daniel Mato[84] pour illustrer un type de « double codage » qui part des langages spécialisés des chercheurs pour gagner un discours autochtone réexporté, avec le vocabulaire spécialisé nécessaire, vers le planétaire écologiste. Daniel Mato explique que Manuel Ortega, le dirigeant de la population indigène Embera de la région du Darién au Panama, a demandé un appui en 1994 aux organismes internationaux : « porque si nosotros dejamos eso, se van a perder muchas cosas en sectores indígenas, primero la botánica, la fauna silvestre, la biósfera, la biodiversidad, el medio ambiente [...][85] ». Daniel Mato ajoute avec pertinence que le discours est construit sur des mots connus et traditionnels, mais aussi sur l'utilisation de mots comme « biósfera y biodiversidad » qui sont d'un usage spécialisé et qui sont utiles quand ils sont prononcés durant le Festival of American Folklife organisé chaque année par le Smithsonian Institute à Washington.

Un autre exemple intéressant est celui du vocabulaire spécialisé de Homi Bhabha éparpillé dans un texte fictionnel comme *The Global Soul* de Pico Iyer. Tout cet ouvrage tente de faire comprendre les déplacements contemporains à des lecteurs cultivés à travers un humour très fin. Par exemple, on nous dit :

> One reason his fiction speaks to readers across the world is that Ish is a seasoned translator of sorts, used to converting the values of Japan into terms the West can understand, while bringing to both his not-

> quite homes a nostalgia and an amused detachment that few natives could quite muster[86].

À part le constat qu'il est nécessaire d'avoir affaire à des traducteurs de valeurs culturelles et d'épistémologie, ce qui était déjà le cas dans les années 1960 pour un auteur comme Alan Watts traduisant une autre épistémè pour les Nord-Américains dans *The Way of Zen*[87], il faut retenir l'usage de *not-quite*, tiré directement de Bhabha. Voilà qui est d'autant plus probant que, dans la même page, on lit ce qui suit : « His prose, of course, is of the classic, antique sort you seldom find in England anymore, and bespeaks the keen attentiveness of a lifelong mimic[88]. » Toute la théorie de Bhabha est concentrée là. On y trouve le *not-quite* du lieu instable du colonisé qui, dans le roman, se sent à l'aise dans tous les lieux. On retient aussi l'allusion au mimétisme qui condamnait le colonisé à échouer. Cependant, chez Iyer, on nous explique que le personnage joue de ses différents accents et niveaux de langue suivant les milieux où il se trouve pour en tirer de nombreux avantages et avoir accès à ce qui lui est utile. La vulgarisation de langages spécialisés proposée par la fiction les déplace pour faire sentir qu'on est dans une nouvelle problématique. Le différent est positif. Le monde est ouvert même s'il reste la conscience que rien n'est jamais acquis.

On assiste aussi à cette vulgarisation des langages spécialisés dans des magazines qui présentent les recherches importantes concernant les nouvelles logiques économiques liées à des changements de philosophie sociopolitique ou à des changements culturels. On pense, par exemple, parmi des centaines d'exemples, à Hernando de Soto et à son ouvrage *L'autre sentier* dont Martine Turenne discute dans *L'Actualité*[89]. Cela lui permet d'affirmer que « les pays en développement sont dans le même état que l'Europe ou les États-Unis au début du capitalisme[90] ». On retient le livre de Michel Maffesoli intitulé *Du nomadisme*[91], dont on tire l'essentiel, en une page, dans *Hommes*, un des magazines d'Air France. Un fonctionnement visant les changements d'*a priori* discursifs est donc à l'œuvre dans l'ensemble des médias tournés vers un lectorat issu de la classe moyenne. Il contribue à transformer les croyances sur le long terme. Il est remarquable aussi que la publicité soit engagée dans ce processus de changement épistémologique (voir chapitre 4) même si ses effets sont différents de ceux offerts par les textes littéraires. En effet, les publicités, lorsqu'elles vulgarisent les langages spécialisés, offrent de nouveaux concepts qui font réfléchir, mais en orientant fortement les gens vers des significations déterminées par la fidélisation du client.

Ces exemples démontrent une convergence médiatico-discursive et esthétique importante qui forme un large intertexte et qui déborde la vulgarisation ponctuelle pour aller jusqu'à la réécriture recontextualisante[92] de tout un univers culturel. Ils concourent à transformer les cultures et à entraîner les populations comme les entreprises à se sentir à l'aise dans le productif et le multiple. Tous ces exemples ne peuvent que modifier quelque peu le constat de Vattimo : « For us, reality is rather the result of the intersection and "contamination" (in the Latin sense) of a multiplicity of images, interpretations and reconstructions circulated by the media in competition with one another and without any "central" coordination[93]. » Certes, il n'y a pas de coordination centrale, mais il y a quand même une transformation culturelle et discursive importante qui entraîne à des positions similaires même si le similaire est justement la valorisation du multiple dans la polycontextualité.

Le dynamique dont parle Vattimo passe aussi par la littérature et les arts qui, avant les médias et maintenant en contrepoint avec eux, ont joué à différentes époques, de Cervantes à Tristram Shandy et de Borges ou Kundera à l'Oulipo, de l'incapacité à savoir où « on se trouve » et où les « choses se situent ». Le fonctionnement contemporain où littérature, arts et médias se rejoignent dans une optique privilégiant le changement nous éloigne de Hegel et de l'esprit absolu, de Kant et de la raison pure et de Marx visant l'homme libéré de l'idéologie par un savoir clair sur les contraintes gouvernant les lieux d'énonciation. Chez Kundera, par exemple, l'action est souvent paradoxale. Un événement a lieu, un acte est posé, mais l'individu ne se reconnaît pas forcément en lui, au point où il se demande s'il a aimé, s'il a désiré[94]. La connaissance de soi achoppe sur des actes qui répondent à d'autres discours, à d'autres contextes et aussi à des fonctionnements subconscients ou inconscients échappant à une métaphysique de la clarté. C'est dans cette « maison aux esprits », pour détourner le célèbre titre du roman de Isabel Allende, c'est dans cet entrecroisement de discours, de réseaux et d'images de soi que se situe aussi une certaine forme d'un « réalisme magique » contemporain postmoderne exprimé par Yann Martel dans *Life of Pi*, Pico Iyer dans *The Global Soul* ou Alberto Kurapel dans *Teatro-Performance*[95].

Une oscillation a lieu qui pousse à reposer certaines questions et à explorer les lieux géo-symboliques. C'est ce que l'on constate à partir de nombreux slogans publicitaires renvoyant à des connaissances ultraspécialisées qui ont une incidence constante sur le fonctionnement économico-social : « Will Moore's Law stand forever ? In 1965, Intel's Gordon Moore created a "law" that became shorthand for the rapid growth of technology. He predicted that the number of transistors on a chip would grow exponentially every year. It's still true today[96] », affirme Intel. Il faut que la population cultivée, au moins celle qui lit *New Yorker*, puisse réfléchir à cette loi, et bâtir à partir d'elle une foi dans Intel et aussi dans l'avenir des États-Unis, leader du savoir et des avancées technologiques.

3.5 LA LUTTE CONTRE LES DISCOURS RELIGIEUX

> The top fifth of the world population now spends almost as much of its income accessing cultural experiences as in buying manufactured goods and basic services[97].

Dans le cadre de la montée du libéralisme économique et de l'affirmation, contestée d'ailleurs par Martin Wolf[98], que la moitié des 100 premières puissances économiques dans le monde ne sont pas des États-nations, mais des compagnies privées[99], on voit les poussées du rationalisme pratique mondialisant menant de front deux combats. L'un contre le nationalisme fondé sur la langue, la territorialisation et la modernité dualiste, l'autre fondé sur la présence de la religion et d'un universalisme spiritualiste qui pourrait être concurrent. Trois pôles en concurrence disséminent donc leur influence : ceux de l'État-nation, de l'universalisme religieux et de la mondialisation économico-culturelle. Voilà qui n'empêche pas que, dans certains cas, comme dans celui de Mario Briceño-Iragorry, le catholicisme de l'auteur fasse bon ménage avec un nationalisme essentialiste à l'instar de celui qui a défini longtemps la physionomie du Québec ou de celui que regrettent les participants à l'émission locale *La Trama* à Río Cuarto en Argentine. Cela n'empêche pas non plus que l'universalisme chrétien, et même les discours fondamentalistes, peuvent fort bien vivre en parallèle avec l'idéologie du rationalisme pratique libéral économiste. Néanmoins, le libéralisme tient à définir de manière dominante son fonctionnement socioculturel particulier, à l'instar de Parent qui, au XIXe siècle au Canada français, tentait de positionner une pensée libérale économique face à la dominance de l'idéologie ultramontaine.

Il est symptomatique de constater que plusieurs réflexions sur le déplacement, les transferts culturels ou la mobilité contemporaine concernent des phénomènes récents, nouveaux ou recyclés, qui se situent dans une logique que l'on pourrait qualifier de postnationale. La plupart des exemples donnés dans les textes et servant à établir des points de comparaison avec le passé s'insèrent dans le monde propre à la nation ou à celui d'une modernité issue de la Renaissance et qui a recyclé les Anciens. On cite Héraclite dans les publicités, on mentionne Ulysse dans les colloques quand ce n'est qu'à travers l'exemple de Joyce, on tente de mesurer en quoi le mouvement contemporain est différent des autres. Mais on mentionne beaucoup plus rarement la mobilité qui placerait sa logique face à une impermanence ouvrant sur la transcendance. L'économie des discours qui réfléchissent sur la légitimation du transit tend à ne pas s'engager dans l'établissement de rapports avec le transitoire ouvert sur l'éternité. La réflexion sur l'ère postmoderne/postcoloniale part, le plus souvent, de la modernité territoriale et du contingent et non de visions temporelles à visées transcendantes. La modernité, par contre, tentait de se positionner dans un certain mouvement face au transcendant.

Dans notre ouvrage, nous analysons surtout la logique du déplacement propre à l'économie discursive postnationale. Toutefois, il faut noter que, historiquement, d'autres logiques du déplacement se sont manifestées dans le monde. L'une d'entre elles est celle du pèlerinage et de son cheminement territorial qui brasse les discours, traverse les conflits, ouvre au transitoire existentiel. Certes, la transcendance institutionnalisée sécrète ses clercs détenteurs de ce qu'il faut croire, dire, comprendre et répéter. L'interprétation individuelle n'y est pas de mise, ni ses dérives hors de l'orthodoxie. Néanmoins, à partir de ses fonctionnements surgissent des rêves de grands déplacements qui sont aussi des aventures personnelles. Le pèlerinage à Jérusalem, comme tous les pèlerinages, est cheminement spirituel, entreprise touristique et coalition guerrière contre les hérétiques. C'est un déplacement qui se veut rénovation des corps et des esprits par la confrontation avec des contrées, des gens et des significations autres, dans le but d'imposer sa vision à celle des mécréants. Ce déplacement[100] donne le droit à ceux qui sont attachés à la terre, aux paysans, de s'en aller, tandis que, hors de ce périple, seules quelques classes privilégiées ont droit au déplacement territorial. Les serfs ou les paysans sont tenus à résidence et marqués physiquement par le costume folklorique qui permet de savoir s'ils sont de l'endroit ou d'ailleurs. Le seul déplacement vraiment légitime est le pèlerinage, c'est-à-dire l'expansion confrontationnelle dans un but sacré : retrouver l'origine et son territoire, la Terre promise, source sémantique première. Ce cheminement est d'ailleurs exploré dans le roman *Baudolino* de Umberto Eco[101], qui fictionnalise sa fascination pour le processus de sémiose à travers des best-sellers reposant sur le transit et le transitoire[102].

Il n'en reste pas moins que le discours religieux et ses types de déplacements tendent à être présentés de nos jours selon des stéréotypisations statiques. En effet, le discours libéral est incarné à la fois par un discours consommateur pseudo-hédoniste couplé à un discours valorisant la production de significations. Il renouvelle la tentative propre à la modernité de répandre un relativisme visant l'adaptation au contexte. Au XIXe siècle, c'était le but de G. Combe et de la physiognomonie. Ce positivisme pseudo-scientifique tentait déjà de ridiculiser les icônes du discours religieux afin d'occuper le plus possible une plus grande part du marché de la discursivité par rapport à l'Église au XIXe siècle[103]. Le but était de passer d'un monde stable lié au processus d'attribution à un monde qui accepte de penser en fonction de déterminants de relativisation basés sur la prise en compte de conditions changeantes[104].

De nos jours, dans le cadre propre au postmodernisme libéral, on peut prendre connaissance des nombreuses publicités qui se moquent des *a priori* religieux. On retient les slogans « Qu'Esso soit loué[105] » pour les chaudières Esso affublées d'une auréole de saint alors qu'elles représentent mythiquement les canicules infernales ou « Sur terre comme au ciel » de Bell Mobilité[106]. N'oublions pas « Turning water into wine may have been a miracle, but turning it into great beer is no picnic either » affirmé par the Upper Canada Brewing Company[107] ou encore « And on Sunday she discovered no-nonsense pantyhose » suggéré par Kayser Corporation[108]. Voir aussi : « Get that I got out before the market crashed feeling » de Yahoo! Finance devant une photo de bonnes sœurs en habit traditionnel levant les bras au ciel debout dans l'eau de mer jusqu'aux genoux[109]. Ou encore : « Confine the body and you shrink the spirit » de Toyota parlant de s'asseoir dans une Avalon comme d'un « celestial feeling » tout en ajoutant « be good to yourself, everyday[110] ». On continue avec SieMatic Kitchens : « Heaven does exist and is available in ten finishes[111] », ou avec Renault qui montre sur une demi-page l'intérieur d'une cathédrale : « Für liebhaber grosszügiger Architektur : Ein Renault. Ein Raum muss Platz für neue Perspektiven bieten. Deshalb haben wir im Espace und Mégane Scénic ein einzigartiges Raumgefühl geschaffen. Ein kleines Beispiel für die Kreativität unserer ingenieure. Kreativität macht Sinn[112]. » On n'oublie pas : « Live voice has come to the Web » avec un ordinateur portatif disant à un moine « Pssst, hey buddy, Can you hear me? » auquel on ajoute « The silence is broken[113]. » Des rapprochements plus subtils sont aussi présents. Tandis que, sur la page de gauche, on lit un article intitulé « Opération Christ » surmonté d'une image aux teintes brun et or représentant l'intérieur du Vatican, sur la page de droite, une demi-pyramide aux tons similaires est escaladée par un véhicule Ford Explorer dont on dit : « L'Explorer arrive là où nul ne va[114]. » Logique commerciale et symbole maçonnique concurrencent l'architecture institutionnelle catholique. Les deux mondes se côtoient dans une occupation de l'espace et du temps inégale. Le même phénomène se constate aussi hors du monde anglo-saxon, mais plus récemment : « Em tecnologia é diferente : os últimos serao os últimos. Por isso, a Volkswagen sempre sai na frente[115]. » Cela se manifeste aussi en Argentine dans une série impressionnante de publicité pour Rock & Pop 95.9. On y voit par exemple la Vierge Marie avec des seins généreux, un beau visage érotique et le regard tourné vers le ciel avec le texte suivant : « Y entonces, un increíble estruendo hizo manar el milagro »[116]. Les jeux faisant passer la phrase sacrée au niveau du slogan pour de la musique pop sont de plus en plus fréquents et génèrent un ludisme particulier habituant les consommateurs à travailler les significations pour en générer de nouvelles. Cette technique de déplacement contextuel qui était le propre des textes littéraires des années 1960 et 1970, au Québec[117], et aussi à l'époque du *boom* littéraire en Amérique latine, est vulgarisée dans les magazines. Ceux-ci contribuent ainsi à diffuser une légitimation de la production de significations neuves dans la diffusion d'un écart entre une culture à dominance religieuse et une culture à dominance commerciale[118].

Mais il n'y a pas que des slogans. Un article montrant l'influence positive de l'éthique protestante capitaliste sur des jeunes à problèmes est lui aussi très clair. Cet article met en scène Anna Ouroumian qui leur donne le goût de l'ambition et d'être riche et leur communique des recettes pour y parvenir : « I didn't choose where I came from — but I definitely chose where I am today », affirme-t-elle en une rhétorique gommant toute velléité d'enracinement dans une culture de la pauvreté liée à des cultures qui ne seraient pas fondamentalement libérales et américaines. Et on souligne que « once she wanted to be a nun », mais que maintenant « she preaches business basics to kids[119] ». Cette attitude peut se retrouver dans le point de vue diffusé par une photo en couleur de la rencontre entre Jean-Paul II et le président Bush au Vatican. Lors de la rencontre, lorsque le président exprime son inquiétude au sujet des scandales sexuels qui ternissent l'image de l'Église catholique, le pape semble s'incliner devant le président dont la tête est placée plus haut que celle du Saint-Père[120] !

Ces luttes discursives sous forme de textes et d'icônes ont pour corollaires les informations qui circulent largement sur Internet et qui réagissent à des discours religieux fondamentalistes. On pense à l'émission de Laura Schlessinger aux États-Unis. Celle-ci donne des conseils aux personnes qui téléphonent. Récemment, en 2001, elle a affirmé que l'homosexualité est une horreur comme le souligne les versets 18:22 du *Lévitique*. Cela a immédiatement provoqué une production de textes humoristiques qui ont couvert la planète. On pense au suivant circulant en Amérique du Sud :

> El Levitico, 25 :44 establece que puedo poseer esclavos, tanto varones como hembras, mientras sean adquiridos en naciones vecinas. Un amigo mio me asegura que esto es aplicable a los mejicanos, pero no a los canadienses. ¿ Me podría aclarar este punto ? ¿ Por qué no puedo poseer canadienses[121] ?

À travers ce jeu mondial[122] se révèle la critique des rapports de pouvoir en dépassant par l'absurde humoristique la logique d'exclusion fondée sur une orthodoxie. Il demande de tenir compte du tiers exclu, des Mexicains pris dans des rapports de pouvoir qui ne s'inscrivent pas toujours dans le déplacement souhaité par H. de Soto[123].

Le discours religieux prend aussi l'offensive et tend à réagir selon des lignes intertextuelles. On songe à une image de la planète Terre, image favorite des compagnies de réseaux de fibres optiques et de télécommunication. Celle-ci est recontextualisée par l'Anglican Diocese of Ottawa. Elle est surmontée d'un slogan : « Without God, it's a vicious circle. In a world too often ruled by war, hunger, disease and inhumanity, our church believes there is hope. Join us and grow in the faith and fellowship of Jesus Christ. Faith makes the difference[124]. » Ainsi, l'image dominante des multinationales et de la mondialisation est réinsérée dans l'universel chrétien, bien différent de la mondialisation. On fait appel à la solidarité en évoquant les problèmes immédiats de la planète et en utilisant un cliché, celui du *vicious circle* qui donne une valeur autre à ce cercle que forme la planète imprimée en deux dimensions. Dans « I AM Canadian ? » se joue l'affirmation d'un discours religieux qui remet en question l'allégeance nationale et l'attribution par l'État-nation comme première définition identitaire : « I have sovereignty over Prime Ministers and Presidents[125]. » La compétitivité discursive est omniprésente et tente de rééquilibrer les dominances. De plus, la présentation de « I AM Canadian ? » comporte en intertexte un déplacement par rapport à une publicité pour la bière Molson Canadian qui passe à la télévision et qui joue de la double image de soi fondée à la fois sur la logique étatique et sur celle de la consommation. Elle privilégie le consommateur. Ainsi, à travers ce « I AM Canadian » est mis en place un affrontement entre les discours politiques, économiques et religieux ou encore une lutte entre le national, le mondial et l'universel[126].

Cette lutte se manifeste aussi dans le cadre de la crise de confiance sans précédent qui dévore l'Argentine. L'archevêque de Santa Fe, Edgardo Gabriel Storni, dans son sermon de Pâques, critique le gouvernement : « [We must] open our eyes once and for all and stop with the lies, the fiction […] [and meet] our responsibilities to the next generations[127]. » Ici s'affirme non pas le territorial défini par son rapport avec la mondialisation, mais un universel enraciné dans une pensée de l'éternel qui permet d'empiéter facilement sur le très long terme. Ce long terme est ce qui manque au gouvernement argentin dont la planification est qualifiée de déficiente. Toutefois, le très long terme est considéré comme utopique par le libéralisme économique dont la compréhension de la main invisible[128] ne permet que des plans dans le court terme ouvert au changement permanent et au relativisme temporel[129].

3.6 LA LUTTE CONTRE LES DISCOURS DE GAUCHE

> But neither the sheer number of scientists and engineers nor the acquisition of advanced technology can be a factor of development by itself (neither was enough for the Soviet Union […]), without an appropriate organizational environment[130].

Face à la parole éternelle s'affiche l'information surabondante. À notre époque, celle-ci se développe dans la valorisation du potentiel sémantique et productif de la population, ce qui est une manière de remplir les territoires de significations multiples, manifestant une urbanité pragmatique. En ce sens, la volonté de favoriser la sursignification dépasse la sémantisation territoriale biblique reconfigurée dans un national qui privilégiait un lien univoque et monosémique entre sémantique et territoire. Il s'agit désormais, en particulier dans les Amériques aux espaces immenses perçus comme de grands espaces distendant les relations humaines, de favoriser une densité sémantique et de l'étendre à la planète. De la sorte, il ne s'agit pas de créer un village global, mais bien d'étendre au monde entier la logique urbaine des mégalopoles qui sont des concentrations dynamiques de significations, afin de produire une planète réseautée comme une mégalopole. L'*Homo erectus* chemine dans une forêt de signes et de significations changeantes. Ce parcours culmine dans la relecture d'Héraclite par la multinationale des hydrocarbures Conoco rejetant le stable des essences platoniciennes : « There is nothing permanent except change », affirme-t-elle sous un bloc de charbon se transformant en goutte de pétrole[131]. En un sens, à travers Conoco modifiant les *a priori* du langage public, Popper a déplacé Platon et Hegel. Un monde nouveau se met en place. Il se manifeste désormais partout comme dans « el hombre siempre buscó el cambio y la flexibilidad[132] » de la compagnie Archivos Activos.

Avant de se lancer complètement dans cette visée productrice, le Canada, les États-Unis et les instances dynamiques du monde occidentalisé ont dû tenir compte des discours en place et reconfigurer les *a priori* du langage public. Pour cela, comme nous l'avons vu plus haut (3.4), des slogans déplaçant les paradigmes connus ont été diffusés dès le début des années 1980. Ces paradigmes passent, entre autres, par le pouvoir des agences de publicité internationales alliées à des multinationales, comme Canada Cement Lafarge, qui, dans les années 1980, diffusent massivement des slogans comme « Profits isn't a dirty word[133] ». Le langage public est pris comme cible. C'est ce que souligne aussi Emmanuel Souchier présentant la publicité Volkswagen Golf sur un chiffon rouge avec un symbole imitant la faucille et le marteau soviétiques, celui d'une clé à mollette et d'un vilebrequin[134]. Ces agences liées aux conglomérats médiatiques eux-mêmes, souvent intégrés aux consortiums où se joignent des compagnies d'armement, d'information et de haute technologie, tendent plus à vendre un nouveau système social qu'un produit particulier. C'est bien pourquoi il est important de se souvenir d'un slogan affiché dans les wagons de la Deutsche Bundesbahn, durant l'été 1988. On pouvait y lire : « Berlin in der Mitte Europas : Berlin KulturStadtEuropas 1988[135]. » Cela masquait pour un temps la situation de la ville de Berlin divisée par le mur de la honte. Mais pour un temps seulement. En effet, ce slogan annonçait déjà ce qui était en train de se préparer. Les changements importants à venir sont annoncés d'une manière peut-être implicite, mais pas innocente. Ce slogan a des compléments tout au long de la fin des années 1980. En effet, il s'agit bien d'indiquer des tendances fortes pour que les populations soient préparées au changement : « La liberté finira un jour par aller à tout le monde », souligne Levi's[136]. Le tout se conclut de manière heureuse : « More than the wall has come tumbling down », affiche Hyperion Financial Company[137], en nous rappelant la chute du mur de Berlin le 9 novembre 1989[138]. Quelques années plus tard, on mesure le chemin parcouru. La solidarité passe par la connection des ordinateurs entre eux : « In yesterday's industrial economy, Marx called on workers of the world to unite [...] In today's digital economy, it's the computers of the world that are being exhorted to unite [...] It's called grid computing[139]. » Don Tapscott continue en nous donnant l'adresse SETI home qui nous permet de nous brancher à des milliers d'autres ordinateurs afin que des savants puissent utiliser l'espace libre de notre disque dur pour effectuer des calculs demandant une mémoire phénoménale !

Cette caricature des discours marxisants s'est affirmée, il y a déjà longtemps, dans les littératures des Amériques même si, contrairement aux textes publicitaires analysés ici, les auteurs ne soutiennent pas un discours libéral économiste. On pense à des romanciers comme Alejo Carpentier dans *Le partage des eaux*, à Réjean Ducharme dans *L'hiver de force* ou encore à Louis Gauthier dans *Anna* : « [...] vous tousse [*sic*] prolétaires de mon dentier, unissez-vous [140] ! » Tous ces auteurs ont manifesté une certaine ironie face aux discours figés et aux langues de bois, marquées de quelque couleur politique, religieuse ou bureaucratique que ce soit. Les auteurs québécois, en particulier, ont ainsi affirmé une capacité à déjouer les concrétisations des grands récits de légitimation masquant les horreurs des exclusions esthétiques, économiques et sociales[141] aboutissant aux différentes formes de répression quand ce n'est pas au goulag.

La manière de présenter les protestataires devient de plus en plus caricaturale, par exemple dans des publicités pour Internet. *Liberty Surf* nous montre un révolutionnaire mexicain avec sombrero et ceinture de balles : « Même les munitions sont gratuites [...] ça, c'est la révolution ! Après l'accès gratuit à Internet [...][142].» Passé le contexte de la guerre froide et malgré le sérieux de la révolte au Chiapas qui diffuse sur Internet des messages visant la planète et appelant à la radicalisation mondialisée des groupes subalternes[143], le discours reprend les traditions révolutionnaires pour les folkloriser[144], pour exorciser ces ratés dans le système et éviter de faire penser aux problèmes sérieux. Il dépasse, sans le mentionner, l'engagement à gauche en montrant que le capitalisme et les nouvelles technologies sont égalitaristes puisque le service est gratuit. « Accédez librement aux richesses de demain », conclut-on. C'est ce qui se produit aussi dans le slogan d'Alcatel disposé au-dessus de deux photos de Martin Luther King, l'une où il est montré devant ses micros et l'autre où l'on montre le contexte : il est seul à une tribune devant un immense espace vide : « Pour que la passion gagne le monde, il faut qu'elle l'atteigne[145]. » Là encore il y a double jeu : nécessité des télécommunications et des multinationales pour avoir un impact et, simultanément, exemple d'un discours contestataire que personne ne semble plus écouter. On retient ce lien entre le point de vue alternatif, la diffusion par des multinationales et la valorisation du local dans le cas de Manu Chao, par exemple. Ce chanteur alternatif populaire s'exprime dans la diffusion de concerts de rock alternatif et de CD comme *Próxima estación, Esperanza* ou *Clandestino*. Il a l'art d'exprimer les désirs des marginalisés, de saisir les interstices ouverts par les changements produits par les mouvements économiques et culturels, notamment en combinant deux expressions clés, perte de confiance et désir de reconnaissance, et en les conjuguant à un volontarisme organisateur centré sur le local : « ¿ Desconfia de los grandes discursos que terminan mal, comienza por hacer la limpieza en tu barrio con proyectos concretos que podrás realizar[146] ? » C'est une multinationale qui diffuse ses productions, mais il souligne que transformer la promotion en agitation est stimulant pour beaucoup de publicitaires. Il ajoute qu'en Espagne, par exemple, la promotion de l'album *Clandestino* se fait en conjonction avec un festival intitulé « La foire aux mensonges » organisé par des Espagnols et des Brésiliens. Donc pour qui s'ouvre l'avenir? Et qui utilise qui? Ne parvient-il pas à s'insérer dans les réseaux et à faire bénéficier les cultures subalternes de son esthétique et de ses promesses?

Toutes ces images rejoignent le discours propre aux multinationales de la publicité, Young et Rubicam[147], par exemple, reprenant des thèmes alternatifs pour les insérer dans le jeu des banques. Ce jeu est fort répandu au Canada. On voit une page complète de publicité avec un cycliste aux cheveux longs et une affiche : « Banks only help the rich[148]. » À la page suivante, deux pages de la Banque de Montréal expliquent aux gens comment ils peuvent être mieux servis. Enfin, en quatrième page, est affiché un slogan contestataire : « Can a bank learn ? The answer is yes. » Encore une fois un discours marginal, issu de groupes minoritaires, est recontextualisé dans une logique favorisant les grandes institutions au service de la population[149], ce qui se confirme dans une publicité du quotidien *La Presse* avec une grande photo de Fidel Castro et une légende : « Les grandes figures surveillent leur régime pour bien paraître sur notre couverture. Elles savent que *La Presse* est un reflet fidèle de la réalité du monde. D'ici, mais aussi d'ailleurs[150]. » On retient, dans ce cas que, quand il s'agit d'un discours antagoniste, le relativisme relatif et la réflexivité s'effacent temporairement pour laisser place stratégiquement au discours de l'objectivité et du constat. Le spectacle disparaît dans la lutte pour monopoliser la légitimité à calquer le réel.

Mais le ludique compétitif est omniprésent, surtout quand on fait appel au passé et à la jeunesse : « Remember when you wanted to change the world ? You still can[151] ! » Et on suggère aux hippies devenus riches et vieux de s'inscrire dans Global Volunteers pour servir comme volontaires à court terme dans un des dix-huit pays proposés. Il s'agit d'enseigner l'anglais, l'écologie ou les pratiques commerciales aux enfants. Le court terme se couple ainsi au passage qui permet de communiquer des valeurs propres au libéralisme afin d'aider les enfants à se contextualiser avec des savoirs qu'ils ne trouveront pas dans leur collectivité locale trop autoritaire. Finalement, on propose aux gens la carte de crédit MasterCard Mosaik : « Because we live in a democracy not a dictatorship. You have the right to choose the credit card features and options you actually want[152]. »

3.7 LIBÉRALISME ET SYMBOLES PUBLICS : CRISE ET ANTICIPATION DE LA CRISE

Le désir de favoriser une optique nouvelle se manifeste aussi d'une autre façon. C'est celle où le commercial prend le pas sur le domaine public lié aux gouvernements locaux ou nationaux, comme l'exprime une publicité concernant le nouveau quartier résidentiel[153] Ayres de Pilar, un quartier privé et protégé développé par Comercializa marketing Developers S.A. à 43 kilomètres de Buenos Aires. Le panneau de gauche de l'autoroute indique les villes de Pilar et de Pergamino, tandis que, sur le panneau de droite, est écrit « entrada de su casa 100 m[154] ». On ajoute : « Si vivís en Ayres de Pilar llegás a tu casa con bajada directa desde la autopista[155]. » Une forme de discours favorisant le privé et marquant sa pénétration dans le domaine public des indications routières est affichée partout. À cela s'ajoute l'incitation constante à penser en fonction de la consommation et des entreprises privées comme on le constate en Argentine lors du dernier recensement, même si l'incitation étatique étendant son réseau est encore forte. En effet, en première page de *Clarín*[156], on montre des recenseurs à cheval dans l'eau allant rejoindre les populations les plus éloignées, celles qui ne peuvent participer à l'euphorie consommatrice quotidienne. Par contre, la chambre argentine des centres commerciaux paye une page de publicité complète montrant une foule divisée. Ceux qui ont déjà été recensés en blanc se précipitent faire des achats, tandis que les autres en gris sont obligés d'attendre. On lit le texte suivant : « participá del censo y después venite al shopping. Hoy y mañana, todos los shoppings están abiertos en su horario habitual[157]. » C'est dire que, dans les pays d'Amérique latine les plus avancés économiquement comme le Chili, l'Argentine, le Brésil ou le Mexique, au début des années 1990, apparaît une série de fonctionnements discursifs qui s'accumulent très rapidement. Ces derniers sont similaires à ceux, porteurs de privatisation et de mondialisation, qui sont apparus plus tôt au Canada ou aux États-Unis[158].

Ainsi, Banco Credicoop d'Argentine, quelques mois avant l'effondrement du système bancaire de ce pays, offre une image de la première page de « Acta de independencia declarada por el congreso de las provincias unida en Sud-America[159] ». Sous cet acte, on lit le texte suivant particulièrement symptomatique : « [...] con el dinero de los argentinos en manos de los argentinos todo es posible. Que el país se hace desde adentro o no se hace. Que sin solidaridad no hay futuro. Y que es hora de construir la esperanza[160]. » Ce texte est remarquable, car, comme pour d'autres textes produits en Argentine, il représente un mélange de discours ouvrant sur l'avenir tout en restant accroché aux valeurs connues[161]. D'abord on retient que l'argent des Argentins doit être entre les mains des Argentins, une logique exprimée aussi par Pasquali dans ses commentaires concernant le téléphone au Venezuela (voir 3.1). Comme on l'a vu quelques mois plus tard, l'argent des Argentins est resté bloqué dans les banques par décret gouvernemental. Les gens tapent sur des casseroles en essayant de récupérer leurs épargnes. Le pays se fait de l'intérieur, affirme-t-on. Cette logique est renforcée par la référence à l'avenir qui se transforme immédiatement en espérance ! Ce mot incarne les valeurs argentines où la peur constante est celle de l'échec[162] et non celle dont parle Intel : « En la nueva economía de Internet, el temor al fracaso es reemplazado por el pánico al éxito[163]. » Ce slogan est issu directement d'une construction nord-américaine des relations culturelles, technologiques et économiques comme on peut le saisir en constatant qu'il est aussi publié dans le magazine *Forbes.com* : « In the surge economy, fear of failure is replaced by the panic of success [...] the problem isn't finding customers, it's what to do when they find you[164]. » Le discours traditionnel politico-consensuel national reparaît immédiatement après l'appel au nouveau puisque l'espérance devrait, dans un discours contemporain libéral, faire place à des expressions évoquant un avenir positif ou des anticipations et des défis à surmonter. Mais dans le quotidien, le succès économique n'est pas au rendez-vous. De plus, l'acte de déclaration d'indépendance des Provinces unies d'Amérique du Sud est bilingue, espagnol/quechua. Pas un mot à ce sujet dans la publicité. Au contraire. On affirme que tous sont argentins sans distinctions dans une solidarité qui rejoint des racines connues purement imaginaires. Ici ne se manifeste aucune conscience de la différence au sens postcolonial/postmoderne du terme. Autrement dit, le discours postmoderne/postcolonial lié à la nouvelle économie est différent en Argentine et au Canada et ses avancées sont moins nettes en Amérique latine (voir 3.9).

On constate une utilisation du symbole public par la logique libérale aussi aux États-Unis. « A Declaration of Independence for your stuff », nous dit-on devant une reproduction du célèbre tableau de Washington franchissant le Potomac. Le tableau est modernisé et on y distingue un ordinateur portatif, un bâton de hockey, etc. On ajoute : « Now you can combine your house, your laptop, your sport-utility vehicle, your cell phone, your bass boat and more under one unique insurance policy : Encompass Insurance[165]. » Le franchissement du Potomac et les risques qu'il comportait sont recyclés ironiquement pour une population qui se méfie des politiciens et des directeurs de compagnie après les retentissantes faillites comme celle de Enron ou de WorldCom et les constats de mensonges dans les bilans financiers. L'éthique et la responsabilité ont subi un choc en Amérique du Nord aussi. C'est par le jeu sur la recherche de la sécurité et d'un nouveau consensus que l'on manifeste un écart par rapport aux symboles fondateurs de la nation. Il se manifeste à travers les techniques de mélange des discours notamment à travers les insertions du technologique dans la tradition ouvrant à une nouvelle recherche qui est une réflexivité vis-à-vis des symboles et des discours libéraux. Un nouveau point de vue émerge qui relativise à la fois l'État-nation comme les données de la nouvelle économie.

Le texte de la Banque Credicoop argentine crée malgré tout une atmosphère différente de celui des assurances états-uniennes. En Argentine, avant l'effondrement économique et bancaire de la fin de 2001, on retourne au discours traditionnel valorisant le national, le « entre nous », tandis qu'aux États-Unis on pousse la logique de l'individuel qui nécessite une protection. Cette tendance est encore plus marquée dans la seconde image de la campagne publicitaire. On y voit Washington signant les documents de la Constitution avec les douze autres représentants des États fondateurs de l'Union. Toutefois, les autres sont des clones de Washington ! Un texte presque cynique suit : « No person shall be REPRESENTATIVE of Anyone but himself (but just in case, we offer IDENTITY FRAUD coverage). Encompass insurance[166]. » On est bien à l'ère de la simulation qui est le côté sombre de l'adaptabilité. Il faut donc : « Liberty, Justice, and Really Good insurance. » Les valeurs libérales se maintiennent. Elles nécessitent simplement une protection permettant à l'individualisme entreprenant de se développer davantage. Cet individualisme doit se méfier avant tout de ce qui efface les différences, comme le montre le clonage, ce qui rappellerait l'ère de la production de masse qui a précédé l'organisation contemporaine de la production flexible visant des publics segmentés. L'individualisme a pour complément la reconnaissance des initiatives dans la multiplicité. Celles-ci jouent de l'adaptation efficace au contexte, du caméléonage favorisant la communication. Ce caméléonage valorisé par Yann Martel est l'opposé de la fraude issue tout droit de la valorisation du même et de la répétition. Même si le point de départ est très similaire, puisqu'elle est fondée sur la critique du symbolisme public, la publicité bancaire argentine exprime l'opposé de l'attitude états-unienne. Cela est d'autant plus clair qu'on trouve même une publicité présentant positivement le clonage dans un magazine économique argentin qui annonce des éditions régionales : « Lo sentimos por Dolly. Pero fuimos los primeros en inventar la clonacion[167]. » Ainsi, à partir de symboles similaires, ceux de l'espace national fondateur, se perpétuent dans les deux pays des discours différents qui, à travers des institutions diverses, promettent un mieux-être en fonction de logiques qui parviennent à maintenir leur cohérence dans des jeux textuels et iconiques renouvelés. Comme le montre A. Rizzo[168], le discours présent ici est celui qui centre et qui construit l'être argentin dans l'effacement des différences. La banque coopérative retient donc la nécessité de changer, mais en reprenant des discours qui reviennent à des logiques connues. Elle est aussi tout à fait différente de la publicité d'une entreprise privée argentine comme Medicus qui montre le général San Martin avec un bandeau sur le front et qui, de ce fait, désacralise les icônes nationales dans le but de faire passer une nouvelle vision du monde, celle de la légitimité de la privatisation des soins de santé[169].

La visée argentine vers le consensuel organisé par une référence commune au territoire fondant les rapports symboliques et éliminant les différences dans un creuset imposé est complètement différente de la logique postmoderne/postcoloniale mise en œuvre dans une publicité de la multinationale Duke Energy qui cherche pourtant à s'enraciner dans le territoire brésilien. Pour cela, cette entreprise ne renvoie pas au passé. Elle ne cherche pas à gommer les différences. Au contraire. Elle renvoie au discours de la préservation de l'environnement pour assurer un enracinement qui est respect de la biodiversité[170] et conscience des questions à impact mondial : « Preservaçao do meio ambiente. A maior prova de que a Duke Energy está criando raizes no brasil[171]. » Cette entreprise reprend les discours contemporains qui lui permettent de déplacer la référence aux racines en l'engageant dans un territoire national qui est présenté comme partie d'un tout planétaire environnemental traversant les frontières.

Dans cette publicité de Duke Energy, une distinction importante est faite entre écologie et environnement. La publicité relie clairement milieu ambiant et protection des animaux et de la flore au développement socioculturel des populations en accord avec le développement provenant des universités et des instituts de recherche. Voilà qui signifie que la publicité tente de dévier un discours qui est présent dans plusieurs parties du monde, y compris le Brésil, celui de l'éconationalo-populisme dont parle Alain Minc[172]. Ce discours représente une vision du monde déplacée par rapport aux idéaux populaires de gauche que le XXe siècle a connus[173]. Mais cette écologie-vision du monde rejoignant une gauche recontextualisée est, elle aussi, en processus de mondialisation. Contrairement à la préoccupation pour l'environnement, elle tend à rejoindre un dualisme nature/culture où parfois la nature a préséance. La publicité de Duke Energy, quant à elle, rejoint une culture nationale et la reconnaît dans sa tentative de s'y inscrire en jouant d'une légitimité territoriale. Mais elle ne se situe pas dans la logique de la modernité nationaliste. Au contraire. Son enracinement rejoint une mondialisation environnementale passant par l'effort citoyen d'une entreprise multinationale qui touche les populations locales pour les contextualiser dans une pensée qui évite le radicalisme conflictuel du dualisme écologique tel qu'il se manifeste chez les verts et les mouvements radicaux antimondialisation. À travers cette publicité se construit une incitation, une promesse de bien-être dans l'accord entre différents environnements, instances, entreprises, universités, populations, qui ont intérêt à coopérer pour organiser la vie d'une manière plus humaine.

La promesse qui incite à s'identifier à cette vie, à travers la fraîcheur de l'image où arbres et fleurs s'épanouissent dans une atmosphère chlorophyllienne, s'allie à la capacité d'anticiper les crises potentielles qui pourraient surgir d'une pensée écologiste plutôt qu'environnementaliste. Dans cette anticipation se situe un des points forts des nouveaux discours jouant de l'économie et des liens avec la culture. Le déplacement discursif de l'enracinement se combine à des promesses incitatives qui sont une anticipation de mouvements négatifs qu'il faut contrôler avant qu'ils ne surgissent et ne se manifestent sous forme de crises[174], notamment de crises écolo-nationalo-populistes.

Ce qui est sous-jacent à ces publicités qui déjouent les discours potentiellement dangereux pour le libéralisme est que les conflits, moteurs mêmes des rapports interculturels, peuvent souvent dévier vers les crises et l'imprévu de la crise. Dans le cadre de la présence forte de la logique des États-nations, la guerre était toujours à l'horizon. Dans un cadre plus internationalisé propre à l'après-Deuxième Guerre mondiale, la logique de la négociation menait à des conflits contrôlés par l'intangibilité des frontières et la politique de non-intervention (laissant les populations à la merci des élites dictatoriales internes). Ce désir de négocier permettait aux gouvernants de pouvoir anticiper des conflits. De nos jours, la valorisation de la traversée des frontières et du changement mène à la difficulté de plus en plus grande à contrôler les espaces sociaux et religieux ainsi qu'à anticiper les actions. C'est ce que l'on a pu voir lors des actes terroristes qui ont fait s'effondrer les tours du World Trade Center de New York. La capacité à anticiper qui dépend des chefs de gouvernement se diffuse aussi dans la sphère culturelle prise au sens large. Par culture, on songe à l'ensemble des instances privées, publiques et gouvernementales qui s'ajustent pour coopérer dans la gestion de savoirs divers, de croyances multiples et de buts communs visant des populations aux origines diverses, mais qui rêvent de développer leur potentiel économique, culturel, émotionnel, etc. L'anticipation se diffuse à travers des discours médiatiques[175], pédagogiques, économiques et esthétiques qui façonnent des rêves et des désirs dans un contexte où le danger augmente avec la vitesse des transformations. Dans ce cadre, la gestion demande des qualités opposées agissant simultanément (voir 4.14) dans une sorte de jaillissement paradoxal permanent. La cohérence linéaire toujours utile n'est plus la seule structure efficace possible, comme nous le verrons dans les diverses manières de symboliser spatialement les réseaux complexes (voir 4.1).

3.8 L'AVENIR

Un point important, dans les publicités considérées plus haut, est le concept d'avenir. Il est lié à une conception de la culture qui est différente de celle envisagée par Will Straw[176]. Pour lui, la culture est une machine à produire du retard, c'est-à-dire à contrôler la disparition des idées, des textes et des objets. C'est en partie la conception patrimoniale et muséale de la culture. Pourtant, de nos jours, les médias comme les vidéos ou les canaux spécialisés du petit écran, sans oublier Internet et des sites comme ebay, permettent de mettre à la portée de tous d'anciens films, des objets relégués, etc. Dès lors, la culture est perçue moins comme produisant du retard et plus comme multipliant les occasions d'accès, quoique souvent dans le décontextualisé d'une diffusion qui n'est pas intégrée à une série historique. En ce sens, les médias, en donnant facilement accès à ce qui s'estompe, ouvrent non à un retard, mais à un ralentissement. C'est ce ralentissement déjà évoqué au sujet du film *Atanarjuat* (voir 2.6) qui favorise la réflexivité. Le ralentissement est un nouveau rapport au temps contextualisé (paradoxalement, dirait-on, si on retenait une optique en rapport avec la modernité), avec une insistance sur l'avenir. Les objets culturels prennent leur signification par rapport à ce qu'on peut faire avec eux dans l'immédiat symbolique, à ce qu'ils permettront de saisir ou d'inventer en fonction de ce qui vient d'avoir lieu ou de ce qui va se produire. Ils ont un lien plus ténu avec le désir de retrouver le passé. La culture et les médias qui facilitent la diffusion des objets culturels s'insèrent dans la logique libérale ouverte sur l'avenir et la production de significations nouvelles.

Dans la culture qui est diffusée par les conglomérats, demain est déjà là. Cela est une caractéristique du discours libéral. En effet, la modernité nous nourrissait de l'avenir à travers des discours antagonistes : le discours marxiste opposé au discours social-démocrate lui-même opposé au discours du capitalisme technologique. Tous étaient intégrés à la logique de l'État moderne gouvernant par ses promesses de mieux-être. Ainsi, on nous proposait des colloques, des textes ou des publicités qui ouvraient sur des conurbations visionnaires ou sur des utopies techno-impeccables. Puis, dans la logique de la chute du mur de Berlin et des statues des héros comme Lénine ou Staline, on nous a affirmé comme *France info*, devant une image montrant un jeune homme assis sur la tête d'un leader charismatique : « On est vite dépassé par l'actualité, à moins d'être de ceux qui savent l'anticiper[177]. » Il s'agissait encore, en 1992, de rejoindre le présent.

Désormais, le troisième millénaire est là et le présent a dévoré l'avenir. Hewlett Packard nous l'affirme : « Most servers replace yesterday's servers. This one replaces tomorrow's [...]. So there's not just power now, but also flexibility later[178]. » Pourtant, dans de nombreuses publicités produites pour les marchés d'Amérique latine, on trouve encore, en l'an 2000, de nombreux appels à rejoindre le présent, ce qui est lié à la conscience d'un retard sur les avancées idéologiques et technologiques. C'est le cas pour l'entreprise BellSouth : « Sea el primero en recibir las noticias. Léalas diariamente en la pantalla de su BellSouth[179]. » Cela a pour corollaire que l'on parle encore d'avant-garde et que le *late modern* se couple bien au postmoderne : « BellSouth una vez más se pone a la vanguardia[180]. » De ce fait, un vocabulaire cohérent se manifeste. Si on doit rejoindre le présent immédiat, on est encore en partie dans une culture qui considère que l'avant-garde est positive. Cela signifie que, dans ces sociétés, même pour les classes les plus en rapport avec les flux techno-info-financiers, la modernité n'est pas complètement recontextualisée dans un univers postmoderne/postcolonial où le concept d'avant-garde aurait perdu son attrait. Le monde n'est pas encore celui où le présent dévore l'avenir, où la simultanéité est reine et où l'historique est transformé. C'est ce qui se vérifie dans les énoncés de GSM et ses produits électroniques. GSM souligne que le client se trompe et qu'il est en retard : « Si es de esas personas que siempre tienen lo último, le informamos que hasta que nos llame, pasó a tener lo anteúltimo[181]. »

Cela est confirmé par l'attitude de plusieurs penseurs comme Pasquali du Venezuela (voir 3.1) ou Giardinelli évoquant un retour au monde protecteur de l'État-nation fonctionnant en vase clos (voir 4.7). Ce retour est couplé à l'affirmation d'une absence d'avenir chez plusieurs penseurs latino-américains, même chez ceux qui, comme Jesús Martín Barbero[182], semblent rejeter ce retour. La crainte face à l'avenir est affirmée, car il y a à la fois des changements radicaux et des situations problématiques, ainsi que la disparition des utopies : « Hay proyecciones pero no proyectos. El futuro se restringe a un "más allá"[183]. » Même si, une page plus loin, Martín Barbero reconnaît implicitement la présence d'un certain avenir lorsqu'il souligne, à l'instar de Daniel Castillo Durante[184], qu'il se crée des réseaux électroniques aidant à construire des solidarités qui commencent à se rencontrer pour passer à l'action[185], il suggère que cet avenir ne peut pas passer par la culture du libéralisme économique. Cette optique, liée à la situation difficile de certaines économies latino-américaines, veut être dépassée par la publicité de Transistemas : « Ofrecemos mucho más que redes de telecomunicaciones. Futuro[186]. » Si on mesure la différence avec la Banco Credicoop, une entreprise coopérative, et la vision du privé d'une entreprise de haute technologie comme Transistemas en opposant les mots *esperanza* et *futuro*, on saisit que, même dans des discours médiatico-publicitaires, on est loin de perspectives identiques entre les régions des Amériques.

On est loin aussi de l'homme thérapeutique évoqué par Christopher Lasch commenté par J. Rifkin :

> The fall of historical consciousness and the rise of therapeutic consciousness, according to Lasch, parallels the shift from a world where the accumulation of property is a measure both of one's accomplishments and one's contributions to history to a world where the accumulation of lived experiences is a measure of one's personal psychological journey and quest for transformation[187].

L'homme thérapeutique n'a que faire des grands récits de légitimation. Il n'est plus principalement lié à une rhétorique de la rétorsion[188], à la question d'une lutte pour le progrès ni directement à celle de la propriété territorialisée (voir 2.10). Celle-ci se dilue dans la capacité à avoir accès à ce qui est agréable ou utile temporairement. L'homme thérapeutique joint donc les rangs de ceux qui veulent vivre intensément des expériences, d'où la valorisation des sports extrêmes combinant maîtrise et plaisir. La nouvelle insistance sur l'effort, le risque et la maîtrise renvoie à la fois au stoïcisme, et le plaisir à l'épicurisme. La combinaison des deux, liés à l'impermanence héraclitéenne est désormais valorisée. Nous sommes renvoyés aux discours spécialisés des précurseurs, savants ou anthropologues comme Alexandra David-Neel, dont on fait l'apologie dans les magazines de vulgarisation soulignant une conduite qui a intégré des valeurs définissant une forme d'éthique protestante : « Alexandra David-Neel se disait "stoïcienne épicurienne nouant indéfectiblement maîtrise et plaisir" [...] Si la griserie est recherchée, on n'a pas le droit à l'erreur, et le surmoi doit pouvoir assurer en sourdine son travail de contrainte, d'effort, jusqu'au retour, au témoignage[189]. »

Dans ce cadre, la satisfaction passe moins par l'accumulation des objets et plus par le côté significatif d'une expérience. C'est pourquoi il y a une telle insistance sur l'accumulation architecturée du savoir[190] et son organisation dans une relation significative ouverte par anticipation sur un avenir satisfaisant : « PeopleSoft Customer Relationship Management is about knowing what your customers want — even before they do. By tracking your customer's behavior and history [...][191].» Cela a pour corollaire la sentence suivante : « Companies like Cisco and Dell aren't selling products. They're selling customer satisfaction[192]. » L'attitude est similaire dans le Brésil tel qu'envisagé par la multinationale PriceWaterhouseCoopers : « O Brasil é grande, complexo e cheio de contrastes. Por isso, é imprescindível saber quem é seu cliente, o que ele precisa, deseja e espera de sua empresa, para ganhar fidelidade e maior competitividade[193]. »

On mesure la différence avec certaines publicités visant les publics argentins ou chiliens qui tiennent compte du fait qu'une certaine lutte est encore nécessaire, que tout n'est pas apporté sans effort d'une manière évidente. On retient le texte de Movicom/BellSouth : « Ahora puede decidir con quién hacer sus llamadas de larga distancia. ¿O prefiere que lo hagan por usted[194] ? » Le texte domine une image d'une page sur laquelle on voit deux mains de prisonnier tentant de briser les barreaux faits de fils téléphoniques de sa cellule. Là encore, les transformations ne sont pas complètes. Il faut lutter pour obtenir le plus efficace, le meilleur. Le monde du thérapeutique n'est pas encore présent. Il faut répéter qu'il est nécessaire de choisir entre des options pas toujours positives. Même dans le discours publicitaire, le présent n'a pas encore complètement rejoint l'avenir, il reste des choix difficiles à faire, contrairement à ce qu'affirment les publicités des multinationales visant les publics nord-américains pour lesquels même le choix est évacué dans une grande facilité d'accès couplée à l'immédiateté des innovations.

Dans le maintien des difficultés, de situations liées à un passé pas toujours euphorique, se manifeste clairement la non-homogénéisation des énoncés consommateurs et technologiques entre l'Amérique latine et l'Amérique du Nord anglo-saxonne. Cela est d'autant plus significatif que, dans les deux cas, il s'agit de publications dont le thème est l'économie ou les télécommunications. Ces énoncés doivent tenir compte des différences culturelles marquées par une longue tradition de lutte sociale et économique et par la conscience de l'exclusion d'une partie de la population. Même si la bourgeoisie branchée de la planète ne se préoccupe pas des gens au bord de la pénurie totale[195] — poubellisés, dirait Daniel Castillo Durante[196] —, le simple fait de savoir qu'ils existent en grand nombre et qu'il est nécessaire d'assurer sa propre sécurité, ce qui est le rôle d'une communauté comme Ayres de Pilar qui s'embranche directement sur l'autoroute (voir 3.7), maintient un mode de penser du difficile et de la confrontation. Celle-ci peut aussi se transformer en un réflexe de défense économique et identitaire nécessaire chez les entrepreneurs nationaux et la bourgeoisie aisée, contre le poids des multinationales qui ne permettent pas d'assurer un espace économique suffisant au local (voir 3.9). On en a la preuve après la crise argentine de la fin de 2001 et de la cessation de paiement couplée à la désindexation du peso sur le dollar américain. *Yahoo Noticias* en espagnol reprend par exemple un texte du *Handelsblatt* de Berlin : « La mayoría de bancos extanjeros en Argentina han sido discriminados en la crisis de los últimos meses, mientras que la protección a las instituciones nacionales les permitió asegurar millones de dólares, indicó el diario *Handelsblatt*[197]. »

Étant donné que l'avenir n'est pas le même pour tous, le processus de sémiose qui fait que la signification se construit dans les effets, que la production du tiers dépend du contexte et des conséquences, est bien différent dans les diverses parties des Amériques. Même si des transformations majeures fondées sur des *a priori* valorisant le changement et le déplacement sont à l'œuvre d'un bout du continent à l'autre, les discours se reconfigurent dans un nouveau contexte sans devenir homogènes. On ne peut donc pas parler de communautés interprétatives homogènes puisqu'il n'est pas possible de tenir dans toutes les Amériques le discours qui suit, comme le fait Intel : « In the surge economy, fear of failure is replaced by the panic of success [...] the problem isn't finding customers, it's what to do when they find you[198]. »

Toutefois, la culture et les *a priori* nouveaux passent souvent par les agents d'un capitalisme culturel. Celui-ci ne repose pas uniquement sur l'exaltation de la production industrielle liée à la survalorisation de la propriété, mais sur le théâtre de la consommation intimement lié au fait que celle-ci est une expérience culturelle[199] conjuguée aux capacités individuelles de produire des significations et de jouir d'expériences nouvelles. La consommation repose de plus en plus sur un mélange où l'on cherche à construire des réseaux pour faciliter l'accès à ce dont la population a besoin immédiatement. Mais pour contrôler la difficulté de ce court terme fondée en partie sur la productivité du consommateur, les réseaux tentent d'établir des rapports communicatifs constants entre utilisateurs et fournisseurs en cherchant à vérifier où se situent les besoins et quelles formes ils prennent. Culture et commerce marchent de plus en plus de concert comme on le voit, par exemple, dans une épicerie Loeb à Ottawa[200] dont les murs, au-dessus des comptoirs, sont émaillés de citations bien choisies d'auteurs célèbres. Le savoir dans toutes sortes de contextes est le moteur du développement et de la consommation. Il est lié au faire plus qu'à l'être. Cela signifie que les conflits, les chocs culturels, produits par les séparations territoriales fortes générant l'ignorance sont quelque peu déplacés. Comme le dit un ouvrier de Toledo : « Mon père qui travaillait à l'usine n'avait aucun problème avec les Noirs ; mais pour ma mère qui restait chez elle et n'en voyait jamais, ils représentaient un danger, l'inconnu[201]. » Le déplacement peut fort bien se fonder par exemple sur le fait qu'un Canadien et un Chilien, tous deux acheteurs dans un Home Depot à La Serena au Chili, pourront s'expliquer l'utilisation d'une nouvelle colle pour tuyau en polymère et, de là, digresser sur les différences de construction des maisons dans leurs pays respectifs. Un point commun universel, organiser son espace privé, trouve le lieu public pragmatique de la multinationale du bricolage comme point d'ancrage d'une rencontre. Cette rencontre repose sur un déplacement de la culture chilienne. En effet, s'inscrire dans le mouvement du *do it yourself* représente un changement de paradigme important pour la bourgeoisie chilienne. Dans nombre de pays d'Amérique latine, la bourgeoisie sépare travail manuel et travail conceptuel, contrairement à l'Amérique du Nord où est valorisée l'idée du citoyen omnicompétent[202]. C'est dire que, pour nombre de Chiliens des classes moyennes, la valorisation de faire des choses manuelles est déjà une manière de déplacer les clivages sociaux, de voir d'un autre œil les travailleurs manuels et donc d'intégrer en soi l'autre qui, d'un point de vue traditionnel, est complètement à l'extérieur. Il y a engagement dans la transformation des enjeux et des conflits sociaux. Le conflit principal est peut-être désormais entre conservation et changement très rapide, c'est-à-dire celui de la gestion des temporalités différentes plutôt que des rapports spatiaux. Un avenir est déjà présent que l'on doit apprendre à combiner avec le ralenti du réflexif.

3.9 DÉPLACEMENTS DANS LES LOGIQUES COMMERCIALES

> Je crains que la véritable frontière, chacun la porte au-dedans de soi[203].

Le déplacement est présenté dans ses effets positifs dans nombre de textes paraissant aux États-Unis et au Canada, mais il est perçu de différentes manières dans les pays d'Amérique latine. Un des exemples significatifs concerne l'industrie de la construction en Argentine qui est modifiée par la présence de compagnies et d'investissements étrangers. Le problème principal est souligné d'emblée dans un article de *La Nación* qui est favorable au développement de l'entreprise privée : « Resulta paradójico que en un mundo globalizado se pueda acceder a la mejor tecnología que está al alcance de todos, pero que las condiciones de financiamiento del país la conviertan en prácticamente inalcanzable[204]. » On souligne que la mondialisation et l'ouverture de l'économie ont permis d'appliquer les mêmes techniques qui sont utilisées dans le reste du monde[205]. Les entreprises locales ont relevé le défi de la qualité et de l'efficacité, ce qui veut dire cependant que les techniques et les matériaux sont importés de France et d'Espagne. Ainsi, grâce à des éléments modulaires, on peut maintenant construire un poste d'essence Esso en deux semaines. À cause de cela, beaucoup d'entreprises locales sont désavantagées, car elles n'ont pas les moyens financiers d'effectuer rapidement les changements nécessaires. Dès lors, un ingénieur souhaite qu'on donne la priorité au national. Cependant, on souligne : « La aparición de inversores extranjeros posibilitó la realización de proyectos de gran magnitud que convocaron a prestigiosos arquitectos argentinos que se encuentran radicados en el exterior[206]. » Ce renouveau rend possible l'application des normes ISO 9001 dans différents domaines et à différentes étapes de la production organisationnelle. Alors, dans différentes régions d'Amérique latine, au Brésil par exemple, on se permet de critiquer la lenteur bureaucratique que l'on ridiculise comme on le voit avec Unisys : « Por causa de grande quantidade de papéis envolvidos, os beneficiários precisavam esperar mais de um mês para receber o seu dinheiro [...] colocamos uma de nossas equipes trabalhando 24 horas por dia. Hoje, os beneficiários levam menos de um dia para receber o pagamento[207]. »

On débat donc des changements apportés par la nouvelle économie de manière régulière dans les médias argentins, mais on souligne toujours, à travers la distinction intérieur/extérieur, que l'extérieur a le pouvoir et ne permet pas vraiment aux entreprises de s'inscrire plus nettement dans le régime de la concurrence. Les seuls qui semblent profiter des changements sont les Argentins de l'extérieur. C'est dire que les Argentins ne peuvent participer au monde de l'euphorique où les innovations seraient à portée de la main et engendreraient une réaction tout à fait optimiste comme on l'a vu dans les publicités hp soulignant que le présent avait rejoint l'avenir. De plus, on pourrait même dire que la situation est presque sans issue. En effet, se resserrer sur le national causera des problèmes et l'insertion dans le monde de la concurrence mondiale aussi. Il ressort de cet article une forme de double contrainte au sens de Bateson[208], qui fait que, dans les deux cas, les Argentins perdent au change.

Un autre exemple de réflexion amenant à évaluer les problèmes apportés par les multinationales est présenté, au Chili cette fois, dans un article évoquant les changements sur le plan du leadership dans une entreprise. L'article du *El Mercurio* s'intitule « Del autoritarismo a la democracia[209] ? ». On cite Toffler qui postule qu'au XXIe siècle il n'y aura plus de chefs ni de subordonnés, mais des associés. Néanmoins, on souligne que, désormais, contrairement à ce qui s'est produit pour Mario Vinagre qui était employé à la Banco de Chile et qui a terminé président, il n'est plus possible d'obtenir des promotions internes du bas en haut de l'échelle. On invoque les raisons de nécessaire capitalisation du savoir et de maîtrise technologique. Autrement dit, un simple employé, vu la complexité des systèmes, comme le souligne Oscar Johansen, un professeur de la Faculté des sciences économiques et administratives de l'Université du Chili, ne peut plus rêver d'atteindre le sommet. Un changement profond a eu lieu où s'exerce un clivage entre ceux qui capitalisent des savoirs spécialisés et ceux qui n'ont pas réussi à en capitaliser assez tôt. Cette constatation ne se manifeste pas dans les textes publiés au Canada et aux États-Unis. En effet, dans ceux-ci, le savoir semble à la portée de la plupart, car, comme le souligne Lipset[210] pour les États-Unis, mais cela est valide pour le Canada et l'Europe de l'Ouest, les citoyens partent de l'*a priori* qu'il y a égalité des chances au départ. Par conséquent, pour eux, la capitalisation du savoir spécialisé est à la portée de tous, d'autant plus que de nombreux programmes de recyclage fonctionnent. Par contre, au Chili, tous sont conscients des clivages économiques qui contraignent une bonne partie de la population à quitter l'école jeune et à chercher du travail[211]. Cela marche de concert avec des journaux qui sont remplis de pages et de suppléments couleur poussant les jeunes à améliorer leur éducation en se consacrant à des études en rapport avec le marché du travail contemporain. Une bonne partie de ces suppléments présentent des universités privées[212] qui sont hors d'atteinte pour la majorité des Chiliens[213]. Autrement dit, la privatisation des lieux de savoir bien équipés, qui sont liés aux connaissances utiles dans le cadre des changements technologiques mondiaux, empêche d'envisager une mobilité qui remplacerait la voie traditionnelle, celle de la promotion institutionnelle interne, bloquée par les effets de la complexité[214] liée à la démocratisation. Toutefois, le professeur Johansen de l'Université du Chili souligne que, dans une entreprise états-unienne comme UPS[215], on applique le système d'ascension interne et que plusieurs directeurs ont commencé comme trieurs. Ainsi, il semble qu'il y ait des effets différents sur la promotion interne dans les espaces continentaux. Dans le cadre de la capitalisation du savoir et de la démocratisation de celui-ci qui empêcherait tout rêve de mobilité sociale interne à l'entreprise, comme au sein de la Banco de Chile, se manifeste une volonté de réajuster le système selon une logique nouvelle favorisant la spécialisation et la communication entre spécialistes et techniciens capables de résoudre eux-mêmes les problèmes sans passer par la voie hiérarchique. Elle est censée être importée d'Amérique du Nord. Le problème est que beaucoup de leaders veulent toutefois maintenir un contrôle total et que les subordonnés n'ont pas appris à se développer et à capitaliser le savoir par la formation continue dans un contexte de plus grande autonomie. Dès lors, on souligne qu'il se manifeste des tendances vers une plus grande démocratie, c'est-à-dire vers une communication efficace et productrice d'égal à égal au même niveau organisationnel, mais que la culture traditionnelle joue un rôle prépondérant dans l'administration. On donne l'exemple du Japon, qui a dû, à l'extérieur, s'adapter aux coutumes locales. « Se busca la democracia, la igualdad, y una organización estructurada horizontalemente[216]. » Mais ce qui sert à certains ne sert pas à d'autres.

Les arguments mis en place dans ce texte et dans plusieurs autres valorisent plutôt le maintien de la culture d'entreprise locale en rapport avec une culture autoritaire nationale. Ils suggèrent que le changement concerne surtout les nouvelles générations, celles qui justement n'ont pas encore le pouvoir. De ce fait, on programme au cœur même de la réflexion proposée par l'article un délai qui agit sur le plan rhétorique comme une promesse de changement qui doit se soumettre à la perpétuation des habitudes connues. C'est ce qui est critiqué dans un autre article du *El Mercurio* : « [...] hay un problema cultural, de mentalidad y desarrollo. Existe un proceso natural de adaptación a los cambios, y en Chile debe darse ese proceso[217]. » Ce délai s'ajoute au fait que les idées de Toffler au sujet d'une égalité organisationnelle commentées par ce journal chilien à la fin de 1999 datent de 1970 : « What is involved in such a shift is a virtual revolution in organizational structure — and human relations. For people communicating "sideways" — i.e., to others at approximately the same level of organization — behave differently, operate under very different pressures, than those who must communicate up and down a hierarchy[218]. » À cela on peut ajouter ce qui suit :

> La croyance au pouvoir des hiérarchies a diminué et les cadres intermédiaires ont souvent payé la note. Leur nombre a diminué et leur rôle aussi. On peut cependant observer un nouveau contrôle sous forme d'autocontrôle intériorisé. Avec le postmodernisme, l'indécidabilité prendrait lentement sa place, car le subordonné deviendrait capable de « remplacer » le supérieur et le pouvoir deviendrait fluide[219].

Par rapport à la situation chilienne, le fonctionnement canadien tend à éviter les délais et ce, même dans des institutions relativement traditionnelles comme les banques. Le modèle paternaliste disparaît et est remplacé par le talent : « The bank is moving "from a paternalistic model to a partnership model... from a notion of tenure to talent"[220]. » Comme on le souligne dans l'article, ceci dépend en partie du fait que les employés sont bien informés et qu'ils n'ont pas peur de la mobilité. Une structure autoritaire et rigide ne peut survivre quand la majorité des employés ne l'acceptent pas et que, conscients de leur capacité à trouver des solutions par eux-mêmes, ils choisissent des entreprises plus dynamiques.

Cette capacité à remplacer, à trouver des solutions par soi-même, à produire des significations adaptées à de nouveaux contextes et à de nouveaux défis est ce qui a déjà été valorisé bien avant dans les œuvres littéraires. C'est aussi ce qui est diffusé dans les publicités (voir 4.4) incitant à produire plusieurs significations à partir d'un énoncé unique. Cette capacité est aussi ce qui fonde la certification de qualité ISO 9001 pour les entreprises. Dans cette dynamique, on réactive clairement les bases de l'éthique protestante[221] où les valeurs que sont la liberté individuelle et la responsabilité sont intériorisées. Cette culture demande ainsi des changements importants chez les dirigeants comme chez ceux qui sont habitués à être dirigés. Dès lors, dans l'article du quotidien chilien, on a tendance à jouer de prudence et à suggérer que ces changements vont toucher les jeunes, plus tard. Dans l'opposition jeunes/vieux comme dans le délai entre la publication des idées de Toffler et leur discussion dans les quotidiens chiliens, l'opposition intérieur/extérieur est forte et permet de protéger une culture d'entreprise nationale tentant d'éviter certains déplacements qui semblent pourtant utiles dans le contexte de la concurrence mondiale.

Ce délai favorise le discours du décideur et non pas, comme le demande l'efficacité contemporaine, la mise en place d'un système de prise de décisions en réseau et d'un fonctionnement réagissant souplement aux multiples demandes des contextes. Comme le dit Manuel Castells : « The strength of networks is their flexibility, their decentralizing capacity, their variable geometry, adapting to new tasks and demands without destroying their basic organizational rules or changing their overarching goals[222]. »

Un autre débat important dans la redéfinition des cultures gestionnaires concerne le népotisme. Des consultants comme Cláudia Lessa de PriceWaterhouseCoopers du Brésil suggèrent fortement d'instaurer des règles qui interdisent aux personnes ayant des liens de parenté proche de travailler dans un même secteur d'une entreprise ou dans la même entreprise : « É uma forma de coibir o favoreciemento e mostrar a outros funcionários que apenas a competencia contas pontos para o desenvolvimento profissional[223]. » Déjà, dans une compagnie comme la Citibank, des parents et des conjoints ne peuvent travailler ensemble. Cela amène un changement culturel profond dans le fonctionnement des entreprises, car cela tend à professionnaliser les rapports et à entraîner une visée vers l'efficacité[224]. En effet seront engagés les meilleurs plutôt que ceux qui sont cooptés et qui forment une structure de pouvoir fondée, selon l'anthropologue brésilien Roberto da Matta, sur la phrase-clé des interactions au Brésil : « ¿ Você sabe con quem está falando[225] ? » Une forme de pragmatisme d'origine anglo-saxonne est en train de court-circuiter les réseaux auxquels sont habituées les bourgeoisies nationales. Le système culturel fondé sur les liens familiaux proches ou étendus et sur un mélange entre relation intime et relation professionnelle, que l'on retrouve aussi bien en Argentine qu'au Brésil et dont on va constater l'utilisation dans une publicité comme celle de Hilton (voir 4.2), est menacée par un pragmatisme qui favorise les capacités individuelles au service de l'efficacité entrepreneuriale. Une forme de déplacement des systèmes de valeur[226] a lieu par la présence de compagnies géantes américaines ou autres dans les pays latino-américains qui doivent adapter en partie leur culture d'entreprise pour fonctionner en concurrence, faire des profits et exporter.

Il est clair que ces changements s'effectuent dans une structure particulière au Brésil, celle d'une ambivalence marquée pour le commerce d'exportation. C'est ce que souligne l'article « Amor e ódio no comércio internacional[227] ». Le journaliste y souligne qu'un des stéréotypes fondés encore une fois sur le paradigme intérieur/extérieur suppose que le Brésil vend à l'extérieur des produits en pénurie sur le marché intérieur, ce qui favorise les riches au détriment des pauvres[228]. On souligne aussi que la compétence des Brésiliens à l'extérieur devrait se conjuguer à la même compétence à l'intérieur, mais que le problème est qu'il manque une série de conditions politiques et économiques ouvrant à la croissance à l'intérieur du pays. Le paradigme intérieur/extérieur est donc réactivé pour classer les problèmes même si on n'arrive pas à des conclusions homogènes définitives. Ainsi, dans ce texte, l'extérieur est ce qui contribue à appauvrir une partie de la population. Toutefois, le pays lui-même est fautif, puisqu'il ne réunit pas les conditions nécessaires au développement d'un marché intérieur assurant une indépendance plus grande et donc la réalisation d'une promesse de mieux-être. On en tire la conclusion que la mondialisation et la concurrence arrivent à un moment difficile, car le marché intérieur est loin d'être développé. Dès lors, il y a deux problèmes graves créés par l'extérieur : la pauvreté et aussi le fait que certains produits ne respectent pas certaines normes internationales.

Il est remarquable que, dans tous ces articles, ces changements intérieurs liés à un déplacement des relations familiales et communautaires ne fassent pas partie d'une réflexion plus vaste concernant l'ensemble de la région, notamment celle du Mercosur face aux valeurs mondialisantes transformant les cultures[229]. Tous ces articles ne s'intéressent qu'au territoire national alors qu'il est clair que tous ces pays font face à des transformations dont les similitudes sont flagrantes. Pourtant, quelques penseurs et théoriciens importants comme García Canclini ou Martín Barbero explorent la problématique concernant les questions culturelles allant au-delà des frontières nationales. Mais cette réflexion plus étendue ne se manifeste guère chez la plupart des autres chercheurs qui se consacrent uniquement à des études soit nationales, soit locales[230]. Il reste aussi que, quand on cite des ouvrages de théoriciens pour vulgariser la réflexion, on tend à citer ceux qui proviennent des États-Unis, Toffler par exemple[231] ou tout autre penseur prestigieux valorisant le renouveau, ce qui permet de réactiver un dualisme subtil intérieur/extérieur. Les seules innovations légitimes semblent provenir de l'étranger. Face à ce risque de domination étrangère, on ne propose en contrepartie que le maintien de la culture locale traditionnelle. En un certain sens, ces articles, en jouant de l'opposition contemporanéité états-unienne/tradition nationale, tentent de maintenir une allégeance nationale parmi les bourgeoisies locales. Toutefois, ils débouchent sur une argumentation dangereuse, car le national ne propose que peu de choses nouvelles du point de vue d'un déplacement viable. Les changements nécessaires, technologiques et conceptuels viennent d'ailleurs.

Au Mexique, on a décidé sur le modèle du Nord de former de jeunes femmes policières pour briser la loi du silence des hommes jouant de la corruption pour améliorer leurs bas salaires. Le chef de la police parle de « déplacements » de rapports de pouvoir. Il souligne que « las mujeres han sido desplazadas del mercado de sobornos[232] » et que, maintenant, elles sont replacées dans un poste de pouvoir, car ce sont elles qui donnent les contraventions, tandis que les hommes policiers ont pour rôle d'assurer leur protection. Cela démontre que les hommes assument face aux femmes un rôle traditionnel, peut-être nécessaire dans le contexte, ce qui ne cause pas de grandes réjouissances chez les féministes mexicaines, souligne le chef de la police de Mexico. Mais former des femmes a causé une fureur importante chez les policiers privés de leurs sources de revenus supplémentaires. Un tel changement dans la place des femmes dans la société contribue à amener d'autres déplacements dans le fonctionnement systémique des rapports de pouvoir dans la vie intime quotidienne. Ils manifestent tous l'influence plus ou moins directe d'une culture et d'un savoir en provenance des États-Unis, comme le montre aussi le fait qu'un instructeur du Maryland vienne former les policiers de Buenos Aires aux nouvelles techniques de lutte préventive contre la délinquance : « Un programa de seguridad importado de Maryland[233] ».

Tous ces articles diffèrent de ceux qui sont publiés en Amérique du Nord et qui soulignent les apports positifs des changements issus de la mondialisation, des nouvelles façons de penser et des nouvelles technologies. C'est évident dans l'article intitulé « Boomgalore : India's tech superpower is acting more like Silicon Valley every day[234]. » On y souligne le lien entre les technologies, l'argent et le bouleversement culturel : « Bangalore's new wealth is burning holes in the pockets of many individuals, who, taken together, have drastically altered the ancient social hierarchies defined by India's caste system. In India people who make Rs 435,000 ($10,000) a year qualify as rich, but suddenly a new class of the super-rich is emerging[235]. » On saisit immédiatement le fonctionnement de ce texte à travers cette citation. En effet, il s'agit bien d'un texte postmoderne et non postcolonial en ce sens qu'on ne critique jamais le monde occidental. Au contraire, on souligne les faiblesses du milieu intérieur et notamment le retard provoqué par le système des castes. De ce fait, c'est par l'accès à une culture extérieure, démocratique et d'entreprise reconnaissant la différence comme légitime que se produit la réussite. C'est ce que permet de vérifier le cheminement d'un homme comme Kar. Son père est venu des régions pauvres du Cachemire et a grimpé les échelons par promotion institutionnelle interne dans l'entreprise Tata Electric. L'important est le lien qui est fait avec cette situation souvent mythisée : « [...] a job considered well suited to a Kashmiri : Conventional wisdom held that they weren't entrepreneurs, that their place was to run things for others[236]. » Autrement dit, ici, contrairement à ce qu'affirme le professeur Johansen dans *El Mercurio*, contrairement au père de Kar, la question, pour Kar lui-même, n'est pas de tenter de grimper les échelons dans une compagnie établie, un processus propre à la logique institutionnelle, mais bien de s'inscrire dans la création rapide de richesses en développant au maximum son potentiel individuel. Et c'est bien ce qu'il a fait en fondant sa propre compagnie. Le fonctionnement de Kar en Inde est exemplaire :

> Kar wanted to do something else. After earning his MBA from the University of Bombay in 1983, he set out to knock down the caste

> system's barriers, using technology as his battering ram. « I concur strongly with Thomas Jefferson », he says. « I am more interested in the dreams of the future than the history of the past. I am the first in my family to do his own thing[237]. »

L'individu tourné vers l'avenir est là, dans cet article de *Wired* visant un public nord-américain ou nord-américanisé puisque *Wired* est distribué dans plusieurs pays autres que les États-Unis et le Canada[238]. La transformation a lieu pour les gens qui sont capables de saisir que l'obstacle est constitué par les « évidences » d'un système socio-économico-culturel interne qui représente un empêchement majeur pour le développement personnel ou économique.

Dans le cas de *Wired* soulignant l'inacceptable des castes, et dans celui du *El Mercurio* ou de la *Gazeta mercantil*, on retient une méfiance à l'égard d'un passé qui, comme interdit ou comme mythe, a entravé le développement. Toutefois, à partir d'une logique propre à la nouvelle économie, les cultures d'entreprises locales réagissent différemment aux innovations. *Wired* est optimiste, *El Mercurio* dilatoire et la *Gazeta Mercantil* partagée. Il y a donc recontextualisation des fonctionnements de la nouvelle économie dans un rééquilibrage des discours. Ce fonctionnement est loin de mener à l'homogène. La productivité des significations est en marche et manifeste, dans le rapprochement et le renouveau, l'expression des singularités qui se rencontrent, mais ne se copient pas.

Notes

1 Teresa de Lauretis, « Interview with Umberto Eco », *Canadian Journal of Research in Semiotics*, vol. IV, nº 3, 1977, p. 111. Nous traduisons : « Les sociétés primitives sont statiques en ce qu'elles ne se décrivent pas elles-mêmes et qu'elles n'élaborent pas un métalangage sémiotique qui manifeste leurs mécanismes sociaux. La civilisation occidentale est en évolution parce que, en définissant de manière continue ses propres mécanismes sémiotiques et sociaux, elle peut les détruire et les pousser à évoluer. »

2 Karl Raimund Popper, *op. cit.*, p. 177. Nous traduisons : « Peut-être la cause la plus puissante de la cassure de la société fermée a été le développement des communications maritimes et du commerce. »

3 Ernesto Laclau, *New Reflections on the Revolution of Our Time*, Londres, Verso, 1990.

4 Adriana Rizzo, « Las huellas de lo cercano en el horizonte symbolico global. Un analisis en discursos televisivos locales », Ponencia III Endicom, *Encuentro de docentes e investigadores del MERCOSUR*, Universidad Nacional de Río Cuarto, novembre 1999, CD Rom, p. 9. Traduction : « [D]ans les programmes locaux, c'est le global perçu comme une menace qui est à l'origine du sentiment d'exclusion générateur d'une résistance locale qui se renforce par la référence aux lieux et symboles propres. »

5 *Ibid.*, p. 9. Nous traduisons : « Le lien entre les jeunes et la patrie, "traits de la nationalité dignes d'être respectés" est en train de disparaître [...] et les fêtes patriotiques n'attirent plus comme autrefois (La Trama). »

6 *Ibid.*, p. 4. Nous traduisons : « un dispositif qui rend possible l'identification présentateur/spectateur ancre la symétrie dans le partage de l'infériorité de la femme, d'une manière supposée naturelle : Silvana, la présentatrice de "Un, deux, trois", dit à la participante : "Nous, les femmes, ne sommes pas ainsi." De plus, les valeurs chrétiennes se présentent comme partagées quand les présentateurs font appel à la "solidarité chrétienne" ou qu'ils dichotomisent le spectre des opinions entre "ceux qui pensent comme l'Église catholique" et "les autres" (La Trama). » Il est remarquable de saisir que, comme nous allons le voir chez le penseur vénézuélien Briceño-Iragorry, la religion catholique est jointe aux angoisses identitaires locales complémentaires du national. L'universalité catholique est souvent liée à une défense des solidarités locales contre la vague mondialisante et ses discours redéfinissant les paradigmes en jouant de l'ironie vis-à-vis de la religion dans les publicités (voir 3.5).

7 Voir aussi la nouvelle situation des gais en Argentine, qui, maintenant, ont le droit de devenir membres des forces armées (voir 2.1).

8 Veneza Mayora Ronsini, « O consumo da cultura : mídia, estilos juvenis e classes sociais », dans *Comunicaçao Midiática*, Santa Maria, Facos/Ufsm, 2002, p 149. Traduction : « L'école n'enseigne pas, l'Église ne diffuse plus la catéchèse, les partis ne font pas de politique. »

9 *Ibid.*, p 160. MH2O signifie Movimiento Hip Hop Organizado. Nous traduisons : « Pour MH2O, le monde est divisé entre pauvres et riches [...] les riches sont riches parce que nous sommes pauvres, alors toute la richesse qu'ils accumulent est en fait une partie qui nous revient [...]. »

10 Ce type d'information est régulièrement diffusé dans les médias : « Poverty "making" children shorter » (*The Observer*, dimanche 11 août 1996, p. 1).

11 *La Nación* (Buenos Aires), dimanche 27 août 2000, section 7, p. 1. Nous traduisons : « L'Argentine qui disparaît — dit-on — n'est pas celle qui cessera d'exister : c'est celle qui n'a jamais existé [...] il y a un rêve qui ne

s'est jamais concrétisé : celui d'un pays qui croîtrait vigoureux et qui concrétiserait les espérances de tous ceux qui mirent leurs efforts en elle. »

12 Mario Briceño-Iragorry, *A People Crisis/Mensaje sin destino*, Caracas, Monte Avila, 1994. Ce texte, comme d'autres, montre bien, comme l'affirme van Dijk (*op. cit.*), que le dualisme et l'exclusion proviennent des élites influençant la population. Toutefois, de nos jours, les langages spécialisés provenant des élites valorisent plutôt la différence à travers la vulgarisation de certains mécanismes dans le langage public (voir 3.3).

13 Mario Briceño-Iragorry, *op. cit.*, p. 26. Nous traduisons : « D'un autre côté, il est plus que temps que nous adoptions spontanément et uniformément un canon "historique". Ce "canon" ne doit provenir ni de sources gouvernementales ni de la police, mais doit plutôt jaillir des profondeurs de notre histoire et être érigé sur les fondations idéales de plusieurs générations. L'objectif principal de ce "canon" national populaire sera naturellement de servir comme mécanisme de défense et en fait il sera un rempart efficace contre toute tentative étrangère de discréditer nos héros nationaux et notre histoire. Notre société sera suffisamment forte pour repousser toute offensive contre "ses" vérités historiques et n'aura pas besoin de recourir à des mesures répressives d'exception [...]. »

14 Leslie W. Hepple, *op. cit.*, p. 45. Nous traduisons : « À l'instar du physiologue qui reconnaît l'importance de ces substances toxiques qui aident le système immunitaire corporel, le critique de l'histoire doit accepter volontairement que certaines valeurs soient positives même si elles semblent contrarier le processus social lui-même. » Ces métaphores physiologiques sont omniprésentes; parlant de Lima, Sebastián Salazar Bondy écrit : « El caos civil, producido por la famélica concurrencia urbana de cancerosa celeridad [...]. » Nous traduisons : « Le chaos civil produit par la concurrence urbaine famélique avançant avec la rapidité d'un cancer [...] ». *Lima la horrible*, Mexico, Era, 1977 (première édition, 1964), p. 69.

15 Mario Briceño-Iragorry, *op. cit.*, p. 43. Nous traduisons : « Et si j'estime mes ancêtres espagnols beaucoup plus que la partie que j'ai héritée des Indiens colonisés et des Africains esclaves, c'est parce que mes ancêtres espagnols sont non seulement plus nombreux numériquement, mais aussi l'élément culturel dominant dans l'histoire de notre nation. Mon cas est typique de la plupart des Vénézuéliens. »

16 Cette mythisation est radicalement modifiée dans *El general en su laberinto* de Gabriel García Márquez, Buenos Aires, Planeta, 1995.

17 Étienne Balibar, « Paradoxes of Universality », dans *Anatomy of Racism* (D. T. Goldberg, dir.), Minneapolis, University of Minnesota Press, 1990, p. 285.

18 Juan Carlos Martelli, *French y Beruti : Los Patoteros de la patria, Noticias*, Buenos Aires, avril 2000.

19 José di Marco, *Diario Puntal*, 20 novembre 2000, p. 26. Traduction : « À partir de la perspective de Domingo French et de Antonio Beruti (protagonistes centraux de cette histoire et en même temps témoins et narrateurs), Martelli choisit une position marginale pour raconter, afin que, au lieu d'accroître l'information, elle lui confère d'autres matrices interprétatives en plus de celle connue. Et il accompagne et renforce cette proposition de resignification d'une narration polyédrique comme le corail. »

20 *La Prensa*, vendredi 15 décembre 2000, p. A25. Nous traduisons : « Selon les mots de Gasteazoro : "Au milieu de l'enthousiasme patriotique des premières années de la République, une des tâches les plus significatives et une responsabilité importante a été de conférer à la nouvelle entité un fondement historique qui justifierait l'indépendance et engendrerait chez la jeunesse studieuse l'orgueil de posséder une nationalité qui ne surgirait pas en vertu de circonstances extérieures, sinon de la culmination d'un idéal largement ressenti tout au long du temps." Et pourquoi fallait-il rédiger ce fondement historique? Parce qu'il n'existait pas. Au sujet de Panama, le même Gasteazoro cite les œuvres historiques précédentes écrites durant le XIXe siècle. Parmi toutes celles-ci, l'isthme est lié à la même histoire nationale que la Colombie et la Nouvelle-Grenade. »

21 Teresa de Lauretis, *op. cit.* Pour la traduction, voir la note 1.

22 Michael J. Shapiro, *op. cit.*, p. 44.

23 Mario Briceño-Iragorry, *op. cit.*, p. 55. Nous traduisons : « Nous découvririons plutôt nos origines en retraçant le passé lointain des navigateurs espagnols et en acceptant comme nôtre cette histoire qui est déjà en passe de disparaître. »

24 « Vivre », dans *L'Action nationale*, novembre 1934, p. 175.

25 *Le Devoir*, mardi 24 novembre 1998.

26 Il faut se souvenir que Claude Ryan, membre du Parti libéral et ancien ministre, a publié un ouvrage qui souligne le côté distinct de l'Église du Québec.

27 C'est ce que soulignaient plus haut de Ipola et de Riz au sujet de la richesse argentine qui devait passer de la potentialité à l'acte. Voir « Un juego de cartas politicas », *op. cit.*

28 Marcos Aguinis, *La conspiración de los idiotas*, Buenos Aires, Editorial Sudamericana, 1996, p. 55.

29 C'est un peu ce à quoi pense Antonio Pasquali, le penseur vénézuélien mentionné plus loin, lorsqu'il évoque la situation qu'ont vécue le président Chávez et la société vénézuélienne : « La sociedad civil estaba tiranizada entre el yunque de la radiodifusión comercial que "tiraba a tumbar" a

Chávez y el martillo del sistema gubernamental que era ciento por ciento gubernamental y no había un tercer actor en campo que jugara el rol de la independencia, de la autonomía, de la democracia » (*Brújula*, Santa Cruz, samedi 8 juin 2002, p. 4). Nous traduisons : « La société civile a été coincée entre l'enclume de la radiodiffusion commerciale qui tirait à boulets rouges sur Chávez et le marteau du système gouvernemental qui était gouvernemental à cent pour cent et il n'y avait pas de troisième acteur en place qui aurait joué le rôle de l'indépendance, de l'autonomie et de la démocratie. » Comme on le voit dans cette citation qui se trouve quelques lignes plus loin que celle où le même Pasquali se positionne implicitement dans un discours dualiste national, cette fois l'appel au ternaire rejetant le dualisme est évoqué (voir 4.10 pour le ternaire et sa valorisation). Ce texte est composé de passages qui manifestent un mélange de paradigmes et d'arguments, celui d'une hésitation entre une allégeance territoriale consensuelle, un rejet des médias commerciaux et une évocation d'une société civile dont la culture n'est pas clairement évoquée. Pasquali manifeste aussi une différence discursive par rapport aux textes de théoriciens nord-américains comme Rifkin, qui, s'ils prônent les paradoxes, savent les situer dans une visée qui contrôle les enjeux d'un complexe orienté vers une temporalité, celle d'un avenir ouvert à des expériences plutôt euphoriques dans lesquelles spectacle et expansion pragmatique vont de pair.

L'évocation de ce troisième acteur est un peu, du point de vue d'une société civile qui cherche son inspiration dans divers lieux (des médias aux conférences, des livres aux rencontres), ce qui se produit quand les paradigmes des langages spécialisés se glissent dans un langage public de façon stratégique, souvent par le biais de leur exportation par l'Anglo-Américain, dans le texte original ou en traduction, tandis que nombre de penseurs et de politiciens sont encore orientés par une modernité statique. Ces hétérogénéités discursives remplaçant une position dualiste remise en question quelques lignes plus loin par le désir du troisième acteur ne proviennent pas d'une hégémonie linguistique entre l'anglo-américain et une langue nationale, mais bien d'un changement paradigmatique qui passe par l'anglo-américain pour s'inscrire dans une autre culture exprimée par une autre langue.

30 Le contradictoire est souvent mis en valeur à la fois dans les publicités et dans les textes de vulgarisation économique et culturelle comme ceux de Jeremy Rifkin. Voir *The End of Work*, New York, Putnam, 1995. Notons que les idées de Rifkin sont amplement diffusées sur la planète : *Manière de voir : Le Monde diplomatique*, n° 63, mai-juin 2002, p. 10-15. Il en est de même pour le Canadien Don Tapscott. Voir Don Tapscott et Art Caston, *Paradigm Shift*, New York, McGraw Hill, 1995.

31 Mario Briceño-Iragorry, *op. cit.*, p. 24. Nous traduisons : « [...] nous n'avons pas assimilé notre histoire au point de produire un mode de vie national uniforme et productif qui nous aiderait à incorporer des valeurs nouvelles sans aboutir à des distorsions de notre caractère national par ces nouvelles valeurs qui sont si différentes de nos formes et de nos contenus historiques. »

32 Augusto Roa Bastos, *La veille de l'amiral*, *op. cit.*, p. 45.

33 Antonio Pasquali, *Brújula* (Santa Cruz de la Sierra), samedi 8 juin 2002, p. 4. Nous traduisons : « Selon des études récentes, le Venezuela, l'Argentine et le Mexique sont en tête de liste pour la téléphonie la plus chère du monde. Avec cette circonstance aggravante que nous payons cher une téléphonie qui n'est pas la nôtre. »

34 Max Weber, *L'éthique protestante et l'esprit du capitalisme*, Paris, Plon, 1967.

35 Augusto Roa Bastos, *À contrevie*, Paris, Seuil, 1996, p. 153.

36 Comme nous l'avons déjà vu, un discours non dualiste se manifeste un peu plus loin dans la pensée de Pasquali et présente le côté mixte de son discours oscillant entre modernité et postmodernité, allégeance nationale et ouverture à une nouvelle épistémè.

37 Éric Toussaint, « México, sin más alternativa que la suspensión de pagos », *La Jornada*, mardi 29 octobre 2002, p. 21. Nous traduisons : « Un gouvernement qui prendrait comme perspective la dignité et la souveraineté nationales devrait suspendre le paiement de la dette extérieure [...]. »

38 *Milenio. Diario de Monterrey*, lundi 26 mai 2003, p. 11. Nous traduisons : « Maintenant plus que jamais assure-toi que ton argent reste au Mexique. »

39 Slavoj Zizek, *Tarrying with the Negative : Kant, Hegel and the Critique of the Ideology*, Durham, Duke University Press, 1993, p. 232. Nous traduisons : « Qu'est-ce que l'"héritage national" sinon une sorte de fossile idéologique créé rétroactivement par l'idéologie au pouvoir afin d'effacer ses antagonismes actuels ? »

40 Le *Don Quichotte* n'a pas du tout la même signification en Espagne au XVIe siècle et en Argentine au XXe siècle. D'où les jeux borgésiens sur l'impossible plagiat dans « Pierre Menard autor del Quijote ». Voir P. Imbert, « Le plagiat et la construction des Amériques : relecture de Maurevert et de Borges à partir de Claude Mathieu », *Voix et Images*, vol. XXVII, n° 3 (81), printemps 2002.

41 Mario Briceño-Iragorry, *op. cit.*, p. 65. Nous traduisons : « Juan José Churrión, un écrivain remarqué pour ses heureuses dispositions, est arrivé au point où il a commencé à considérer sérieusement les bénéfices que nous aurions censément obtenus si Walter Raleigh avait conquis le Venezuela. »

42 Régis Debray, *op. cit.*

43 Évidemment, ce syncrétisme statique où une herméneutique dominante vise l'homogénéisation orthodoxe est très éloigné de l'hybridité qui implique une réflexion sur un processus menant à un équilibre temporaire et stratégique dans l'appropriation recombinée et transformée d'éléments divers dans le cadre d'une déterritorialisation identitaire.

44 Voir l'ouvrage de Brian Stock, *The Implications of Literacy*, Hamden, Princeton University Press, 1983. Voir aussi d'autres manières de commenter le texte en produisant des textes non canoniques légitimes dans les marges, ainsi que l'indique Susan Handelman, *The Slayers of Moses*, Albany, State University of New York Press, 1982. Cela mène à une reconfiguration du spectaculaire de la part de la « 1993 Greater Miami Jewish Federation/ UJA Campaign ». On y voit une demi-page de journal en noir avec le commentaire suivant : « We'll spare you the gut-wrenching pictures if you spare us two minutes this Sunday » (*The Miami Herald*, vendredi 26 février 1993, p. A11). Nous traduisons : « Nous allons vous épargner les images qui triturent les entrailles si vous nous accordez deux minutes dimanche prochain. » Autrement dit, l'écoute de l'autre échappe au spectaculaire et passe par la production de significations linguistiques, ce qui rejoint la situation évoquée par Isabel Allende dans « And of Clay Are We Created », la dernière nouvelle de *Story of Eva Luna* (New York, Bantam, 1991).

45 Michael Aaron Rockland, *op. cit.*, p. 57.

46 *Ibid.*, p. 63.

47 Mgr Ignace Bourget, *Mandements, lettres pastorales et autres documents*, Montréal, Chapleau, 1887, 9 vol.

48 Jacques Derrida, *Limited Inc.*, Evanston (Ill.), North Western University Press, p. 39. Nous traduisons : « Ce monolinguisme imposé par les autres agit en reposant sur cette fondation, ici par une souveraineté dont l'essence est toujours coloniale, ce qui tend, d'une manière répressive et inévitable, à réduire le langage à de l'Un, c'est-à-dire à l'hégémonie de l'homogène. »

49 Susan Handelman, *op. cit.*

50 C'est ce que parvient à produire Aguinis comme nous l'avons vu plus haut.

51 Un exemple de ce fonctionnement est le suivant : L'auteur de cet ouvrage demande à une collègue argentine connaissant bien le français comment se dit « col » (dans les montagnes) en espagnol. Elle ne sait répondre, mais ajoute : « L'espagnol est tellement riche qu'il est difficile de trouver une équivalence. » Le commentaire est différent du pragmatisme qui aurait pu occuper un Canadien cherchant la signification dans un dictionnaire sans songer à la richesse de l'anglais ou du français.

52 Jacques Derrida, *Limited Inc.*, *op. cit.*, p. 24.

53 Yann Martel, *Self, op. cit.* Dans ce roman, il y a des passages en hongrois, en espagnol, etc.

54 Itamar Even-Zohar, « The Role of Literature in the Making of the Nations of Europe : A Socio-Semiotic Study », dans *AS/SA*, n° 1, 1996, p. 1-11; <www.epas.utoronto.ca:8080/french/as-sa/ASSA-No1/IEZ1.html>.

55 Arjun Appadurai, *op. cit.*, p. 4. Cette situation est aussi nouvelle car dans l'entre-deux guerres et un peu après, comme le souligne Martín Barbero, grâce au cinéma, les Mexicains ont surtout appris à devenir mexicains. Voir Jesús Martín Barbero et Sonia Munoz, *Televisión y melodrama*, Bogota, Tercer Mundo Editores, 1992.

56 Erin Manning, *op. cit.*

57 Ces traversées s'immiscent même dans certaines publicités qui servent à vendre un objet particulier et qui utilisent une langue différente de la langue nationale. Voir « Das ist *ben ben* gut et la Ford Focus » (*La Presse*, mercredi 16 octobre 2002, p. C8) ou « La famiglia è sacra ! » et Bell Mobilité (*La Presse*, mardi 15 octobre 2002, p. A20).

58 Erin Manning, *op. cit.*, p. 112. Nous traduisons : « L'imagination visuelle devient ainsi potentiellement une pratique sociale et un élément clé du nouvel ordre social où les flux mondiaux apparaissent à travers divers paysages ethniques, médiatiques et technologiques. »

59 Norman Fairclough, *Critical Discourse Analysis : The Critical Study of Language*, Londres, Longman, 1995, p. 56. Traduction : « Discours : un langage utilisé pour représenter une pratique sociale d'un point de vue particulier. »

60 George Lakoff et Mark Johnson, *Metaphors We Live By*, Chicago, Chicago University Press, 1980, 264 p.

61 Thomas Kuhn, *La structure des révolutions scientifiques*, Paris, Flammarion, 1972.

62 Cela peut se vérifier par l'exemple suivant où l'on explique à la population dans un des quotidiens d'Ottawa ce qu'est le postmodernisme : « The everywhereness of postmodernism... Locating postmodernism », *The Ottawa Citizen*, samedi 19 avril 2003, p. I4.

63 Mark M. Lowenthal, « The Burdensome Concept of Failure », dans *Intelligence Policy and Process* (Maurer/Tunstall/Keagle, dir.), Boulder, Westview Press, 1985, p. 49. Nous traduisons : « Un aspect typiquement américain, semble-t-il, d'une forme de narcissisme culturel est la tendance à évaluer des décisions par la probabilité du succès militaire et l'incapacité à estimer que des buts politiques peuvent être atteints par des activités militaires qui échouent (offensive du Tet, guerre du Moyen-Orient). Jusqu'à un certain point, cela reflète la division américaine traditionnelle

entre paix et guerre selon deux états antithétiques plutôt que de les considérer le long d'un même continuum. »

64 Ladislav Bittman, *The Deception Game*, New York, Ballantine, 1981, p. 91. Nous traduisons : « Quelles caractéristiques de la politique extérieure américaine sont perçues comme fournissant le terreau le plus fertile pour les opérations spéciales du bloc soviétique ? Avant tout, ce sont les tentatives américaines de résoudre des problèmes politiques complexes par des moyens militaires. »

65 Comité de Santa Fe, *Las Relaciones interamericanas : Escudo de la seguridad del nuevo mundo y espada de la proyección del poder global de Estados Unidos*, Buenos Aires, 1980, p. 65-113.

66 En un sens, nous sommes en train d'assister à l'émergence, dans le langage public, d'une nouvelle dimension. Le couple différence/concurrence s'adjoint un troisième élément, celui de la crise permanente. Celle-ci demande la prévention plus que la réaction et la vengeance.

67 Carnes Lord et Frank R. Barnell, *Political Warfare and psychological Operations*, Washington (D.C.)., National Defence U.P., 1989. Nous traduisons : « La pénétration et la subversion psycho-politiques des États étrangers et des organisations et mouvements internationaux restent un trait particulier de l'environnement stratégique contemporain. Bien qu'ayant lieu en temps de paix (ou ce qui correspond habituellement à ce terme), une telle activité est néanmoins intimement liée à la violence. »

68 Voir Alain Goldschläger, « Le mensonge : présentation théorique », dans *La pensée et les hommes*, 1993, nº 22, p. 9-18, et Alain Goldschläger, « Mensonge et révisionnisme », dans *Carrefour*, 1994, vol. 16, nº 1, p. 38-50.

69 *L'Express*, 7 décembre 2001, p. 6. Voilà une réécriture intéressante des équivalences orwelliennes !

70 Comité de Santa Fe, *op. cit.*, p. 113.

71 Gayatri C. Spivak, « Reading the World : Literary Studies in the 1980's », dans *Writing and Reading Differently* (Atkins et Johnson, dir.), Kansas City, University Press of Kansas, 1985, p. 35.

72 En plus, on assiste pendant une période à l'obsession de l'insondable se manifestant dans le subliminal inspiré par le travail de Brian Key dans *Subliminal Seduction*. Un insondable qui a été récupéré par les annonceurs, notamment dans l'image toute noire sous-titrée « This is a subliminal ad » du rye Black Velvet (*Quest*, novembre 1979, p. 77). Traduction : « Ceci est une annonce subliminale. » Dans ce cas se maintient la croyance en un fond pulsionnel qui dirigerait la consommation/production selon des orientations retournant vers le même. Cette logique reprend sous une forme plus propre à la théorie de la conspiration, l'idée d'un centre qui contrôle et ne permet pas d'envisager les démultiplications d'une produc-

tivité issue de contextes multiples.

Dès lors, on mesure la différence avec une publicité récente de Bombardier. Sur une page sur un fond noir important se découpe un hublot ouvrant sur un ciel bleu où les gaz d'un avion forment des traînées blanches en forme de huit horizontal, symbole de l'infini ou de bande de Möbius (cette bande se retrouve dans nombre de publicités jouant du paradoxal : « Mass to individualized », *Japan Pictorial Magazine*, vol. 12, n° 4, 1989, p. 33), qui n'a qu'un seul côté. On y lit : « De la page blanche naît une vision. De la vision, un concept prend forme. Du concept jaillit une innovation. L'innovation, c'est nous. C'est notre tradition. Vous en bénéficiez. Nous sommes Bombardier. » *Job Boom le magazine* (Montréal), vol. 2, n° 5, octobre 2001, p. 47. Un processus se déroule qui déjoue à la fois l'obscur subliminal de l'irrationnel et dépasse aussi le double. On le vérifie aussi dans un nouveau type d'annonce subliminale où ce n'est pas une référence sexuelle qui est cachée, mais un diamant, symbole de l'excellence dans le complexe des facettes multiples (voir la page de la compagnie e-cruiting : *Backbone*, septembre 2001, p. 41). De plus, ce processus déplace ce qui serait perçu comme une contradiction dans le monde de la modernité, le rapport innovation/ tradition. L'infini rejoint le processus d'interprétance qui n'est arrêté, dit Peirce, que par l'habitude. Celle-ci, dans la publicité, ne fige pas, car le paradigme innovation/ tradition à l'instar du paradigme vérité/mensonge n'est plus antithétique. L'innovation est le fondement d'une tradition qui rejoint ce qui est dynamique, d'Héraclite à Peirce en passant par la main invisible d'Adam Smith.

73 *MacLean's*, 22 mars 1982, p. 9. Nous traduisons : « Le mot "profits" n'est pas un mot sale. »

74 *Géo*, octobre 1984, p. 33.

75 Patrick Imbert, *L'objectivité de la presse*, Montréal, Hurtubise HMH, 1989.

76 *Ottawa Magazine*, été 1988, p. 23. Traduction : « Le bonheur ne réside pas dans 3000 paires de chaussures. »

77 À chaque fois que se construit un discours antagoniste marqué, les médias réactivent la croyance en l'objectivité. C'est le cas de *La Presse* affichant Castro pour souligner que le journal publie des nouvelles de façon objective (voir 3.6).

78 Charles Jencks, *op. cit.*

79 Voir aussi par exemple la capacité de Pavarotti à diffuser l'opéra dans des milieux nouveaux.

80 Charles Jencks, *op. cit.*, p. 76. Nous traduisons : « Ainsi, le double codage, l'architecture qui parle à l'élite comme à l'homme de la rue. Le double codage des codes supérieurs et inférieurs ne signifie pas nécessairement l'homogénéisation des deux codes, mais leur juxtaposition, ce qui accorde

à chacun d'eux un nouvel ensemble de références ainsi qu'une mise en relief des limites originelles de leur propre codification [...] Cela n'élimine pas la division entre art élitaire et art populaire [...] mais cela met ensemble les deux groupes de codes d'une manière nouvelle et variée. »

81 Néstor García Canclini, *Culturas híbridas..., op. cit.*

82 Margaret Rose, *The Post-modern and the Post-industrial*, Cambridge et New York, Cambridge University Press, 1991.

83 Voir plus loin l'analyse concernant l'utilisation de l'espace allant de la ligne au réseau et où peut se lire le *late modern* de certaines publicités en Amérique latine, tandis que le postmoderne est très présent aux États-Unis et au Canada (voir 4.3).

84 Daniel Mato, « Sobre la fetichización de la "globalización" y las dificultades que plantea para el estudio de las transformaciones sociales contemporáneas », *Revista Venezolana de Análisis de Coyuntura*, janvier-juin 1999, vol. V, n° 1, p. 139.

85 Nous traduisons : « parce que, si nous abandonnons ceci, beaucoup de choses vont se perdre dans les secteurs indigènes, d'abord la botanique, la faune sylvestre, la biosphère, la biodiversité, le milieu ambiant [...] ».

86 *Ibid*, p. 20. Nous traduisons : « Une des raisons pour lesquelles sa fiction parle aux lecteurs de la planète est que Ish est un traducteur chevronné, habitué à convertir les valeurs japonaises dans les termes que l'Occident comprend, tout en apportant à ses deux "pas-tout-à-fait" maisons une nostalgie et un détachement amusé que peu de locaux pourraient réunir. » Le « pas-tout-à-fait » rappelle, bien sûr, Homi Bhabha.

87 Alan Watts, *The Way of Zen*, New York, Vintage, 1957.

88 Pico Iyer, *op. cit.*, p. 20. Voir aussi la référence à Edward Saïd, p. 39. Nous traduisons : « Sa prose, bien sûr, est de cette facture classique et ancienne que l'on ne trouve désormais que rarement en Angleterre et elle manifeste l'attention pointue d'un mimétisme de toute une vie. »

89 « Pas si pauvres, les pauvres », *L'Actualité*, 1er mai 2001, p. 16-18.

90 *Ibid.*, p. 17.

91 Michel Maffesoli, *Du nomadisme*, Paris, Livre de poche, 1997, p. 32-36.

92 À noter que la logique commerciale et la remise en question de l'authenticité de l'origine sont les moteurs des réécritures qui échappent au canon et à ses jeux sur l'éloignement temporel. Ainsi, à Prague, on a joué Don Juan habillé à la mode du début du XXIe siècle et évoluant dans le contemporain. Cela permet d'insérer dans le jeu des acteurs des gestes qui se tendent vers des objets du décor qui sont des produits commerciaux comme une marque de bière ou une automobile Skoda (propriété de Volkswagen). Face au retrait des subventions étatiques, les entreprises

contribuent à subventionner le spectacle. Des magazines au cinéma et au théâtre, cette pratique se précise et marche de concert avec le recyclage des grands mythes.

93 Gianni Vattimo, *The Transparent Society*, Baltimore, Johns Hopkins University Press, 1992. Traduction : « Pour nous, la réalité est plutôt le résultat de l'intersection et de la contamination (au sens latin du terme) d'une multiplicité d'images, d'interprétations et de reconstructions véhiculées par les médias en concurrence les unes avec les autres et sans aucune coordination centrale. »

94 Milan Kundera, *L'insoutenable légèreté de l'être*, Paris, Gallimard, 1984.

95 Yann Martel, *op. cit.*; Pico Iyer, *op. cit.*; Alberto Kurapel, *Teatro-Performance*, Montréal, Humanitas, 1999.

96 *The New Yorker*, 15 juillet 2002, p. 9. Nous traduisons : « La loi de Moore sera-t-elle toujours valide? En 1965, Gordon Moore de chez Intel a créé une "loi" qui est devenue le raccourci de la croissance rapide de la technologie. Il a prédit que le nombre de transistors sur une puce allait croître de façon exponentielle chaque année. C'est encore vrai aujourd'hui. »

97 Jeremy Rifkin, *The Age of Access*, New York, Putnam, 2000, p. 7. Nous traduisons : « Le cinquième supérieur de la population mondiale dépense maintenant une part presque aussi importante de son revenu pour accéder aux expériences culturelles que celle consacrée à l'achat de biens manufacturés et de services de base. »

98 Martin Wolf, *op. cit.*, p. 12. Il n'en reste pas moins qu'il y a un nombre important de multinationales et de fonds d'investissements qui modèlent le paysage économico-politique de la planète, ce que Wolf ne conteste pas.

99 *Forbes ASAP*, 29 mai 2000, p. 73.

100 Il faut voir que, par rapport au monde religieux, au niveau laïque, la centralisation administrative qui cherche à s'étendre sur des territoires de plus en plus éloignés du centre mène, dès le XIVe siècle, à l'interchangeabilité des hommes et à la recherche du talent plus que de la légitimation par la naissance. Se met alors en marche une course au sommet, une légitimation par l'ascension dans l'échelle sociale. Le pèlerinage, qui est un périple menant à la verticalité ultime, laisse place à la volonté de parvenir à la promotion par la monopolisation d'un plus grand pouvoir sur un territoire de plus en plus étendu. Cela demande des transports organisés couvrant l'Europe comme l'entreprise de voitures fondée par la famille Thurn et Taxi. Autrement dit, la centralisation administrative a pour corollaire la distance. Le droit donné par la naissance, qui est reconnu dans un espace restreint où il y a connaissance

directe, passe à la course au talent et à la spécialisation. Le laïc et le religieux prennent alors des voies divergentes, car le rythme du déplacement est différent et s'effectue selon des vélocités sans commune mesure.

101 Umberto Eco, *op. cit.*

102 C'est ce que comprennent Fowler et Wells qui publient un ouvrage populaire s'adressant à ceux qui veulent s'éduquer par eux-mêmes en lisant *New Illustrated Self-Instructor in Phrenology and Physiology* (New York, O. S. and L. N. Fowler, 1859). Ils décrivent les qualités nécessaires pour devenir avocat, médecin, homme d'État, ministre du culte, éditeur, marchand, mécanicien, etc. Les qualités nécessaires peuvent se repérer en fonction de la phrénologie et permettent de discerner les gens qui ont les qualités potentielles requises pour être efficaces dans un rôle social particulier. Le transitoire contribue à renouveler la vision de ce type important de déplacement lié à une visée transcendantale et au contrôle des consciences puisqu'il est parvenu, combiné aux technologies contemporaines, à toucher le cœur du monde économique et libéral : les tours du World Trade Centre à New York.

103 Rappelons que George Combe était un éminent phrénologue anglais qui a fait une tournée de conférences aux États-Unis en 1838, 1839 et 1840 et qu'il a eu un impact énorme partout où il est passé. Il a d'ailleurs contribué à raviver l'enthousiasme des nombreuses sociétés de phrénologie actives aux États-Unis. Il a notamment intéressé Horace Mann, le pédagogue dont s'inspirent largement le juge Mondelet au Canada et Sarmiento en Argentine et qui propose un système scolaire gratuit, obligatoire, non confessionnel et organisé pour diffuser rapidement les nouvelles connaissances. Voir M. Couillard et P. Imbert, « L'influence des États-Unis sur l'élaboration des systèmes d'éducation au Canada au XIXe siècle et sa mise en perspective avec l'Argentine : contribution à l'invention des nations en Amérique », *Québec Studies*, n° 23, printemps-été 1997, p. 82-94. Le comble de la pénétration de ce positivisme scientiste s'exprime au Canada anglais alors que c'est un évêque catholique qui fait les frais de cette analyse : « Rev. John Joseph Lynch late Roman Catholic Archbishop in Toronto : [...] observing type of forehead [...] a splendid memory, but not so large in the upper part of the forehead. Those characters make good studies but may fail in the wider and higher fields of thought » (A. Wallace Mason, *Signs of Character*, 1888, p. 39). Nous traduisons : « Son éminence, le regretté évêque catholique romain de Toronto John Joseph Lynch [...] type de front observateur [...] une mémoire splendide, mais la partie supérieure du front n'est pas si large. Ces caractères font de bonnes études, mais peuvent échouer dans les domaines de pensée plus élevés et plus étendus. »

104 George Combe est conscient de l'utilisation qui peut être faite de cette science notamment aux États-Unis où la démocratie de l'individu s'allie aux bouleversements sociaux et techniques : « I proceeded thither with the impression that this science would contribute powerfully to the advancement of civilization in that country ; and I returned, not only with the impression converted into conviction, but further persuaded, that in the United States, probably earlier than in any other country, will Phrenology be applied to practical and important purposes » (*Notes on the United States of America*, New York, Arno, 1974 [1841], p. XVI). Nous traduisons : « J'ai fonctionné avec l'impression que cette science contribuerait puissamment à l'avancement de la civilisation dans ce pays, et je suis revenu non seulement avec mon impression transformée en conviction, mais encore plus persuadé qu'aux États-Unis, probablement plus tôt que dans n'importe quel autre pays, la phrénologie sera appliquée à des buts pratiques importants. » Après avoir critiqué les Églises hostiles à l'éducation générale en Angleterre, il affirme aux Américains qu'ils doivent encore améliorer leur système d'éducation et que celui-ci doit passer par la phrénologie qui lie le fonctionnement du cerveau à la physiologie, ce qui permet d'avoir une population au fait de la démocratie et capable de s'inscrire dans le système de production qui demande des individus mobiles. G. Combe, d'ailleurs, n'est pas le seul à voyager pour répandre les bienfaits de la phrénologie adaptée à la modification des conduites. Des intellectuels vont aussi étudier la phrénologie à Londres, qui est un centre important de diffusion comme le rappelle récemment dans son roman *Self* (*op. cit.*), Yann Martel, au sujet de Roget, qui a fondé en Angleterre une société pour la diffusion des connaissances utiles et a publié un traité sur la phrénologie (voir chapitre 2, note 79). C'est le cas de l'auteur de *La Bolsa*, l'Argentin Lucio Mansilla qui s'y rend en 1851-1852. C'est bien pourquoi, dans le journal *Sud América*, dans ses *Causeries del jueves* et dans la rubrique « Entre-Nos », il va continuer de s'y référer : il parle d'une science « destinada a cambiar en días no lejanos los destinos de la humanidad : LA FRENOLOGíA ». *Entre-Nos*, p. 218 (traduction : « destinée à changer sous peu le destin de l'humanité : LA PHRÉNOLOGIE »). Il ajoute d'ailleurs que l'efficacité de la phrénologie réside dans le fait qu'elle pousse à modifier la vie : « [...] para producir con ayuda del tiempo y de la voluntad las modificaciones necesarias para hacer el viaje de la vida menos penoso » (p. 219). Notre traduction : « [...] afin de produire avec l'aide du temps et de la volonté les modifications nécessaires pour rendre le voyage de la vie moins pénible ». Une nouvelle vision de l'homme se

met en place qui aura des répercussions pédagogiques car l'école publique, que l'on veut obligatoire, aura pour but — Mondelet le montre clairement et Sarmiento l'instaurera sans ambages quand il deviendra président de l'Argentine — de produire des personnes adaptées aux demandes de la modernité dans la volonté de promouvoir le développement démocratique et économique du Nouveau Monde.

105 *La Presse*, samedi 14 octobre 1989, p. A4.

106 *La Presse*, mardi 15 septembre 1992, p. A17.

107 *The Ottawa X Press*, mercredi 14 juin 1995, p. 15. Nous traduisons : « Transformer l'eau en vin a peut-être été un miracle, mais la transformer en une grande bière n'a rien d'une sinécure non plus. »

108 Voir le magazine *Self*, mars 1991, p. 117. Nous traduisons : « Et le dimanche, elle a découvert les bas-culottes "Sensés". »

109 *Forbes*, 22 mai 2000, p. 137. Nous traduisons : « Éprouvez cette sensation d'avoir quitté le marché boursier avant qu'il ne s'effondre. »

110 *Gourmet*, mai 2000, p. 25. Nous traduisons : « Enfermez le corps et vous rétrécissez l'esprit. »

111 *Architectural Digest*, janvier 2001, p. 51. Nous traduisons : « Soyez bon avec vous-même chaque jour. »

112 *Die Welt*, lundi 7 avril 1997, p. 5. Nous traduisons : « Pour les amateurs d'architecture grandiose : une Renault. Un espace doit offrir de la place pour de nouvelles perspectives. C'est pourquoi nous avons produit une sensation d'espace dans l'Espace et dans la Mégane Scenic. Un petit exemple de la créativité de nos ingénieurs. La créativité, c'est sensé. »

113 *Forbes ASAP*, 29 mai 2000, p. 117. Nous traduisons : « Une voix vivante est apparue sur la toile [...] Pssst! hé! bonhomme!, peux-tu m'entendre? [...] Le silence est brisé. » Ce discours a son pendant jouant de la rétorsion en Europe. Ainsi, les antipubs détournent les slogans sur publicité. « Devant un supermarché rebaptisé Le Temple (Magasins E. Leclerc), alignées comme autant de fidèles, des voitures célèbrent "le nouvel âge de la foi" » (*L'Express international*, 4-10 mai 2000, p. 23).

114 *L'Actualité*, 1er mai 1998, p. 18-19.

115 *Icaro* (Varig), novembre 2001, p. 24. Nous traduisons : « Dans la technologie, c'est différent : les derniers seront les derniers. C'est pourquoi Volkswagen sera toujours en tête. »

116 *Vein/ti/tres*, jeudi 5 juillet 2001, p. 63. Nous traduisons : « Et ainsi, un bruit incroyable fit jaillir le miracle. » Voir aussi *Vein/ti/tres*, jeudi 30 août 2001, p. 68; ou encore *Vein/ti/tres*, jeudi 23 août 2001, p. 35 : « Comeres de mi cuerpo y la verdad os será revelada. » Nous traduisons : « Mangez mon corps et la vérité vous sera révélée », avec une image d'animateurs radio

prêtres et servants de messe. On retient encore une publicité Kenwood insistant sur la fidélité devant une tombe de Francis Albert Sinatra sur laquelle est écrit « The best is yet to come » avec une légende « A veces uno siente que Dios está obligado a cometer errores. » *Vein/ti/tres*, jeudi 20 décembre 2001, p. 3. Nous traduisons : « Parfois, on sent que Dieu est obligé de faire des erreurs. »

117 Patrick Imbert, *Roman québécois contemporain et clichés*, *op. cit.*

118 Voir aussi : « Some people believe that heaven comes after life [...] Why wait? » Nous traduisons : « Certaines personnes croient que le paradis suit la vie [...] Pourquoi attendre? » La première phrase montre un homme inspiré en noir et blanc, et la seconde un homme âgé faisant du surf avec plaisir. La publicité est pour les hôtels Royal Cliff. *Thailand Aktuell*, août 2002, p. 57.

119 *Forbes*, 21 août 2000, p. 70. Nous traduisons : « Je n'ai pas choisi d'où je suis venue — mais j'ai définitivement choisi où je suis aujourd'hui [...] Elle a déjà voulu être une sœur [...] maintenant elle enseigne les notions de base du commerce aux enfants. »

120 *The Miami Herald*, mercredi, 29 mai 2002, p. 1. Voir aussi le jour de Pâques, un homme à Ottawa porte une croix et en arrière-plan s'affichent un signe McDonald's et un signe Toys R Us. Cela débouche sur des fonctionnements quotidiens particuliers. On retient le changement des horaires, comme l'autorisation, depuis les années 1980, d'ouvrir les commerces le dimanche sur la quasi-totalité du territoire canadien, une pratique qu'on observe dans les grands centres commerciaux au Brésil, au Chili ou ailleurs. Le repos dominical se transforme en course aux achats, et les églises, pour certains, sont remplacées par les nouveaux temples que sont les centres commerciaux.

121 Sans origine évidente. Repris sur Internet. Nous traduisons : « Le Lévitique, 25:44 établit que je peux posséder des esclaves, mâles comme femelles, à condition qu'ils aient été acquis dans des nations voisines. Un de mes amis m'assure que cela est applicable aux Mexicains, mais pas aux Canadiens. Pourriez-vous m'éclairer sur ce point? »

122 Dans le monde entier, on retrouve la même dynamique. Aux Seychelles, ancienne colonie britannique, une publicité de British Airways ridiculise le discours religieux en montrant une noix de coco fesse sous « God Created Paradise ». Nous traduisons : « Dieu a créé le paradis », tout en rappelant que le développement a commencé bien avant l'indépendance du 29 juin 1976 dont le 25e anniversaire est célébré dans le magazine : « 30 years ago, British Airways made Seychelles known to the world » (*Seychelles Review*, 25th anniversary of Independence Issue, p. 20). Nous traduisons : « Il y a 30 ans, British Airways a fait connaître les Seychelles au monde. »

123 Hernando de Soto, *op. cit.* On retient la vulgarisation régulière de ses idées dans les médias imprimés, par exemple : *L'Actualité*, 1er mai 2001, p. 16-18.

124 *The Ottawa Citizen*, samedi 8 décembre 2001, p. A15. Nous traduisons : « Sans Dieu, c'est un cercle vicieux. Dans un monde trop souvent gouverné par la guerre, la faim, la maladie et l'inhumanité, notre Église croit qu'il y a de l'espoir. Joignez-vous à nous et croissez dans la foi et l'amour en Jésus-Christ. La foi est ce qui fait la différence. »

125 Carte postale de LivingWatersCanada.com, P.O. Box 8617, Stn. T., Ottawa.

126 Cette présence forte par rapport à l'Europe des discours religieux est ce qui permet à Pascal Bruckner d'affirmer que « c'est en Europe que l'économisme est le plus fort », tandis que les États-Unis, « que l'on décrit toujours comme le pays du capitalisme », sont toujours animés par des discours spiritualistes évitant le matérialisme unique. *Misère de la prospérité*, Paris, Grasset, 2002, p. 112.

127 *Yahoo! News Canada*, samedi 31 mars 2002, 6:51 PM EST, p. 1. Nous traduisons : « [Nous devons] ouvrir nos yeux une fois pour toutes et arrêter les mensonges et la fiction [...] [et tenir compte] de nos responsabilités vis-à-vis des prochaines générations. »

128 Voir la critique de cette lecture par John Ralston Saul, *The Unconscious Civilization*, Concord (Ontario), Anansi, 1995.

129 Certes, la concurrence entre le discours économiste et le discours religieux a aussi un visage belliqueux mondialisé qu'il n'est pas de notre propos d'analyser ici. Malgré tout, depuis le 11 septembre 2001, ce visage va modifier les rapports entre les discours à l'intérieur même des Amériques. Voir la nouvelle situation créée par les actes terroristes du 11 septembre 2001 et le discours du président Bush. Voir Patrick Imbert, « Pointer le mensonge dans le cadre de "la guerre sainte" et de "la justice infinie" », *La pensée et les hommes*, no 48, 2002. On soulignera d'ailleurs une « caricature » de ce nouveau discours dans une photo montrant un hindouiste qui a participé au meurtre de 80 musulmans en Inde. Il lève les bras en signe de victoire avec une posture à la Rambo sur fond d'incendie et porte un T-shirt où est écrit « American » et où l'on distingue un joueur de base-ball. Il exprime bien un recyclage des discours états-uniens qui se contextualise dans une culture ancienne où hindouistes et musulmans s'affrontent depuis fort longtemps. Le discours états-unien contemporain des fictionnalités médiatiques et du sport comme rituel conflictuel non guerrier (posture Rambo) rejoint le meurtre local réel des conflits immémoriaux en se recontextualisant avec la lutte états-unienne antiterroriste contre les talibans. Dans le mode dysphorique, on peut saisir aussi qu'il n'y a pas

homogénéisation des cultures, mais recontextualisation. *National Post*, vendredi 1er mars 2002, p. 1.

130 Manuel Castells, *Information Technology, Globalization and Social Development*, Lausanne, United Nations Research Institute for Social Development, 1999. Traduction : « Mais ni le nombre de savants et d'ingénieurs, ni l'acquisition de technologies avancées ne peut être un facteur de développement en tant que tel (ni l'un ni l'autre n'a été suffisant pour l'Union soviétique), sans un environnement organisationnel approprié. »

131 *Business Week*, 23 octobre 1978, p. 143. Nous traduisons : « Rien n'est permanent sauf le changement. »

132 *Noticias*, mai 2002, p. 23. Nous traduisons : « L'homme a toujours recherché le changement et la flexibilité. »

133 *MacLean's*, 22 mars 1982, p. 9. Pour la traduction, voir la note 73.

134 Emmanuel Souchier, « La publicité comme détournement du politique », dans *Communication et langages*, no 93, 1992, p. 37.

135 Nous traduisons : « Berlin au centre de l'Europe : Berlin, la ville de culture de l'Europe 1988 ».

136 *Figaro magazine*, 8 avril 1989, p. 87.

137 *The Globe and Mail*, mardi 29 mai 1990, p. B5. Nous traduisons : « Plus que le mur s'est effondré ».

138 Si l'utilisation de cet exemple est dépassé pour les compagnies des Amériques, il est encore très utile pour une multinationale d'origine européenne comme le prouve la publicité Viatel alignant une série de slogans devant une image d'un trou dans le mur de Berlin tandis que des jeunes le franchissent : « When barriers fall, we all rise [...] A world where new networking technology shatters physical limits on the speed and movement of information » (*Foreign Affairs*, janvier-février 2001, p. 59). Nous traduisons : « Quand les barrières tombent, nous nous élevons tous [...] Un monde où les nouvelles technologies de réseau brisent les limites physiques concernant la vitesse et le mouvement de l'information. » De ce fait la compagnie Viatel, par cette publicité, rappelle son image européenne dans un monde où les images perdent leur ancrage dans le mondial. Bien sûr, depuis, de nombreux livres qui documentent les horreurs du communisme ont été publiés. On pense par exemple à : Stéphane Courtois, *Le livre noir du communisme*, Paris, Robert Laffont, 1997.

139 « You are not alone », *enRoute*, août 2002, p. 29. Voir Don Tapscott et Art Caston, *Paradigm Shift*. Nous traduisons : « Dans l'économie industrielle d'hier, Marx a appelé les travailleurs du monde entier à s'unir [...] Dans l'économie digitale d'aujourd'hui, ce sont les ordinateurs du monde qui sont appelés à s'unir [...] cela s'appelle l'informatique réseautée. »

140 Louis Gauthier, *Anna*, Montréal, CLF, 1967, p. 49.

141 Voir à ce sujet : Patrick Imbert, *Roman québécois contemporain et clichés*, Ottawa, Presses de l'Université d'Ottawa, 1983.

142 *Elle Canada*, 19 juin 2000, p. 57. Voir aussi : « Tout le monde a accès à la bourse, à la finance, au commerce [...] Serions-nous entrés dans l'ère du partage? » (*Elle Canada*, 29 mai 2000, p. 55). Le tout au-dessus d'une photo de Gandhi pour publiciser *Liberty Surf* : « Accédez librement aux richesses de demain. »

143 « Marcos is a black person in South Africa [...] a Chicano in San Isidro [...] an Indigenous person in the streets [...] a campesino without land [...]. » <ccwf.ccutexas.edu/~ifki311/softbomb/zapart.html>. Nous traduisons : « Marcos est noir en Afrique du Sud [...] chicano à San Isidro [...] indigène dans les rues [...] paysan sans terre [...]. »

144 Ou pour les démoniser. Ces différences dans les jeux publicitaires rejoignent une certaine manière de présenter les nouvelles concernant les révolutionnaires. Ainsi, pour le Chiapas, on est fort peu informé de la dynamique de la lutte dans la presse canadienne et, quand on l'est, c'est toujours à travers des images qui, si elles sont centrées sur les hommes, les montrent en guerriers menaçants séparés de la vie de la collectivité. Cela est bien différent de certaines images qui passent dans les magazines d'Amérique latine où s'exprime une approche qui montre les rebelles de manière plus humaine. Dans le magazine *Noticias*, on voit l'équipe de Football du EZLN (Ejército Zapatista de Liberación Nacional) jouer dans un stade de la ville de Mexico contre une autre équipe. Cette irruption des zapatistes (couvrant leurs visages avec des passe-montagnes) dans la vie quotidienne en dehors de leur État, le Chiapas, et dans une confrontation pacifique avec d'autres, normalise la vision que l'on a d'eux et les présente comme des êtres ayant des aspirations légitimes avec lesquelles toutes et tous peuvent s'identifier.

145 *L'Actualité*, avril 2001, p. 4-5; et aussi *L'Actualité*, 1er mai 2001, p. 26-27.

146 *Le Monde diplomatique/El Dipló*, juin 2001, p. 32. Nous traduisons : « Méfie-toi des grands discours qui se terminent mal, commence par faire le ménage dans ton quartier avec des projets concrets que tu pourras réaliser. »

147 On sait de quelle manière un ancien employé d'un bureau parisien présente le fonctionnement de l'entreprise publicitaire dans son roman. Voir Frédéric Beigbeder, *99 F*, Paris, Grasset, 2000.

148 Supplément publicitaire distribué dans les quotidiens en 1996. Nous traduisons : « Les banques n'aident que les riches [...] Une banque peut-elle apprendre? La réponse est : oui. »

149 Ce type d'annonce est loin d'être isolé. Voir un supplément publicitaire de huit pages du *Wall Street Journal* payé par Reliastar, une compagnie

d'investissements : « What happens when 76 million people refuse to listen to their parents? » Et on nous montre deux hippies des années 1960. Et on continue à nous raconter une histoire passant par « No Nuke » et « Question authority ». On continue par « The generation that changed everything in its path, is about to change retirement. » Nous traduisons : « Non au nucléaire [...] Mettez en question l'autorité [...] La génération qui a tout changé dans son sillage va bientôt changer la retraite. » Dès lors, « Question authority » signifie poser des questions au succès de ses finances et de sa retraite et ne faire confiance qu'à des compagnies sûres et stables! L'iconographie hippy mise au service de la consommation écologique est aussi présente. Mentos cool chews suggère : « Reject the establish mints » (*Cosmopolitan*, octobre 2001, p. 6). Nous traduisons sans le jeu sur establishment : « Rejetez les menthes en place. » Cela se combine aux nombreux articles concernant la Grameen Bank et les microprêts dans les pays du Tiers-Monde.

150 *La Presse*, Montréal, mardi 4 mai 1993, p. C14. On souligne d'ailleurs le maintien de la croyance en la capacité à avoir accès aux faits parallèlement à la diffusion d'une logique de productivité sémantique stratégique construisant les faits. Le postmodernisme ne vient pas après la modernité; les deux discours s'interpénètrent.

151 *People*, 17 juin 2002, p. 128. Nous traduisons : « Vous vous souvenez du temps où vous vouliez changer le monde? Vous le pouvez encore. »

152 *The Globe and Mail*, jeudi 3 juillet 2003, p. A13. Nous traduisons : « Parce que nous vivons dans une démocratie et pas dans une dictature. Pour la carte de crédit, vous avez le droit de choisir les caractéristiques et les options que vous voulez réellement. »

153 La directivité du privé est forte comme le souligne Paul Farmer, *Infections and Inequalities : The Modern Plagues*, Berkeley, University of California Press, 1999.

154 Nous traduisons : « Entrée de votre maison à 100 mètres ».

155 *La Nación* (Buenos Aires), vendredi 20 août 1999, p. 9. Voir aussi une image similaire utilisée par la publicité de Accenture. Sur une autoroute, il y a un panneau d'indication de direction intitulé « I am your idea » avec une flèche allant tout droit « Use me » et une flèche indiquant la sortie « lose me ». On lit sous l'image le commentaire suivant : « It's not how many ideas you have. It's how many you make happen. » Nous traduisons : « Je suis votre idée [...] Utilisez-moi [...] Perdez-moi [...] Ce n'est pas le nombre d'idées que vous avez qui importe. C'est le nombre d'idées que vous réalisez. » Dans ce cas de privatisation, celle-ci diffuse un discours libéral général, celui de la production de signification et de sa

réalisation pragmatique. Traduction : « Si tu vivais à Ayres de Pilar, tu arriverais à ta maison par une voie directe depuis l'autoroute. »

156 *Clarín*, samedi 17 novembre 2001, p. 1.

157 *Ibid.*, p. 9. Une publicité similaire est répétée en page 15 par le centre d'exposition de la ville, qui est ouvert jusqu'à 24 heures. Nous traduisons : « Participe au recensement et ensuite vient au centre commercial. Aujourd'hui et demain, tous les centres commerciaux sont ouverts selon l'horaire habituel. »

158 Ils se conjuguent à ceux jouant de la productivité sémantique tels que ceux découverts dans *La Tercera* ou dans *Forbes* (voir 4.6).

159 Nous traduisons : « Acte d'indépendance déclaré par le congrès des Provinces unies d'Amérique du Sud. »

160 *Vein/ti/tres*, 5 juillet 2001, p. 43. Nous traduisons : « [...] avec l'argent des Argentins dans les mains des Argentins, tout est possible. Que le pays se fasse de l'intérieur ou qu'il ne se fasse pas. Que, sans solidarité, il n'y a pas d'avenir. Et qu'il est temps de construire l'espoir. »

161 On approfondira cette situation plus loin dans la non-congruence entre les articles d'information économique et les publicités (voir 4.1).

162 Voir Oscar Teran, *En busca de la ideología Argentina*, Buenos Aires, Catálogos, 1986.

163 *Noticias*, avril 2001, p. 25. Traduction : « Dans la nouvelle économie de Internet, la peur de l'échec est remplacée par la panique face au succès. »

164 *Forbes.com*, 17 juillet 2000, p. 91. Nous traduisons : « Dans l'économie de surtension, la peur de l'échec est remplacée par la panique face au succès [...] le problème n'est pas de trouver des clients, c'est de savoir quoi faire quand ils vous trouvent. »

165 *The New Yorker*, 15 juillet 2002, p. 93. Nous traduisons : « Une déclaration d'indépendance pour vos affaires [...] Maintenant vous pouvez combiner votre maison, votre ordinateur portatif, votre véhicule sport utilitaire, votre téléphone cellulaire, votre bateau et plus en une seule police d'assurance. Assurance Emcompass. »

166 *Gourmet*, août 2002, p. 35. Nous traduisons : « Personne n'a le droit de REPRÉSENTER quelqu'un excepté soi-même (mais au cas où, nous offrons une couverture contre le vol d'identité). Assurance Emcompass. »

167 *Mercado Rural*, novembre 1998, p. 61. Nous traduisons : « C'est dommage pour Dolly. Mais nous avons été les premiers à inventer le clonage. »

168 Adriana Rizzo, « Exclusion sociale et exclusion de... », *op. cit.*

169 *Vein/ti/tres* (Buenos Aires), 5 juillet 2001, p. 27.

170 Un concept spécialisé passé dans le langage public comme nous l'avons vu avec Daniel Mato (voir 3.4).

171 *Ícaro* (Varig), juin 2002, p. 13. Nous traduisons : « Préservation du milieu ambiant. C'est la meilleure preuve que Duke Energy est en train d'établir des racines au Brésil. »

172 Alain Minc, *op. cit.*, p. 110.

173 Ils sont définis comme suit par Minc selon la tradition qui passe par Popper : « Nationalisme, fascisme et communisme n'ont cessé de se croiser. Avec des racines enchevêtrées, même si les uns et les autres se sont acharnés à le nier. Avec des ennemis communs : la démocratie, le marché, le cosmopolitisme. Avec de vieilles complicités historiques : les communistes allemands de 1932 ne détestaient-ils pas davantage les sociaux-démocrates que les nazis ? » *Ibid.*, p. 109.

174 Une tendance similaire vis-à-vis de l'anticipation se manifeste dans une publicité de Philip Morris qui demande aux parents de cacher les cigarettes : « Kids notice everything. That's just the way they are. Which is a very good reason to put away things you don't want them to have — like cigarettes. So if someone in your household smokes, please ask them to put their cigarettes where kids can't get them [...] The 2001 results of the Teenage Attitudes and Behavior Study, conducted for Philip Morris USA Youth Smoking Prevention, show that in households with at least one smoker, 1 in 5 of 11-14 year-olds who smoked at least one cigarette in the past month usually obtained their cigarettes from a family member's pack » (*People*, 17 juin 2002, p. 155). Nous traduisons : « Les enfants remarquent tout. Ils sont ainsi. Ce qui est une bonne raison de cacher les choses que vous ne voulez pas qu'ils aient, comme les cigarettes. Ainsi, si quelqu'un fume dans votre maison, demandez de mettre les cigarettes dans un lieu où les enfants ne peuvent les trouver [...] Les résultats de l'Étude sur les attitudes et les comportements des adolescents (2001) réalisée par le groupe de prévention du tabac chez les jeunes de Philip Morris USA montrent que dans les maisons où il y a au moins un fumeur, un enfant de 11 à 14 ans sur cinq qui ont fumé au moins une cigarette le mois dernier a pris la cigarette dans le paquet d'un membre de la famille. » De tout cela, on retient que l'annonce demande aux adultes non pas de ne pas fumer devant les enfants, mais de ne pas leur donner de cigarettes. Le but est donc d'anticiper des problèmes légaux en affirmant que la responsabilité du contrôle du tabagisme repose sur les parents et que ceux-ci ont été prévenus. Voir au sujet du tabac et des médias : Patrick Imbert, « Il n'y a même plus de censure », dans *Discours social/ Social Discourse*, hiver-printemps 1995, vol. 7, nº 1-2, p. 153-168.

175 Voir encore : « On ne peut pas toujours prévoir un accident. Mais nos voitures le pourront. DaimlerChrysler. Répondre aux questions à venir » (*Les Affaires*, 12 avril 2003, p. 4-5).

176 Will Straw (Université McGill), « Temas da americanidade nas indústrias mediáticas do Brasil e Canadá », conférence donnée à Salvador de Bahía, 1er septembre 2002, dans le cadre du congrès Intercom : Brasil-Canadá.

177 *L'Expansion*, 29 octobre-11 novembre 1992, p. 8.

178 *Financial Post*, vendredi 22 septembre 2000, p. C14. Nous traduisons : « La plupart des serveurs remplacent ceux d'hier. Celui-là remplace ceux de demain [...] Ainsi, il n'y a pas que de la puissance maintenant, mais aussi de la flexibilité pour plus tard. »

179 Nous traduisons : « Sois le premier à recevoir les nouvelles. Lis-les quotidiennement sur l'écran de ton BellSouth. »

180 *El Mercurio* (Santiago de Chile), dimanche 23 janvier 2000, p. D7. Nous traduisons : « Encore une fois, BellSouth se positionne à l'avant-garde. »

181 *La Nación*, 28 avril 2002, p. 5. Nous traduisons : « Si vous êtes de ces personnes qui ont toujours le modèle dernier cri, nous vous informons que, jusqu'à ce que vous nous appeliez, vous n'avez que le modèle d'avant. »

182 Jesús Martín Barbero, « Globalización comunicacional y descentramiento cultural », dans *La dinámica global/local* (Rubens Bayardo et Mónica Lacarrieu, dir.), Buenos Aires, Ciccus/la Crujia, p. 37.

183 *Ibid.*, p. 37. Nous traduisons : « Il y a des projections, mais pas de projets. L'avenir est restreint à du "plus loin". » Les changements économiques se discernent dans leurs effets liés au développement surtout en Amérique du Nord, en Europe et dans certains pays d'Asie comme la Chine, la Corée, le Japon ou la Thaïlande.

184 Daniel Castillo Durante, *Los vertederos de la postmodernidad..., op. cit.*

185 Jesús Martín Barbero, « Globalización comunicacional... », *op. cit.*, p. 38.

186 *Mercado*, juin 2000, p. 114. Nous traduisons : « Nous offrons beaucoup plus que des réseaux de télécommunications. Le futur. » Il faut savoir que futuro, c'est l'avenir concret donc la promesse matérielle de progrès et aussi le futur cybernétique. « Más allá » c'est aller plus loin, mais aussi avoir un au-delà.

187 Jeremy Rifkin, *The Age of Access, op. cit.*, p. 203. Traduction : « La chute de la conscience historique et l'avènement de la conscience thérapeutique, selon Lasch, marchent de concert avec le déplacement par rapport à un monde où l'accumulation des biens est une mesure d'accomplissements individuels et de contributions historiques à un monde où l'accumulation d'expériences vécues est une mesure de cheminement psychologique personnel et une quête de transformations. »

188 On mesure toute la différence entre deux publicités concernant le tabac. Au Brésil, la marque de cigarettes Carlton, pour réagir contre les campagnes antitabac, affiche une cigarette avec un cercle rouge d'interdiction dont la barre est brisée. Le commentaire est : « um raro prazer » au-dessus de l'aver-

tissement : « O ministério da saúde adverte : fumar provoca diversos males à sua saúde. » Nous traduisons : « Le ministère de la Santé vous avertit : fumer entraîne des maux divers pour votre santé. » *Istoé* (Sao Paulo), 16 juillet 1997, quatrième de couverture. On joue donc ici la rétorsion. Par contre, Virginia Slims nous présente une dynamique productrice. On voit la photo d'un homme empêchant son épouse de fumer au début du siècle. Et en premier plan une femme libre qui s'affirme et qui fume avec plaisir. Suit le slogan : « You've come a long way, baby » au-dessus de l'avertissement habituel contre les dangers de la cigarette. Nous traduisons : « Tu reviens de loin, ma belle. » Dans ce cas, il y a déplacement de la libération de la femme et inscription de cette libération dans la société de consommation de cigarettes. *Vogue*, octobre 1984, quatrième de couverture.

189 *Grands Reportages*, janvier 2002, n° 240, p. 15 (compte rendu du livre de Catherine Reverzy, *Femmes d'aventures*, Paris, Odile Jacob, 2001). On souligne dans le livre que « aventures » a un sens qui n'est plus celui, restrictif, attaché aux « aventurières » avant la Seconde Guerre mondiale.

190 Voir les publicités Bell (<www.bell.ca/savoir>) : « En 1997, la matière grise rapporte gros [...] En 2020, nous aurons la tête dix fois plus grosse [...] la révolution du savoir est en cours et elle offre aux gens des perspectives de progrès économique et social sans précédent. » Voir aussi les suppléments publicitaires distribués dans les lieux publics.

191 *Forbes.com*, 17 juillet 2000, p. 59. Traduction : « La direction des relations aux clients de PeopleSoft est sur le point de savoir ce que veulent vos clients — même avant qu'ils le sachent eux-mêmes. En suivant à la trace la conduite et l'histoire de votre client [...]. »

192 *Ibid.*, p. 24. Nous traduisons : Des entreprises comme Cisco et Dell ne vendent pas de produits. Ils vendent de la satisfaction à leur clientèle. »

193 *Ícaro* (Varig), novembre 2001, n° 207, p. 123. Nous traduisons : « Le Brésil est grand, complexe et rempli de contrastes. Pour cette raison, il est essentiel de savoir qui est votre client ou ce qu'il désire et attend précisément de votre entreprise, afin de gagner sa fidélité et de s'assurer une meilleure compétitivité. »

194 *La Nación* (Buenos Aires), vendredi 20 août 1999, p. 5. Nous traduisons : « Maintenant, vous pouvez décider avec qui faire vos appels interurbains. À moins que vous ne préfériez qu'on le fasse pour vous ? »

195 On le voit par exemple dans un article où une femme enceinte de sept mois, sans mari et responsable de six enfants est abandonnée de tous ; seule la police, à la demande de l'école où les enfants ne se sont pas rendus depuis deux mois, se renseigne sur la situation. *Pregón* (San Salvador de Jujuy), samedi 21 août 1999, p. 8.

196 Daniel Castillo Durante, *Los vertederos de la postmodernidad...*, *op. cit.*

197 Nous traduisons : « La majeure partie des banques étrangères en Argentine ont souffert de discrimination durant la crise de ces derniers mois, tandis que la protection accordée aux institutions nationales leur a permis de garder des millions de dollars, a indiqué le quotidien *Handelsblatt.* »

198 *Forbes.com*, 17 juillet 2000, p. 91. Nous traduisons : « Dans la nouvelle économie de l'Internet, la peur de l'échec est remplacée par la panique face au succès. » On retient que cette publicité comme plusieurs autres est publiée dans divers magazines.

On peut comparer le côté dynamique (*do*) avec l'évocation du destin mis en scène dans le magazine *Mercado rural* d'Argentine : « Aunque Newton no hubiese estado debajo de ese árbol, de todas formas la manzana se hubiese caído. BtoB. Business to business. No se pierda la oportunidad de conocer a sus futuros clientes. » Nous traduisons : « Même si Newton n'avait pas été sous cet arbre, de toute façon la pomme serait tombée. BtoB. Business to business. L'occasion de connaître ses futurs clients ne se perd pas. »

199 Beatriz Sarlo, *Escenas de la vida posmoderna*, Buenos Aires, Ariel, 1994.

200 Avenue Beechwood, Ottawa.

201 *L'Express*, 26 octobre 2000, p. 13.

202 Walter Lippman, *Public Opinion*, New York, Macmillan, 1922.

203 Carlos Fuentes, *op. cit.*, p. 25.

204 *La Nación* (Buenos Aires), mercredi 25 août 1999, section 5, p. 5. Nous traduisons : « Le résultat paradoxal est que, dans un monde globalisé, il est possible d'accéder à la meilleure technologie qui est à la portée de tous, tandis que les conditions de financement du pays la rendent pratiquement inabordable. »

205 Sur le plan politique, dans *El País* (version Internet, samedi 27 avril 2002), on souligne que « Gracias a la copia de Estados Unidos, una gran parte del mundo ha tomado la democracia como valor natural. » Nous traduisons : « Grâce à la copie des États-Unis, une grande partie du monde a adopté la démocratie comme valeur naturelle. »

206 Traduction : « L'apparition d'investisseurs étrangers a rendu possible la réalisation de projets de grande envergure qui ont intéressé des architectes argentins prestigieux qui étaient basés à l'extérieur. »

207 *Veja*, 30 septembre 1998, p. 128. Nous traduisons : « À cause de la grande quantité de papier concernée, nos bénéficiaires devaient attendre plus d'un mois pour recevoir leur argent [...] nous avons placé une de nos équipes travaillant 24 heures par jour. Aujourd'hui, nos bénéficiaires attendent moins d'une journée pour recevoir leur paiement. »

208 Gregory Bateson, *op. cit.*

209 *El Mercurio* (Santiago de Chile), dimanche 23 janvier 2000, p. 5.

210 Seymour Martin Lipset, *Continental Divide : The Values and Institutions of the United States and Canada*, New York/Londres, Routledge, 1991.

211 Ne pas oublier aussi ce que dit Alain Minc (*op. cit.*, p. 72) : « La victoire du marché va de pair avec l'ascension des zones grises. Aussi longtemps que l'économie capitaliste se limitait à des pays, pour la plupart démocratiques, accoutumés à l'État moderne, le libéralisme fonctionnait autour de deux pôles, le marché et la règle de droit, la seconde encadrant le premier. Dans le monde anglo-saxon, régi par un capitalisme démocratique, l'équilibre entre ces deux principes régnait... »

212 « UNIACC, la primera Universidad Autónoma del siglo XXI : un innovador proyecto educacional que ha sabido asumir con identidad propria los desafíos y oportunidades de la nueva era [...] la era de las comunicaciones. » (« UNIACC, la première université autonome du XXIe siècle : un projet éducationnel innovateur qui a su assumer avec une identité propre les défis et les opportunités de la nouvelle époque [...] l'époque des communications. ») UNIACC, la universidad de las comunicaciones. Encart en couleur de quatre pages dans le supplément de 32 pages intitulé « Alternativas Académicas » de *El Mercurio* (Santiago de Chile), janvier 2000, n° 11.

213 Cela est un des grands problèmes de l'Amérique latine. En effet, la concurrence se nourrit d'épargne élevée et d'une main-d'œuvre très qualifiée. « Ces deux qualités permettent l'exploitation d'un esprit innovateur dans un cadre qui ne dépend pas excessivement de capitaux étrangers à l'entreprise elle-même. » C'est pour cela que Frédéric Wagnière souligne que la Chine est en train de faire une concurrence très forte aux *maquiladoras* du Mexique. « La Chine sonne le glas des maquiladoras », *La Presse*, lundi 11 novembre 2002, p. D6.

214 Évidemment, au Mexique en particulier, on insiste sur l'éducation. Celle-ci passe par une compétition entre le financement privé et l'école publique. Ainsi, dans *Escala* (novembre 2002, p. 97), à quelques pages de distance, on prend connaissance d'une page de publicité de Ford affirmant : « La educación en México no sólo nos preocupa. NOS OCUPA. La educación tiene un valor estratégico como motor de desarrollo... » Notre traduction : « L'éducation au Mexique ne fait pas que nous préoccuper. ELLE NOUS OCCUPE. L'éducation possède une valeur stratégique comme moteur du développement... » À la page 133, on trouve une publicité du Secrétariat de l'éducation publique affirmant : « La escuela donde yo estudio, es mía... La unión hace la escuela. » Nous traduisons : « L'école où j'étudie est à moi... L'union fait l'école. » Ainsi, on retrouve deux optiques, celle du ministère centré sur le consensus et celle du privé insistant sur l'éducation comme

agent de développement. Deux optiques de la société et du monde sont présentes comme nous l'avons déjà constaté au sujet de la banque coopérative et des institutions privées en Argentine. On retient aussi la publicité Movicom/BellSouth : « Lo primero que aprendió en la escuela es que no todo se aprende en la calle. Colaboramos para que todos los chicos tengan la posibilidad de ir a la escuela en lugar de trabajar » (*Vein/ti/tres*, jeudi 23 août 2001, p. 33). Nous traduisons : « La première chose que j'ai appris à l'école est que tout ne s'apprend pas dans la rue. Nous collaborons pour que tous les enfants aient la possibilité d'aller à l'école au lieu de travailler. »

215 UPS est l'acronyme de United Parcel Service.

216 Nous traduisons : « On recherche la démocratie, l'égalité et une organisation structurée horizontalement. »

217 *El Mercurio*, jeudi 20 janvier 2000, p. C9. Traduction : « [...] il y a un problème de culture et de développement. Il existe un processus naturel d'adaptation aux changements, et au Chili ce processus doit se mettre en place. »

218 Alvin Toffler, *op. cit.*, p. 137. Nous traduisons : « Ce qui est compris dans un tel déplacement est une révolution virtuelle dans la structure organisationnelle et dans les relations interhumaines. Les gens qui communiquent latéralement, c'est-à-dire approximativement au même niveau d'organisation, se conduisent de manière différente, et fonctionnent sous des pressions très différentes que ceux qui doivent communiquer verticalement avec la hiérarchie. »

219 Gilles Brunel, « Dédale dans les entrailles du Minotaure : l'organisation aux prises avec la postmodernité », *Communication*, vol. 16, n° 2, décembre 1995, p. 97.

220 *The Globe and Mail*, mercredi 28 mai 2003, p. B9. Nous traduisons : « La banque passe d'un modèle paternaliste à un modèle style partenariat... d'un fonctionnement visant la permanence à un fonctionnement favorisant le talent. »

221 Voir Max Weber, *L'éthique protestante et l'esprit du capitalisme*, Paris, Plon, 1967. Cette démarche, comme le souligne Weber, se couple à une éthique fondée sur la communication directe avec Dieu et non par l'intermédiaire de la hiérarchie des clercs comme dans la culture catholique.

222 Manuel Castells, *op. cit.*, p. 6. Nous traduisons : « La force des réseaux est leur flexibilité, leur capacité décentralisatrice, leur géométrie variable s'adaptant à de nouvelles tâches et demandes sans détruire leurs règles organisationnelles de base et sans changer leurs buts suprêmes. »

223 *Gazeta Mercantil*, jeudi 3 novembre 1999, p. C2. Nous traduisons : « Et une forme de contribuer à l'amélioration est de montrer aux autres

fonctionnaires que travailler à la compétence construit des ponts pour le développement professionnel. »

224 Voir Joseph Heath, *La société efficiente : pourquoi fait-il si bon vivre au Canada ?*, Montréal, Presses de l'Université de Montréal, 2002.

225 Nous traduisons : « Savez-vous à qui vous parlez? » Néstor García Canclini, *La globalización imaginada, op. cit.*, p. 219. Dans cette même page, García Canclini souligne que la phrase-clé en Argentine, selon Guillermo O. Donnell, serait : « Y a mí qué me importa? » Notre traduction : « Et à moi que m'importe? » Cette phrase ouvre sur une apparence d'égalité qui ne fait que renforcer la colère des puissants. Dans les deux cas, Brésiliens comme Argentins, on assiste, affirme García Canclini, à l'expression de rapports autoritaires violents. García Canclini souligne qu'au Mexique la phrase-clé est : « El que se enoja, pierde » (« Celui qui se fâche perd »). Cet énoncé rejette toute remise en question de l'ordre et de la hiérarchie et semble promouvoir la résignation.

226 Vu les différences culturelles et surtout leur recontextualisation actuelle, il n'est pas étonnant qu'un article soit intitulé « Négocier en Amérique latine, plus un art qu'une science ». On y souligne que « le développement de relations de confiance est généralement un préalable incontournable à la réalisation de contrats. » *Les Affaires* (Montréal), 3 mars 2001, p. 27.

227 *Gazeta Mercantil*, jeudi 11 novembre 1999, p. A3. Nous traduisons : « Amour et haine du commerce international ».

228 On note la même chose en Argentine où les médias soulignent que des enfants meurent de faim alors que le pays produit et exporte des denrées alimentaires.

229 D'autre part, dans la pratique même des liens internationaux comme le Mercosur, on voit bien les problèmes, notamment qu'il faut passer aux actes, faire « con hechos y no con tantas palabras ». Notre traduction : « avec des faits et non avec tant de paroles ». « Los presidentes destacaron la paz existente entre Argentina y Chile. » Traduction : « Les présidents ont souligné la paix existant entre l'Argentine et le Chili » (*Pregón* [San Salvador de Jujuy], vendredi 20 août 1999, p. 9). Mais en même temps, on retient les reculs constants : « Paraguay amenaza con retirarse del Mercosur », à cause du projet argentin de créer une zone franche à la frontière paraguayenne. Notre traduction : « Le Paraguay menace de se retirer du Mercosur » (*Pregón* [San Salvador de Jujuy], jeudi 19 août 1999, p. 4).

230 Les règlements des instituts nationaux accordant les subventions ont une grande part de responsabilités dans cette situation. Ils ont tendance à favoriser les recherches centrées sur le local ou le national.

231 Ceux-ci sont accompagnés de pages du *Wall Street Journal* reproduites en traduction espagnole dans presque tous les grands journaux : *La Nación* (Buenos Aires), mercredi 3 novembre 1999, section 2, p. 6; *El Mercurio* (Santiago de Chile), jeudi 20 août 2000, p. B7. Voir encore Alvin Toffler, « Larry Downes en Argentina : Estrategias de negocios para la nueva economía; como competir en el nuevo escenario de los negocios », *Revista Mercado*, 30 juin 2000, p. 4. Voir aussi un texte de Toffler où l'on explique que, grâce à l'effet *trickle-down* ou effet filet, les richesses créées vont finir par se rendre jusqu'aux pauvres : « Internet ayudará a levantar a los pobres », *La Hora*, 3 février 2000, p. 15.

232 *La Nación* (Buenos Aires), mercredi 25 août 1999, p. 3. Nous traduisons : « Les femmes ont été déplacées du marché de la corruption. »

233 *La Razón* (Buenos Aires), mercredi 11 août 1999, p. 31. Cette dynamique est une tradition créée par Sarmiento qui a importé des professeurs formés par Horace Mann pour ses écoles normales et pour le système scolaire argentin au XIXe siècle. Nous traduisons : « Un programme de sécurité importé du Maryland ».

234 *Wired*, mars 2000, p. 152. Nous traduisons : « La superpuissance technologique qu'est l'Inde fonctionne chaque jour de plus en plus comme Silicon Valley. »

235 *Ibid.*, p. 156. Nous traduisons : « La nouvelle richesse de Bangalore brûle les poches de nombreuses personnes qui, prises ensemble, ont radicalement changé les anciennes hiérarchies sociales définies par le système indien des castes. En Inde, les gens qui font 435 000 roupies (10 000 $) par an sont considérés comme riches, mais soudain une nouvelle classe de super-riches apparaît. »

236 *Ibid.*, p. 156. Nous traduisons : « [...] un emploi considéré comme appartenant à quelqu'un du Cachemire : la sagesse conventionnelle soutenait que ce n'étaient pas des entrepreneurs, que leur rôle étaient de faire fonctionner les choses pour les autres. »

237 *Ibid.*, p. 158. Nous traduisons : « Kar voulait faire quelque chose de différent. Après avoir obtenu sa maîtrise en administration des affaires en 1983, il décida de jeter par terre le système des barrières de castes en utilisant la technologie comme bélier. "Je suis fortement d'accord avec Thomas Jefferson, dit-il. Je suis plus intéressé par les rêves d'avenir que par l'histoire du passé. Je suis le premier dans ma famille à faire ses affaires." »

238 Tout cela est conforme à ce que dit Mary Tolan, directeur exécutif mondial de Accenture Resources : « My least favorite responsibility : Anything that smells of bureaucracy. If I had to choose a different career.

I would be : An author, in public service or owner of a medium-size but high-growth company » (*Continental*, août 2002, p. 33). Nous traduisons : « L'activité que j'aime le moins : tout ce qui sent la bureaucratie. Si j'avais à choisir une autre carrière : je serais auteure, dans le service public ou propriétaire d'une compagnie de taille moyenne, mais avec un grand potentiel de croissance. »

Chapitre 4

PRODUCTIONS DE SIGNIFICATIONS ET IMAGES DE SOI RÉSEAUTÉES

4.1 LES DOUBLES DISCOURS DE LA NOUVELLE ÉCONOMIE : L'UTILISATION DE L'ESPACE DANS LA PUBLICITÉ

> It is the entire social organization that becomes productive or, on the contrary, an obstacle for innovation, and thus for productivity growth [...] In a word [...] social development leads to cultural development, which leads to innovation, which leads to economic development, which fosters institutional stability and trust; and this underlies a new, synergistic model that integrates economic growth and the enhancement of quality of life[1].

Comme nous venons de le constater au sujet des articles présentant des options nouvelles pour la culture organisationnelle, dans le magazine *Wired* ou dans les magazines économiques canadiens, il y a le même type de discours optimiste qui se fait jour dans les articles d'information et dans les publicités. Cela n'est pas le cas dans *La Nación* et dans *El Mercurio*. Dans l'article du *El Mercurio,* on insiste sur le fait que les transformations seront lentes, que la hiérarchie est en place. Dans l'article de *La Nación,* on ne voit guère d'avenir. Par contre, les publicités tendent à générer une vision plutôt optimiste des privatisations, de la consommation et à pousser les gens vers la production de significations (voir 4.7). Dans *O Globo* du Brésil, comme au Canada, les articles et les publicités ont plus tendance à ouvrir sur le positif. Ainsi, dans l'article intitulé « Microempresa no novo milênio[2] », on parle des microprêts aux mini-entreprises en prenant les exemples de la Grameen Bank du Bangladesh et de la BancoSol de Bolivie[3]. On souligne la rapidité de la croissance, l'efficacité due à l'élimination d'intermédiaires, et on déplore les réglementations imposées par l'État brésilien : « Os governos e os órgãos reguladores precisam modernizar seus setores financeiros a fim de criar un ambiente propício para novas instituições de crédito e expansão[4]. » C'est ce que représente aussi VASP proposant une courbe bleue entre deux points, l'ensemble formant un sourire optimiste : « VASP. A melhor distância entre dois pontos[5]. » La courbure terrestre[6] et celle du vol font que la courbe est la ligne de communication la plus optimiste. Quant à Techtel, elle affirme : « Que cero es la distancia más corta entre dos puntos no es ninguna novedad[7]. » La raideur n'est donc plus de mise et les sinuosités spatiales et communicationnelles sont ce qui remet les clichés en question à l'instar d'un repositionnement de l'espace plan par une espèce de parodie déplacée de l'espace courbe einsteinien ! On va alors symboliser la capacité à échapper au simple, aux évidences et au connu, pour saisir le complexe dans des jeux spatiaux surprenants.

Ces textes se couplent à d'autres publicités qui démontrent spatialement, en utilisant le contexte culturel populaire du football[8], ce qu'apportent de positif les nouvelles technologies. Dell propose deux terrains de football. Dans l'un, il y a un schéma de distribution traditionnel. La compagnie occupe un but et utilise un itinéraire compliqué composé du distributeur, du consultant, du fournisseur de pièces, etc. On n'atteint jamais le but opposé. Sur l'autre terrain, il y a Dell dans un but et Dell tout prêt de l'autre but et la balle rentre dans le filet[9]. Plus loin, une autre publicité pose la question suivante sur fond de labyrinthe où il est quasi impossible d'atteindre le point B depuis le point A : « Sabe qual é a distância mais curta entre você e sua equipe de trabalho[10] ? » Sur les deux pages suivantes, une publicité Nextel montre un téléphone cellulaire Motorola rejoignant les points A et B, et le labyrinthe s'est converti non pas en ligne droite, mais en cadre simple et organisé. La publicité rejoint d'ailleurs la pratique de la ligne directe que propose M. Yunus[11], directeur de la Grameen Bank. En effet, il veut équiper chaque village du Bangladesh d'un téléphone cellulaire afin que les pauvres s'assurent eux-mêmes du prix du marché de leur récolte, car ils ne peuvent se fier aux intermédiaires[12]. La ligne directe ne signifie pas une ligne droite, mais une utilisation de la complexité des réseaux économique et communica-tionnel. On voit donc que *O Globo* tend plus à faire concorder les articles et les publicités que les quotidiens chiliens et argentins. Il montre des réussites économiques profitant aux démunis et entraînant des changements positifs. Une promesse d'expansion est réalisée dans un contexte de création de richesses, c'est-à-dire de jeu à somme non nulle.

La concordance entre article et publicité est un point crucial de la pensée de la mondialisation en marche. En effet, s'il n'y a pas une certaine forme de concordance discursive et conceptuelle entre publicités et articles d'information, cela signifie que le fonctionnement du discursif est à plusieurs vitesses. Si de nombreux articles tendent à souligner la quantité de problèmes qui traversent la société, il se maintient un antagonisme qui met au premier plan un discours valorisant l'intervention bureaucratique ou la nostalgie d'une modernité nationale protectrice. Or, comme nous l'avons vu plus haut au sujet des rapports entre discours libéral et discours religieux (3.5), ou entre discours libéral et discours de gauche (3.6), le but n'est pas de faire disparaître la conscience des problèmes, mais bien de les réinsérer dans l'effort de transformations culturelle, économique et technologique demandées.

Il est remarquable toutefois que, dans les pays où perdure la conscience de problèmes face à la transformation sociale, les publicités renvoient malgré tout assez souvent à des difficultés à surmonter qui sont métaphorisées spatialement par une figure géométrique se résolvant en ligne droite. Cette solution simple suggère que le monde du complexe, du réseau et de l'accès à celui-ci n'a pas encore été intégré dans la symbolique et que le potentiel de transformation n'est pas poussé assez loin. On le vérifie parfois à travers l'utilisation de l'espace dans les publicités brésiliennes. Cet espace n'est pas aussi « chaotique » qu'au Canada ou aux États-Unis. En effet, les publicités manifestant le complexe tendent souvent à proposer une structure organisée plutôt simple. On le constate dans l'image de AMIL, une compagnie liée à la génétique où s'érige une structure hélicoïdale[13]. Même chose pour T. Systems proposant un centre et des courbes reliant des cercles dans lesquel sont inscrits des mots clés comme innovation ou présence mondiale[14]. On retient aussi Interchange CASH qui montre des échangeurs d'autoroutes superposés, ce qui amène, après la solution CASH, à une route toute droite allant vers l'horizon[15]. Cela se remarque aussi pour BBC Brésil illustrant sa couverture planétaire par des lignes courbes relativement simples et offrant un slogan qui ne s'engage pas complètement dans la légitimité du déplacement : « Como conhecer o mundo sem sair do lugar[16] ? » Dans ce cas, le but est bien de rejoindre des consommateurs qui ne sont pas encore pleinement ancrés dans la dynamique de la vitesse, du déplacement et du franchissement des limites et qui confondent peut-être complexe et compliqué. Dans cette publicité de BBC, il n'y a pas encore l'expression d'une pensée du réseau, car il y a adaptation à un contexte où le local et le national jouent des racines puisqu'on valorise le fait de ne pas sortir de chez soi. Ici encore, dans ce magazine brésilien, il y a cohérence entre images, textes et visée vers le mondial, mais dans la reconnaissance des différences culturelles manifestant un attachement à l'espace proche, à une vision simple de l'extérieur et à un potentiel de changement qui n'est pas complètement exploité. C'est d'ailleurs ce qui se révèle dans la publicité pour l'Université méthodiste de São Paulo. On y affirme que le marché du travail est : « cada vez mais confuso[17] ». Cela est corroboré par un article dans le même magazine : « The world of technology, especially information technology, has become exceedingly sophisticated and complicated and has become a source of both solutions and perplexity[18]. »

Si, au Canada, on souligne parfois le défi que représentent le changement ainsi que certaines nouvelles technologies, on n'envisage pas, dans des publications qui s'adressent à la bourgeoisie éduquée et professionnelle, la question sous l'angle du confus ou du compliqué, mais sous celui du complexe. Le compliqué est censé être inefficace et mal pensé, tandis que le complexe est efficace et représente un ajout essentiel au capital de savoir d'une société. Cela se vérifie par exemple dans l'énoncé de la publicité de Goldman Sachs dans le *New Yorker*, où l'on trouve ce qui suit : « You're on the accelerator [...] on the brake [...] looking behind [...] thinking ahead [...] This is leading[19]. » Être un chef de file, c'est saisir l'espace sur 360 degrés dans des actions qui pourraient sembler paradoxales, mais qui sont celles de celui qui maîtrise l'ensemble. Celui-ci ne se contrôle pas selon un mode de pensée linéaire, mais dans une spatialisation ramifiée.

Dans les magazines canadiens et états-uniens, la spatialisation est en général bien différente de celle travaillée dans les publicités en Amérique latine. On nous montre par exemple une foule de fourmis noires et de fourmis rouges allant dans toutes les directions avec le commentaire suivant : « Now there's a smarter way to manage your customer-employee-supplier-partner-intra-extra-inter-cross-platform-global-way-too-complex-digital-economy-net[20]. » La solution proposée est intéressante. Ce n'est pas une ligne droite, mais l'établissement d'un réseau complexe organisé. C'est ce que l'on voit sur la page de droite où fonctionne un réseau de souterrains dans lequel les fourmis vaquent tranquillement à leurs occupations : « It's one Net. Put it to work », affirme Novell favorisant le rhizome. Ces images sont liées directement aux recherches de Stuart Kauffman de BiosGroup qui utilise des agents informatiques constitués d'après la dynamique des colonies de fourmis pour améliorer le transport des colis par avion. Ainsi, du point de vue des coûts, il a découvert qu'il vaut mieux laisser les colis dans un seul avion même s'ils ne se rendent pas directement à destination plutôt que de les transborder d'un avion à un autre[21]. C'est aussi ce que découvre Rockwell Automation avec une ruche d'abeilles ouverte et où ce qui semble désordonné s'organise : « Comment Rockwell Automation peut-il garder l'industrie canadienne au sommet de sa productivité ? C'est dans notre nature[22]. » Ce type d'images, absentes il y a vingt ans, foisonne. Retenons aussi une publicité pour le Bombay Sapphire Martini. On y voit un verre dont le pied compose une série de triangles et de dodécaèdres évoquant les structures fractales[23]. Voyons encore une publicité Ericsson montrant une branche d'arbre exotique, mais dont les feuilles et leurs embranchements forment des angles à 45° ou à 90° : « Only Ericsson lets you GROW your network any way you want[24]. » On souligne quand même qu'il y a des impossibilités. IBM nous montre un adaptateur universel pour l'entreprise et nous affirme : « Un seul problème : il n'existe pas. » IBM propose alors en une image plus ordonnée « un univers complexe » avec intégration à la demande[25]. Le complexe est très différent de l'utopie, car il vise toujours l'application efficace. Retenons aussi les magasins Target dont l'image projette ludiquement verres et accessoires dans tous les sens comme si tous ces objets tombaient du ciel, mais sans se briser[26]. Considérons l'annonce hp offrant l'image d'une personne à travers des vitraux de couleur qui décomposent et recomposent la silhouette, mais d'une manière ordonnée : « What comes after TV ? Susie is inventing ways to stream audio and video in real time to any device, anywhere in the world[27]. » Dans ce dernier cas, la symbolisation passant par les embranchements colorés du vitrail vise à diffuser de multiples images de soi. Elle rappelle un tableau d'Adolph Gottlieb de 1955 intitulé « Quest ». Elle est présente aussi dans plusieurs textes littéraires, chez Pico Iyer par exemple :

> A friend is someone who can bring as many of our selves to the table as possible [...] In that respect, Toronto felt entirely on my wavelength. It assembled many of the pasts that I knew, from Asia and America and Europe; yet unlike other such outposts of empire

> [...] it offered the prospect on uniting all the fragments in a stained-glass whole[28].

Cette symbolisation du vitrail est très différente de celle propre à une pensée de la modernité qui tend à le présenter comme une image stable qui, de plus, est liée évidemment à l'enracinement dans le territoire. Alejo Carpentier est très conscient de ces rapports entre la stabilité identitaire et l'enracinement dans le territoire. Cette autochtonie est manifeste dans *Le partage des eaux* : « Rosario au contraire faisait penser à la Cécile ou à la Lucie qui ont rejoint leur place dans un vitrail qu'on vient de restaurer. Elle semblait d'instant en instant plus authentique [...] Il s'établissait entre son corps et la terre que nous foulions des rapports inscrits sur la peau hâlée par le soleil [...] [29]. »

Cette composition d'éléments multiples, mais qui tiennent ensemble dans le bigarré ne se retrouve pas chez des auteurs contemporains argentins même si le multiple fascine. Ainsi chez Tomás Eloy Martínez, on est conscient des images de soi différentes : « Dios mío, cuántas noches van yéndose en una sola noche, cuántas mujeres hay en cada mujer[30]. » Pourtant, ces images sont configurées dans un miroir qui resserre le multiple en du double. De plus, ce double est contrôlé par le télescope du personnage principal Camargo qui emprisonne cette image dans une vision réductrice et dominatrice. Il est clair que ce passage renvoie à une remise en question de ce fonctionnement double, complémentaire des jeux identitaires et des rapports d'exploitation liés à la corruption en Argentine. Néanmoins, l'auteur souligne, tout en étant conscient des identités multiples dans ce pays, que celles-ci ne se contextualisent pas dans le fluide de potentialités qui permettraient de les développer en un bigarré efficace dans différents contextes[31]. Bien au contraire.

La lecture transversale du complexe se retrouve donc au Canada comme aux États-Unis, à la fois dans les articles d'information, dans les publicités et dans les textes littéraires. Il y a des exceptions. On retient, par exemple, la couverture du roman de Yann Martel *Life of Pi*[32]. Ce roman se vend beaucoup mieux dans le Royaume-Uni qu'au Canada. En partie, semble-t-il, à cause d'une nouvelle couverture et d'une certaine forme de réécriture par l'auteur lui-même. Quant à la couverture canadienne, elle ressemble à une carte de Tarot surchargée et statique. Elle a été remplacée en Angleterre par l'image d'un bateau à voile en mouvement vu des airs et accompagné d'un réseau de créatures marines en mouvement. C'est cette dynamique passée dans la culture de la population qui attire. C'est elle qui n'est pas mise en valeur dans l'édition canadienne.

En général, les productions discursives nord-américaines, par rapport à celles provenant de l'Amérique latine, manifestent des tendances différentes même si toutes tendent vers une certaine logique conceptuelle valorisant la rapidité, le changement et l'abolition des distances, ou plutôt, comme le souligne A. Giddens, l'action à distance[33]. Ce système de valeurs et cette similarité articles/publicités ont été poussés à l'extrême dans *Wired,* où l'action à distance se conjugue à un présent phagocytant l'avenir qui est déjà là. Toutefois, dans le cas des pays d'Amérique latine, on joue encore sur un type de discours qui n'intègre pas complètement les questions de complexité et de réseau. La raison est certainement liée au fait que la culture n'a pas changé suffisamment pour mettre en place un discours basé sur le multiple individuel en compétition couplé au réseau. Pour l'Amérique latine, le fourmillement est synonyme de chaos et d'irresponsabilité, et ce, pour au moins deux raisons : d'abord, parce qu'on fait encore face à un monde qui pense en fonction de structures établies, bureaucratiques, sociales ou familiales face auxquelles les problèmes doivent trouver des solutions directes, ensuite parce que le monde du discours et de l'informatif sérieux, ludique ou spectaculaire ne se couple pas toujours à des faire pragmatiques qui démontreraient le bien-fondé de la nouvelle ère économique et symbolique. La promesse de mieux-être est loin d'être évidente.

En rapport avec les textes de *O Globo* et de *Wired,* on mesure la distance entre le discours des spécialistes vulgarisant leurs modes de pensée valorisant l'efficacité et l'efficience à travers des slogans publicitaires, et celui d'un intellectuel comme Blanchot dont la pensée s'inscrit aussi dans l'exploration du complexe, notamment quand il relie la découverte à un tournant, à une démarche en méandres[34]. La pénétration de l'espace, le déplacement chez lui, n'est pas une ligne droite, mais une sorte de courbe. Celle-ci, toutefois, ne tente pas de maîtriser les relations comme le désirent les réseaux. Elle mène à un enjeu qui n'est pas défini par un but clair au départ. Elle laisse sourdre non seulement l'imprévu, mais l'impact de ce qui ne peut toujours être dit. Aller d'un point A à un point B chez Blanchot, contrairement aux publicités des lignes aériennes ne mène qu'à jouir du déplacement. « Rien n'aura eu lieu que le lieu », affirme Octavio Paz au sujet de la poésie[35]. Dans le déplacement des paradigmes de la modernité, des discours sont en gestation s'inspirant d'un même souffle, mais dans des jouissances qui diffèrent. Certains de ces souffles sont captés par les théoriciens et passent dans les publicités. Ils y établissent leurs visées mondialisantes offrant le changement à ceux qui peuvent s'y inscrire tout en ouvrant sur le jouir pragmatique d'expériences de vie nouvelles auxquelles sont nécessairement attachés des objets consommables. D'autres sont développés par des écrivains, des artistes ou des intellectuels qui traduisent esthétiquement les parcours des changements. Ils tentent de sortir des sentiers battus, y compris des sentiers dominés par la productivité consommatrice.

4.2 L'HÔTEL COMME MAISON EN DÉPLACEMENT

> « Where do you come from? » is coming to seem as antiquated an inquiry as « What regiment do you belong to? »[36].

> The terrible tourists with their empty eyes longing to be filled with monuments[37].

> If we find poetry in the service station and motel, if we are
> Drawn to the airport or train carriage, it is perhaps because,
> In spite of their architectural compromises and discomforts,
> In spite of their garish colours and harsh lighting, we implicitly
> Feel that these isolated places offer us a material setting for an
> Alternative to the selfish ease, the habits and confinement of the
> Ordinary, rooted world[38].

À la fin du XIXe siècle, le Montréalais Adolphe Basile Routhier critique la mobilité sociale, économique, spatiale et ethnique états-unienne : « À proprement parler, les États-Unis ne sont pas une patrie pour la plus grande partie de leurs habitants. C'est une immense hôtellerie où de nombreuses caravanes de peuples sont venues prendre un billet de logement[39]. » À l'instar de Sarmiento et de son fameux *poor right now* relativisant le processus d'attribution et exprimant ainsi la nouvelle logique qui se mettait en place au XIXe siècle aux États-Unis, Routhier est conscient du mouvement, du dynamisme et du changement de civilisation et d'épistémologie que représentent les États-Unis. Il est cependant en désaccord avec le *melting pot* et la venue d'immigrants[40] qui contribuent rapidement au développement économique de cette hôtellerie que sont pour lui les États-Unis. Pour un tenant de la définition de la nation fondée sur le fait d'être un « enfant du sol », ce mélange est inacceptable.

Certes, des hôtels[41] voient aussi le jour au Canada[42] car l'économie se développe au rythme de la technologie et des exportations, mais ils représentent quand même une menace à un second degré, car ils sont les lieux de pénétration des publications américaines[43]. Ces publications sont, selon Routhier et Chauveau, nocives économiquement et culturellement.

> La littérature canadienne-anglaise [...] a la concurrence [...] de la presse à bon marché, des journaux illustrés, si nombreux chez nos voisins et de leurs reproductions des ouvrages anglais. Nos chemins de fer, nos hôtels, nos bateaux à vapeur sont inondés de ces produits[44].

Ainsi, dans l'optique de Routhier, face aux États-Unis, le mot patrie n'est plus valide, car le multiple des origines se conjugue à la frénésie de réussir économiquement. Cela se produit souvent par le déplacement spatial et par le déplacement des paradigmes pour ces gens qui s'adaptent à la modernité[45] commerciale propre à la logique démocratique états-unienne.

De nos jours se produit un renversement marqué par rapport à cette vision négative du pays comme hôtel et non comme lieu d'enracinement. Le démontrent les nombreuses publicités des chaînes d'hôtels comme Hilton. Dans ces publicités, on montre d'immenses hôtels qui sont tous semblables et entourés d'un environnement limité qui ne permet pas de dire dans quel pays ils se trouvent. Ainsi, le mouvement impliqué par l'hôtel est-il malgré tout contrôlé par une structure architecturale, administrative et de services similaires en quelque lieu que ce soit de la planète. Le dépaysement dans le local n'a pas lieu, car une classe en processus de mondialisation va d'un point à un autre dans un univers prédéfini sous l'égide d'une marque qui fidélise et protège. La mobilité se couple à la stabilité par le partage d'un lieu favorisant les rencontres temporaires des membres d'une classe dirigeante élargie qui échappe à la fois au local et au national pour s'engager dans le régional ou le mondial. Cela signifie que le lieu[46] qui est environnement d'appropriation est en train de changer de signification. Il rejoint le concept d'espace qui est produit par le mouvement et les opérations.

Dans cette dynamique, il est intéressant de saisir que, récemment, certaines publicités cherchent à jouer de la reterritorialisation appropriative du lieu par le biais d'un humour qui joue de l'écart entre *home* et hôtel. Il faut bien voir d'ailleurs que cet écart se manifeste seulement entre la conception transportable du *home* anglo-saxonne[47] et la conception de l'hôtel. Dans les cultures non anglo-saxonnes, le lien conceptuel territoire/individu est fort et ce jeu serait plus difficile comme un proverbe français l'affirme : on ne transporte pas sa terre natale à la semelle de ses souliers[48]. Par contre, dans une culture anglo-saxonne, la contradiction n'est pas si forte, car le *home* est un ensemble de structures culturelles et familiales exportables[49]. Ces différences dans l'acception sont bien soulignées dans le film mi-fiction, mi-documentaire *Home*, de la réalisatrice québécoise Phyllis Katrapani, diffusé en salle et sur Internet lors du 26e festival des films du monde de Montréal[50]. Le titre de ce film en français est anglais, car, pour la cinéaste le mot *home* ne se traduit pas. « "Le mot anglais est chargé de sens, dit Phyllis Katrapani, qui le traduit tout de même par chez-soi [...]. Mais quand j'utilise le mot chez-soi, j'imagine quelqu'un qui est calé dans un sofa, avec un livre et un chat à côté de lui. Le concept du *home*, en anglais, est beaucoup plus vaste"[51]. »

Le développement hôtelier peut donc être perçu comme une expansion postmoderne de cette conception anglo-saxonne propre à la modernité qui s'est développée entre autres dans l'expansion coloniale de l'Empire et aussi dans l'extension de la *frontier*. Ainsi s'affiche le slogan « Is it possible TO BECOME HOMESICK for a hotel[52] ? » Cette publicité pour Four Seasons Hotels and Resorts marque à la fois l'écart entre stabilité et mobilité et vise une fidélisation de la clientèle, plus particulièrement la femme administratrice ou économiste qui échappe ainsi à une conception du *home* traditionnelle, celle que certaines femmes contribuent à bâtir en servant l'homme comme l'évoque Alejo Carpentier dans *Le partage des eaux* : « Quoique Rosario et moi n'ayons pas un toit à nous, ses mains sont ma table et la tasse d'eau qu'elle approche de mes lèvres, après l'avoir débarrassée d'une feuille qui y était tombée, est vaisselle marquée à mon chiffre[53]. » Ainsi, dans la publicité, le mondial déplace la stabilité centrée sur le *home* pour la reporter sur une sensation de bien-être qui serait liée au lieu de convergence de l'échange économique (une autre définition du *home* transportable) et qui n'est que rarement mis en place selon une relation propre à un international qui aurait un cachet local. En effet, le *home* est transportable et le cachet du *home* peut se diffuser mondialement.

Cependant, certaines chaînes jouent aussi d'un enracinement qui n'est pas produit par le transport d'un environnement propre à la bourgeoisie internationale en circulation, mais qui tient compte des esthétiques locales même si elles sont aseptisées. Ces chaînes qui ne sont pas d'origine nord-américaine jouent d'un rapport différentiel local/global plus marqué. « International Standards [...] Local Flavor », affirme la chaîne d'hôtels à capitaux hollandais Golden Tulip avec des photos de ses hôtels à Santiago, à Miami, à Trujillo (Pérou) et à Sao Paulo[54]. Au sein de cette compagnie s'affirme la différence qui ne fonctionne que mieux si des standards internationaux sont en place[55]. Grâce à ces deux exemples, on voit que les deux optiques sont le moteur du postmodernisme qui décontextualise/recontextualise en jouant de deux codes complémentaires, du *double coding* dont parle Jencks, mais selon des modalités différentes qui gardent en mémoire des différences culturelles d'origine. Dans le cas de la chaîne nord-américaine, il s'agit d'un flux issu d'une culture où le *home* est mobile. Dans le cas de la compagnie européenne, il s'agit d'un double provenant d'une culture où la maison est liée en partie à un territoire. On semble promettre à une population en transit qui a en partie perdu son monde, un nouveau village globalisé. Toutefois, un hôtel a plus à voir avec une communauté urbaine qu'avec un village, car il est réseauté au maximum. Souvent, il est plus peuplé qu'un village. Dans ces exemples se marquent clairement les modalités diverses des discours mondialisants qui ne tendent pas, même pour des multinationales de la prise en charge du déplacement, à une homogénéisation, mais à des convergences où se notent toujours des différences reconfigurées selon les enjeux contemporains.

Il est remarquable de trouver alors une troisième publicité qui joue entre ces deux dimensions. Elle provient de Sheraton Argentine et concerne une bonne partie de l'Amérique latine. D'une Amérique latine vue de l'Amérique latine, mais branchée sur les États-Unis et sur le monde. On y voit la photo de deux enfants souriant accompagnée du texte suivant : « Sí abuela, nosotros también te extrañamos. Estar aquí es tan bueno como quedarse en tu casa[56]. » Ici s'exprime à la fois la référence à l'intime et à l'international. Mais l'intime n'est pas défini comme le *home* anglo-saxon. Toutefois, le texte suggère que Sheraton est aussi convivial que la maison des grands-parents où accueil et permissivité sont de mise plus que chez les parents. Il y a donc, sous-jacent, un processus de transfert culturel qui tend à faire passer l'idée que l'hôtel pourrait aussi être un *home* et que cet espace convivial est transportable. Toutefois, en Argentine, il n'est pas possible d'affirmer cela directement dans une société qui non seulement valorise les relations familiales et l'insertion dans un lieu, mais qui, de plus, sépare moins que dans le monde anglo-saxon le privé et le public ou le privé et le professionnel[57]. Par contre, la limite est franchie dans les publicités visant le Mexique, en particulier la ville de Monterrey plus proche, à certains égards, de la culture états-unienne : « Novotel. Bienvenido — esta es su casa[58] », affirme-t-on en nous montrant un père et son fils utilisant l'ordinateur professionnel pour jouer dans la chambre.

Par conséquent, la publicité se contextualise avec la structure culturelle argentine. Elle le fait d'autant mieux que sa volonté de déplacer la signification du concept de maison est implicite. Elle reconnaît le point stable de la maison en évitant d'en parler. Mais elle vise les nouvelles générations et resémantise les rapports petits-enfants/grands-parents. Elle déplace les significations en fonction d'un espace public international qui devient aussi attirant que le lieu convivial de la grand-mère. Déjà les enfants apprennent à être chez eux au Sheraton, mais sans l'aïeule, ce qui est la première étape. La seconde sera la structure familiale immédiate. Autrement dit, cette publicité joue, d'une part, d'une sémantique qui reconnaît le stable et la valeur du local, tout en en déplaçant certains éléments, et, d'autre part, elle aboutit à concevoir la maison comme un *home*, comme une structure se déplaçant, ce qui ouvre sur l'international déterritorialisé en contact avec le monde. « ¿ Quién cuida de usted ? », nous demande-t-on à côté du logo « S » de Sheraton. Bien sûr, c'est Sheraton qui s'occupe de nous[59]. Sans aller jusqu'à dire que parfois les résultats sont contradictoires comme le pense James Bohman[60], il reste néanmoins des liens familiaux et interpersonnels forts qui font que la maison ne peut être facilement déplacée dans le concept argentin et que la publicité Four Seasons serait inefficace dans le contexte latino-américain[61].

La dynamique du réseautage tend à transformer le lieu en espace. C'est ce que marque très bien un romancier comme Pico Iyer dans *The Global Soul* où un producteur de film demande : « "What happened to home?" The only home he knew, he said, had come in two unexpected moments of stillness — spiritual epiphanies, really — while travelling through rural Ireland[62]. » Évidemment, il est loin d'être innocent que ce soit un maître du visuel accéléré qui affirme cela. Le monde du visuel se différencie nettement de celui de l'écoute. Le visuel tend souvent à jouer de la stéréotypie comme le souligne Pico Iyer : « Perhaps the greatest danger of our global community is that the person in LA thinks he knows Cambodia because he's seen *The Killing*

Fields on screen, and the newcomer from Cambodia thinks he knows LA because he's seen *City of Angeles* on video[63]. » Cela est très présent aussi chez l'écrivain argentin Tomás Eloy Martínez quand il souligne dans *El vuelo de la reina* la « insaciable curiosidad que sienten algunos anglosajones por la cultura de los países pobres — o lo que creía que era la cultura de la pobreza […] [64] ». Ce déplacement du concept de lieu se marque aussi dans le chapitre de *The Global Soul* consacré à l'aéroport de Los Angeles. Pour Pico Iyer, l'aéroport et l'urbain contemporain se rejoignent, car ils sont tous deux « a place where everyone's a stranger, so it seems, on his way to somewhere else […][65]», «the product […] of a mixed marriage between a border crossing and a shopping mall[66] ». La dynamique de réseautage manifestée dans l'utilisation de l'espace dans les publicités se retrouve donc dans le passage du lieu à l'espace et du concept de maison au concept de *home*.

Est-ce à dire qu'il y aurait homogénéisation entre les jeunes des différentes régions culturelles des Amériques ou de la planète ? On ne le pense pas, car ces exemples montrent que la culture locale sait aussi trouver sa place dans le contexte nouveau des lieux de transit rapide. Elle se recontextualise et ne disparaît pas. Voilà qui est évident quand on observe comment les cultures locales modifient le fonctionnement de restaurants comme McDonald's. À Buenos Aires, au centre-ville, la tradition de prendre un café parfois durant des heures tend à déplacer l'idée même de restauration rapide. En effet, lorsque plusieurs tables sont occupées par des professionnels qui discutent, il ne reste plus assez de place pour que les clients dégustent rapidement les hamburgers ou les frites. Au Brésil tout près de la plage de Copacabana sur laquelle des dizaines de marchands ambulants tentent de vendre leurs objets, se manifeste une situation encore plus significative. Après avoir acheté un repas rapide au premier étage du McDonald's, les clients montent au deuxième étage pour s'asseoir. Là se trouve une employée qui propose des représentations de desserts McDonald's en plastique (pour une question d'hygiène) : crème glacée, gâteau aux pommes, etc. Le but est de jouer au marchand ambulant et d'inciter les clients à consommer un dessert. Le système de service au comptoir est donc modifié par la culture de l'économie informelle ambulante qui est réinsérée dans le fonctionnement McDonald's, puisque la vendeuse est une employée de la multinationale.

4.3 LIEU, ESPACE ET PHILOSOPHIE

Ces images qui se diffusent de diverses manières dans des magazines lus par des gens qui voyagent sont toutes liées aux questions du déplacement géographique qui est aussi un déplacement symbolique. Ces déplacements font osciller les bases des systèmes de valeurs, telles que les populations les ont intégrées dans une image d'elles-mêmes et du monde où l'être est lié à la stabilité[67]. Toutefois, cette conception ouvre sur une autre, dans la nostalgie ou dans l'optimisme. Elle pourrait rejoindre la citation en épigraphe à *The Global Soul* : « Philosophy is really homesickness : the wish to be everywhere at home. Friedrich Nietzsche[68]. » Il semble bien que cette remarque n'ait pas pour origine Nietzsche, mais Novalis : « Following Novalis' insight, "philosophy is really homesickness, an urge to be at home everywhere", Heidegger defines homesickness as the "fundamental atunement of philosophizing"[69]. » Cette conception manifeste bien que la philosophie a été, à l'époque de la modernité, un discours spécialisé qui marchait de concert avec l'expansion du monde occidental et son désir d'universel. Elle se joint à la capacité de répandre l'industrialisation et l'économie financière et sociale qui lui sont concomitantes. Récemment, toutefois, un autre discours spécialisé, celui des intellectuels œuvrant aux frontières de la sociologie, des sciences politiques, de l'économie et de l'anthropologie, manifeste une conception non plus universalisante, mais mondialisante. Manuel Castells l'exprime avec une clarté sans pareille en soulignant que la logique du profit doit démontrer que ce qui compte, ce sont les gens : « Solidarity in a globalized world means global solidarity. And it also means inter-generational solidarity. Our planet is our only home, and we would not like the grandchildren of our grandchildren to be homeless[70]. » Notre planète est notre seul *home*, exprime le rétrécissement des espaces par rapport à la conception universelle de Novalis et de Nietzsche, encore confrontés aux grandes distances et à la lenteur de la progression. Cette pulsion visant à se sentir chez soi partout était couplée, à leur époque, au discours de la nostalgie pour le coin de pays. La philosophie était un discours de détachement du local pour penser l'humain. À travers Castells se manifeste une assimilation qui va plus loin que la légitimité du déplacement traduite dans le slogan des hôtels Four Seasons. En effet, dans la publicité, on transporte son *home*, car même si la planète est rétrécie, les valeurs diffèrent. Chez Castells qui a conscience des différences, celles-ci se construisent autour de problématiques mondiales dans la recherche de la solidarité nécessaire. Le *home* est partout, car la planète est un mondial qui est local vu l'ampleur des problèmes écologiques, sociaux et politiques qui concernent l'ensemble des humains. Voilà qui est différent de ce qu'affirme Paul Virilio[71], pour qui rompre avec l'enracinement local est s'abîmer dans un monde sans temporalité. Mais quitter le local ne signifie pas vivre dans le non-lieu, mais plutôt dans plusieurs espaces et en fonction d'espaces qui se transportent et qui sont liés à des images de soi multiples. Cette mobilité permet de connaître plusieurs temporalités et plusieurs récits et de les relativiser autour d'une dynamique de la mémoire. Celle-ci se mêle à l'histoire officielle et lui donne une autre couleur, celle d'un contexte qui inscrit la réapparition de bribes de passés exclus qui ne sont pas prises en charge par les discours officiels.

Notre ère pousse les gens à se déplacer et donc à philosopher dans la confrontation avec des cultures et des espaces divers. Mais ils philosophent dans le complexe, c'est-à-dire en fonction de discours issus de champs[72] comme la sociologie, l'économie, le culturel, en une réflexion interdisciplinaire. Elle les pousse en même temps à rêver à la fois d'être arrimés à un lieu, mais aussi à être chez soi partout. C'est ce que suggère Danielle Forget lorsqu'en analysant les publicités touristiques du Brésil, elle constate un double mouvement pris entre la routine et l'exotisme[73]. Toutes ces images et tous ces textes construisent des images de soi qui sont le complément personnel de la grande poussée financière, commerciale et culturelle ouvrant les frontières et cherchant, d'une part, à ce que les gens se pensent comme des consommateurs et, d'autre part, à ce qu'ils se vivent comme producteurs de significations nouvelles, comme innovateurs transformant constamment les réseaux par leur insertion efficace en eux.

4.4 DU MOUVEMENT CHTONIEN À L'ISOLEMENT OCÉANIQUE

> If the world is really getting smaller, being « global » just isn't the big idea anymore. These days, everybody says they're « global ». But saying you're global isn't the same as « being » global. It's not just where you are, it's how you are there. To us, being global means being completely local. Entirely at home. The way we are in 100 countries around the world. Our job is to understand a

> country by its people, not just by its airports. To grow our customers' business by understanding the issues that are literally around the corner. Not just around the world.
>
> And that's a big idea. The citi never sleeps. CITIBANK[74].

Dans la citation de Citibank, on retient une argumentation bien particulière qui joue d'abord sur l'opposition de « are » et de « being ». « Are » est rejeté à cause de son essentialisme lié à une territorialité figée. « Being » est dynamique et exprime un faire intégrant une manière, donc un point de vue qui tient compte d'un rapport. Cela aboutit au sommet de l'efficacité : « Being [...] entirely at home. » Le *home* revient hanter le local. En effet, « at home » est bien, dans ce cas, non plus l'expression de savoirs ancestraux et de stéréotypes fondant une communauté homogène, mais un local déplacé par le « at home » dans un nouveau rapport où les savoirs sont capables de fonctionner efficacement dans le cadre de la nouvelle logique des rapports économiques. Cette conception nouvelle est manifestée dans la littérature postmoderne comme dans *The Global Soul* de Pico Iyer qui affirme : « It's only the invisible things that make us feel at home[75]. » Il prend en effet position pour les surfaces creuses, la politesse de surface comme celle des Japonais qui cache cependant une intimité active qui est loin d'être intégrée complètement aux codes publics et donc aux stéréotypes médiatiques ou publicitaires construisant les relations individuelles selon les logiques économiques. « At home » est alors l'expression d'images de soi multiples qui expriment des rapports profonds d'intimité. Ils savent jouer dans le changement et la circulation de discours et dans la mise en jeu de nouveaux paradigmes sans pourtant se réduire à eux. C'est ce qu'exprime encore Pico Iyer : « For a global soul like me — for anyone born to several cultures — the challenge in the modern world is to find a city that speaks to as many of our homes as possible[76]. » Et pour lui un de ces espaces est la ville multiculturelle qu'est devenue Toronto à laquelle un chapitre entier de son roman est consacré.

García Canclini est très conscient de ces dimensions orientées soit vers le local, soit vers le mondial. Il donne deux exemples artistiques récents qui peuvent être rapprochés des publicités étudiées précédemment (voir 4.1), notamment celle de l'utilisation de l'espace mettant en scène les fourmis de la compagnie Novell[77]. Il cite la création artistique de Yanagi qui, lors de l'exposition in SITE de San Diego en 1994, a fait circuler des fourmis sur des drapeaux nationaux de sable coloré. Après une semaine, les drapeaux étaient impossibles à reconnaître. Et García Canclini d'ajouter : « Puede interpretarse la obra de Yanagi como metáfora de los trabajadores que, al migrar por el mundo, van descomponiendo los nacionalismos e imperialismos[78]. » Cette tradition artistique se retrouve chez différents artistes. On pense à René Derouin dont les tableaux explorent le franchissement des frontières et surtout le fait que, « sous le manteau uniformisateur de la mondialisation, d'autres frontières naissent, s'enchevêtrent, découpent les espaces pour engendrer de nouveaux territoires, géographiques comme imaginaires[79] ». Cette pratique artistique est particulièrement importante, et elle a son pendant publicitaire. La compagnie DaimlerChrysler diffuse dans de nombreux magazines une double page de publicité. On y voit un immense drapeau composé en un *patchwork* multicolore de tous les drapeaux des États-nations de la planète. Suivent les commentaires : « NOTRE PAYS D'ORIGINE. Nous ne nous contentons pas de voyager dans les pays avec lesquels nous travaillons. Nous y vivons — nous développons, construisons et vendons nos produits, main dans la main avec des collaborateurs locaux. Notre pays d'origine [...] c'est en fait 200 pays[80]. »

La différence avec l'œuvre d'art est nette. La multinationale est de partout, mais reconnaît l'ordre étatique avec lequel elle souhaite collaborer et se fondre dans le local. La logique de cette publicité est tout à fait différente de celles publiées dans les années 1980 par une compagnie comme Bechtel affirmant « Bechtel builds water[81]. » Bechtel, à cette époque, devait affirmer sa puissance et s'inscrivait encore dans une logique de confrontation avec la nature selon le schéma cartésien. Une atmosphère proche de la modernité prévalait dans ce *late modern* joignant les *a priori* industriels et postindustriels. De nos jours, la puissance de la multinationale est établie et elle fonctionne mieux dans un monde où postmodernité et postcolonialité s'affichent, où le post-industrialisme tient compte de l'environnement comme nous l'avons vu pour la publicité de Duke Energy (voir 3.6). Il n'est pas question de s'opposer à la nature. De nos jours, ce sont les compagnies en rapport avec le bien-être et les sports qui se permettent d'espérer produire une eau qui redonne des forces : « What if Gatorade made water[82] ? » Elles espèrent vendre ce qui est gratuit sous forme de produits de consommation.

Maintenant, les entreprises peuvent se permettre de se fondre dans le contexte car il est possible pour elle de parler d'égal à égal avec les États. L'importance sociale de ces compagnies ne peut être ignorée, car elles ont le pouvoir de convaincre que le gratuit public peut devenir du consommable payant[83]. Certes, il n'est pas question d'affirmer que la plupart sont aussi puissantes que les États, car cela est dans beaucoup de cas un leurre. En effet, les statistiques affirmant que, dans le monde, les économies les plus importantes sont composées de 51 compagnies et de 49 États sont désinformatrices. L'Institute for Policy Studies de Washington et les auteurs de ces statistiques, Sarah Anderson et John Cavanagh, analysent les compagnies en fonction des ventes et les États en fonction du produit intérieur brut, c'est-à-dire d'une valeur ajoutée, ce qui entraîne des distorsions majeures. De plus, l'État possède des pouvoirs coercitifs immenses vis-à-vis des populations et des agents économiques qui jouent de la compétitivité. Dès lors, Martin Wolf affirme que ce qui a changé n'est pas le pouvoir des compagnies, mais ce que les gouvernements pensent au sujet de ce qui fonctionnerait économiquement et culturellement : « The change we have seen over the past 20 years should not be called "corporate globalization". It is market-driven globalization unleashed, consciously and voluntarily, by governments. Corporations are neither as big nor as powerful as critics claim[84]. » Voilà qui précise l'impact de la publicité Chrysler qui se veut rassurante en ce qu'elle reconnaît la légitimité du patchwork étatique planétaire par rapport à la fluidité demandée par les compagnies qui ont besoin de s'intégrer dans le local. Tout cela est différent de la lecture de García Canclini au sujet des fourmis sur les drapeaux, symboles des ouvriers mobiles et en processus de changements identitaires. Ainsi, les discours publicitaires et les discours artistiques abordent des thèmes similaires, ceux du déplacement et de la déterritorialisation, mais ils les déplacent dans des contextes culturels différents et ouvrent sur des conséquences autres. On favorise le maintien de l'ordre et la volonté de s'intégrer et de rassurer les populations au sujet des identités établies chez DaimlerChrysler. On pense le franchissement des limites par les zébrures des trajectoires dans le cas de la lecture de in SITE par un intellectuel valorisant un changement ouvert à des transformations économiques et symboliques générant le positif et le négatif. Dans cette comparaison se manifeste ainsi une forme de *double codage*[85] où les rencontres conceptuelles ont lieu, mais dans le maintien de lectures productrices inscrites dans des discours qui restent différents.

L'exemple du flux de l'exposition in SITE de San Diego de 1994 peut être comparé à l'exploration de l'autre point de vue moins dynamique, plus enraciné, celui de Marcos Ramírez à l'exposition in SITE de 1997 à Tijuana et à San Diego. Il a créé un cheval de Troie bicéphale regardant aussi bien du côté mexicain que de l'autre côté de la frontière. Et García Canclini de commenter : « Se hace explícito el conflicto, pero no se lo representa con imágenes nacionalistas sino con un símbolo multinacional que, releído, invita a reflexionar sobre una frontera específica[86]. » Dans les arts comme dans les slogans publicitaires des chaînes hôtelières, se manifestent deux conceptions différentes des relations et de la recontextualisation des valeurs du paradigme soi/les autres, ainsi que de la valorisation du déplacement. Une grande fluidité pour in SITE 1994 et le maintien d'un écart lié à des déséquilibres importants dans les modes d'appropriation du capital économique ou symbolique pour in SITE de 1997.

Ces divergences se manifestent avec éclat dans la reprise du grand mythe d'Ulysse[87] réinterprété par l'élite de la jet-set. En effet, en plus d'une compagnie norvégienne qui propose l'achat d'une résidence permanente sur un bateau de croisière de luxe, des ingénieurs de Sarasota en Floride travaillent sur le Freedom ship, une sorte de navire pouvant accueillir environ 100000 passagers. Il aura un mille de long et déplacera trois millions de tonnes. Dix-sept mille résidences seront offertes au public[88]. Ces navires proposent des échappées océaniques et exotiques aux contraintes terrestres comme les impôts ou aux dangers de rencontres avec des membres de classes sociales que l'on ne souhaite pas fréquenter. Ils offrent ainsi la variante postmoderne et libérale de la liberté des pirates des XVIIe et XVIIIe siècles qui étaient encouragés par l'Angleterre à amputer le trésor espagnol d'une partie de ses rapines américaines[89]. Ils sont la réalisation de la légitimation du déplacement et l'incarnation du choix de l'instable, un grand thème baroque[90], dans la manifestation d'un désir plus profond, la visée vers l'utopie ultime, l'île coupée des turpitudes, mais qui accoste au port quand l'envie s'en fait sentir. Ces navires combinent un des potentiels du rapport local/mondial, celui du pointillé, du discontinu. Ils marient la coupure avec le contact dans le rapport épisodique. Le refuge flottant se donne des sensations de passage dans un autre monde. Ces navires représentent la sécurité en rapport avec le stimulant du divers[91]. D'une certaine manière, ils sont la quintessence du club recroquevillé sur sa plage et gardé par des représentants des forces de l'ordre ou de l'île de luxe comme Fisher Island au large de Miami si bien évoqué par le jeu des derniers mots : « Fisher Island, Florida : Splendid Isolation at Fisher Island does not mean being remote, far from it[92]. »

Dans ce rêve en passe de devenir réalité, on mesure l'écart avec une logique chtonienne incarnée par la mode du chalet au Canada[93] en conformité avec un passé ayant fortement valorisé la terre et ses ressources, que ce soit sur le plan agricole ou minier. Le chalet propre au développement de la modernité industrielle permet aux citadins de revivre dans le loisir un enracinement marqué chez leurs grands-parents ou leurs parents au rythme du défrichage et de la communauté villageoise. Dans la croisière perpétuelle, par contre, une rupture profonde a lieu. Elle est l'affirmation d'une urbanité qui a coupé avec les racines. Elle est la démocratisation, visant des classes sociales très aisées, du mythe colonial de Robinson Crusoë pour lequel le bateau qui ramène au port est tout aussi important que l'île, en attendant la reprise des grands rêves de la conquête de l'espace ouvrant encore une nouvelle frontière (au sens donné à ce terme aux États-Unis) permettant de quitter un monde pour en refonder un autre. Les pionniers techno-branchés redécouvrent une nouvelle Amérique sur les flots, tandis que les écologistes nationalistes populistes rejoignent le labeur des défricheurs dans les clameurs de leurs spectacles médiatiques.

4.5 LA GRANDE MURAILLE DE CHINE

Par contraste avec ces visées, il est intéressant de retenir deux publicités qui ont paru régulièrement dans *Forbes* et parfois dans un même numéro, à quelques pages de distance. Il s'agit, d'une part, d'une photo de la grande muraille en brun par PlaceWare Web Conferencing[94] et, d'autre part, d'une photo d'un petit morceau de mur perdu tout seul dans le paysage montagneux où l'on voit habituellement la grande muraille. Cette dernière met en valeur NetEase, une compagnie chinoise qui œuvre dans le domaine de la toile. C'est dans les textes qui accompagnent ces images que les différences d'approche et de culture se manifestent. « No matter how great the barriers, your presentations will always break through [...] You presented. They watched and listened. You broke through. And the walls came down[95]. » Le syndrome du mur de Berlin fait recette, la planète communique chez Place Ware. Quelque chose de bien différent est annoncé de la part de la compagnie chinoise : « What if the Great Wall of China had been left to just one person? » Et on continue avec quelques pieds de mur sur un fond de nature vierge :

« It's amazing what can be achieved if people put their hearts and minds together and work as one. Which is why we introduced China to the Internet. Because it's not just about bringing the world closer to China, it's about bringing 1.2 billion people closer to the world. POWER TO THE PEOPLE[96]. »

Il est clair que, d'un côté, on apporte le monde à la Chine. De l'autre, on apporte la Chine au monde, mais dans une logique qui valorise encore le fait que des millions de gens ont construit la grande muraille. Travailler en masse est encore le critère de référence comme le prouve le slogan final : « POWER TO THE PEOPLE. » Il n'est pas question d'exalter l'individu et ses pouvoirs créateurs, mais de faire bloc en s'appuyant sur la tradition du marquage des limites. Cette pensée réapparaît dans une publicité Canon qui insiste sur les liens entre le Japon et l'Argentine. Après l'apologie de la compagnie Canon, on nous présente positivement une forme d'unanimisme évitant les différences : « Una forma de pensar y de actuar, una filosofía — llamada Kyosey — en la cual se vive y se trabaja para el bien común, más allá de las diferencias culturales, de costumbres, lenguaje o raza. Y con ese mismo espíritu, nace Canon Argentina[97]. » Dans ce texte se rejoignent l'insistance sur le collectif qui est le propre de visions du monde asiatique, mais où l'on peut aussi évoquer la tradition argentine de la référence à la communauté protectrice[98], et la volonté d'effacer les différences pour produire à partir de chaque citoyen immigrant un Argentin. Pour compléter le tout, on conclut en liant soi et chez-soi, ce qui est conforme à la publicité des hôtels Sheraton d'Argentine : « Cerca de su casa central. Pero mucho más cerca súyo[99]. » Pour un lecteur canadien, avoir rejeté les différences culturelles en valorisant le semblable communautaire et affirmer maintenant que la compagnie japonaise est proche de soi sont des choses surprenantes. Toutefois, dans le cadre où l'on croit qu'il est souhaitable d'homogénéiser la société afin de produire des citoyens argentins aux valeurs communes, le discours de l'homogénéisation nationale qui passe par le bien collectif et non par la valorisation de l'individu est perçu comme tout à fait positif. Ces valeurs intégrées dans les slogans sont tout à fait à l'opposé de ceux des compagnies IBM, Ernst and Young et des autres qui, dans un supplément publicitaire de treize pages de *Forbes*[100] centré sur la reconnaissance des altérités motrices de l'efficacité, utilisent l'image du zèbre pour lequel il n'est pas important de savoir s'il est noir avec des rayures blanches ou blanc avec des rayures noires. Toutefois, pour Canon comme pour IBM ou Ernst and

Young, il s'agit de s'imposer comme multinationale dans un environnement national particulier. Canon a retenu la rhétorique adéquate de même que Sheraton dans sa valorisation déplacée de la famille en Argentine. Canon introduit son texte par une phrase qui est plus un « constat » du changement qu'une valorisation de celui-ci, car les spécialistes connaissent bien l'angoisse sous-jacente aux avancées des multinationales couplées aux privatisations sauvages du gouvernement Menem : « En un mundo donde la globalización ha cambiado la economía a un ritmo incesante [...][101].» Après un tel départ, il est habile de proposer le collectif qui recentre pour se donner une image conforme à la culture nationale dominante et retrouver une sensation plus conviviale. C'est bien pourquoi, un peu plus loin, dans le magazine *Noticias* où paraît la publicité Canon, on encense le créateur anglais du nouveau iMac de Apple. On rappelle qu'il parvient par la transparence du contenant à diminuer l'impression de complexité de l'appareil et que « debido a la obsesión de la industria con lo absoluto, hubo una tendencia a ignorar los aspectos más emotivos, menos tangibles[102] ». Là aussi ce qui attire est la convivialité, la possibilité d'échapper à cet absolu dominateur, à ce qui est trop grand, trop puissant, impossible à contrôler, une situation qui se retrouve aussi au Québec, mais peu en Ontario, où la plupart des universitaires fonctionnent avec des Mac qu'ils trouvent plus conviviaux. Toutefois, l'article nous ramène à une donnée encore plus proche du rejet du mondial en soulignant que le « diseño posmoderno de las iMac funciona en ambientes despojados, pero no combina en una casa clásica[103] ». Encore une fois, la convivialité est plus importante que le technologique, qui doit non seulement reculer devant le plus traditionnel, mais s'adapter au monde familial et intime.

Dans ces quelques textes, tout le jeu privé/local/national/régional/mondial fait surface et doit être négocié, car il rejoint la culture d'un groupe qui, comme dans toute l'Amérique latine, doit s'affirmer dans la précarité économique[104] devant le pouvoir immense des avancées technologiques inventées ailleurs. Autrement dit, les publicités prennent en compte non l'identité légitimante introduite par l'État-nation, quoique celle-ci ne soit pas absente, mais plutôt, comme le souligne Castells[105], une identité de résistance. Celle-ci est différente de ce que l'on conçoit comme identité de résistance dans l'hémisphère nord, car, dans ce cas, elle concerne surtout les gais et les lesbiennes ou les punks, par exemple. En Amérique latine, si ce type de résistance n'en est pas moins actif dans sa contextualisation avec la culture nationale, il se conjugue à une conscience communautaire tentant d'éviter la fracture face à l'extérieur. En Argentine, la résistance à la fracture est liée à une valorisation du local. Toutefois, depuis l'effondrement du peso, les protestations des « Cazoleros » et l'augmentation rapide de la pauvreté, se vit une forme de fracture sociale qui implique des réflexes d'exclusion vis-à-vis notamment des immigrants, comme le montre A. Rizzo[106]. La dynamique est différente de celle qui prévaut au Canada où les identités relationnelles sont transformées en images de soi diverses évoluant et s'échangeant dans le rapport aux autres. Ce relationnel joue comme une solidarité affective non plus uniquement fondée sur le passé, mais sur l'avenir et sur les projets culturels. Il joue comme processus d'affirmation et de renforcement de soi par rapport à l'autre dans la capacité à vivre avec des personnes diverses en un caméléonage efficace tel que l'évoquent Yann Martel et Pico Iyer dans leurs romans respectifs. Le but n'est pas d'exclure l'autre, de marquer la différence dans une authenticité figée, mais de renforcer l'adaptabilité et la maîtrise du propre. Pour cela, il faut utiliser les instruments technologiques, économiques et culturels qui circulent mondialement, mais en les recontextualisant dans un environnement établissant d'autres paramètres.

Les publicités concernant les hôtels ou la Grande Muraille, Internet, les nouvelles technologies ou la mondialisation montrent que les différences se maintiennent dans la concurrence. Elles ne doivent ni ne peuvent être supprimées et participent de la mise en place de proximités culturelles favorisant l'échange et la confrontation plus compétitive que conflictuelle. Ce processus peut être compris et mis en perspective en particulier par des personnes biculturelles jouant des atouts de la bidiscursivité. Elles peuvent aider les autres, par divers processus de vulgarisation, à communiquer et à se déplacer aussi bien géographiquement que sur le plan des paradigmes et des *a priori* discursifs. Dans le monde d'entrecroisement des discours et de confrontation des cultures, un procédé de vulgarisation de cette dynamique est d'entraîner les gens à devenir des producteurs actifs de significations multiples. Ce fonctionnement qui a été mis en place dans les textes littéraires et dans les arts dès les années 1950, et parfois même avant, se répand dans les médias dès les années 1990. Il offre les éléments d'un intertexte dynamique qui traverse les discours.

4.6 BIDISCURSIVITÉS ET PRODUCTIONS DE SIGNIFICATIONS

4.6.1 Changer et multiplier les occasions de succès

Dans la plupart des recherches, on se consacre surtout à la question de la consommation de biens matériels et symboliques et on semble oublier que celle-ci se double d'une incitation nette à la production. Cette insistance sur la consommation amène souvent à présenter les changements comme menant à une sorte de conformisme : « O problema de pesquiza diz respeito a relaçao entre consumo de bens materiais e simbólicos midiáticos internacionalizados e a conformaçao de estilos ou movimientos culturais [...][107].» Si cela n'est pas faux, il n'en reste pas moins que la conformité, par exemple en ce qui concerne les vêtements, est toute relative. Songeons que le monde prémoderne imposait des costumes folkloriques rigides et que la modernité, en particulier celle de l'entre-deux-guerres, pour une bonne partie de la population, poussait à s'habiller tous les jours de la même manière en utilisant des teintes particulièrement sombres. Il faut donc saisir que, de plus en plus, les populations sont incitées à produire par elles-mêmes des significations multiples et des scénarios à partir de stimuli qui leur sont fournis dans quantité de textes y compris dans les publicités, un peu comme si ce processus présent dans nombre de textes littéraires contemporains comme le nouveau roman était démocratisé par l'institution publicitaire. Ce n'est plus la stabilité du sens qui est valorisé, mais une dynamique ouverte au complexe. Le mondial qui rencontre le local a pour corollaire la dissémination de processus différenciateurs sur le plan individuel qui peuvent rencontrer ainsi la différence de l'autre.

On peut mesurer les effets de la nouvelle dynamique culturelle qui se met en place en commençant par considérer le cadre de sociétés où l'Église tient une place forte socialement, mais où les avancées de l'économisme libéral sont également très présentes après la domestication des conflits sociaux entre société traditionnelle et marxisme. Par exemple, on remarque la force d'une publicité de Radio Zero qui diffuse sur la quasi-totalité du territoire chilien et affiche un slogan répandu sous une forme ou une autre dans tout le monde occidentalisé, mais dont la logique, après des années de régime militaire, est nouvelle : « En radio zero interpretamos la diversidad, elige lo que querias[108]. » Le slogan est surmonté d'une image présentant côte à côte la couverture du magazine *Cars* sur laquelle est photographié un quatre roues motrices bondissant, un livre austère intitulé *El Mensaje divino*, un exemplaire du journal *La Tercera* où se trouve cette publicité avec pour gros titre « Un nuevo enfoque[109] », et la couverture du magazine érotique *Blay* avec toutes sortes de titres comportant le mot *nuevo* comme « las nuevas fotos de Pam[110] ». Ces images sont elles-mêmes surmontées d'un énoncé : « ¿Qué quieres en este momento? (Marca tu preferencia.)[111] » Se conjuguent le choix, la diversité, la nouvelle optique et l'éphémère. Quant à l'éternité orthodoxe, elle est incluse dans cette nouvelle optique comme choix possible parmi les autres. Voilà qui signifie bien que, par contextualisation, cette publicité échappe à la rétorsion. En effet, la rétorsion est le sérieux de ceux qui sont obligés de tenir compte du poids du centre. Ici, il y a déplacement du centre qui n'est qu'un choix temporaire parmi d'autres dans la possibilité d'évaluer des discours en concurrence, ce qui est la nouvelle culture libérale proposée pour l'après-Pinochet.

Ces énoncés représentent beaucoup plus qu'une lutte discursive entre deux optiques concurrentes. En effet, étant donné qu'ils échappent à la rétorsion par le ludisme et par les choix multiples proposés, ils ouvrent à un déplacement du fonctionnement sémantique auquel sont habituées les populations. Ce fonctionnement qui valorisait l'interprétation ouvrait sur un énoncé censé correspondre à la vérité du texte ou à la réalité des faits. Maintenant, le fonctionnement privilégié est celui qui suggère plusieurs scénarios. C'est ce qu'indique aussi au Canada un texte de Borden Ladner Gervais. Sous l'image d'une petite cuillère on lit « Be ». Sous celui d'un couteau à multiples lames et ustensile on lit : « Be bold ». Suit le slogan : « Borden Ladner Gervais NEVER gives one-dimensional advice[112]. » Le tout concerne le droit à la propriété intellectuelle. On retient donc le jeu du passage entre l'essence et un processus d'attribution dynamique qui se résout en un énoncé où l'absolutisation « NEVER » se combine harmonieusement avec le multiple du « NEVER one-dimensional advice ».

Si l'on revient aux textes de *La Tercera*, on voit qu'on désire échapper à un discours hiérarchique ou autoritaire diffusant des significations qui indiquent ou imposent une voie unique à suivre. On tente d'échapper au monosémique d'un récit qui impose ses structures sémantiques menant à produire quasi directement certaines interprétations en fonction de valeurs particulières. D'ailleurs, jusqu'à un certain point, c'est un peu ce que regrette Jesús Martín Barbero lorsqu'il critique le *zapping* que doit faire la population à qui on ne fournit, pour affronter la complexité de la ville, que des bribes et des fragments[113]. Ces remarques montrent que les intellectuels sont pris dans une aporie. D'une part, ils semblent vouloir rejeter les grands récits de légitimation qui ont mené à des structurations rigides, politiques ou bureaucratiques, et à des échecs. D'autre part, ils refusent le fonctionnement des bribes dans le flux ininterrompu des images. Le monopole interprétatif dont parle Martín Barbero est remplacé par le fragmentaire. Dans ce cadre, comment fournir à la population les outils qui lui permettront d'aboutir à son développement. C'est là, dans ce désenchantement du monde avec lequel n'est certes pas d'accord Maffesoli[114], que se manifeste un point important, soit l'incapacité à faire confiance à la population en général : Martín Barbero[115] cite Vásquez Montalbán [116] : « Necesitamos una idea de finalidad que se parezca, sin serlo, a una propuesta transcendente. »

Néanmoins, en Amérique du Nord en particulier, les slogans publicitaires incitant à produire plusieurs significations ne sont pas de simples reprises des modes de pensée propres aux années 1960 et à la montée de l'influence de Madison Avenue entraînant des intellectuels comme Marcuse[117] à parler de désublimation répressive. Un nouvel entraînement à un décodage des messages médiatiques et sociaux se met en place. En effet, comment obtient-on cette sensation de triomphe, « I got out before the market crashed » mentionné plus haut (3.5), par le biais de l'expression de joie des bonnes sœurs, sinon en mettant en place une capacité « divinatoire » qui est un entraînement multipolaire à un décodage culturel, sémantique, politique, économique, psychologique et technique[118]. Ce décodage qui a su se dégager de l'approche unilinéaire propre à un canon historique pour se laisser aller aux facettes multiples des messages médiatiques (enracinés dans des monopoles multinationaux comme le montrent Armand Mattelard[119] et J. Keable[120]) contribue à développer une attention aux points de vue divers.

Le plaisir se double non pas du laisser-aller aux paradis artificiels ou à une passivité qui rejoindrait l'abandon au contexte, mais bien d'une acuité profonde permettant de décoder les mécanismes sémantiques et sociaux. Le prouvent à l'envie tous les énoncés qui valorisent les sports extrêmes, la prise de risque, la qualité totale, la volonté de franchir les limites dans l'efficacité sans faille : « Push your content to the extreme with Adobe. [...] Tight integration. Killer[121]. » Et l'on montre un sportif qui surfe non sur l'océan, mais sur une coulée de lave. L'équilibre, la vitesse, le mouvement, la précision dominent l'enfer. Ils poussent à bout non la technique, mais le contenu, nous dit Adobe. Cette idée circule dans nombre de publications, car elle est liée à un idéologème présent dans les discours contemporains. Dans un roman best-seller racontant un suspense amoureux par Internet, on peut lire ce qui suit : « Podemos vivir la vida como si fuéramos un chofer de subte, sabiendo exactamente a dónde vamos y cómo es la ruta, o como un surfista : siguiendo la ola. Te propongo que sigamos las olas[122]. » Le passage de la modernité industrielle et de l'image du métro à celle du flux écologico-scientifique emporte les nouvelles relations intimes, physiques et technos.

Une dynamique particulière au postmodernisme se révèle ici. Celle de transformer ce qui était vu comme antagoniste en complémentaire. Celle de changer d'attitudes et de règles. Celle de ne plus se conformer à ce que l'on affirmait comme impossible et qui était avant tout l'effet de règles explicites ou implicites prises dans le rejet de ce qui est différent. Le corps du sportif le démontre dans son triomphe compétitif. Mais il n'est pas le seul. En effet, si on change les règles, les marginaux peuvent eux aussi bénéficier d'une certaine intégration dynamique. La série télévisée argentine « Cambiando las reglas[123] » le prouve. On nous montre des aveugles qui jouent dans des compétitions de football contre des sportifs qui ont toutes leurs capacités visuelles, mais qui portent des bandeaux pour les empêcher de voir. Les aveugles gagnent toutes les compétitions, ce qui signale que, comme on le saisit à travers la postcolonialité et Bhabha, ils ont aussi un savoir supplémentaire très développé. Il se situe sur le plan des capacités à s'orienter en fonction de l'ouïe, des sensations et d'une utilisation de la proxémique que ne possèdent pas ceux qui voient. La différence ne manifeste pas forcément un manque, mais la capacité à développer des savoirs neufs qui s'imposent ou non. Désormais, le corps handicapé peut aussi jouir d'un mode de vie enthousiasmant et franchir certaines limites acceptées : « La mejor forma de no discriminar es ponerse en el lugar del otro[124]. » On saisit donc que l'insistance sur la maîtrise physique et intellectuelle est liée à une redéfinition des significations, à une capacité à produire de nouvelles significations multiples légitimes et donc à une transformation des rapports d'exclusion. C'est ce que met en valeur aussi Monique Proulx dans *Homme invisible à la fenêtre*. Un handicapé moteur et peintre décide de vivre au sixième étage en une reconquête de soi qui frémit de plaisir aux avancées d'un nouvel imaginaire corporel, celui qui échappe à un excès d'attention de la part des gens qui se considèrent comme normaux, et qui demande des stratégies d'invisibilisation. Ce travail sur la mimésis lié à des règles et à des attentes sur l'obligation au même qui force à effacer les traces de sa propre différence débouche sur une production picturale particulière. L'objet, portrait ou autoportrait, y devient le fruit tout postmoderne d'une pensée suggérant qu'il est construit par les conditions mêmes de sa production. Il n'est plus question de représentation du corps au sens de la modernité, mais bien d'un faire contextualisé en fonction d'un nouveau jeu plus risqué, celui qui s'insère dans le courant des désirs affirmant que l'identité est instable, multiple, en devenir et qu'elle franchit les limites du corps et de l'ego. C'est ce qu'affirmait Bateson se demandant où s'arrête le corps. Au bout de la canne de l'aveugle, à l'arbre qui tombe sous la scie du bûcheron[125]? Palo Alto et ses discours spécialisés se sont glissés dans la tête des artistes et dans le quotidien pour souligner que l'identité n'est pas un être, mais une série d'images de soi projetées dans les transformations des contextes.

C'est donc le changement et le multiple qui s'affichent partout dans les productions symboliques. Mais il faut être concentré et pratiquer l'autoréflexion pour tracer son chemin : « The WHOLE world steps aside for the man who knows where he is going : KeepWalking[126] », affirme Johnnie Walker en un énoncé ne pouvant que générer une série d'allusions subconscientes humoristiques liées au nom, à la marque. Et seuls les paranoïaques survivent, affirme Intel : « Only the paranoid survive because in our business total obsessiveness is what separates the never-miss-a-blip from the merely attentive[127]. » On peut ajouter un autre énoncé encore plus clair : « Impulse. No one has ever run a successful business by being uninformed. In fact, making critical decisions based solely on impulse wastes time, resources and effort[128] », affirme Information builders. Cela a pour corollaire : « Para ter sucesso no seu negócio é preciso ter foco. É preciso ter AE Setorial[129]. » La maîtrise dans le complexe en ayant un but, mais dans la capacité à se contextualiser et à réagir aux stimuli divers comme on l'a compris en étudiant la représentation de l'espace dans les publicités et ses réseautages presque chaotiques (voir 4.1), tels sont les nouveaux éléments propres à la culture explorant l'efficacité, la vitesse et le ralenti du réflexif dans le paradoxal. Ces énoncés sont loin du slogan « Bâtir sa sécurité financière, c'est une affaire d'instinct[130] » proposé par la Banque Royale qui tient à séduire des consommateurs ne fonctionnant pas encore au rythme des valeurs nouvelles.

La juxtaposition des deux titres (comme on dit dans le langage des publicitaires)[131], celui de Intel et celui de la Banque Royale, est particulièrement symptomatique. Elle manifeste la segmentation des populations dans le cadre de l'économie du savoir faisant parfois l'économie de la société du savoir. D'un côté, il y a ceux qui cherchent la sécurité et à qui on va proposer des placements qui rapportent peu, mais qui sont considérés comme sûrs. Ce sont des gens qui ont été formés à l'idéologie de la consommation reposant sur la valorisation de l'instinct, des tripes comme on disait au début des années 1970. Ils croyaient à l'authenticité de l'expression primordiale[132] libérant des interdits et des contraintes puritaines du maccartisme ou de la prérévolution tranquille. Madison Avenue se mit alors à ouvrir la voie au plaisir consommateur. De l'autre côté, il y a ceux qui sont formés à la concurrence greffée sur les nouvelles technologies et les flux de savoirs et de capitaux. Une rationalité du contrôle total dans le ludique est à l'œuvre.

4.6.2 De l'opposition consommation/production à la productivité généralisée

L'économie libérale semble non pas fragmenter, mais segmenter les identités entre consommateurs jouant de l'instinct et producteurs offrant leur maîtrise du monde aux innovations du nouveau millénaire. Ce clivage qui, au XIXe siècle et jusqu'au milieu du XXe siècle, reposait sur la complémentarité religion/travail, « Tu travailleras à la sueur de ton front » / « le travail, c'est la liberté », s'est déplacé. Désormais, les discours identitaires ne passent plus par un clivage Dieu/César, mais par une mise ensemble de l'instinct et du rationnel, de la consommation et de la production. Cette situation était déjà en marche dans les années 1980 dans un certain nombre de publicités qui attaquaient les allégeances syndicales. Ainsi, dans le *Globe and Mail*[133], on voyait un article sur deux colonnes à gauche présentant le conflit entre les travailleurs et la compagnie Chrysler et, en page de droite, en couleur rouge, une page de publicité Chrysler faisant appel aux consommateurs par le biais d'un titre accrocheur « STRIKE A GOOD BARGAIN ». Le jeu de mots comprenant le terme « strike », signifiant à la fois « grève » et « faire une bonne affaire », contribuait, par le double sens, à prendre en charge des identités opposées, celle des travailleurs et celle des consommateurs, mais dont le rapprochement était en gestation. Ces identités étaient encore prises dans les luttes gauche/droite soutenues par le contexte de la guerre froide comme le démontrait aussi une publicité Lada, une voiture soviétique importée au Canada, à la même époque. On nous y annonçait dans la *Gazette* : « All car warranties protect you if your car stops working. Only Lada protects you if you stop working[134]. » Ainsi, ce journal montréalais, en une page de publicité, nous informait que Lada paierait les mensualités sur l'emprunt si l'acheteur perdait son emploi. Bien sûr, on jouait là aussi sur le double sens de fonctionner (*working*) pour l'auto et de travailler (*working*) pour le propriétaire de l'auto qui était défini par le processus d'attribution, d'abord comme un travailleur et ensuite comme un consommateur. On jouait donc, selon le schéma jakobsonien connu différenciant connotation et métalangage[135], sur un jeu connotatif schématisé par un signifiant auquel étaient liés deux signifiés. Il s'agissait simplement de proposer des doubles sens à un public consommateur qu'il fallait influencer en lui proposant le plaisir du jeu. On pourrait dire alors que, contrairement à ce qu'affirmait l'école de Francfort, Adorno en particulier, liant produits des industries culturelles et dégradation, sinon barbarie, il s'agit d'ajouter du spirituel à la rationalité instrumentale. Cette logique est encore plus active à l'ère postmoderne, car les discours et les systèmes de valeurs en concurrence s'entrecroisent de plus en plus. C'est ce que soulignent Néstor García Canclini, Jesús Martín Barbero ou Santiago Castro Gómez. Ils mettent en valeur les nouvelles possibilités offertes par les technologies de reproduction et les médias de communication. Pour eux, ces techniques et ces médias favorisent la création de significations nouvelles, en particulier chez tous les gens qui passent à des cultures urbaines et vivent les multiplicités de discours en circulation créateurs de richesses symboliques ou économiques[136]. Par passer à des cultures urbaines, on n'entend pas seulement les mouvements migratoires des régions aux villes mais aussi le fait d'être branché à de multiples postes de télévision ou à Internet, ce qui apporte la culture urbaine aux régions et démultiplie les combinatoires et les mises en contexte.

Comme on va le voir plus en détail ci-dessous, la postmodernité propose des productivités liées à des signifiés beaucoup moins en rapport avec des clivages dualistes avec de simples doubles sens ou avec des contextes très stéréotypés comme dans le cas de *working*. Il y a ouverture des contextes établis sur des significations posant la question des potentiels de lecture engagés dans des cohérences culturelles plus vastes et en concurrence. Ici, plutôt que des sens doubles, il y volonté d'inciter à produire des significations multiples liées à des contextes discursifs diversifiés que le décodeur peut prolonger à sa guise. Autrement dit, le conflictuel bloqué dans des connotations tel qu'il est suggéré à partir du rapprochement des publicités Chrysler et Lada, c'est-à-dire *strike* et *working*, est désamorcé. De nos jours, les producteurs (qui ne s'appellent plus des travailleurs) sont des consommateurs. Il ne s'agit pas de rôles antagonistes, mais complémentaires qui participent à des images de soi jouissant de l'accès pragmatique à des expériences diverses dont la teneur culturelle, comme le souligne Beatriz Sarlo[137], est loin d'être négligeable. Cette expérience culturelle de la consommation à laquelle renvoie Sarlo est couplée à d'autres expériences culturelles importantes. Ce sont celles auxquelles nous allons maintenant nous consacrer. Elles visent la vulgarisation d'une productivité généralisée en ce qui a trait aux contenus sémantiques.

4.7 LA PRODUCTION DE SIGNIFICATIONS DIVERSES ET LÉGITIMES

4.7.1 Productivités littéraires et publicitaires

> La deconstrucción es leer no creyéndole al texto, sino cuestionando todo, es ir a la traza más lejana, pero sin querer jamás dar un juicio definitivo, sino ofrecer una hipótesis[138].

> The technology of tomorrow [...] requires men who, in C. P. Snow's compelling term, "have the future in their bones"... [...] What is needed is nothing less than a future-responsive mass movement[139].

L'encouragement à la productivité sémantique est fortement présent dans le supplément culturel de *La Tercera*, publié le même jour que l'exemple favorisant la liberté de choix tiré de la publicité de Radio Zero[140]. Cela signifie que, désormais, dans les publicités, des pratiques littéraires contemporaines qui mettent au défi les lecteurs de devenir producteurs de significations ou de se consacrer aux conditions de production des textes et des discours sont reprises. Il est donc insuffisant d'affirmer comme Tim Woods dans *Beginning Postmodernism* : « Much postmodern fiction is suffused with aesthetic representation of commodities and mass media entertainment[141]. » La tendance complémentaire existe aussi. De nombreux textes publicitaires reprennent des techniques discursives qui fonctionnent depuis longtemps dans le littéraire. À travers le ludique, ces techniques rejoignent les croyances et cherchent à inciter des populations entières à modifier leurs fonds de créance[142]. Dans les publicités, il s'agit de rendre les gens producteurs dans les domaines symboliques et économiques, l'un ne fonctionnant pas efficacement sans l'autre. On assiste alors à un passage de formes discursives d'une catégorie à une autre sans gêne véritable, de la littérature à la publicité ou vice-versa[143]. Par exemple, dans *La Tercera*, sur une page complète, on voit deux images identiques d'une femme nue. La première fois, elle est accompagnée du mot « arte » et la seconde fois du mot « porno ». Le désir de provoquer une réflexion sur la production de significations, de jugements de valeur et de processus d'attribution est mis en marche. Il correspond à une société qui ne repose plus seulement sur la consommation, mais qui doit former de plus en plus de producteurs efficaces capables de repenser les contextes culturels et leurs systèmes de valeur. Pour cela, on joue sur deux ordres discursifs en concurrence. Celui d'une éthique réprimant les désirs (*porno*) et celui d'une esthétique (*arte*) ouverte à leur potentialité.

De ce point de vue, on retient aussi le Club Med, qui met en valeur le texte suivant : « Il faudrait penser à rentrer [...] je commence à me sentir coupable d'avoir autant de plaisir. » Il est surmonté de « Dépasser les bornes » dont le double sens enchante. En effet, dans ce contexte avec le verbe à l'infinitif et non à l'impératif, dépasser les bornes peut signifier : il dépasse les bornes en ayant tant de plaisir ou bien il faut dépasser les bornes et continuer à jouir de la vie[144]. Deux significations sont proposées qui ouvrent à des univers idéologiques bien différents. Le public est alors rendu conscient des limites qu'impose une forme de puritanisme qui s'opposerait au plaisir consommateur. Cette annonce dévoile en même temps le rôle de la publicité par rapport aux impératifs religieux ou laïques contrôlant les capacités à jouir, à se dépenser et à dépenser[145]. Ces énoncés rejoignent celui qui permet le lancement d'une magazine nommé EGO et dans lequel on voit l'image d'une jolie femme aux cuisses envoûtantes : « Es frivola [...] Es indiscreta [...] En realidad, es un desastre [...] Y para decirles la verdad, me encanta. EGO. Una vez al mes. Dos, sería pecado[146]. »

Cette incitation à produire plusieurs significations à partir d'une image ou d'un texte n'est pas l'expression d'un laisser-aller. Bien au contraire. Elle manifeste la volonté d'une maîtrise plus grande du complexe comme le soulignent les images de surfeurs sur la lave ou les exemples des organisations spatiales réseautées. Cette incitation est liée à de nouveaux énoncés qui demandent de rejeter l'homogène et le monosémique. La capacité à produire des énoncés non standard à partir de stimuli textuels est valorisée surtout que les contenus peuvent être améliorés, notamment par une productivité jouant d'une forme ou d'une autre de rappel intertextuel, d'allusif dans le déplacement. En effet, cette image d'une femme nue en noir et blanc à la dernière page du supplément de *La Tercera* peut rappeler bien des choses, l'esthétique d'un film de Bergman comme le profil d'une femme d'un tableau du XVIIIe siècle[147] ou même les traits d'une actrice de théâtre célèbre, Amparo Noguera, passant à la télévision en première page du supplément. C'est dire que les décisions sémantiques renvoient à un allusif fondé non sur une norme, mais sur des réseaux discursifs mouvants, sur l'accumulation d'un savoir potentiellement utile.

Pico Iyer est tout à fait conscient de la multiplicité des interprétations : « The world [...] looks, in fact, more and more like a group of differently colored kids all sleeping under the same poster of Leonardo DiCaprio, while arguing about whether Titanic is an attack on capitalist hegemony or a Confucian parable of self-reliance : in short, a hundred cultures divided by a common language[148]. » Ainsi, la productivité sur le plan du contenu permet de créer un monde plus riche du point de vue de l'allusif intertextuel et notamment de l'allusif culturel. Il est différent de l'implicite qui cache une certaine monosémie comme on le voit chez Grice[149] dans l'implication. On le saisit dans le texte concernant le capitaine et son assistant. Ce dernier voulant se venger du capitaine inscrit dans le registre de bord : « Aujourd'hui le capitaine est sobre. » Cette affirmation est vraie, mais les implications pragmatiques suggèrent que d'habitude le capitaine était ivre. L'implicature renvoie à une lecture fondée sur une vérité. Par contre, l'allusif s'insère dans un réseau intertextuel de plus en plus large, car il s'agit, dans notre monde, de le rendre perméable aux contextes différents en contrôlant jusqu'à un certain point seulement la lecture et le décodage. L'allusif fleurit dans la conscience d'un univers partagé qui se nourrit d'une réflexion sur un écart, écart réflexif et écart différentiel dû à la diversité discursive et à l'intertextualité.

Les couches de l'allusif intertextuel changent comme on a pu le constater au sujet du concept de *home* (voir 4.2). Elles se mondialisent en des symboles applicables dans de multiples contextes comme le cheval de Troie bicéphale de l'exposition in SITE de 1994 à Tijuana mentionnée par García Canclini. Cette recontextualisation qui échappe à l'authentique n'est pas neuve, comme le prouve l'utilisation du mythe d'Œdipe par Freud, la relecture d'Antigone par Anouilh dans le contexte de la Deuxième Guerre mondiale, mais elle s'accélère par la normalisation du déplacement. Dans un monde où les cultures sont de plus en plus rapprochées et circulent, il n'y a pas vraiment de répétition, comme l'évoquent les deux images de *La Tercera* nous détachant de la production consensuelle de significations sous l'égide de lectures contrôlées par une orthodoxie politique ou nationale. On pourrait même dire que la répétition a lieu surtout dans le cadre de la recherche du consensus religieux ou national délimité par un territoire. Dans la variété des contextes issus de la mondialisation, les significations ne sont pas les mêmes. C'est ce qu'on peut saisir en songeant à Borges et à l'histoire du plagiat de *Don Quichotte* dans la nouvelle intitulée « Pierre Menard autor del Quijote [150] ». Dans cette nouvelle, le personnage plagie le *Don Quichotte* de Cervantes mot pour mot et aboutit à un texte complètement différent, car la capacité de production de significations des lecteurs des Amériques du XXe siècle est fort différente de celle des lecteurs européens de l'époque à laquelle Cervantes a publié son roman.

Le choix de la production du contenu à partir du contenu, ce qui est le propre des dynamiques sociales contemporaines à l'aide des technologies les plus sophistiquées aidant à multiplier les sources et l'accumulation d'informations, mène donc à la multiplication des lectures légitimes et transforme les publicités en textes intéressants visant une forme de rationalité sémantique. Voilà qui est différent à la fois des visées subliminales et des tentatives pédagogiques[151]. Produire des significations, à l'instar des interprétations différentes et légitimes dans les marges du texte sacré, comme dans la tradition kabbalistique de Safed, est une dynamique particulière de l'univers libéral et postmoderne. On joue de la production de significations issues de contextes variés et vastes ouvrant sur la construction de significations nouvelles à partir de grandes configurations sémantiques. En ce sens, cette dynamique est fort différente de l'insertion d'un signifiant admettant deux contextes restreints en position conflictuelle, comme nous l'avons vu pour la publicité Chrysler avec « Strike a good bargain » et celle de Lada avec *working*. Les lieux d'énonciation ne sont plus gouvernés par le conflit lié à la lutte des classes ou à la guerre froide. Ils sont des foyers variables et concurrents de productivités multiples.

Cette productivité liée à des lieux d'énonciation divers peut être multipliée comme les gens travaillant dans la publicité l'ont appris des arts et de la littérature. Dans le monde des rencontres interculturelles, de la vitesse, de la multiplication des médias et des stimulations culturelles, le rôle du discours littéraire a changé. Il n'a pour but ni la transmission du canon ni l'appréciation d'une signification unique et orthodoxe donnée par un spécialiste. Il ouvre plutôt au multiple par le biais de la circulation des traductions et aussi par les techniques mises en œuvre par des écrivains, annonceurs des transformations épistémologiques en cours. De Borges à Robbe-Grillet est mis en marche un processus qui court-circuite la lecture monosémique à la base de l'objectivité du sens. Par exemple, le déplacement par la description transformant les objets dans les romans de Robbe-Grillet est l'élément qui ouvre à la prise en charge d'une perception construisant le monde, qui n'est ni naïve ni liée à une transparence. La perception est, en effet, immédiatement culturalisée et ancrée dans les discours ambiants. Dans d'autres cas, comme dans *Les confessions d'une mangeuse de lune* de Hélène Bezençon[152], la prolifération des voix et des discours multiplie les points de vue et dédouble les personnalités suivant les contextes. De plus, les auteurs mettent souvent en scène la production de significations par des personnages lecteurs, des narrataires confrontés à des textes différents. *La lectrice* de Raymond Jean[153] ou *Balzac et la petite tailleuse chinoise* de Dai Sijie[154] manifestent ainsi une réception de textes qui n'a rien de passif. La réception est une production tactique ou stratégique de significations débouchant sur des conduites à partir : 1. d'intertextes plus ou moins éloignés de leurs lieux culturels ; et 2. de cacophonies discursives ambiantes, suppléant aux creux et aux indéterminations textuelles[155].

Dès lors, les protagonistes sont souvent des producteurs de significations nouvelles, non canoniques à partir d'un texte. Ils montrent comment utiliser les ressources sémantiques qui permettent, par la comparaison de discours divers, de produire des énoncés ou des scénarios nouveaux. C'est ce que l'on constate dans le roman *À contrevie* de Augusto Roa Bastos, qui est fondé sur l'exploration des déplacements culturels et sociopolitiques. Le protagoniste enfant vit à Iturbe, mais l'instituteur, personnage étrange, a créé Manorá dans Iturbe. Petit à petit, on saisit les caractéristiques différentes de Manorá et d'Iturbe qui « en réalité, ne se distinguaient pas[156] ». Qu'est ce qui rend ces villages différents, alors ? Un positionnement sémantique, une perspective sur les relations sociales gouvernée par la réflexivité : « Manorá n'avait pas d'autorités. Ni curés, ni chefs politiques, ni sectionnaires. Tout ce qui était l'orgueil d'Iturbe et la cause de ses maux. » Liberté ou ordre répressif donc. Dans ce jeu ordre répressif/ liberté, *À contrevie* rappelle l'image de *La Tercera* et les commentaires « arte » ou « porno ». L'instituteur Cristaldo, après avoir montré que, dans la boule du monde, il y a deux villages l'un dans l'autre, dit : « Maintenant, rentrez chez vous et réfléchissez[157]. » Il reste à s'entraîner à produire des scénarios qui ouvrent au développement d'une expérience humaine plus complète que celle où les gens n'ont pas l'occasion de vivre des rôles différents dans le quotidien[158].

Ces fonctionnements producteurs sont exploités dans les textes littéraires contemporains qui contribuent ainsi à détruire les significations et à en produire d'autres plus labiles et ouvertes. Ce pouvoir qui était autrefois surtout l'apanage des spécialistes, sociologues, psychiatres, sémioticiens, intellectuels, savants, se démocratise à travers les romans[159] dont la facture traverse les genres et inclut des éléments qui permettent la diffusion de savoirs complexes. C'est aussi un des attraits du roman *Self* de Yann Martel. Dans un passage, on nous propose la phrase suivante : « Pourquoi Georgie est-il mort[160] ? » On y souligne que, pour un médecin, il s'agit d'une question valide qui comporte une réponse valide : « leucémie infantile ». Par contre, pour la mère, la réponse médicale n'est pas valide puisqu'elle ne pose pas vraiment une question, mais une pseudo-question qui est une assertion déguisée. En demandant « Pourquoi Georgie est-il mort? », ce qu'elle dit, c'est : « Je ne peux pas accepter cette perte[161]. » La signification varie donc considérablement selon le lieu d'énonciation et le rapport de pouvoir au langage et au savoir qui se marque chez les sujets parlants dont les entraînements à des discours spécialisés ne sont pas les mêmes ou dont les cultures divergent fortement. La signification varie donc dans ses raisons et dans ses conséquences comme on le vérifie aussi dans *The Law of Love* de Laura Esquivel.

Dans ce roman où se combinent texte, images et CD, Rodrigo, le conquistador, en un stéréotype fréquent dans la littérature mexicaine, viole Citlali, la femme autochtone. Il la tue quand elle laisse tomber de sang-froid l'enfant issu du mariage entre lui et Isabel venue d'Espagne vivre au Mexique. L'enfant meurt instantanément. Le narrateur commente en ajoutant ce qui suit : « But what she never realized was that her revenge lay not in having murdered the infant but in having committed an act warranting death[162]. » Sa vengeance n'était donc pas le fait de tuer le fruit de l'amour entre Rodrigo et son épouse, mais bien d'obliger Rodrigo, passionnément amoureux d'elle, à la tuer. Cela mène immédiatement après au suicide de Rodrigo, un acte dont on n'informe pas l'épouse espagnole de Rodrigo, qui meurt en apprenant la mort de son enfant. Dans ce passage se marquent donc les significations diverses que prennent les actes indéniables comme le passage de vie à trépas. Ils sont inscrits dans des codes sociaux en vigueur qui divergent fortement dans le monde autochtone et dans le monde d'origine européenne et qui dépendent, en plus, de l'influence de ces codes sur les émotions et les perspectives individuelles liées à la séduction du métissage. Celui-ci dépend d'un rapport de pouvoir figé puisqu'il est ancré dans le génocide. Tout l'ouvrage joue ainsi sur les perspectives significatives, une dynamique importante dans le contexte des Amériques où, depuis des siècles, des cultures différentes se côtoient en ignorant leurs *a priori* de base réciproques. Comme chez Yann Martel, cette ignorance est liée à la mort. En effet, chez lui aussi les rapports de séduction et de pouvoir s'entremêlent, mais dans le cadre du viol du/de la protagoniste qui tue la possibilité même d'un épanouissement par l'amour et la sexualité.

4.7.2 Ralentir le temps

Il y a une différence importante entre la problématique mise en scène dans *Self* et celle traversant *The Law of Love*. *Self* se centre sur une seule vie, donc sur un espace et un temps finis. Le personnage aux orientations sexuelles parfois mâle parfois femelle, ne pourra jamais vérifier s'il a fait les bons choix et ne saura pas si le déséquilibre provoqué par ses choix aurait été moindre s'il s'était engagé dans une autre voie. La vision est celle non d'un espace qui serait le lieu possible d'un sécuritaire répétitif où tout prend sens, car on sait ce que l'on fait là, mais d'un temporel qui est à chaque fois nouveau et fondu dans des contextes changeants. Ce qu'on fait là dépend alors de l'exploratoire et de la capacité à contrôler l'équilibre dans des expériences enrichissantes ouvertes à l'expansion de soi[163].

Dans le cas de Laura Esquivel, le rapport au temps est plus complexe. Le roman met en scène, à travers plusieurs siècles, l'histoire des relations de pouvoir entre collectivités autochtones et créoles ainsi que entre hommes et femmes du Mexique et, par extension, des Amériques. Le roman présente la réincarnation comme normale[164]. C'est cette expansion continue de soi dans le temps qui importe et que l'on retrouve dans les discours libéraux. Mary Tolan, *global managing director* de Accenture Resources, l'exprime clairement : « I don't think I'll ever retire — I expect to have at least three more exciting careers[165]. »

Les multiples vies, la quasi-réincarnation fascinent dans le rapport à l'avenir. Dès lors, dans *The Law of Love* se pratique le déplacement de l'éloignement temporel qui, dans toute structure traditionnelle, permet de situer l'âge d'or dans le passé, du côté des origines. Mais chez Laura Esquivel ce déplacement permet d'explorer un rêve utopique d'harmonie tourné vers l'avenir. Dans le roman, en effet, la vie est une répétition non au sens spatial du terme visant l'enracinement dans la collectivité par la mythisation du retour des saisons comme dans le roman de la terre au Québec, mais au sens d'une théâtralité menant à travailler des esquisses des multiples images de soi en gestation pour parvenir au chef-d'œuvre final.

Il est clair que ce rêve est parodié en des scènes où le burlesque se couple à la caricature du dualisme, les âmes changeant de corps avec une facilité déroutante. Ainsi, l'utopie traditionaliste liée au régime colonial est ridiculisée ainsi qu'un monde où tout se résoudrait dans la paix unanimiste. La fusion finale représente la quintessence des aspirations consensuelles d'une humanité habituée à voir dans un grand tout, dans des idées platoniciennes, une porte de sortie par rapport au conflictuel quotidien : « The city of Gran Tenochtitlán appeared before them and, superimposed on it, colonial Mexico City. Then, in a unique phenomenon, the two cities became fused[166]. » À travers la réincarnation se trouvent donc déplacés deux processus : d'une part, celui de la croyance en la possibilité de retrouver l'authenticité du passé, d'autre part, celui de la croyance en un monde équilibré, réconcilié[167] : « the other person was oneself[168]. » Si on y ajoute la phrase qui suit, on voit la dimension kitsch de la remontée dans le temps, du visionnement de la vie comme un film rembobiné : « Bodies forgot knife wounds, bullet wounds, gashes, kicks, torture, blows and opened their pores to caresses and kisses[169]. » Très nettement, la fiction se joue des discours de fusion dans la territorialité enracinée et ouvre à l'expansion de soi dans des images multiples qui doivent se contextualiser efficacement afin de rencontrer l'autre. Cela est possible, car la multiplicité des vies comme la multiplicité des images de soi font qu'une mémoire, celle de l'exclusion, débouche sur des vies qui ne sont pas complètement vécues tout de suite pour la première fois. L'expansion de soi dans l'exploration de la mémoire plutôt que dans la croyance au canon historique permet d'envisager un avenir transformateur échappant au dualisme soi/les autres et inscrivant l'autre en soi. La multiplicité des perspectives est ce qui permet ce positionnement générateur de significations se différenciant en fonction de la modification des contextes.

La capacité ou non de produire des significations efficaces dans des cas de contacts rapprochés est aussi une préoccupation des *Silences du corbeau* de Yvon Rivard, notamment dans le rapport au temps. Les personnages se trouvent confrontés à un potentiel immense de significations devant la petite fille silencieuse de l'ashram à Pondichéry. Le protagoniste y évalue la fonction du vide sémantique : « je crois que tous les maîtres ont le pouvoir qu'on leur donne[170] », dit-il. Il affirme aussi : « L'univers est une corde abandonnée dans un champ qu'un passant, dans la pénombre, prend pour un serpent[171]. » À travers ces remarques caustiques se joue le bouillonnement de possibilités sémantiques déplaçant les significations canoniques que tenterait d'imposer soit un gourou, soit un système de croyance religieux.

Chez Yvon Rivard, se joue une donnée culturelle particulière à la situation québécoise et qui est aussi en partie la situation canadienne. C'est la question de la rupture, une question importante dans le cas de la postmodernité. En effet, la postmodernité est, d'une certaine manière, la capacité de souligner que le renversement, la rétorsion affichés par les avant-gardes de la modernité sont des mouvements absolutisants inscrits dans une logique dualiste de rejet de l'altérité. La postmodernité échappe à la rupture pour déplacer souplement les significations et dynamiser l'antagonisme dans une création ouverte à un avenir où les discours, comme les œuvres et les modes de vie, se mêlent. Or, dans les jeux identaires canadiens et québécois, il y a une tradition de la non-rupture. En effet, contrairement aux États-Unis qui ont marqué leur rupture avec l'Europe, notamment dans la déclaration d'indépendance, puis dans leur volonté de supplanter le pouvoir européen sur la planète, au Canada, la rupture n'a pas eu lieu brutalement. Une continuité avec la puissance coloniale anglaise a produit des accommodements négociés en fonction d'un contexte économico-culturel tenant compte du grand voisin. Cela ne signifie certes pas que le Canada a vécu l'ère postmoderne avant la lettre, car cette non-rupture n'était pas couplée à une relativisation relative. Toutefois, de nos jours, cette tradition de la non-rupture se couple au désir postmoderne d'hybridisation recontextualisante. Cette situation pousse le protagoniste des *Silences du corbeau* à produire des énoncés ambigus comme celui concernant le pouvoir que l'on donne aux maîtres. Ce pouvoir et son poids peuvent ouvrir à une recontextualisation dynamique, c'est-à-dire à une recontextualisation qui permet à une série d'images de soi de prendre de l'ampleur, de se sentir *at home* dans divers espaces. Est-ce vraiment le cas dans *Les silences du corbeau*? En partie seulement. En effet, le pouvoir qu'on donne aux maîtres laisse dans l'expectative. On peut très bien accorder ce pouvoir aux maîtres, qu'il s'agisse des élites traditionnelles canadiennes sécurisant l'identitaire dans le giron colonial anglais ou bien, plus récemment, dans le giron fédéral ou dans l'affirmation nationale québécoise. On peut aussi très bien ne pas le leur accorder. On décidera alors de choisir entre deux voies. D'une part, on pourra s'engager dans une forme de rupture historique qui est la démarche de la modernité reprise par les nationalistes canadiens face à l'Angleterre puis aux États-Unis, ou par les nationalistes québécois. D'autre part, on pourra explorer le relativisme relatif[172] qui se contextualise avec un passé identitaire de non-rupture. D'une certaine manière, il va s'agir d'une image de soi moins assurée que celle issue d'un contexte d'affirmation par la rupture. Dans le roman, elle mène à produire des énoncés comme ceux concernant le pouvoir accordé ou non aux maîtres. Mais cet énoncé ouvre sur une troisième voie. Entre accorder et ne pas accorder de pouvoir, elle est celle qui serait de se lancer dans une dynamique productrice de significations permettant de lire l'énigme de la jeune fille de l'ashram selon plusieurs points de vue. Dans le roman, c'est le rôle que jouent les dialogues entre les touristes/disciples/sceptiques faisant fonctionner une forme d'agora temporaire.

Chez Yvon Rivard, cette productivité doute un peu de son efficacité. On le saisit dès la première page du roman quand le narrateur échange sa montre Timex au cadran lumineux contre une Bulova aveugle et sans chiffre : « Toujours est-il qu'en attendant cette improbable libération je devrai, comme cette nuit, me réveiller pour savoir combien de temps il me reste à dormir[173]. » Le temps, dans ce ludisme paradoxal[174], ne mène pas à un individu qui serait en mesure de jouer avec assurance de ses multiples personnes, au sens du théâtre grec. La productivité active tournée vers l'avenir reste timide. Un paradoxe enserre le personnage de même que la société où il a vécu sa jeunesse. Elle oscille entre un désir de continuité et un besoin de rompre. Meschonnic souligne justement que beaucoup de sociétés tiennent « à la fois du dépassement et de la récupération[175] ». Selon lui, la postmodernité est « une réécriture permanente des rapports entre continuité et discontinuité[176]. » Elle dépasse de beaucoup les questions de territoires et de frontières. Par rapport à l'image du surfeur saisissant le moment adéquat pour réussir telle que diffusée dans une publicité inventée pour une compagnie de haute technologie, cette remarque donne la mesure des différences qui se maintiennent entre les discours littéraires et les discours publicitaires. Les premiers poussent à la multiplication des interprétations dans la nuance, le ralenti, la réflexivité sans chercher, comme les seconds, à réinscrire ses modes de construction de soi dans la visée d'un succès économique garanti par la marque.

4.7.3 Productivités et publicités

Dans les publicités, on invite les consommateurs à produire des énoncés significatifs différents. Ainsi, à partir d'une pince à linge, Xpedior dit : « Some see a clothespin, a couple hugging and kissing[177], some see a painful antidote for snoring, sheets blowing from a clothesline on a breezy spring day, an alligator standing on his hind legs[178]. » La volonté d'entraîner à une productivité sémantique qui ne s'arrête pas au connu ou à l'orthodoxe de l'unique est claire. Cela est différent de la logique de lecture proposée dans les commentaires suivants d'un ouvrage touristique sous une photo de paysage semi-désertique et de cañon comme on peut en voir en Israël, en Arizona ou dans le nord de l'Argentine : « Dans l'ancien royaume de Grenade, le paysage semble conserver comme une empreinte maure[179]. » L'authentique national est réaffirmé ici dans le souvenir d'une étrangeté (présentée pour les étrangers et non pour les Espagnols) pittoresque enracinée dans les pierres. Voilà qui évite d'aborder la question des exclusions. Les Maures font disparaître élégamment les Maghrébins illégaux chantés par Manu Chao dans son album intitulé *Clandestino*.

Les textes à multiples productivités sémantiques sont fort répandus récemment dans les Amériques. Par exemple, on nous présente une page de dessins très schématiques et Aspen classic FM102.3 dit : « Pueden ser las trompetas de la banda de James Brown, o dos árboles podados, o los escapes del auto de Pierre Nodoyuna, o dos toboganes, o los Oxford de Madonna[180]. » Retenons aussi :

> ¿Qué significado tiene para Ud. una puerta? ¿La ve como un obstáculo? ¿Pesada e inmóvil? ¿Gruesa? O quizás a Ud. se le abren todas las puertas. Ceden y de repente ya ni siquiera son puertas sino entradas. Descubra nuevos lugares. De continente a continente. De una orilla a otra. Donde Ud.haga negocios. ¿Qué significado tiene una puerta cuando Ud. tiene la llave[181]?

Même si la publicité pousse à générer des scénarios, elle réduit les possibilités à une icône, celle de Diner's Club qui nous affirme que la carte est la clé[182]. En cela, elle diffère du texte littéraire qui laisse ouvert le cheminement[183]. Mais les différences ne se bornent pas à cela. Le commentaire publicitaire concernant l'ouverture de la porte rappelle les premières lignes du roman *John's Wife* de Robert Coover, où John, caricature du libéralisme contemporain, est ridiculisé ainsi que le mode de vie statique de la petite ville : « Closed doors opened to him and obstacles fell[184]. » Dans le ludisme de départ, le discours publicitaire impose une forme de sérieux lié à la marque, tandis que l'esthétique littéraire travaille l'ironie dans le déplacement des codes sociaux. La littérature renvoie le lecteur à un univers où, comme le souligne Octavio Paz dans *Le singe grammairien*, on dit toujours autre chose. Dans la littérature, les productivités sémantiques sont accompagnées d'un nombre très important de réminiscences intertextuelles. Pico Iyer mesure bien l'enjeu des situations où les lieux de passage rendent les personnes productrices de conduites diverses : « I realized that by going halfway through the open door, he had allowed me to walk out of it on the other side[185]. » La dynamique littéraire est là. Dans la capacité à offrir aussi une sortie. Dans la possibilité d'une rencontre avec l'autre. Le passage par l'écoute de l'autre, par sa prise en charge dans l'écriture est ce qui différencie le discours littéraire du discours publicitaire centré sur l'œil. C'est aussi cette écoute qui fait que l'on comprend que, parfois dans le processus d'émigration, par exemple, l'autre est pris, comme le souligne le personnage de Iyer, « in a revolving door[186] ». Il est alors incapable d'être bien où il est arrivé et incapable d'aimer le lieu d'où il vient[187]. La porte littéraire est ainsi plus complexe que la porte publicitaire même si celle-ci veut promouvoir des interprétations multiples. En effet, contrairement à Diners Club, Pico Iyer ne détient pas la clé ouvrant sur une solution.

Il faut bien comprendre que la publicité Diners Club est une vulgarisation, dans le langage public, d'une technique d'investigation présente dans les recherches sociologiques et anthropologiques, en particulier la phrase concernant ce que la porte provoque comme réflexion chez le lecteur. On se souvient de la technique d'enquête utilisée par Pierre Maranda et analysée par Lise Boily[188] pour vérifier les *a priori* des employés dans une culture d'entreprise. Le même type de question provoquant des réponses prévisibles est utilisé pour mesurer le degré de prise de risque ou de recherche de sécurité que manifesteront les employés. On leur parle d'un homme, d'une femme et d'un serpent et on leur demande de composer une histoire qui sera ensuite analysée, selon des principes propres à l'analyse structurale des récits, par le spécialiste pour y découvrir les réflexes cachés et la culture personnelle de l'individu. De cette manière, il manifestera ses penchants pour telle ou telle conduite utile ou non à l'expansion de l'entreprise. En un sens, on n'est pas très loin des techniques suggérées par le phrénologue Combe et par les utilisateurs de la physiognomonie pour explorer les capacités des individus à s'adapter au jeu social et à remplir certaines tâches utiles (voir 3.5). Toutefois, dans notre monde, on fonde l'analyse non sur des caractéristiques physiques liées à un « esprit », à une conduite, ce qui est typique d'un dualisme positiviste, mais sur des capacités à produire des liens nouveaux, à créer des éléments culturels inédits. Le but n'est plus de se connaître au sens socratique de l'expression ainsi que le démontre tout le roman *Self*. Il s'agit de développer des scénarios qui visent à changer les fonctionnements socio-économico-culturels et à échanger informations et positions sur les barreaux de l'échelle sociale et sur les terrains des relations interindividuelles.

Plus récemment, dans les publicités, on utilise un humour plus poussé pour inciter la population à produire des scénarios divers. Cette fois, on propose des énigmes. Ainsi, sur fond terne d'une bouteille vide non identifiée, on pose une question : « You have an empty wine bottle. A dime is placed inside the bottle and the cork is inserted in the neck. Your job is to get the dime out without removing the cork or damaging the bottle. HOW DO YOU DO IT[189] ? » Cette devinette est loin d'être arbitraire, car elle dramatise visuellement les rapports entre la modernité et le libéralisme contemporain : comment franchir les limites et échapper à l'enfermement intérieur sans faire de dégâts ? Comment libérer la richesse d'un espace sans tout détruire, comment offrir la liberté aux populations sans passer par la révolution ? À travers cette devinette, on tente de stimuler l'invention de scénarios producteurs en accord avec les remises en question idéologiques. Le lecteur lit ce texte qui ressemble à une publicité, mais qui ne semble pas en être une, car il n'y a aucune marque ni produit à vendre. Si le lecteur ne trouve pas la solution, il tourne la page. Ford affirme : « [...] Push the cork in. » Ainsi, il faut enfoncer ce qui bloque dans la profondeur de l'espace pour libérer les richesses et les populations. En un mot, contribuer à ce que ceux qui bloquent les sorties continuent à s'enfoncer dans les logiques territoriales et les profondeurs des idéologies dépassées. Ils s'y perdront.

Ces techniques de vulgarisation de la production de significations ne se conforment toutefois pas, selon nous, à ce qu'affirme García Canclini parlant des dirigeants d'entreprises et des investisseurs qui imposent aux pratiques démocratiques « de reducir a mercancia el sentido polisémico que tienen los bienes culturales[190] ». Il nous semble au contraire avoir montré que les publicités considérées plus haut et leurs visées polysémiques vulgarisées tendent à créer un intertexte où il y a certes une présence forte des marchandises, mais où se jouent aussi des changements dans l'approche aux significations.

Serait-ce alors que les significations sont aussi devenues une marchandise? C'est ce que suggère Daniel Castillo Durante en donnant l'exemple des médias mexicains commentant la position du Mexique dans l'ALENA. Toutefois, il note que ceux-ci jouent d'une logique binaire et manichéenne. Malgré tout, D. Castillo Durante a raison de souligner que « l'information conventionnelle, commerciale et topique [...] est construite sur une logique enthymématique[191] ». Cette logique donne le résultat suivant : « a. Le Mexique fait partie de l'ALENA, b. le Mexique est un pays développé. » Cela permet de « a. dé-latino-américaniser le Mexique et b. [faire] oublier que plus de 50 % de la population mexicaine vit au-dessous du seuil de pauvreté ». D. Castillo Durante recompose alors le stéréotype : « 1. Les États-Unis, première puissance économique, politique et militaire de la planète, est le partenaire principal de l'ALENA, 2. le Mexique fait partie de l'ALENA, 3. le Mexique est un pays développé[192]. » Il poursuit en affirmant que c'est la liberté d'interprétation qui est en jeu. Toutefois, cette logique binaire, qui est active dans les milieux conventionnels et qui existe aussi dans la rhétorique libérale non seulement dans des publications au Mexique, mais aussi dans divers articles concernant les changements économiques sur tout le continent, n'est pas la seule. Une autre logique, celle de la valorisation de la production de significations, s'est mise peu à peu en place. C'est celle-là que nous analysons, car elle modifie l'autre. C'est dans cet ajout que se manifeste un changement culturel intéressant, celui qui valorise la créativité individuelle face aux significations liées à des contextes multiples et changeants. Cette nouvelle responsabilisation individuelle fait que, désormais, on ne peut pas considérer la nouvelle culture médiatique et publicitaire comme une culture de masse. La culture, dans le monde occidental, au Canada et aux États-Unis, y compris les productions médiatiques, est composée de culture savante produite par des spécialistes et vulgarisée par des moyens technologiques d'avant-garde. Elle repose aussi sur des références intertextuelles à des savoirs plus populaires ou à des savoirs sociopsychologiques appliqués[193]. Cette culture est diffusée pour une population dont une très grande partie a terminé l'école secondaire et dont un nombre important détient un diplôme collégial ou universitaire.

4.7.4 Le choix des lectures

> The metareaderly process to take account of itself exacerbates the stakes of knowledge and power. Thus it is that, after mastering raw materials, then energy, then financial flows, mastery of the « flows of knowledge » clearly becomes the principal challenge of the next decades[194].

Il est clair que, pour les multinationales et les agences de publicité, produire des significations et inventer des scénarios sont des éléments importants du paysage culturel contemporain au même titre que, dans le cadre d'une modernité nationale particulière, la simplicité oppositionnelle dualiste était valorisée. Dans ce cas, la lecture pédagogique et l'État allaient de pair, comme le souligne Mempo Giardinelli[195] : « Trabajar por [...] la lectura es trabajar por la Educación como razon de Estado. Porque no hay educación sin Estado[196]. » Cette réflexion semble rejoindre les pensées de théoriciens comme Balibar et Wallerstein, qui affirment que la culture est ce qui permet de ne pas assimiler l'État à la nation même si la plupart du temps, dans le monde moderne, les gens ont accès à la nation par l'État[197]. » La différence entre Balibar/Wallerstein et Giardinelli manifeste bien les pensées qui circulent autour des questions rapprochant culture, État et nation. Balibar et Wallerstein voient dans la culture une promesse qui permet d'échapper au poids du contexte de l'État-nation dirigeant rigidement les discours sociopolitiques. Entre Balibar/Wallerstein et Giardinelli se mesure l'écart entre culture et pédagogie, entre jouissance et utilitarisme. Chez Giardinelli, le discours de valorisation de la lecture est intéressant, mais il rate les fonctionnements contemporains manifestant que l'éducation passe certes par l'école publique gratuite et obligatoire telle qu'elle est organisée par les ministères de l'Éducation, mais aussi par bien des instances privées, médiatiques, familiales et par bien des réseautages. De plus, la lecture de nos jours ne signifie plus uniquement décoder et affirmer une orthodoxie du sens, mais s'engager dans un rapport productif valorisant les perspectives et ouvrant sur plusieurs contextes bigarrés. Giardinelli reprend le stéréotype pédagogique de l'État-nation comme promesse d'un mieux-être qui a pour visée ultime d'imposer la logique de l'État. Giardinelli ne saisit pas ce qui est bien compris par Jesús Martín Barbero. Le mythe d'Ulysse est invalide, car le retour est impossible. S'il y avait possibilité de retour, de toute façon, le lieu aurait changé : « Las condiciones de desigualdad entre naciones, regiones y estados, continúan e incluso se agravan, pero ya no pueden ser pensadas al margen de la aparición de redes y alianzas que reorganizan tanto las estructuras estatales como los regimenes políticos y los proyectos nacionales[198]. » Il faut saisir par exemple que les multinationales tentent de promouvoir une flexibilité symbolique en accord avec la vitesse et le déplacement tout en prévoyant leur contrôle en insérant cette flexibilité productrice dans un champ de référence avant tout pragmatique et commercial. Culture et économie s'associent pour favoriser symboliquement et linguistiquement une utilisation persuasive tournée vers un libéralisme mondial ouvert à la reconnaissance de certaines différences. Cette reconnaissance n'est pas toujours au rendez-vous comme on le constate dans l'article de Mempo Giardinelli qui réagit avec raison à un texte du FMI affirmant que l'Argentine est suréduquée, ce qui nous replonge dans un obscurantisme pour le moins dangereux.. Toutefois, lui-même n'arrive pas à échapper à une logique dépassée en ce sens qu'elle ne lui permet pas de comprendre les fonctionnements du monde contemporain[199] et donc de lutter efficacement dans le cadre des rapports de pouvoir symboliques et économiques actuels.

Il n'en est pas de même de tous les critiques sociaux qui ne partagent pas les fondements du libéralisme mondialisant. On retient les jeunes qui travaillent à Radio Wayna Tambo à El Alto, la ville pauvre qui surplombe La Paz : « Seguimos creyendo que nuestra intervención política ocurre en el campo de la cultura y que, en el plano cultural, una de las luchas por la hegemonía, una tiene que ver con la hegemonía interpretativa[200]. » Voilà où se situe en effet une des luttes contemporaines que ne saisit guère M. Giardinelli. Dans la question de la diversité telle qu'elle est prise en charge symboliquement par les diverses instances privées ou publiques, commerciales ou politiques qui vont encadrer les capacités d'invention de scénarios et de production sémantique des populations. Mario Rodriguez, le directeur de la radio, souligne l'hégémonie des grandes chaînes d'information et le monopole de l'information, surtout le monopole du commentaire interprétatif. Nous voilà au cœur des questions de productivité sémantique. Il propose une manière distincte de lire le monde. Celle-ci est différente de Mempo Giardinelli qui rejette Internet ou la télévision pour ne considérer que la lecture. Mario Rodriguez reconnaît que l'important réside dans les capacités de lecture non seulement des livres, mais des différents médias et des discours qui circulent. Pour cela, il propose de mettre ensemble la diversité et la singularité. La diversité est mondiale et est faite du développement des singularités, particulièrement en contextes urbains contemporains. En ce sens, Mario Rodriguez échappe au discours plutôt traditionnel de Mempo Giardinelli. Il se positionne en fonction des dynamiques contemporaines. Celles-ci sont mises en évidence dans les publicités ouvertes à la valorisation des productions de significations et sont contrôlées par le contexte libéral. Mais celui-ci réduit souvent la production de significations à la valorisation d'expériences qui, pour diverses qu'elles soient, ne laissent guère de place à l'espace public de la société civile ou aux discours qui n'iraient pas de pair avec la logique commerciale.

C'est pourquoi Mario Rodriguez prend place dans la diversité mondiale en favorisant un développement local endogène, mais qui est en mutation. C'est celui de la société bolivienne aymara en processus de changement à travers le passage à l'urbanité. Cette société est reliée à la planète et fonctionne dans un cadre économique restreint où la société de consommation est un spectacle télévisuel beaucoup plus qu'un fonctionnement quotidien pragmatique. Dans ce contexte, Mario Rodriguez veut favoriser la production de discours différents qui seront capables de souligner que les promesses diffusées par le spectaculaire médiatique ne peuvent se concrétiser. Il veut assurer un espace social renouvelé et critique favorisant la communication, car le pragmatique est absent. En effet, la productivité de significations multiples, telles que valorisées par les publicités, passe par son contexte obligé qui est le ludique consommateur greffé sur des règles sociales assurant un bien-être minimal. Mario Rodriguez comprend que le spectaculaire est mondialisé, qu'il façonne une culture planétaire. Toutefois, il est très conscient que la différence entre le Premier Monde et le Tiers-Monde est que le spectaculaire n'est pas accompagné du pragmatique, puisque les capitalisations économique et technologique et la mise en place de programmes sociaux sécurisants permettant aux gens d'épargner et d'investir leur argent n'ont pas eu lieu en Bolivie[201]. Il reste alors à se positionner efficacement. Ce scénario ne passe ni par le retour à l'idéologie de l'école au service de l'État, comme le veut Giardinelli, ni par la maîtrise de l'équilibre dans le paradoxe comme dans les images des sports extrêmes, mais par la tension entre la singularité et la diversité[202] dans le local même. Peut-être dans la manière de chacun et de chacune de vivre cette tension pourra surgir l'individualité comme expression culturelle de « escenarios urbanos contemporaneos[203] ».

4.7.5 Exemples européens de la production de significations dans les publicités

Affirmer par le publicitaire que le lecteur a le choix des interprétations est un élément récent en Europe occidentale aussi. En effet, une logique moins ancrée dans la promotion du libéralisme utilise la multiplicité potentielle d'interprétations, mais elle n'ouvre pas à une productivité aussi grande comme si le médium publicitaire détenait le point de vue ou l'interprétation correcte. Mais on découvre quand même quelques exemples de cette valorisation différentielle, par exemple dans une publicité du *Süddeutsche Zeitung* sous forme de carte postale distribuée en 1998. On y voit un poing et un poignet noir levé à l'instar d'une invitation à la lutte. Il est accompagné de trois lectures possibles : « Afrika? Boxen? Ausländerhass[204]? » Cela jusqu'à maintenant semble rejoindre les pratiques de *La Tercera* ou de *Forbes*. Mais il y a deux différences majeures. D'une part, cette image est entre guillemets, ce qui suggère qu'il s'agirait d'une citation et que quelqu'un, en l'insérant dans un contexte adéquat, en donnerait une lecture correcte. On ne suggère donc pas que le contexte pourrait rester en partie indéterminé. D'autre part, on prend connaissance d'un slogan qui dit : « Wer sie liest, sieht mehr[205]. » On ne s'engage donc pas dans la voie explicite d'une multiplicité d'interprétations, mais plutôt dans celle qui reprend l'idée qu'on va en voir plus. On se tourne encore plutôt vers une forme de spectaculaire que vers une adaptation à un contexte qui pourrait devenir une écoute de l'autre[206].

Les discours issus de *Forbes* ou de *La Tercera* mettent en place deux éléments nouveaux par rapport aux aspirations de la modernité. D'une part, la légitimation de la démocratisation du déplacement, géographique et sémantique[207], d'autre part, le stimulant des multiples interprétations avec l'insistance sur la productivité individuelle de significations différenciées. Du côté de l'Europe, on assiste plutôt à un maintien des acquis ramenant plus nettement à l'affirmation que le médium proposera une vision cohérente des événements. Nous n'affirmons pas ici que, dans le processus de décodage par les lecteurs canadiens, chiliens ou états-uniens, le médium n'imposerait pas une certaine vision, mais que, dans la rhétorique jouant de la productivité sémantique, se met en place une conception particulière de l'individu des Amériques. Elle est différente de celle qui était proposée avant les avancées de la mondialisation et aussi de celle proposée par l'Europe dans le même cadre de la mondialisation. Il semble donc bien que, si des comparaisons s'établissent, celles-ci passent par des visions qui maintiennent des liens avec des aspirations plus anciennes : en gros une certaine forme de stable communautaire pour l'Europe et une exaltation de la créativité individuelle dans l'optimiste pour les Amériques. Toutefois, tout récemment, on note une orientation vers plus d'optimisme dans certaines publicités européennes. « Le monde est rempli de gens sympathiques. Les miracles existent dans la vie. Rien n'est compliqué [...] qui ne se ressemble pas s'assemble. POSITIVE GENERATION[208]. » On voit le lien aussi entre l'optimisme et la valorisation de la différence, sans oublier le rejet du compliqué qui est différent du complexe. On retient cependant qu'il s'agit du fournisseur pour Internet, Wanadoo, donc d'une compagnie engagée dans le mondial et qui sait s'inscrire dans des processus discursifs qui modifient les images de soi des classes bourgeoises sur la planète.

4.8 INTERTEXTE, DISCOURS ET TRAVERSÉE DES ORIENTATIONS SEXUELLES

> Vous êtes dans un avion, en train de lire ce magazine. Peut-être faites-vous partie du million d'êtres humains qui vont franchir une frontière aujourd'hui [...] Cherchez-vous des livres qui parleraient à votre cœur errant? [...] Ce nouveau courant, nommé « littérature globale » n'a que faire des frontières traditionnelles ou des vieilles définitions.[209]

L'exploration de scénarios dans la mise en scène des jeux contextuels et des multiplications de lectures est une constante où se rejoignent les publicités contemporaines et de nombreux romans. Les jeux sur la traversée des orientations sexuelles émaillent *The Law of Love.* D'une réincarnation à l'autre, à travers les siècles, un homme devient femme et vice-versa. Le personnage subit des rapports de domination bien différents selon le cas. Cette traversée est aussi explorée dans des publicités : « Man? Woman? Does it matter? », suggère Sure qui, devant une image d'un ventre plat au-dessus d'un jean, ajoute : « Sure Ultra Dry keeps you drier than any other type so a MAN WOMAN HUMAN feels clean[210]. » La publicité ouvre à la remise en question des dominations. Le produit qui est une serviette hygiénique permet de ne plus se préoccuper des inconvénients et de se vivre dans des rôles sociaux similaires, que l'on ait des règles ou pas. Le produit est le catalyseur du changement de rôle et des activités exploratoires. Dans *Self* aussi, se connaître est une activité exploratoire qui rejette l'attitude statique déterminée par les rôles sociaux où le narrateur critique un des personnages pris dans la stéréotypie : « Pour elle, la vie était un moule plutôt qu'une mue[211]. » L'exploratoire transforme pourtant le protagoniste et sa visée identitaire en une quête d'images de soi potentielles. Il n'est pas figé dans une orientation sexuelle puisqu'il est masculin puis féminin, puis masculin[212], tout en s'affirmant lesbienne face à une femme. Les partenaires varient donc en fonction des métamorphoses génériques issues de modifications dans les rapports de pouvoir, de la visite à Fatima au Portugal, au viol à Montréal.

Contrairement à la publicité, les textes littéraires soulignent souvent les rapports de pouvoir destructeurs. En effet, le jeu sur le franchissement des limites se heurte à ce que demande encore en partie la société comme le mentionne Erving Goffman[213], un effacement du corps, c'est-à-dire une demande évitant la singularité corporelle et ses divagations caméléonnes. Cela se vérifie aussi dans *La petite fille qui aimait trop les allumettes* de Gaétan Soucy. Deux enfants qui ont passé leur vie cloîtrés sur la propriété familiale vont au village quand leur père meurt. Dans cette situation au départ similaire à *Being There* de Jerzy Kosinski[214], s'affichent des problèmes d'incompréhension sérieux. Ils dépendent d'un vocabulaire qui ne correspond pas au lieu d'énonciation. En effet, ces deux enfants pensent qu'ils sont des garçons : « Papa a deux fils, dis-je. Moi et mon frère[215]. » Mais ce sont deux filles qui parlent au curé scandalisé : « J'aurais aimé mettre les doigts dans ma culotte et lui jeter du sang, mais je n'avais pas de sang ce jour-là, c'était cicatrisé jusqu'à la prochaine fois[216]. » En se trompant de lieu d'énonciation, les deux personnages mettent en valeur un rapport espace corporel/sémantique inacceptable pour l'ordre de la modernité. Ils/elles essuient les foudres de la communauté pour laquelle il n'est pas question d'aller au-delà du paradigme nature/

culture et de ses rôles fondés sur la croyance en la mimésis, sur la copie d'un « réel naturel ». Il n'est pas question de recourir à Michel Foucault[217], qui soutient que l'orientation sexuelle est une série d'effets produits dans le corps par une technologie politique. Comme la sexualité, l'orientation sexuelle n'est pas originellement donnée dans le corps. Ce qui est intéressant dans tous ces textes littéraires, publicitaires et théoriques qui se recoupent n'est donc pas l'attribution par un discours centreur ou par une autorité symbolique intangible, mais le déplacement de la représentation et de la construction socioculturelles. C'est le déplacement qui fait du lieu d'énonciation allant au-delà des rôles sociaux imposés, des rôles sexuels codés, une expérience intéressante parmi d'autres expériences[218]. Le corps n'est donc plus un espace aux limites définies, mais un faisceau de potentiels débouchant sur des frontières à dépasser. Il faut lier frontières corporelles et frontières propres à la géographie physique. Cela, la dynamique des transformations dans *Self* le démontre clairement. Il est symptomatique que l'héroïne qui se fait violer dans son appartement ne parvienne pas à se faire tuer au milieu de la route où elle souhaite se suicider. À l'ère postmoderne, pour les femmes, l'espace intime est moins le lieu de la protection et l'espace public du mouvement, moins le lieu de la destruction, que durant la modernité. Les déplacements des stéréotypes sont exposés de façon surprenante dans la fiction. Ils vulgarisent le savoir d'un théoricien comme Foucault en mettant le lecteur de plain-pied avec l'absurde des représentations. Ils sont générateurs de rêves, ouverture à des contextes autres par la multiplication des relations possibles. De plus, l'aspiration à l'androgyne manifeste que la « sécurité existentielle se relâche » comme le souligne David Le Breton[219]. Cette prise de risque dans l'euphorie de l'exploration des images de soi à travers le corps et ses métamorphoses est le complément érotique et esthétique de l'exaltation publicitaire des sports extrêmes. Franchissement des limites et invention d'un nouvel équilibre dans les défis marchent de concert.

Dans ces exemples, la fiction est plus en rapport avec une forme de polythéisme lié, selon Maffesoli, au prospectif du féminin[220] à partir d'une androgynie rendant cosmique l'expérience individuelle et favorisant la coïncidence des contraires. Cette coïncidence, comme on va le voir au sujet de la publicité Samsonite (voir 4.12) évoquant le Yin et le Yang, s'affiche dans ce qui ouvre sur le loisir, le voyage, le déplacement jouisseur qui va découvrir l'espace, mais sous son jour nomade, explorateur. C'est cette dimension qui réinstaure le dyonisiaque dont parle Maffesoli. Entre la publicité et la littérature se tracent donc des dominances dans des fonctionnements discursifs intimement contextualisés par l'appréhension de la variation, du changement et des instabilités imprévues. Une visée vers la maîtrise dans le jeu des potentialités multiples des personnages en action s'affirme de concert avec la jouissance du mouvement et du franchissement des limites. Ces deux tendances sont présentes dans les discours publicitaires comme littéraires, même si le littéraire est plus du côté de la fragilité, et la publicité du côté du contrôle.

4.9 RÉFLEXIVITÉ ET PERSPECTIVISME

> The key to this global soul, for Emerson, lay entirely in perception : it was not so much that man had been exiled from the Garden as that he had ceased to notice that it was all around him[221].

On a pu prendre connaissance, à l'époque où le libéralisme économique diffusait ses slogans comme « Profits isn't a dirty word[222] », d'encarts publicitaires ayant pour but d'exposer le fonctionnement de la publicité. Ford écrit en gros caractères : « Read the fine print » qui sont placés en-dessous des citations comme : « Ford has built a first-class compact that can go head-to-head with its japanese competition[223]. » Par la suite, ces exemples se couplent à de nombreux textes publiés dans les médias et démontant le fonctionnement de l'information[224]. C'est ce à quoi se consacrent de manière très pédagogique des publicités qui paraissent dans les journaux quotidiens comme le *National Post*. On y découvre deux pages de publicités initiant les lecteurs à la manière dont la première page du journal est construite suivant une hiérarchie qui va du plus spectaculaire au moins spectaculaire. En effet, suite à l'accident du Concorde à Paris, on nous montre ce qu'aurait été la première page si cet écrasement n'était pas survenu. On aurait présenté l'échec des négociations de paix au Proche-Orient. Et si ces négociations n'avaient pas échoué ce jour-là, on aurait mis en valeur la campagne électorale aux États-Unis, etc. De plus, vers le bas de la page B7 on nous fait un résumé de ce qu'auraient montré les pages en 1912 si le *Titanic* n'avait pas sombré, puis en 1957 au moment de *Spoutnik*, puis en 1963 lors de l'assassinat du président Kennedy[225]. Toute une organisation pédagogique qui se manifestait presque uniquement, il n'y a pas si longtemps, dans des cours au collège ou à l'université présentant le fonctionnement des médias a lieu au cœur même de ces médias. Ils présentent un savoir sur eux qui démonte la manière dont ils sont quotidiennement construits. La réflexivité se conjugue avec la nécessité de faire passer la multiplicité des angles perceptifs des langages spécialisés dans le langage public avec pour corollaire l'entraînement au décodage et à la production multidiscursive. Constamment, une remise en question des certitudes liées au monde proche est exprimée. Elle affirme que ce qui importe est de tenir compte des perspectives. « Perspective is everything », affirme le *Globe and Mail*[226]. On ajoute : « Egoïsm is the law of perspective as it applies to feelings, according to which what is closest to us appears to be large and weighty, while size and weight decrease with our distance from things. » En plus de la multiplicité des perspectives, cette citation de Nietzsche valorise l'expansion, la capacité de considérer ce qui est loin et de l'intégrer dans ses schèmes. Une dynamique du déplacement qui rapproche et qui rapetisse la planète est valorisée. Tous ces textes proposent un entraînement séducteur à la réflexivité par le biais des langages spécialisés des experts et des penseurs[227] passant dans la textualité du quotidien. Ces publicités soulignent que le public est capable de lire à deux niveaux les messages et qu'il faut l'encourager à le faire, ce qui permet de jouer avec une sophistication culturelle qui ne nuit pas aux ventes, bien au contraire. Dans le cadre de consommateurs qui sont des millions à être passés par le collège et l'université, ces jeux sur les éléments triples énoncé/réflexivité/ perspective manifestent l'écart par rapport à une monosémie de moins en moins efficace. À travers ces publicités, les décodeurs sont incités à une réflexivité sur les significations et sur eux-mêmes afin de produire des énoncés ou des conduites non systémiques.

Cette réflexivité est aussi évoquée de façon succincte, mais très claire par Thomas Vargish mentionnant certaines techniques littéraires récentes au sujet du fonctionnement des médias. Ceux-ci ont passé d'un intérêt pour décrire ce qui se passe (en fonction d'un monde cru indépendant de notre perception de lui) à un intérêt pour décrire les attitudes du public face à un événement : « Not only is the media in the business of turning these descriptions into news itself. The whole industry increasingly seems to consist of the media's continuous self-reflection, its play of reflexivity[228]. » Cette volonté de se consacrer à la réflexivité a des conséquences particulières, comme on le souligne dans le magazine *Wired* : « Can one conduct a critical inquiry into the information war without becoming just another informant for it [...][229]? » Cela exprime que l'ère de la croyance au métalangage a évolué vers une perspective considérant qu'il y a des discours en concurrence qui s'interpénètrent. En particulier, tous les discours spécialisés sont autant des informations sur le point de vue qu'ils projettent que sur le discours qu'ils analysent[230]. Ce point de vue est lui-même un élément important de l'information qui se communique. Ces discours spécialisés, par les analyses qu'ils proposent, contribuent à changer le corpus pris en charge. Ils font partie du mouvement informatif général dont ils ne peuvent être abstraits.

4.10 INTERPRÉTANCE ET RESÉMANTISATION : LE TROISIÈME ÉLÉMENT

> But for me the importance of hybridity is not to be able to trace two original moments from which the third emerges, rather hybridity to me is the « third space » which enables other positions to emerge[231].

Il est intéressant de noter que ces analyses ont un effet sur les discours analysés, car il faudra prendre en compte la nouvelle connaissance apportée par la pratique des processus analytiques. Cela est évident dans quelques textes critiques qui jouent de la multiplicité possible de lectures et refusent une confrontation imposant un seul lieu d'élocution. On peut le constater dans la lecture de l'article de Katie King à partir de la phrase « There are no Lesbians here. » S'il s'agissait d'un énoncé provenant d'un État-nation autocratique[232], il faudrait probablement demander que sont devenues ces personnes et comment leurs voix ont été étouffées, ou plus crûment, qui les a fait disparaître, et comment. Mais cette phrase peut provenir d'une « local anticolonial liberation politics that refuses the narrow social institutionalizations of some particular cultural formation, under the term "Lesbian"[233] ». Ce mot est inadéquat pour rendre compte des pratiques et des rapports locaux ou mondiaux. On le vérifie encore chez Monique Wittig[234]. En affirmant que les lesbiennes ne sont pas des femmes, elle est capable d'analyser le discours de la norme et du paradigme femme/homme. De plus, elle peut échapper au paradigme norme/reconnaissance par la norme en ce que les lesbiennes, contrairement aux gais, ne cherchent pas à être reconnues par cette norme. Elle analyse les discours conflictuels inscrits dans des paradigmes potentiellement bloqués, mais capables de produire un nouveau discours à partir de la distanciation analytique proposée. Ce discours tiers qui brise les rapports dualistes homme/femme et norme/hors norme aura, par son articulation même, un impact sur les deux discours conflictuels tentant de se partager le pouvoir de la norme. Ces deux discours devront se réarticuler à cause de la présence du discours tiers. Par cette réarticulation qui elle-même mènera à la reformulation du discours lesbien, une nouvelle dynamique est mise en marche. Les paradigmes sont déséquilibrés par le troisième élément. Dans ce processus dynamique, aucun des discours n'est enfermé dans un conflit répétitif menant à la perte de l'objet liée à la rivalité mimétique qui, autrement, n'est plus fondée, comme le souligne Girard, que sur le prestige. La mimésis d'appropriation n'est plus bloquée dans le victimaire[235], mais s'oriente vers un conflit dynamique ouvrant sur le changement des rapports de pouvoir. Le rapport centre/marge est déplacé vers une dynamique du réseautage ouvert aux subalternités.

Les visées herméneutiques finalistes comme les recours à l'empirisme positiviste et à la rationalité instrumentale classificatrice sont donc déplacés par le tiers, même s'ils fascinent dans leur tentative de saisir les relations dans des classifications simples. Cet ordonnancement dualiste est perçu de nos jours comme inefficace. Un intertexte valorisant le tiers se manifeste des écrits théoriques aux textes littéraires en passant par le publicitaire. On le constate par exemple dans *John's Wife* de Robert Coover. La femme de John est décrite comme quelqu'un qui est « always at rest and not at rest at the same time[236] ». Mais Gordon, le photographe qui la désire, tente de s'en emparer en accumulant les clichés statiques d'elle, autrement dit de la transformer en album sinon en thesaurus : « John's wife trying on a hat. John's wife dreaming. John's wife [...] walking her dog [...][237]. » La modernité est impuissante à saisir ce qui est en jeu dans le flux. De la confrontation de cet album et de l'évocation paradoxale de la femme de John, surgit le glissement de la rationalité dualiste vers l'aspiration à une dynamique d'interprétance au sens donné par Peirce[238]. Cette aspiration se heurte dans tout le roman au pot-pourri de discours figés dans des mots vides comme le mot amour : « A sales hook for the entertainment racket, meaningful as "lite" on diet foods [...][239]. » Cette caricature marque bien l'arrêt du processus de sémiose dans l'habitude.

Passant des visées de Gordon pratiquant une *coveted stasis*[240] » à Roget, l'auteur du *Thesaurus* commenté dans *Self* par Yann Martel, on s'aperçoit que la visée totalisante statique sert de point d'ancrage parodique à de nombreux romanciers mettant en fiction une dynamique d'interprétance par la circulation du tiers. Dans *Self*, on retient les classifications de Peter Mark Roget[241], l'auteur du *Thesaurus*. Celui-ci a classé l'ensemble des mots selon leur sens en 1042 catégories en choisissant deux pôles sémantiques cruciaux, « de (1) Existence jusqu'à (1042) Édifices religieux[242] ». Roget exprime, de manière tout à fait remarquable, un des aspects de la modernité à travers cette volonté séculière et scientifique de viser la totalité, une visée qui est réactivée par le structuralisme et notamment par l'entreprise greimassienne[243]. Le travail de Roget issu du même quart de siècle que les recherches de Peirce, mais sur le vieux continent, intéresse la/le protagoniste qui peut ainsi mesurer l'écart de ce fonctionnement avec ses propres processus sémantico-physico-cartographiques inscrits dans un flux proche d'une dynamique d'interprétance peircienne[244]. Cette entreprise classificatoire aux visées en même temps très proche de Martel, puisque Roget fonctionne dans plusieurs langues, dans la fabrication d'un superthesaurus multilingue, étonne la/le protagoniste qui avoue quand même qu'il s'agissait bien d'une entreprise fortement ethnocentrique. La/le protagoniste semble saisir à la fois l'espoir de cette recherche qui est d'aller à la rencontre de l'autre en visant un idéal de paix universelle, et l'inadéquation épistémologique des moyens encore inscrits dans une logique classificatoire dualiste et statique du tiers exclu. La/le protagoniste, qui est en processus métamorphique régulier et qui incarne le flux contextuel, modifie un paradigme de base essentiel dans les dictionnaires et dans les activités discursives : l'opposition mâle/femelle qui marque les corps[245]. Yann Martel souligne ainsi le processus traditionnel de légitimation des ancrages/encrages où lieu sémantique, espace corporel avec sa nomination et territoires se rencontrent, comme dans les premières phrases de la Bible expliquant la venue au monde du premier homme. Le personnage de Martel, dans ce caméléonage[246] qui semble suggérer qu'il n'y a pas de premier dans le sexué, débouche toujours sur l'affirmation du tiers. En effet, mâle, il se sent femme aimant une femme et vice-versa : « Elle a patiemment caressé mon pénis. J'étais une lesbienne tiède[247]. » Incohérence? Certes, non. Passage de l'antagonique au complémentaire. Passage où est évité le traditionnel rejet du tiers qui, dans la pratique, marche de concert avec les structurations conflictuelles d'exclusion.

On trouve un autre exemple de cette valorisation du tiers dans *Les identités meurtrières* de Amin Maalouf[248]. Dans cet essai, Maalouf qui pose un regard distancié sur les demandes de resserrement consensuel bâti sur des attributions comme être chrétien ou être musulman souligne le côté réducteur et conflictuel de ces structurations identitaires. Il appelle aussi à vivre les combinatoires des multiplicités d'appartenance qui font que chaque personne est unique. Il conduit à valoriser la reconnaissance des altérités et la singularité identitaire issue des multiples contextes où toute personne vit. Il s'engage aussi, en ce qui concerne la langue, dans le dépassement du dualisme par le tiers. Tout en constatant la nécessité d'une langue mondiale de communication qui est l'anglais, il montre, en prenant l'exemple de l'Islande, que la langue de la communauté est aussi fondamentale. Toutefois, il note que les sites Internet des Islandais sont présentés en islandais et en anglais et qu'ils semblent jouer du rapport dualiste local/mondial conflictuel. Cependant, ces sites se présentent aussi à travers une troisième langue, le danois ou l'allemand. À partir de ce constat, Maalouf propose le tiers. Toute personne a désormais besoin de l'évidence de trois langues : « La première, sa langue identitaire; la troisième, l'anglais. Entre les deux, il faut obligatoirement promouvoir une deuxième langue, librement choisie qui serait souvent, mais pas toujours, une autre langue européenne[249]. »

C'est par le tiers, c'est-à-dire par la reconnaissance qu'il y a beaucoup d'autres qui vivent comme nous la menace ou l'opportunité[250] mondialisante poussant au déplacement, que cette même mondialisation ne mènera pas à des reconfigurations homogènes. En valorisant le tiers, Maalouf affirme que deux individus ou deux sociétés aux prises avec la mondialisation, en reconnaissant la nécessité de changements, peuvent traduire l'un dans l'autre les problématiques qu'ils rencontrent et dont les similarités constituent des potentiels de solidarité. Celle-ci pourrait mener à des coopérations fructueuses. Cette capacité de traduire ce qui importe et pour l'autre de reconnaître l'intérêt apporté rejoint ce que Maalouf appelle communiquer transversalement. Dans ce cas, il ne s'agit pas de communiquer selon un schéma hiérarchique dualiste local/mondial où l'un des deux termes est toujours en déséquilibre par rapport à l'autre. Il s'agit de reconnaître l'autre en soi face au déplacement.

Il convient aussi d'échapper aux conséquences néfastes de la croyance au jeu à somme nulle[251], ce jeu où celui qui se développe est perçu comme retirant nécessairement du pouvoir à celui qui atteint un degré moindre d'expansion. Mais s'il y a reconnaissance des deux entités plus petites l'une par rapport à l'autre, la singularité s'accroît dans la reconnaissance et contribue à l'épanouissement renouvelé de la diversité dans un contexte changeant. La reconnaissance participe de la dynamique du changement. Le mondialisé perd alors son côté menaçant. La créativité reprend ses droits dans une vision du monde comme jeu à somme non nulle. Dans ce contexte, les plus petits peuvent créer des lieux d'affirmation. Le tiers amène donc à rejeter le cliché de la croyance que la vie est un jeu à somme nulle. Par contre, dans le cas du maintien du dualisme, la langue couvrant un espace plus restreint est prise dans une dynamique d'assimilation, car ceux qui vivent dans la langue dominante contrôlent les relations entre les divers groupes. C'est en tout cas une vision qu'évoque Maalouf : « Demain, les relations entre l'Allemagne et la France seront-elles entre les mains des anglophones des deux pays, ou bien entre les mains des Allemands francophones et des Français germanophones[252] ? » Pour que les dynamiques soient transversales, il faut reconnaître l'utilité du tiers[253] et pratiquer son potentiel productif permettant d'établir des liens originaux et contextualisés d'une manière qui ne dépende pas toujours d'une langue américano-internationale. La culture, comme le dit F. Barth[254], est profondément ancrée dans le conflictuel. Mais elle n'est pas la guerre. N'est-elle pas justement de reconnaître les conflits, mais de les dévier dans une démarche d'apprivoisement qui échappe à la fois à la persécution comme à la complaisance[255] ?

Cette prise en charge d'un troisième élément moteur d'une dynamique d'interprétance se retrouve dans nombre de textes médiatiques récents. On le constate en lisant des magazines grand public. Ainsi dans *Elle*, on trouve les remarques suivantes concernant des entrevues de femmes parlant de leurs relations de couple :

> Diane, 32 ans : « Dans un couple, il y a trois vies, la mienne, la sienne, la nôtre. Avant de rencontrer Mathieu, je suis restée six ans avec un autre homme. On vivait en symbiose totale, grave erreur ! Depuis, j'ai fait une analyse. Cela m'a fait grandir [...] J'ai compris que, dans un couple, il y a trois vies : la mienne, la sienne, la nôtre. Si on ne reconnaît pas la différence de l'autre, on court à l'échec. Je ne demande pas à mon amoureux d'être tout pour moi, et je ne veux surtout pas être tout pour lui[256]. »

Voilà qui est clair. Le discours tenu par cette jeune femme est loin du discours vulgarisé visant une harmonie platonicienne revue par le romantisme qui tend vers la symbiose menant historiquement à la dominance masculine. Le monolithique s'estompe par la médiatisation vulgarisée d'un discours spécialisé, celui de la psychanalyse contemporaine réinstallant une dynamique du tiers non exclu. Elle fait circuler le symbolique dans « le couple » où fonctionnent trois entités. Par ce discours spécialisé se diffuse dans une publication de grande consommation mondialisée puisqu'il y a des éditions de *Elle* dans plusieurs langues, un nouveau discours public. Ce discours du ternaire se greffe sur la reconnaissance de la différence et de l'altérité. Il rejoint les réflexions du narrateur Alex des *Silences du corbeau* de Yvon Rivard, affirmant qu'il avait le choix entre deux femmes et qu'il a choisi la troisième[257]. Ce déplacement des logiques discursives passant du double antagoniste au tiers producteur se retrouve aussi chez Augusto Roa Bastos. Dans *Morencia*, il aboutit à une logique similaire en un énoncé fort proche : « Dans votre pays, un homme honorable peut échapper à l'accusation de bigamie, comme disait je ne sais plus qui, en prouvant qu'il a trois femmes[258]. » Ce discours modifie les rapports amoureux et sexuels[259] et transforme finalement l'image que l'on a de soi.

Cette utilisation de discours valorisant le tiers est loin d'être une simple technique qui resterait à la surface. Elle est plutôt la conscience de réseaux épistémologiques en évolution qui circulent et s'entrecroisent selon un fonctionnement de complémentarité[260]. Ces fragments intertextuels permettent de modifier aussi l'approche de la comparaison littéraire qui ne peut plus se fonder seulement sur l'influence ou la reconnaissance des limites linguistiques ou nationales, mais qui doit mener à une forme d'interdiscursivité soulignant les migrations de fragments aux résonances épistémiques ou socio-politiques importantes.

Le but de la production d'un troisième élément tel qu'il est issu de la dynamique des langages spécialisés passant dans le langage public est de rendre les gens capables de lutter dans des environnements économiques et culturels multiples. Échapper au statisme et au dualisme pourrait ainsi conduire de plus en plus à 1. être capable de travailler en fonction de relations multiples et complexes entre des parties multiples d'un tout jamais définissable et parmi lesquelles la personne est elle-même partie de la relation[261] ; 2. être capable de travailler dans un environnement d'effets qui peuvent être causes[262] ou d'effets sans cause ou sans principe générateur (Freud et la théorie de l'inconscient connu seulement par des effets) ; 3. être capable de travailler et de créer sans se référer à un principe stable tout en étant capable d'évaluer les avantages/désavantages d'utiliser des entités stables ou d'utiliser la croyance en des entités stables (par exemple, croyance en la possibilité de retrouver l'origine qui serait le lieu de l'authenticité, croyance en l'absolu des différents paradigmes comme paix et guerre); 4. être intéressé par les probabilités d'interconnexions et par l'inévitable interrelation des actions qui devraient être considérées comme des réactions à des réactions de réactions; 5. être capable de construire de multiples scénarios vis-à-vis d'un ensemble d'indices dont un certain nombre semblent plus significatifs que d'autres; 6. être capable de moins rechercher la cohérence, ce qui conduit parfois à reléguer au second plan des variables ou à ne pas tenir compte d'éléments absents; 7. être capable d'évaluer les similarités dans une situation de juxtapositions qui ne repose pas sur des rapports de cause à effet; ou 8. dont les rapports de cause à effet sont imprévisibles : « When a butterfly flutters its wings in one part of the world, it can eventually cause a hurricane in another [...] », nous dit le magazine *The Economist* dans un supplément publicitaire de douze pages[263] reprenant Leibniz pour rejoindre Adam Smith et la main invisible relue selon les discours libéraux et économistes mondiaux.

Dans cette dynamique du tiers liée à la réflexivité, la question est alors de s'inscrire dans l'impermanence de la réflexivité en gardant le leadership, ce qui contribue aussi à transformer le jeu de cette impermanence. Dans ce cadre, on ne fait plus face à une quête de sens selon une optique traditionnelle telle qu'elle pouvait être satisfaite par les Églises, les catéchismes ou les discours politiques accrochés à des slogans différenciateurs clairs visant le militant. Il n'est plus question de dire, comme le fait la narratrice des *Confessions d'une mangeuse de lune* d'Hélène Bezençon[264], que le contraire d'obéir n'est pas désobéir, mais choisir. Certes, la narratrice d'Hélène Bezençon visait le dualisme répressif d'une modernité enfermée sur ses valeurs et imposait son contrôle de l'opposition selon la ligne de la rétorsion. Toutefois, elle postulait encore la validité d'un contexte qui proposait des options organisées selon des paradigmes de plus en plus nombreux et hiérarchisés. De nos jours, la capacité de choisir est beaucoup moins claire vu l'indécidabilité liée à la multiplication des options qui s'interpénètrent dans des contextes différents d'où surgissent plus de problématiques ponctuelles que d'options fondamentales. C'est pourquoi une publicité comme la suivante semble quelque peu en retard sur le dynamisme des échanges économiques et culturels mondiaux : « More independence. More choice[265]. » Toutefois, si le texte semble en retard, l'image est plus liée au monde contemporain. On y voit, de dos, très proche d'un homme sans visage, une femme dont la main erre sur la poche arrière du pantalon d'un autre, lui aussi sans visage. À travers cette image s'exprime la dynamique du tiers, la volonté de se réseauter et de mettre en place des « solutions mobiles ». Il est dès lors question de se contextualiser efficacement dans le différent pour garder une avance parfois minime, mais essentielle du point de vue du leadership. Cette publicité comme beaucoup d'autres, par son insertion dans un intertexte discursif et épistémique renouvelé, souligne que la réflexivité critique de la sphère publique, autrefois liée surtout au national à travers le système pédagogique et les éducateurs, est maintenant prise en charge non seulement par les médias dans des articles de vulgarisation économique, littéraire ou sociopolitique, mais aussi dans les publicités qui en poussent la généralisation sur des espaces de consommation très larges.

4.11 TIERS ET TRANSFORMATIONS ÉCONOMICO-CULTURELLES

On retient malgré tout que, par-delà ces fragments discursifs ouvrant sur une épistémè en rapport avec le postmoderne/postcolonial se maintient, par exemple chez Roa Bastos, la conscience de la différence fondamentale entre pays riches et pays pauvres. La nouvelle logique ne peut avoir le même impact dans les deux types de société. Ce qui est moteur de renouvellement pour la grande majorité des individus d'une société opulente reste très problématique pour ceux qui n'ont pas eu accès aux divers aspects économiques et culturels de la modernité. Par-delà la circulation des discours non dualistes perdure une distance qui ne peut permettre de parler d'une homogénéisation de la planète. Les similitudes, qui ne fonctionnent pas comme une homogénéisation, semblent passer presque uniquement au niveau des classes favorisées. Cependant, on souligne dans certains magazines qu'il y a création d'un nouveau dynamisme économique lié aussi à la capitalisation de savoirs techniques et qu'il y a création de richesses. En effet, échapper au dualisme, c'est aussi échapper à la croyance au jeu à somme nulle où deux antagonistes s'affrontent. Dans le cadre du tiers non exclu, le jeu à somme non nulle est présent et la possibilité de produire des richesses symboliques et économiques est valorisée : « O Brasil emergente : Num processo intenso, milhões de famílias saíram da probreza e engrossaram o miolo da pirâmide social[266]. » La tonalité de cet article rejoint celle de *USA Today*, qui va cependant plus loin dans les remises en question. *USA Today* parle des immigrants mexicains qui se sont enrichis aux États-Unis et qui retournent au Mexique et en changent l'économie et la culture. Autrefois, ils étaient considérés comme des traîtres, mais maintenant ils sont vus comme des gens apportant un capital et un savoir nécessaires au développement du pays. Ces nouveaux migrants ont contribué à la défaite du Parti révolutionnaire institutionnel et donc à faire élire Vicente Fox. Mais surtout, ils s'engagent dans l'arène politique et brisent le consensus entre les élites traditionnelles et les pauvres, tous deux collaborant dans le rejet de l'éthique protestante et du libéralisme. Ces nouveaux migrants affirment qu'ils se sentent « candidate of two nations[267] ». Ils tentent de développer les régions où ils se trouvent afin que les gens ne soient plus obligés d'émigrer. Autrement dit, dans une logique dualiste nationaliste, élites et pauvres s'entendaient sur une culture du rejet des changements, ce qui contribuait à ce qu'une partie de la population émigre. Dans ce nouveau cadre, le fait de briser le consensus duel et d'apporter un savoir biculturel peut avoir pour effet un réenracinement des populations. Le tiers multilingue et multiculturel en apportant innovation et déplacement semble pouvoir briser en partie l'attrait déterritorialisant pour le frère ennemi états-unien tout-puissant. Le tiers, s'il obtient une légitimité, contribue à déplacer les schémas prévisibles et donc à jouer le rôle d'une main invisible, c'est-à-dire d'un imprévu pour ceux qui fonctionnent encore selon la logique des couples dualistes et des antagonismes traditionnels.

Dans toutes sortes de lieux et de contextes se produisent des formes d'interactions et de métissages qui détachent les significations du lieu d'origine dans une frénésie de communication diffusant de toutes parts les informations culturelles diverses où affluent les resémantisations. Ce dynamisme du tiers est bien figuré dans la publicité IBMEC Facultades, du magazine *Veja*. On y voit une première boule de métal heurtant un groupe de cinq boules qui restent immobiles, tandis que la dernière (le troisième élément) est projetée en avant par l'énergie transmise[268]. Tout est là.

Dans cette mobilité discursive, des changements épistémiques similaires se manifestent à travers leurs applications pragmatiques rapides dans divers lieux de pouvoir et de productivité, de la stratégie à la publicité en passant par la littérature. La productivité du tiers et le jeu à somme non nulle prennent le pas sur la dialectique[269], car la dialectique ne peut rendre compte des entre-deux entre savoir et sentir, entre injonctions et séductions[270], même s'il n'est pas question de passer outre aux problèmes pour les réduire à de simples malentendus qu'il s'agirait de solutionner par des procédures propres au monde de la communication. Des conflits profonds existent qui sont pris en charge par des productions culturelles particulières issues de groupes en émergence, quand elles ne sont pas prises en charge aussi par une combinaison de luttes armées et de produits culturels diffusés mondialement sur Internet ou dans *Le Monde diplomatique,* à l'instar des textes du sous-commandant Marcos ou des testimonios style Domitila[271] ou Chico Mendes[272].

4.12 LE TIERS ORIENTAL

> Une montagne est une montagne n'est plus une tautologie puisque les deux montagnes ainsi réunies dans l'œil du verbe être accouchent d'une troisième qui me regarde et m'enfante[273].

Dans la quête d'une philosophie et d'une vision de soi différente qui le propulserait vers une remise en question du dualisme occidental pour ouvrir à la saisie d'une vision bouddhiste ou taoïste, Rivard nous ouvre à la traduction, par la fiction, d'une dynamique propre à la vulgarisation des langages spécialisés dans le langage public. Le troisième terme ou le dynamisme de certaines réflexions propres aux théories scientifiques liées à la théorie de la relativité rejoignent le déplacement spatial tentant de profiter de la perte du contexte familier pour intégrer un point de vue où les doubles ne sont plus des contraires, mais des complémentaires. Par là, nous n'affirmons pas que les langages spécialisés de Einstein ou de Heisenberg seraient similaires et pourraient rejoindre directement le taoïsme, mais que, dans notre ère où certains éléments des discours spécialisés sont vulgarisés dans un entrecroisement constant, il est possible de noter des analogies qui vont toutes dans le sens d'une tentative d'échapper au dualisme. C'est d'ailleurs ce que propose un penseur comme Fritjof Capra qui, dans *The Tao of Physics*, souligne des analogies de point de vue entre le bouddhisme, le taoïsme, le zen et les théories scientifiques occidentales liées au quantum et à la relativité. Quel est le but de Capra ? Certes pas de produire un livre scientifique, mais bien de diffuser une manière de penser autrement dans le public cultivé, à l'instar des ouvrages de Rifkin[274], de Tapscott[275] ou d'autres qui tentent de faire une synthèse économico-culturelle des courants sous-jacents aux activités contemporaines. Autrement dit, les instances culturelles et économiques recherchent l'ouverture à un intertexte qui va permettre à une partie de la population de se positionner de manière différente face aux nouveaux enjeux du troisième millénaire.

La volonté de rejeter la logique du tiers exclu passe dans le langage public sous forme de slogans publicitaires qui vendent non seulement des objets, mais surtout un mode de vie : « Looking beyond the Age of Either/Or [...] The Age of All is here », affirme Deutsche Bank en ajoutant : « You'll need financial advisers with 360° vision and serious resources, who respond instantly to change, cope elegantly with chaos [...][276]. »

Elle se couple à la volonté de présenter ce qui était antithétique comme complémentaire dans de nombreux articles et publicités. C'est le cas de « Confidences d'une coureuse » de Marie-Claude Gagnon, journaliste et écrivaine développant une philosophie du jogging : « J'ai découvert que je pouvais contempler tout en étant en mouvement [...] Mieux encore, la contemplation s'épanouit dans le mouvement; elle ne peut plus s'en passer tant elle y est étroitement liée. Il n'y a donc plus lieu de les opposer[277]. » La légitimation du déplacement marche de concert avec l'énergie et celle-ci avec une transcendance, car dit l'auteure « courir me rassemble ». Le mouvement est ce qui est source d'équilibre dès la sortie du ventre maternel, car la recherche du stable est liée au traumatisme de la chute, au sens physique comme métaphysique de celle-ci. Et la chute au sens religieux du terme est bien ce qui mène à la recherche du canon, donc à une connaissance, avec pour horizon l'origine et la nostalgie du jardin d'Éden. Or, le monde occidental postmoderne est celui de la curiosité dans la remise en question des codes et la maîtrise des savoirs et des relations multiples et complexes[278].

La publicité Samsonite en rajoute : « Yin and Yang cutting-edge 6th century Chinese concept of total opposites coming together to create perfect balance. » La valise Samsonite possède un côté résistant pour la protection et un côté souple pour la flexibilité[279] ! Voilà bien un produit en prise sur le monde *post*. D'abord par le déplacement de la philosophie du Yin et du Yang qui avait été utilisée dans les années 1970 par tous les jeunes contestant un autoritarisme omniprésent, mais dont les concepts étaient déjà infléchis selon le contexte essentialiste fondé sur le verbe être et ses fonctions d'attribution[280] comme l'ont montré Alan Watts dans *The Way of Zen*[281] ou Hubert Benoît dans *The Supreme Doctrine*[282]. Yin et Yang servent ici à cautionner résistance et souplesse, les deux attributs discursifs d'une société en expansion et les deux moteurs du déplacement et des nouveaux rapports inscrits dans les voyages et la conquête des nouveaux marchés éco-symboliques. Ils vulgarisent une conception qui occupe deux positions à la fois, qui est donc une forme d'excès, une manière d'échapper à une présence qui tente de combler le manque par l'exclusion de l'autre. Le mou et le dur de la valise rendent compte d'un déplacement qui permet d'occuper à la fois des lieux différents sans qu'il y ait obligatoirement rapport de pouvoir, conquête, soumission de l'un à l'autre[283]. Ainsi, en est-il en tout cas de l'idéal et des discours mis en place par l'univers libéral. Yin et Yang se répliquent non pas au sens d'une mimésis propre à un miroir, ni au sens du mimétisme de Bhabha qui met en jeu une compétition féroce dans le « pas tout à fait », mais selon une forme de dialogue générant des complémentarités établissant de nouvelles relations. Cette publicité est similaire à la suivante, produite pour Siemens en Asie : « Is there harmony between old and new? Yes. Because even our cutting-edge technology is based on years of experience[284]. » Dans celle-ci aussi, l'historique a sa place et manifeste que l'important est de tracer une continuité dans le développement de la technologie. La contemporanéité s'inscrit dans un continuum où ce qui pouvait être perçu comme opposé est compris comme complémentaire dans un contemporain qui se réaménage.

Donc ce n'est plus *either/or*, mais *à la fois*. *À la fois* mène à une forme d'hybridité qui fait que l'on est à l'intérieur et à l'extérieur, la position favorite du Todorov de *La conquête de l'Amérique*. On manie alors différents points de vue et on s'inscrit dans plusieurs contextes. On est symboliquement bien armé pour que les opposés soient en avance sur le temps (*cutting-edge*) grâce à un passé (*6th century*) réinterprété dans la culture technologique des voyages d'affaires. L'autre culture fournit donc des éléments assimilables, en particulier pour celui qui est en position de leader. Cette capacité à se placer dans une logique autre et à en assimiler des éléments pour les recontextualiser est une marque probante du pouvoir d'une culture qui est suffisamment sûre d'elle-même pour chercher son inspiration dans ses sources, mais aussi à l'extérieur, car la dominance dans le contexte reste possible. Le prouve une publicité de la Deutsche Bank montrant une double pile de galets en équilibre instable, une symbolique tout à fait zen. Les contextes sont esthétiquement contrôlés et mènent à des résultats non traditionnels : « No one puts it All-together like Deutsche Bank[285]. » En ce sens, l'autre n'est pas une menace, mais un atout qui va participer à la créativité générale, en un processus de sémiose dynamique.

4.13 L'ACCÈS À L'EXPÉRIENCE

Les publicités évoquées ci-dessus sont une illustration claire de la remarque de A. Fuat Firat et A. Venkatesh : « The image does not represent the product, the product represents the image because selling the product becomes secondary to selling the experience[286]. » L'expérience, c'est le scénario nouveau, c'est l'intégration rapide de la fictionnalité dans le monde de la production. C'est la rencontre de la culture et de l'objet, c'est-à-dire la perspective de celui qui sait utiliser les objets pour produire un monde partageant souvent des conduites éphémères. Comme on le dit dans *Advertising Age* : « In this age, selling anything means selling ideas[287]. » De ce fait, on veut d'une certaine manière démocratiser le luxe. Le luxe n'est plus uniquement lié à l'argent, mais au temps et à la jouissance de la vie dans un temps d'exaltation. En quelques siècles, la civilisation occidentale est passée du temps qui appartenait à Dieu dans les sociétés traditionnelles au temps, c'est de l'argent de la modernité industrielle pour aboutir au nouveau temps, celui de l'accès à des expériences neuves et aux plages réflexives du ralenti. Cela est une manière d'intégrer la culture dans la sphère commerciale. L'expérience commerciale consommatrice est aussi une expérience culturelle et productrice, celle d'être à la fine pointe comme le soulignent Beatriz Sarlo[288] ou Michel Maffesoli[289], celle d'être créateur de ses « soi » dans l'anarchie relative des productions de significations à diffuser stratégiquement.

De ce point de vue, il faut remarquer que la culture passe parfois par une imagerie commerciale pour attirer. Voici une publicité de la New School University qui est particulièrement symptomatique :

> You are here. One of the few places left in America where « culture » is not preceded by « consumer ». Where the biggest mall is one of the mind. Department stores of ideas. Boutiques of creativity. Outlets of inspiration. YOU ARE HERE LOOKING FOR A SEXY, SUBVERSIVE THOUGHT IN A 7 1/2 AA. And finding millions of style to choose from. Browse a few thoughts. Try on a possibility. And get ready to embark on the heart-mind-and-soul shopping spree of your life. It's why you are here. It's why we are here, too. The new school. Choose your course[290].

La domination de la métaphore filée de la consommation niée au départ est immédiatement inscrite comme structure qui donne sa cohérence au texte sur fond d'une botte stylée et féminine. À la mode. Comme si la mode et donc le rythme de la consommation gouvernaient la culture. La publicité intègre des techniques littéraires valorisant la productivité sémantique, et la culture qui se publicise reprend un discours dominant, celui du commercial, en des énoncés qui rejettent l'opposition affirmée par les intellectuels de la modernité entre culture ou esprit critique et fonctionnement commercial.

Ce déplacement de la culture vers sa consommation a pour corollaire la publication de nombre de romans qui sont construits comme des traversées continentales ou mondiales. Ils sont parfois présentés comme des guides de voyage. Toutefois, le déplacement géographique est conçu dans ce cas comme un effet de dépaysement qui donne accès à une vision qui demande de ralentir la vitesse et de faire attention, un point de vue qui avait fait le succès de *Sur la route* de Jack Kerouac. C'est ce que nous offre un roman guide de voyage comme *Bahía* de Jorge Amado[291] ou *Les foires du Pacifique* de Daniel Castillo Durante[292]. C'est vrai aussi chez Alain de Botton publiant *The Art of Travel*. Il affirme que : « We've got access to so much that we sort of feel that we have to see it all [...] It's rather like with books. We feel we have to read all the books so we don't really read any of them well[293]. » Et de Botton plaide pour un déplacement au ralenti, celui qui échappe à la consommation agglutinante pour saisir la différence. Dans cette valorisation du déplacement, mais dans le ralentissement se glisse une écoute, celle de l'autre et des nuances qu'il apporte et qui remettent en question l'exclusion surgissant du stéréotype, c'est-à-dire de la croyance que l'on sait tout d'un lieu ou d'une personne quand on l'a croisée sinon avant même la rencontre[294].

Autrement dit, à partir de constructions discursives valorisant le tiers, lui-même contextualisé dans un ludisme post-peircien ou dans une recontextualisation pseudo-taoïste, la littérature ouvre à constater la différence des concurrences et les publicités à engager dans la concurrence des différences. La littérature se veut à l'écoute de l'autre dans l'exploration de la singularité. Les publicités s'engagent plutôt dans une rivalité mimétique qui mène à posséder les mêmes objets, le même niveau de vie que le modèle. Comme l'affirme Girard au sujet du terrorisme, mais on peut appliquer son raisonnement aux rapports économiques : « l'erreur est toujours de raisonner dans les catégories de la "différence", alors que la racine de tous les conflits, c'est plutôt la "concurrence", la rivalité mimétique entre des êtres, des pays, des cultures. La concurrence, c'est-à-dire le désir d'imiter l'autre pour obtenir la même chose que lui, au besoin par la violence[295]. » Toutefois, la concurrence est explorée dans les discours du libéralisme postmoderne/postcolonial pour pouvoir déplacer la violence du processus victimaire et génocidaire vers des rivalités moins fortes. Cela est plus facile quand les objets sont multipliés, et les responsabilités, comme dans tout univers démocratique, segmentées et partagées. De plus, et là intervient le changement culturel important apporté par le discours du libéralisme, on développe la croyance que la vie est un jeu à somme non nulle. C'est ce que commente Jean-François Revel : « La grande révolution du XXe siècle aura été, en fin de compte, non pas la révolution socialiste dont il était déjà, en 1970, patent qu'elle avait échoué partout, mais la révolution libérale[296]. » La croyance qu'il est possible de créer des richesses, et qu'il n'y a pas un montant fini de biens, permet de penser qu'il est possible de profiter de l'expansion individuelle et collective, soit par ses propres forces, par l'éducation et la capitalisation du savoir, soit par l'effet *trickle-down* (effet filet) qui laisse fuir les richesses vers les moins favorisés et complète le filet de protection sociale. Cela opère dans les pays où un fonctionnement pragmatique et une éthique socio-économique sont suffisamment répandus pour que la promesse de mieux-être soit perçue comme valide.

4.14 LES PARADOXES

Ces productions discursives rejetant le dualisme prospèrent sur le tiers et l'évocation du paradoxe. Elles sont véhiculées par une volonté toute pédagogique de faire passer un nouveau système de valeurs dans un large public. Elles permettent d'échapper au canonique sans se sentir contraint à lutter contre lui. C'est pourquoi s'accumulent les slogans provocateurs. Mais ils sont différents de ceux produits il y a vingt-cinq ans. Ainsi, dans les années 1980, une entreprise de bureautique affirmait : « Das neue AES 7299 Bürosystem macht Unmögliches möglich[297]. » On s'orientait déjà vers le conceptuel qui débouche vers le triomphe de la production du savoir dans ce qui suit : « At ABB, we believe the most important thing we build today is knowledge. Because the power that will drive the next hundred years is the power of ideas[298]. »

Ces productions discursives sont accompagnées d'ouvrages de réflexions théorico-pratiques et économico-culturelles qui aident une bonne partie de la population à repenser certaines idées familières. Songeons à tous les ouvrages de Alvin Toffler, à leurs innombrables traductions, aux milliers d'articles qu'ils suscitent sur la planète, aux épigones ou disciples nationaux comme Jean-Jacques Servan-Schreiber ou Jean-François Revel en France, Don Tapscott au Canada, etc. Comme exemple de ce type d'ouvrages qui s'est répandu sur la planète dès les années 1960, nous prendrons le best-seller de Tom Peters qui avait copublié *In Search of Excellence* (avec Robert H. Waterman, Jr.[299]) et qui a mis sur le marché un livre au titre provocateur : *Thriving on Chaos*[300]. Ce mot « chaos » est devenu positif comme on l'a vu plus haut dans le slogan de la Deutsche Bank[301]. Le chapitre le plus intéressant est probablement celui qui s'intitule « Master paradox ». On nous informe que :

> The core paradox, then, that all leaders at all levels must contend with is fostering (creating) internal stability in order to encourage the pursuit of constant change. The vision must be clear enough (consistent, etc. — see L-2) to encourage continual risk-taking and failing, or else the continual testing and stretching and enhancing — changing-of everything will not occur, or not occur fast enough [...]. « In control » by the old standards is « out of control » (fast slipping behind) by the new standards[302].

Ce texte rejoint de nombreux slogans publicitaires reprenant les mêmes rapports. On retient une publicité pour la compagnie Agilera. Elle affirme ce qui suit en montrant un oiseau-mouche prenant son envol à partir d'un rocher : « The *agility* to change course quickly [...] the *stability* to stay focused on your core strengths [...] *free* your business[303]. » Le livre est évidemment organisé selon des règles précises qui sont le résultat d'une réflexion théorique importante présente dans l'exemple plus haut. Les règles évoquées représentent une série d'étapes menant vers une pratique efficace :

> 1. More stability of purpose/employment is necessary to deal with less stability in the environment; 2. more competition requires more cooperation; [...] 13. accelerating the success rate comes only from accelerating the failure rate.

Ensuite, on donne des énoncés encore plus pédagogico-pratiques :

> 2. Demand empiricism. Demand hard tests and fast tests and partial tests of everything, by everyone (see I-3) [...] 4. learn to love and

> laud failures [...] 8. make it fun [...] 9. promote those who deal best with paradox[304].

On voit l'architecture discursive passant d'une loi générale qui reprend une forme de dualisme, mais nettement déviée. En effet, la stabilité intérieure est là pour permettre de contribuer au succès dans un extérieur instable. Le paradigme intérieur/extérieur est toujours là. Cependant, il est clair qu'il ne correspond pas à ce qui était compris dans le cadre des critères du management propre à la modernité. En effet, *in control* signifiait le même ordre à l'intérieur et à l'extérieur, d'où la capacité pour une hiérarchie d'imposer une conformité ainsi qu'on l'a vu dans l'analyse de la culture organisationnelle dans la tradition chilienne tentant de se contextualiser en fonction des idées de Toffler (3.9).

De nos jours, le paradigme intérieur/extérieur est lié à des paradigmes qui s'approchent d'un déplacement important dans le fonctionnement de la synonymie. L'intérieur est certes proche de la stabilité et l'extérieur de l'instabilité. Toutefois, stabilité et instabilité sont toutes deux valorisées. Cela signifie que ce qui importe est différent de la modernité. Pour celle-ci, intérieur valorisé et extérieur qui devait dépendre de l'intérieur surdéterminaient, en un schéma tout hégélien, les rapports stabilité/instabilité synonymes respectivement de positif et de négatif. Désormais, c'est le paradigme stabilité/instabilité qui surdétermine intérieur/extérieur et l'intérieur doit s'adapter à l'extérieur, c'est-à-dire au contexte du marketing, au marché, aux désirs de la clientèle[305], à la concurrence internationale, etc.

Dans ces jeux paradoxaux, on combine de manière complexe, généralement avec trois termes, ce qui autrefois reposait sur le binarisme. De nos jours, le contraire de la stabilité n'est pas l'instabilité, mais la sclérose, c'est-à-dire l'ordre du contrôle qui ne laisse aucune place à l'initiative et aux expérimentations. Cela se vérifie dans une publicité de la compagnie Ballard de Vancouver travaillant sur des piles à combustible. On voit une photo de bouleau. Sur le tronc de l'un de ceux-ci, est accroché un panneau « Help Wanted ». Dessous, on affirme que le but est « changing the world[306] ». Il n'est plus question d'opposer industrie et nature ou de montrer que l'entreprise Ballard dominerait la nature. Bien au contraire. La technologie (qui est l'industrie alliée au savoir contemporain) et la nature sont solidaires d'une planète en transformation où la maîtrise provient d'individus qui savent combiner maîtrise et plaisir, stabilité et instabilité. Ces éléments sont complémentaires et demandent un troisième terme qui est le moteur de la productivité des significations, la liberté de créer. Le capital financier, certes important, n'est pas le seul à être valorisé[307]. Comme l'annonçait en 1968 Amitaï Etzioni dans *The Active Society*, le savoir est le capital le plus important. C'est ce que proclame la compagnie QuestOne : « Your most valuable resource is knowledge in people's head [...] QuestOne can help you assess the capability of your key knowledge resources with unprecedented accuracy [...] time is money [...] or is it? Integrating Cash, Capacity and Time[308]. » Les clichés binaires sont dépassés par l'économie du savoir qui inscrit un troisième terme et dynamise le fonctionnement sémantique[309]. Le jeu quantitatif entre temps et argent s'élargit à une donnée qualitative à cause de la prise en compte du capital énorme que représente un savoir applicable menant à l'accroissement de la vitesse et des rapports compétitifs. Cela a des conséquences qui auraient été impensables il y a 30 ans. Par exemple, on retient les changements radicaux apportés par le savoir dans la création de richesses surgies de la relation établie entre créateurs et consommateurs dont les capacités de produire sont démultipliées par l'utilisation de programmes. Ainsi, Netscape donne gratuitement ses programmes, ses millions de 1 et de 0, téléchargés par les utilisateurs. La conséquence est que cette compagnie valait cinq milliards de dollars en 1996 et, pourtant, elle ne vendait rien. Trente millions d'utilisateurs se contentent de télécharger un produit qui ne demande aucune ressource supplémentaire puisqu'il peut être copié à l'infini. Au sujet de Netscape, le *Globe and Mail* affirme : « It's the post-modern equivalent of the philosopher's stone-turning base digits into gold (or at least something that can be exchanged for gold)[310]. »

Être paradoxal, ce n'est plus aller contre la *doxa*, la tradition. C'est être capable de gérer à son profit le complexe de discours en concurrence en menant de front des visées multiples permettant d'avancer. Le paradoxe est un terme à cheval sur plusieurs discours. Il est utile, car il tient compte du discours de la modernité. Mais il est surtout la manifestation de la réorganisation des paradigmes en fonction du dynamisme de la production d'un troisième terme brisant le dualisme. Le paradoxe est particulièrement efficace quand il s'efface dans le fonctionnement d'un nouveau discours dont les paradigmes issus des langages spécialisés imprègnent suffisamment le langage public et ouvrent sur la valorisation de la multiplicité et la reconnaissance des différences menant à la promotion d'une concurrence qui contrôle les délires de la rivalité mimétique.

Mais le paradoxe débouche aussi sur la difficulté à penser en termes de présence transparente. De plus en plus, les situations se gèrent dans la capacité à transformer ce qui paraît être du moins, de l'absence, comme une valeur positive. Autrement dit, le 0 est aussi important que le 1. Des articles se fondent sur des analogies littéraires pour nous faire saisir l'évolution des paradigmes et des manières de penser. Ainsi, le déplacement se produit par la possibilité de créer dans la disparition d'un signifiant dans une chaîne de signifiants :

> Georges Perec is remembered in French literature for what he did not write. His novel *La disparition* [*sic*] is distinguished by what's missing in its hundreds of pages : the letter « e ». One of the ideas behind this literary feat is that formal constraints channel creativity. While we'll reserve judgement on the book, a philosophy not unlike Perec's seems to be working for the creators of such striking yet powerful machines as the IBM ThinkPad X20 and Hewlett-Packard's Omnibook 500. Designers of cutting-edge laptops face practical constraints that are at least as hard to get around as Mr. Perec's self-imposed omission. The need for laptops to be small and light conflicts with professional's demand for full-sized screen and keyboards[311].

Les contraintes textuelles — une optique particulière à l'Oulipo mêlant les discours scientifiques, mathématiques et littéraires — servent d'exemples aux penseurs qui incarnent la maîtrise des machines à traiter des textes. La productivité textuelle par omission mène la pensée hors du canon et du statu quo du code pour découvrir des solutions inédites.

4.15 RÉUSSITE ET CRISE

Il n'y a pas si longtemps, la réussite justifiait tout, car il semblait possible d'affirmer ce qu'était la réusssite. Au XIXe siècle déjà, dans la course à l'invention des nations, on mesurait un changement idéologique important, celui de la légitimation, par la réussite.

Du point de vue idéologique, un des patriotes de 1837 au Bas-Canada, De Lorimier, dans la lettre du 12 février 1839 à son frère, exprime bien le changement de mentalité par rapport à une mentalité traditionnelle quelques heures avant son exécution sur l'échafaud[312].

On y voit qu'en temps de crise le processus d'attribution joue à plein, car il y a les ennemis et les autres, les traîtres et les héros. Un système de valeurs dualiste fondé sur des paradigmes clairs semblent jouer. Pourtant, dans cette ultime lettre, cet homme réfléchissant sur le fonctionnement des discours d'une manière tout à fait moderne annonce autre chose : « Suis-je criminel parce que je ne réussis pas ? Si je réussissais demain, je serais bienheureux. La cause n'est-elle pas la même[313] ? »

Autrement dit, l'enjeu est une argumentation plus vaste, reposant sur une vision à venir, sur un processus de sémiose menant à un nouveau récit qui serait en rapport avec la réussite d'une indépendance nationale qui pourrait créer son propre système de valeurs et ses icônes. Les valeurs éternelles sont déplacées par cette logique de la réussite qui est propre au relativisme d'un partage territorial et d'un partage de pouvoir qui fonde une légitimité dans l'immanence. De Lorimier tente d'inscrire sa pensée dans un continuum indiquant la voie du progrès. Se fait donc jour, ici, la conscience d'un devenir historique qui est justifié par le résultat, par le succès. Hegel et la modernité nationale sont là, mais dans le négatif puisque De Lorimier n'a pas réussi avec ses compatriotes à assurer l'affirmation du Canada français. De Lorimier saisit bien que le monde repose sur une logique nouvelle, celui d'un contexte totalisant fondé sur l'ordre de l'esprit de la nation et de son consensus, déjà glorifié par Platon, comme le souligne Popper[314]. Les essences immuables ont été remplacées par le sens de l'histoire, donc par une forme de mouvement qui fait cependant peur et que la modernité tentera de contrôler en idéalisant comme l'a fait Hegel, la nation et l'État.

Ce passage à un discours moderne concernant la réussite nous amène à de nouvelles considérations concernant les discours propres à l'ère libérale postmoderne. En effet, comme nous l'avons vu plus haut, de plus en plus dans ce monde interconnecté par les réseaux, les déplacements et la vitesse, et où les États collaborent avec les multinationales, la crise tend à se substituer au conflit en ce sens que des groupes en marge, terroristes ou liés à la drogue, poussent leurs intérêts qui ne suivent pas les canaux établis. L'imprévu peut surgir, et c'est pour cela que les enjeux se mesurent de plus en plus sur le plan de la culture, c'est-à-dire d'une orientation des capacités interprétatives et des capacités à produire des significations multiples.

Dans un tel cadre de crise ou d'irruption catastrophique potentielle, la réussite ne peut plus être mesurée de façon positive et claire. Elle est liée à la capacité de contrôler ou d'anticiper un acte négatif. Il n'est plus possible, dans la multiplicité des options, d'affirmer si l'on a réussi. Cela est d'autant plus clair quand on se trouve face à des logiques hyperterroristes où aucune stratégie d'échange ou de reconnaissance n'est demandée. Dans ce cas, l'acte est planifié sans espérance de rétribution positive. Il échappe en partie à certaines stratégies prévisibles. On ne peut donc affirmer si l'on a réussi à éviter certains dangers. Par contre, il est possible de dire que, durant tant de mois ou d'années, il n'y a pas eu de catastrophe ou de crise. Autrement dit, on ne peut pas définir de façon positive une situation en fonction d'attributions directes. On ne peut pas savoir si on a évité une crise[315]. Il n'est pas possible de savoir clairement quel élément ou quelle initiative peut avoir permis d'éviter une catastrophe. On ne sait que pointer l'échec quand un événement tragique survient[316]. Alors la prévention, qui est accumulation de savoirs orientés vers l'avenir, importe autant que la négociation réglée entre instances établies ou que l'affirmation de la puissance.

De ce point de vue, il est intéressant de voir que les romans populaires, style roman d'espionnage ou roman policier, expriment une logique de la clarté des actes et de la capacité à fonctionner dans des enchaînements d'actions prévisibles qui ne sont pas en synchronie avec les nouveaux discours, car ils sont gouvernés par des systèmes de valeurs transparents. De nos jours justement, la transparence est l'obstacle, comme le rappelle Rorty au sujet des considérations identitaires[317]. Dès lors, les romans ou les nouvelles qui s'inscrivent dans la nouvelle pensée de la réussite en négatif, les textes qui font comprendre qu'il est tout juste possible de pointer l'échec ou le mensonge, sont ceux qui poursuivent la destruction d'une intrigue linéaire qui mènerait à un contrôle effectif et à des conclusions probantes. De Robbe-Grillet en passant par Pierre Marcelle dans *La démolition*[318], par Don Delillo dans *White Noise*[319], les romanciers contemporains savent explorer les indéterminations discursives dans une remise en question des structures narratives qui se construisent sur une poursuite, mais sans qu'il y ait de criminel ou de meurtre évident. L'acte est peut-être à venir[320]. Il reste à tracer un discours qui en cerne la potentialité pour parvenir à l'éviter.

Les romans qui mettent en scène cette réussite en creux sans élément clair qui permette de déterminer la situation sont aussi ceux qui soulignent que l'être humain ne se trouve pas toujours d'accord avec ses actes. Comme le souligne Milan Kundera dans *L'art du roman*[321], une des découvertes importantes du roman européen est que l'être humain, souvent, n'est pas sûr de la manière dont il doit interpréter ses actes. Plusieurs scénarios sont possibles. Ainsi, Zénon dans *L'œuvre au noir* de Marguerite Yourcenar se demande s'il a aimé, s'il a été heureux. Être est devenu encore plus difficile dans ce monde de contextualisations où tous et toutes interagissent de plus en plus rapidment. L'être, fondement de l'identité, est remis en question, et l'identité avec lui.

Ainsi, malgré la valorisation des sports extrêmes dans certaines publicités et l'exaltation du contrôle par la qualité totale, éléments importants des discours contemporains, il reste aussi leur complémentaire, l'impossibilité de définir la réussite. C'est bien pour cela que l'homme contemporain a besoin de fonctionner en utilisant des qualités multiples lui permettant de s'ajuster au paradoxal de situations inattendues. On est ainsi bien loin de la mécanique discursive de la main invisible telle que démontée par Hirschman[322]. Celui-ci, dans l'analyse des discours qui la réajuste au monde postmoderne, en fait saisir le côté mécaniste sur le plan théorique puisque, si l'on affirme que prendre telle ou telle décision qui réglemente une conduite aboutit à un effet pervers qui est souvent expliqué par des menaces annonçant le contraire, on finit par imposer un contrôle de son imprévisibilité et par lui accorder une rigueur qui l'assimile au destin. Ici pas de destin, mais le flou et l'indéterminé qui demandent la superposition de réseaux technologiques, informatifs, détectifs et culturels qui servent comme autant de filets de protection contre les dérapages possibles issus de lieux géographiques et symboliques antagonistes et parfois difficilement identifiables.

Notes

1 Manuel Castells, *op. cit.* Nous traduisons : « C'est l'organisation sociale tout entière qui devient productive ou, au contraire, qui est un obstacle à l'innovation et donc à l'augmentation de la productivité [...] En un mot [...] le développement social mène au développement culturel qui conduit à l'innovation aboutissant au développement économique qui finit par promouvoir la confiance et la stabilité institutionnelle ; et cela sous-tend un modèle de synergie nouveau qui intègre la croissance économique et l'amélioration de la qualité de vie. »

2 *O Globo*, jeudi 11 novembre 1999, p. 7. Voir aussi : « Microlending to Peru's Poor Is Becoming Big Business », *The Wall Street Journal*, vendredi 20 septembre 1996, p. A15.

3 Voir Elizabeth Rhyne, *Mainstreaming Microfinance : How Lending to the Poor Began, Grew and Came of Age in Bolivia*, Bloomfield (Conn.), Kumarian Press, 2001.

4 *O Globo*, jeudi 11 novembre 1999, p. 7. Traduction : « Nos gouvernements et nos organismes régulateurs ont besoin de moderniser leurs secteurs financiers afin de créer un milieu propice à de nouvelles institutions de crédit et d'expansion. »

5 *Viaje bem* (VASP), n° 2, 2001, p. 27. Nous traduisons : « VASP. La meilleure distance entre deux points. » Cela débouche tout naturellement sur l'énoncé suivant : « Et soudain la distance la plus courte entre deux points est une courbe », le tout représentant un stylo Waterman servant de pont au-dessus d'un précipice figuré selon une esthétique sino-zen. En effet, dans l'ordre de la communication et de l'information, les pleins et les déliés sont les lignes les plus courtes pour persuader! *Le Nouvel Observateur*, 15-21 juin 2000, p. 13.

6 On ne fait pas que jouer sur les lignes, quoique les lignes soient importantes dans la fluidité postmoderne comme le démontrent aussi les jeux sur le zébré en architecture. Voir les jeux avec le clair des balcons et le foncé des vitres en retrait, le tout inclus dans des lignes courbes. Compaq joue aussi sur le quantitatif : « How can something be both greater than and less than? » *The Financial Post*, 22-24 août, 1998, p. 27. Traduction : « Comment quelque chose peut-il être à la fois plus grand que et plus petit que? »

7 *Air on Line* (Buenos Aires), 1er-7 novembre 2000, p. 1. Nous traduisons : « Que zéro soit la distance la plus courte entre deux points n'a rien d'une nouveauté. »

8 Voir aussi Édison Gastaldo, *Pátria, Chuteiras e Propaganda : o brasileiro na publicidade da Copa do Mundo*, São Paulo, Annablume Editora, 2002.

9 *O Globo*, février 2002, p. 13.

10 *O Globo*, février 2002, p. 32. Nous traduisons : « Savez-vous quelle est la distance la plus courte entre vous et votre équipe de travail? »

11 Muhammad Yunus, « Banquier des pauvres », *L'Express*, 11-17 juillet 1996.

12 *La Presse* (Montréal), samedi 27 mai 2000, p. B7.

13 *Ícaro*, juin 2002, p. 21.

14 *Ícaro*, mai 2002, p. 127.

15 *Ícaro*, août 2002, p. 2-3.

16 *Ícaro*, mai 2002, p. 131. Nous traduisons : « Comment connaître le monde sans quitter son lieu? »

17 *Ícaro*, août 2002, p. 19. Nous traduisons : « chaque fois plus confus ».

18 *Ibid.*, p. 60. Traduction : « Le monde de la technologie, spécialement de la technologie de l'information, est devenu extrêmement sophistiqué et compliqué et est devenu à la fois une source de solutions et de perplexité. »

19 *The New Yorker*, 4 février 2000, p. 22. Nous traduisons : « Vous appuyez sur l'accélérateur, sur le frein [...] vous regardez derrière [...] vous pensez à l'avance [...] C'est ça conduire. »

20 *Forbes ASAP*, 21 août 2000, p. 6. Nous traduisons : « Maintenant il y a une manière plus intelligente de diriger votre économie-digitale-sur-la-toile-de-plateforme-intra-extra-tranversale-clients-employés-fournisseurs-partenaires-trop-complexe-de-manière-globale. »

21 Voir « A Digital Oasis in the Mesa », *Business Week*, June 23, 2003, p. 20.

22 *L'Actualité*, février 2001, p. 10.

23 *Architectural Digest*, décembre 1999, p. 31. On se souvient aussi de la publicité subliminale de e-cruiter cachant un diamant dans des glaçons (voir 3.4).

24 *MacLean's*, 1er avril 2002, p. 4. On trouve la même publicité dans *L'Actualité*, 1er avril 2002, quatrième de couverture. Nous traduisons : « Seul Ericsson vous permet de faire croître votre réseau de la manière que vous voulez. »

25 *Les Affaires*, 12 avril 2003, p. 23.

26 *People*, 17 juin 2002, p. 23.

27 *MacLean's*, 1er octobre 2001, p. 12.

28 Pico Iyer, *op. cit.*, p. 125. Nous traduisons : « Un ami est quelqu'un qui peut faire surgir le plus grand nombre de vos soi à table [...] De ce point de vue, Toronto était sur la même longueur d'onde que moi. Elle rassemblait nombre de mes expériences passées d'Asie, d'Amérique et d'Europe; pourtant, contrairement aux autres postes avancés de l'Empire [...] elle offrait la perspective d'unir tous les fragments dans un même vitrail. »

29 Alejo Carpentier, *op. cit*, p. 143.

30 Tomás Eloy Martínez, *El vuelo de la reina*, Buenos Aires, Alfaguara, 2002, p. 18. Nous traduisons : « Mon Dieu, combien passent de nuits en une nuit, combien de femmes il y a en une femme. »

31 Il en est ainsi plus loin (*ibid.*, p. 143) : « Un abrazo bastaba para que dos personas fueran de repente otras. » Nous traduisons : « Un baiser a suffi pour que deux personnes soient de nouveau autres. » Toutefois, cette transformation a lieu dans des rapports de pouvoir indéniable entre un homme d'expérience dans la soixantaine qui dirige le journal et une jeune femme qui débute dans la profession.

32 *National Post*, jeudi 18 juillet 2002, p. B1.

33 Voir à ce sujet la vulgarisation de sa pensée dans *La Presse* (Montréal), samedi 27 mai 2000, p. B1. N'oublions pas, toutefois, que le simplisme perdure par exemple dans les atlas et les mappemondes. Sur le plan pédagogique, on présente encore la planète comme une série de taches de couleurs s'arrêtant aux frontières. Les atlas au sujet desquels au XIXe siècle Sarmiento s'extasiait, car les Américains en avaient acheté plusieurs

millions en quelques années, sont devenus sources d'obscurité dans le monde contemporain. En effet, les pouvoirs économiques, culturels et politiques trouvent leur source dans de grandes villes contrôlant les flux financiers, dans des centres de recherche dispersés ici et là, et dans les tuyaux (pétrole, gaz, eau), câbles, fibres et relais mobiles ou stationnaires qui sillonnent le globe ou l'espace. Même les États-Unis ne sont que peu de chose sans ces branchements. On n'oubliera pas non plus les réseaux interpersonnels entre dirigeants de banques, d'entreprises multinationales et de gouvernements et les organismes qui leur permettent de communiquer et d'établir des tendances complémentaires comme le Club de Bilderberg et les réunions à Davos.

34 Maurice Blanchot, *The Step Not Beyond*, Albany, State University of New York Press, 1992.

35 Octavio Paz, *Le singe grammairien*, Paris, Flammarion, 1972, p. 124.

36 Pico Iyer, *op. cit.*, p. 11. Nous traduisons : « "D'où venez-vous?" semble être devenu aussi retardé que "À quel régiment appartenez-vous?".»

37 Patricia Kathleen Page, « The Permanent Tourists », dans *The Hidden Room*, Erin (Ontario), The Porcupine's Quill, 1997, vol. 1, p. 113. Nous traduisons : « les touristes terribles avec leurs yeux vides demandant à être remplis par les monuments. »

38 Alain de Botton, *The Art of Travel*, Londres, Hamish Hamilton/Penguin, 2002, p. 60. Nous traduisons : « Si nous découvrons de la poésie dans la station-service et le motel, si nous sommes attirés par l'aéroport ou le wagon de train, c'est peut-être parce que, en dépit de leurs compromis architecturaux et de leur inconfort, et en dépit de leurs couleurs criardes et de leurs lumières crues, nous sentons implicitement que ces endroits isolés nous offrent un cadre matériel qui est une alternative au bien-être égoïste, aux habitudes et au renfermement du monde enraciné ordinaire. »

39 Adolphe-Basile Routhier, *Causeries du dimanche*, Montréal, Beauchemin et Valois, 1871, p. 86.

40 Un certain nombre d'immigrants s'installent cependant au Bas-Canada. Certains sont des voyageurs continentaux : « Maisonnette (près de Québec) habitée par une famille française qui a déjà parcouru le Brésil et les Antilles sans trouver la fortune [...] pierre qui roule n'amasse pas mousse » (Vicomte de Basteret, *De Québec à Lima*, 1860, p. 43). Cependant, ce vicomte monarchiste modéré est bien le représentant d'une société qui rejette le mouvement et le dynamisme américain par le fait même qu'il utilise un proverbe sédentarisant et qu'il glorifie aussi le régime seigneurial. Il faut noter que, pour les Européens, le proverbe signifie « ne pas parvenir à capitaliser », tandis que, pour les Nord-Américains, il signifie « ne pas accumuler d'éléments inutiles ou nuisibles ».

41 Voir au sujet des hôtels : Thomas Mueller, « Hotelgeschichte und Hotelgeschichten », dans *Natur, Räume, Landschaften* (B. Krause et U. Scheck, dir.), Munich, Judicium Verlag, 1998, p. 189-198.

42 « There is a superabondance of hotels in the neighbourhood of the Falls of Niagara » (James Stuart, *Three Years in North America*, 1833, p. 158). Nous traduisons : « Il y a une surabondance d'hôtels dans le voisinage des chutes du Niagara. »

43 Ce thème de l'influence des médias américains qui minent la culture canadienne et qui détruit l'identité de ses populations sera une constante du paysage culturel canadien-anglais comme canadien-français et, de réglementations en déréglementations, diverses approches verront le jour suivant que l'on se réfère à une politique de protection ou non. Ces médias états-uniens sont les véhicules privilégiés d'une culture où se mêlent le populaire et le spécialisé. Elle convient à des populations qui désirent se référer à certains mythes connus, mais transformés par les technologies modernes. Cette culture populaire/spécialisée est ce que les penseurs influencés par l'Europe appellent la culture de masse. Pourtant, la culture de masse est beaucoup plus présente dans l'Union soviétique stalinienne et dans l'Europe nazifiée, car il s'agit de régimes politiques centralisés, bureaucratiques, soumis à la répression et qui ont volontairement voulu transformer les gens en masses soumises au chef et au parti. Par rapport à la conception européenne ou canadienne valorisant davantage l'écrit, elle est beaucoup plus une culture fondée sur l'image et ses nouveautés technologiques, film, publicité ou maintenant image numérique, que sur la littérature (Itamar Even-Zohar, *op. cit.*). En effet, il faut saisir que le succès d'une compagnie comme Disney Corp., par exemple, est fondé sur trois éléments : 1. sur le fait que ses productions ne représentent pas ce que les Européens appellent une culture de masse, mais plutôt un mélange d'éléments présents dans les cultures populaires ou folkloriques et d'éléments trouvant leur source dans les cultures sophistiquées (cela est souligné par John Walsh, le directeur du Getty Museum à Los Angeles : « Le but du musée est d'éduquer le grand public, non de faire le bonheur de quelques érudits [...] Ce souci de démocratisation n'exclut ni la sophistication ni le raffinement », J.-G. Fredet, « La cathédrale des beaux-arts », *L'Actualité*, 15 octobre 1998, p. 57) ; 2. sur le réaménagement des cultures européennes (contes de Grimm ou de Perrault) joint à des éléments propres aux cultures littéraires ou artistiques sophistiquées déplaçant le rôle originel européen qui contribuait à l'invention des nations ; 3. sur leur insertion dans une idéologie de l'image rejoignant la planète entière grâce à son reformatage régulier en produits soutenus par la haute technologie. Il faudrait relire le texte de Baudelaire intitulé « Exposition

universelle 1855 », afin de saisir la distance entre la conception de la culture durant l'expansion de la modernité en Europe (une conception qui se perpétue durant une bonne partie du XXe siècle et où les mots *majorité* et *décadence* sont perçus comme complémentaires) et la création de produits culturels par Hollywood ou Disney qui tiennent compte des désirs du public pour l'esthétique et le divertissement.

44 Pierre J.-O. Chauveau, *L'instruction publique au Canada*, 1876, p. 314. Les visiteurs européens sont aussi fascinés par les hôtels à Montréal : « [L]es plus beaux hôtels sont perdus au milieu des maisons secondaires » (Théodore Pavie, *op. cit.*, p. 157).

45 En ce sens, la modernité contient déjà en germe la postmodernité telle que tente de la circonscrire Amitaï Etzioni dans *The Active Society* (*op. cit.*). Dans cet ouvrage, il souligne le multiple, la vitesse, le déplacement, le mélange des genres, le tout inscrit dans une logique économique de multiplication des richesses et de diffusion de celles-ci, ce qui permet de refonder les peuples et d'assouplir les luttes de tous contre tous visant l'expansion.

46 On se réfère ici à la distinction entre lieu et espace de Michel de Certeau dans *L'invention du quotidien*, Paris, UGE/10/18, 1980, p. 208. M. de Certeau suit la distinction saussurienne entre langue et parole et voit dans le lieu la langue, tandis que l'espace est l'expression de la parole. Dans notre contemporanéité en déplacement, cette distinction tend à se modifier car la langue, le lieu comme enracinement de l'appropriation, est dépassée par l'espace comme créativité issue d'opérations pragmatiques.

47 « Home is the only thing you do not leave home without », affirme Anton Shammas dans une conférence de 1994 [cité par Walter Mignolo, « Human Understanding and (Latin) American Interests — The Politics and Sensibilities of Geohistorical Locations »]. *A Companion to Postcolonial Studies* (H. Schwartz et S. Ray, dir.), Oxford, Blackwell, 1999, p. 182. Traduction : « La maison est la seule chose que vous ne laissez pas à la maison. »

48 On peut le vérifier par la traduction de *homesick* qui serait « avoir le mal du pays », ce qui signifie non pas avoir des images de sa famille, mais bien de la communauté et du territoire, du village niché au creux du vallon, etc.

49 Cela ne signifie pas que l'enracinement n'est pas apprécié, mais plutôt qu'il n'empêche pas le déplacement. Ainsi Mary Tolan, directeur exécutif mondial de Accenture Resources, affirme qu'elle a aimé, enfant, voyager avec son père qui savait apprécier la culture locale de la Forêt-Noire. Toutefois, elle souligne que sa famille a une propriété sur le lac Michigan depuis 1914 (*Continental*, août 2002, p. 33).

50 Le mardi 27 août 2002.

51 *La Presse*, mardi 27 août 2002, p. C3.

52 *Forbes*, mai 2000, p. 55. Traduction : « Est-il possible d'être nostalgique pour un hôtel? » Cette vulgarisation dans les médias d'études anthropologiques consacrées aux différences des paradigmes culturels se retrouve dans un texte dont le genre oscille entre l'essai et la fiction. On pense à *The Global Soul* de Pico Iyer (*op. cit.*, p. 19) : « Lacking a binding sense of "we", he might nonetheless remain fiercely loyal to a single airline. » Nous traduisons : « Dépourvu de toute conscience unifiée du nous, il peut malgré tout rester totalement loyal à une compagnie aérienne. »

53 Alejo Carpentier, *op. cit.*, p. 207.

54 *American Way*, 15 mai 2000, p. 39. Nous traduisons : « Standard internationaux [...] parfum local. »

55 Même chose pour la chaîne Taj de l'Inde : « She has international business facilities but her hospitality is distinctly Indian » (*Forbes*, 21 août 2000, p. 113). Nous traduisons : « Elle offre des services d'affaires internationaux, mais l'hospitalité est parfaitement indienne. »

56 *En Vuelo* (Aerolineas, Argentinas), novembre 2000, p. 49. Nous traduisons : « Oui, grand-mère, tu nous manques aussi. Être ici est aussi bien que rester chez toi. » Voir aussi la publicité de Marriott où l'on montre une famille avec deux enfants mis au premier plan, mais sans insister comme dans la publicité Sheraton sur la destruction des liens entre enfants et grands-parents (*Ícaro*, août 2002, p. 27).

57 Cela a des conséquences particulières sur les rapports interculturels. Du côté négatif, retenons ce que dit Lelia Area présentant *El testimonio de Domitila Barrios* de María Elva Echenique : « Porque, como plantea Echenique, los episodios de violencia doméstica descritos en el contexto de un sistema de violencia mayor-refuerzan la doble denuncia de la narradora, creando un paralelismo entre el ámbito público y el privado. El abuso de poder adquiere similares características en el sistema social autoritario y en la familia patriarcal marcada por el machismo. Digamos que es desde allí — que también es desde un aqui — que la ostensión de lo familiar se vuelve una deíxis política que graba en objetos y sujetos la *letra* patrimonial [...]. » « Políticas familiares : género y espacio doméstico en América latina », *Revista Iberoamericana* (Lelia Area *et al.*, dir.), volume spécial, IILLI, Pittsburgh University Press, 2002. Nous traduisons : « Pourquoi, comme le montre Echenique, les épisodes de violence domestique décrits dans le contexte d'un système de violence plus fort renforcent la double dénonciation de la narratrice, et créent un parallélisme entre le lieu public et le lieu privé. L'abus de pouvoir acquiert des caractéristiques similaires dans le système social autoritaire et dans la famille patriarcale marquée par le machisme. On peut dire que c'est depuis cet espace-là —

qui est aussi un ici — que la présentation du familier se transforme en déixis politique qui grave, dans les objets et les sujets, le mot patrimonial [...]. »

58 *Escala* (AeroMexico), novembre 2002, p. 93. Nous traduisons : « Novotel. Bienvenue — voilà ta maison. »

59 Traduction : « Qui s'occupe de vous? » On découvre une dynamique similaire dans un quotidien comme *La Nación* qui publie une section économique intitulée *The Wall Street Journal Americas*. On y découvre par exemple des informations mondiales et des informations plus locales concernant le Venezuela, le Brésil, l'Uruguay en espagnol et sous format identique au *Wall Street Journal* des États-Unis; voir par exemple *La Nación* (Buenos Aires), vendredi 10 novembre 2000, section 2, p. 7, *The Wall Street Journal Americas*.

60 James Bohman, « The Globalization of the Public Sphere », *Philosophy and Social Criticism*, vol. 24, n°s 2-3, avril 1998, p. 203.

61 Cette insertion de la structure familiale est très bien vue par Patricia Mestre, qui se consacre à redonner un sens de localisation aux Mexicains et particulièrement à la famille lorsqu'ils émigrent aux États-Unis (*Expansion*, 28 mai-11 juin 2003, p. 18).

62 Pico Iyer, *op. cit.*, p. 15. Nous traduisons : « Qu'est devenu le chez-soi? Le seul chez-soi qu'il connaissait, dit-il, était apparu dans deux moments imprévus d'épiphanies de calme spirituel — en voyageant dans l'Irlande rurale. »

63 *Ibid.*, p. 65. Nous traduisons : « Peut-être le plus grand danger auquel doit faire face notre communauté mondiale est qu'une personne de Los Angeles pense qu'elle connaît le Cambodge parce qu'elle a vu *The Killing Fields* au cinéma et que le nouvel arrivant du Cambodge pense qu'il connaît Los Angeles parce qu'il a vu *City of Los Angeles* sur vidéo. » L'écoute, par contre, est plutôt ce qui mène à la connaissance de l'autre comme le démontre avec éclat la nouvelle de Isabel Allende intitulée "And of Clay Are We Created" dans *Stories of Eva Luna* (*op. cit.*), où la petite fille prise dans la boue meurt au bout de trois jours devant l'œil des caméras retransmettant mondialement cette agonie.

64 Tomás Eloy Martínez, *op. cit.*, p. 27. Nous traduisons : « curiosité insatiable que ressentent certains Anglo-Saxons pour la culture des pays pauvres — ou ce qu'elle croyait qu'était la culture de la pauvreté [...] ».

65 Pico Iyer, *op. cit.*, p. 44. Nous traduisons : « un endroit où tout le monde est un étranger qui semble se rendre ailleurs ».

66 *Ibid.*, p. 49. Nous traduisons : « le produit [...] d'un mariage mixte entre le franchissement d'une frontière et un centre commercial ».

67 Gianni Vattimo, *op. cit.*, p. 11.

68 Pico Iyer, *op. cit.*, p. 2. Traduction : « La philosophie, c'est la nostalgie : le désir d'être partout chez soi. »

69 Voir Martin Heidegger, *The Fundamental Concepts of Metaphysics* (W. McNeill et N. Walker, trad.), Bloomington, Indiana University Press, 1995, p. 5. Nous traduisons : « Suivant la remarque perspicace de Novalis, la philosophie est réellement une nostalgie, un besoin d'être chez soi partout. » Voir aussi « La philosophie est proprement nostalgie — aspiration à être partout chez soi », Novalis, *L'encyclopédie : notes et fragments* (Maurice de Gandillac, trad.), Paris, Minuit, 1966, p. 65.

70 Manuel Castells, *op. cit.*, p. 13. Nous traduisons : « La solidarité sur une planète mondialisée signifie une solidarité mondiale. Et cela signifie aussi des solidarités entre les générations. Notre planète est notre seul chez-soi et nous ne voudrions pas que les petits-enfants de nos petits-enfants soient des sans-logis. »

71 Paul Virilio, *La vitesse de libération*, Paris, Galilée, 1995, p. 150.

72 Nous sommes tout à fait conscient de ce qu'a impliqué ce mot en ce qui concerne le lien entre les recherches savantes et la conception du monde mise en place par la modernité. Voir à ce sujet ce qu'explique James Clifford dans *Routes, Travel and Translation in the Late Twentieth Century, op. cit.*, p. 54 : « The word "field" itself conjures up mental images of cleared space, cultivation, work, ground. When one speaks of working in the field, or going into the field, one draws on mental images of a distinct place with an inside and an outside, reached by practices of physical movement. » Nous traduisons : « Le mot champ lui-même évoque des images mentales d'espace nettoyé, de culture, de travail, de sol. Quand on parle de travailler dans un champ, ou d'aller au champ, on se réfère à des images mentales d'un lieu distinct avec un intérieur et un extérieur, et rejoint à l'aide de mouvements physiques. »

73 Danielle Forget, « Identités et argumentation transdiscursive au Brésil », dans *Les enjeux de l'interculturel au cœur des Amériques, op. cit.*, p. 69.

74 *The Wall Street Journal*, mercredi 15 juillet 1998, p. A5. Traduction : « Si le monde devient réellement plus petit, être mondialisé n'est plus l'idée du siècle. De nos jours, tout le monde affirme qu'il est mondial. Mais dire que vous êtes mondial n'est pas la même chose qu'être mondialisé. Ce n'est pas seulement où vous êtes qui compte, mais c'est plutôt comment vous y êtes. Pour nous, être mondialisé signifie être complètement local. Entièrement chez soi. La manière dont nous sommes dans 100 pays du monde. Notre métier est de comprendre un pays par ses habitants, pas juste par ses aéroports. D'accroître notre clientèle en saisissant les problèmes qui sont

juste au coin de la rue. Pas juste autour du monde. Ça, c'est une grande idée. La "citi" ne dort jamais. »

75 Pico Iyer, *op. cit.*, p. 281.

76 *Ibid.*, p. 125. Nous traduisons : « Pour une âme mondiale comme la mienne, pour toute personne née dans plusieurs cultures, le défi dans le monde moderne est de trouver une ville qui parle à autant de nos chez-soi que possible. »

77 Voir plus haut : *Forbes ASAP*, 21 août 2000, p. 6.

78 Néstor García Canclini, *La globalización imaginada, op. cit.*, p. 53. Nous traduisons : « On peut interpréter l'œuvre de Yanagi comme une métaphore des travailleurs qui, en migrant de par le monde, décomposent les nationalismes et les impérialismes. »

79 Henri Dorion, « René Derouin : pour une définition du territoire », *Vie des arts*, n° 184, automne 2001, p. 46.

80 *L'Actualité*, 1er décembre 2001, deuxième de couverture et p. 1.

81 *Business Week*, 23 octobre 1978, p. 12. Traduction : « Bechtel construit l'eau. »

82 *Sports Illustrated-Women*, juillet-août 2002, p. 61. Nous traduisons : « Que diriez-vous si Gatorade fabriquait l'eau. »

83 Voir la critique de cette logique dans un article où l'on dénonce les agissements des restaurants Olive Garden associés à Coca-Cola et qui font tout pour que les clients demandent des boissons gazeuses plutôt que de l'eau : « When you're here, you're thirsty », *Harper's Magazine*, octobre 2002, p. 14.

84 Martin Wolf, *op. cit.*, p. 12. Nous traduisons : « Les changements que nous avons vus durant les vingt dernières années ne devraient pas être appelés "mondialisation par les entreprises". C'est une mondialisation conduite par le marché et déchaînée consciemment et volontairement par les gouvernements. Les entreprises ne sont ni aussi grosses ni aussi puissantes que le proclament les critiques. »

85 Notons que ce concept est incarné dans des publicités ludiques. Voir, par exemple, une chaussure de marche avec lacet dotée d'un talon haut de chaussure de femme et d'un bout de chaussure de sport. L'image est présentée par Investissements Manuvie : « Enfin un instrument de placement qui répond à vos besoins » (*Les Affaires*, 12 avril 2003, p. 21).

86 Néstor García Canclini, *Culturas híbridas…*, *op. cit.*, p. 57. Nous traduisons : « Le conflit se manifeste de façon explicite, toutefois, il n'est pas représenté par des images nationalistes, mais comme un symbole multinational qui, relu, invite à réfléchir au sujet d'une frontière explicite. »

87 N'oublions pas toutefois que le mythe d'Ulysse est celui du retour et qu'en ce sens on est loin de la déterritorialisation plus proche d'Hermès.

88 *Elle Décoration*, n° 111, 2001, p. 43.

89 Les pirates reviennent à la mode. Voir *Géo*, juillet 2001, p. 61-68, et l'article sympathique à leur égard intitulé « Flibustiers et pirates : les anges noirs de la liberté ».

90 Walter Moser, « Le baroque. Pour faire et défaire les identités culturelles », dans *Les enjeux de l'interculturel au cœur des Amériques*, *op. cit.* Aussi Jean Rousset, *La littérature de l'âge baroque en France*, Paris, José Corti, 1966.

91 Cette tendance a été notée par Danielle Forget, *op. cit.*

92 *Architectural Digest*, décembre 1999, p. 9. Nous traduisons : « Fisher Island. Floride. L'isolement splendide à Fisher Island ne signifie pas être éloigné, loin de là. »

93 Anne Gilbert, « La nature comme légitimation », dans *Dislocation et permanence* (C. Andrew, dir.), Ottawa, Presses de l'Université d'Ottawa, 1999, p. 39-60. Il faut voir que cette logique est parodiée par des architectes qui construisent des cabanes dans les arbres renvoyant au *Baron perché* d'Italo Calvino (Paris, Gallimard, 1969) ! Dans le magazine *Hommes*, on affirme : « Aucune branche n'est coupée, aucun clou planté. Une nouvelle manière de reprendre racines. » *Hommes* (Air France), hiver 2001-2002, p. 26. Sans aller jusque-là, on retient les créations de certains architectes comme Bart Prince, aux États-Unis, dont les maisons jouent avec virtuosité des courbes aériennes, de l'ouverture sur l'espace afin de communiquer une impression de flottant et d'exploratoire dans le quotidien. Voir *Architectural Digest*, mars 2001 et mai 2002, p. 100.

94 *Forbes*, p. 130-131.

95 *Ibid.* Traduction : « Que les barrières soient grandes n'a aucune importance, votre présentation passera toujours. [...] Vous avez présenté. Ils ont regardé et écouté. Ça a passé. Et les murs sont tombés. »

96 *Ibid.* Nous traduisons : « Et si la grande muraille de Chine avait été donnée à construire à une seule personne ? [...] C'est surprenant ce qui peut être accompli si les gens mettent ensemble leur cœur et leur intelligence et travaillent comme un seul homme. C'est pour cela que nous avons présenté Internet à la Chine. Parce qu'il ne s'agit pas seulement de rapprocher le monde de la Chine, il s'agit de rapprocher 1,2 milliard de gens du monde. Le pouvoir au peuple. »

97 *Noticias*, 20 mars 1999, p. 39. Nous traduisons : « Une forme de penser et d'agir, une philosophie — nommée Kyosey — dans laquelle on vit et on travaille pour le bien commun, au-delà des différences culturelles, des habitudes de la langue ou de la race. Et dans cet esprit naît Canon Argentine. »

98 Protection qui a toujours eu des lacunes importantes puisque la plupart des gens ne sont pas couverts par une quelconque assurance-chômage ou assurance-emploi.

99 Nous traduisons : « Près de sa maison mère. Mais bien plus près de vous. »

100 *Forbes*, 3 avril 2000, p. 191.

101 *Noticias*, 20 mars 1999, p. 39. Nous traduisons : « Dans un monde où la mondialisation a changé l'économie à un rythme incessant [...]. »

102 *Ibid.*, p. 72. Nous traduisons : « À cause de l'obsession de l'industrie avec l'absolu, il y a eu une tendance à ignorer les aspects plus émotifs, moins tangibles. »

103 *Ibid.*, p. 73. Nous traduisons : « La conception postmoderne des iMac fonctionne dans un environnement minimaliste, mais elle ne convient pas bien à une ambiance classique. »

104 *Ibid.* Celle-ci se manifeste à la page 82 du même magazine. On y voit une photo d'une salle de classe où les étudiants utilisent des machines à écrire, un appareil qui a disparu des classes au Canada depuis de nombreuses années.

105 Manuel Castells, *op. cit.* On souligne les trois types d'identités : 1. identité légitimante (État-nation) ; 2. identité de résistance (gais et lesbiennes) ; 3. identité en projet (féminisme) qui se redéfinit en tentant de changer l'ensemble de la société en se positionnant comme centre ou en pénétrant le discours du centre.

106 Adriana Rizzo, « Exclusion sociale et exclusion de l'immigrant... », *op. cit.*, p. 143-166.

107 Veneza V. Mayora Ronsini, *op. cit.*, p. 133. Traduction : « Le problème de la recherche est lié à la relation entre consommation de biens matériels et symboliques médiatiques internationalisés et à la conformité de styles ou de mouvements culturels. »

108 Traduction : « À Radio Zero, nous interprétons la diversité, choisis ce que tu veux. »

109 Nous traduisons : « Une nouvelle optique ».

110 Nous traduisons : « les nouvelles photos de Pam ».

111 *La Tercera*, jeudi 27 janvier 2000, p. 41. Nous traduisons : « Que désires-tu en ce moment ? (Marque ce que tu préfères.) »

112 *EnRoute*, avril 2001, p. 74. Traduction : « Borden, Ladner, Gervais ne donnent jamais de conseils unidimensionnels. »

113 Jesús Martín Barbero et Sonia Munoz, *Televisión y melodrama*, *op. cit.*, p. 40.

114 Michel Maffesoli, *L'ombre de Dyonisos*, *op. cit.*

115 Jesús Martín Barbero et Sonia Munoz, *Televisión y melodrama*, *op. cit.*, p. 42.

116 Manuel Vásquez Montalbán, *Panfleto desde el planeta de los simios*, Barcelona, Grijalbo, 1995, p. 55. Nous traduisons : « Nous avons besoin d'une idée de finalité qui ressemble, sans l'être, à une proposition transcendante. »

117 Herbert Marcuse, *Vers la libération*, Paris, Minuit, 1960.

118 Nous traduisons : « Je suis sorti du marché boursier avant qu'il ne s'effondre. » Cela mène à la réflexion suivante, quasi paradoxale : « En la nueva economía de Internet, el temor al fracaso es reemplazado por el pánico al éxito », affirme Intel (*Noticias*, avril 2001, p. 25). Nous traduisons : « Dans la nouvelle économie de l'Internet, la peur de l'échec est remplacée par la panique face au succès. »

119 Armand Mattelard, *Multinationales et systèmes de communication*, Paris, Anthropos, 1976. Du même auteur, *Mass Media, Ideologies and the Revolutionary Movement*, Sussex, The Harvester Press, 1980. Voir aussi Armand Mattelard et Hector Schmucke, *L'ordinateur et le Tiers-Monde*, Paris, Maspero, 1983.

120 Jacques Keable, *L'information sous influence*, Montréal, VLB, 1985.

121 *Ottawa Computes*, juillet 2000, deuxième de couverture. Nous traduisons : « Poussez votre contenu au maximum avec Adobe. [...] Intégration serrée à mort. »

122 Jorge Bucay et Silvia Salinas, *Amarse con los ojos abiertos*, Buenos Aires, Del nuevo extremo, 2000, p. 97. Nous traduisons : « Nous pouvons vivre notre vie comme si nous étions un conducteur de métro, en sachant exactement où nous allons et comment se présente la route, ou comme un surfiste. Je te propose de suivre la vague. »

123 *Clarín*, samedi 17 novembre 2001, p. 50. Nous traduisons : « En changeant les règles ».

124 *Ibid.*, p. 50. Traduction : « La meilleure façon de ne pas discriminer est de se mettre à la place de l'autre. » Cela n'empêche pas qu'on trouve encore dans certains pays des publicités pour le moins discriminantes. On pense à une image stéréotypée d'autochtones perdus dans la forêt tropicale et faisant de la publicité pour la Jeep Grand Cherokee, avec le slogan « All you need is a sense of adventure » (*Bangkok Post*, vendredi 16 août 2002, p. 7). Nous traduisons : « Tout ce dont vous avez besoin est le sens de l'aventure. » En Amérique du Nord, la stéréotypie est plus contrôlée par le jeu du clin d'œil. On voit par exemple une femme plus grande qu'un homme dans une cuisine GE avec le texte suivant : « Intelligence marries beauty. » Nous traduisons : « L'intelligence épouse la beauté. » Il est clair que la beauté est féminine et l'intelligence masculine (*Gourmet*, août 2002, p. 23). Toutefois, la grandeur même du personnage féminin et la taille beaucoup plus petite de l'homme nous font lire au second degré, car ce jeu déplace la stéréotypie du traditionnel rapport dominant. Cette lecture au second degré se vérifie dans une deuxième publicité, le mois suivant, où l'on prend connaissance d'une autre image. L'homme est plus grand que

la femme très petite. Mais cette fois, c'est elle qui est la dépositaire du quotient intellectuel élevé. On nous dit donc : « G.Q. marries I.Q. » Nous traduisons : « GQ épouse IQ. » *Gourmet*, septembre 2002, p. 47.

125 Gregory Bateson, *op. cit.*

126 *Air Canada Boutique*, n° 3, avant-dernière page. Nous traduisons : « Le monde entier se pousse de côté pour celui qui sait où il va. Continuons. » Cela rejoint le texte de Deutsche Bank : « It's a whole new game. Everything's in play. Who's on the team? Where is the next opportunity? Unique insights. Leading to results. » Nous traduisons : « C'est un jeu tout nouveau. Tout est en jeu. Qui est membre de l'équipe? Où est la prochaine occasion? Des intuitions uniques conduisant à des vrais résultats. » Ce slogan se trouve au-dessus d'un homme assis au sommet d'une roche et regardant avec sûreté l'avenir. *The Financial Times*, mardi 24 avril 2001, p. 21.

127 *Forbes*, 17 juillet 2000, p. 143. Nous traduisons : « Seuls les paranoïaques survivent parce que, dans notre entreprise l'obsession complète est ce qui sépare celui qui ne rate jamais un défaut de celui qui est seulement attentif. »

128 *Ibid.*, p. 114. Nous traduisons : « Impulsion. Personne n'a jamais dirigé une entreprise qui réussit en n'étant pas informée. En fait, prendre des décisions fondées seulement sur une impulsion est une perte de temps, de ressources et d'effort. »

129 *Quinta-Feira* (São Paulo), 30 mai 2002, p. A7. Nous traduisons : « Pour avoir du succès en affaires, il faut avoir un but. Précisément avoir AE Setorial. »

130 Slogan imprimé sur les enveloppes de la Banque Royale en 2000 : Canada Post 2103206.

131 Voir Frédéric Beigbeder, *op. cit.*

132 D'où le succès d'un ouvrage comme celui d'Arthur Janov intitulé *Primal Scream*, New York, Dell, 1970.

133 *The Globe and Mail*, 10 novembre 1982, p. 10-11. Traduction : « Fais une bonne affaire. »

134 *The Gazette*, 23 juin 1982, p. B4. Nous traduisons : « Toutes les garanties automobiles vous protègent si votre automobile cesse de fonctionner. Seulement Lada vous protège si vous cessez de travailler. »

135 Roman Jakobson, *Essais de linguistique générale*, Paris, Minuit, 1963.

136 Au sujet de la création de richesses par les centres urbains, voir le *National Post*, vendredi 4 juillet 2003, p. FP11.

137 Beatriz Sarlo, *op. cit.*

138 Alfonso de Toro, « El productor "rizomorfico" y el lector como "detective literario" », dans K. A Bühler, *Jorge Luis Borges* (A. de Toro, dir.), Francfort/

Madrid, Vervuert/Iberoamericana, p. 150. Nous traduisons : « La déconstruction, c'est lire en ne croyant pas au texte, mais en questionnant tout, c'est aller à la trace la plus éloignée, mais sans chercher jamais à donner un jugement définitif, et plutôt pour offrir une hypothèse. »

139 Alvin Toffler, *op. cit.*, p. 402. Nous traduisons : « La technologie de demain [...] demande selon les termes irrésistibles de C. P. Snow, des hommes, qui "ont l'avenir dans le corps". Ce dont nous avons besoin est rien de moins qu'un mouvement de masse qui réponde à l'avenir. »

140 *La Tercera*, jeudi 27 janvier 2000, p. 24.

141 Tim Woods, *Beginning Postmodernism*, New York, Manchester University Press, 1999, p. 49. Nous traduisons : « Beaucoup de fictions postmodernes sont imprégnées de représentations esthétiques de produits et de divertissements médiatiques de masse. »

142 Voir Charles Grivel, *Production de l'intérêt romanesque*, La Haye, Mouton, 1973.

143 Le roman *99 F* de Frédéric Beigbeder (*op. cit.*) le démontre.

144 *La Presse*, samedi 5 mars 1988, p. I6.

145 Voir aussi une image d'une belle séductrice surmontée de : « À vrai dire, je ne suis pas là par hasard » suivie, une page plus loin, d'une photo de Champagne Piper-Heidsieck surmontée de : « À dire vrai, moi non plus. » *L'Express*, 1er juillet 1988, p. 8-9.

146 *Vein/ti/tres*, jeudi 12 avril 2001, p. 4. Nous traduisons : « Elle est frivole [...] indiscrète [...] En réalité, c'est un désastre [...] Et pour vous dire la vérité, elle m'enchante. EGO. Une fois par mois. Deux fois, ce serait un péché. »

147 Voir à ce sujet la publicité Rétinol contre les rides profondes, reproduisant un visage de femme sur toile de peinture craquelée, un visage qui n'est d'ailleurs pas sans analogie avec celui de Dominique Rollin, l'amante de P. Sollers qui répond à une entrevue à la page suivante en affirmant que « l'amour, c'est la liberté ». *Elle* (France), 20 mars 2000, p. 133.

148 Pico Iyer, *op. cit.*, p. 31. Nous traduisons : « Le monde [...] ressemble en fait de plus en plus à un groupe d'enfants colorés différemment tous en train de dormir sous la même affiche de Leonardo DiCaprio, tandis qu'on argumente pour savoir si le film *Titanic* est une attaque contre l'hégémonie capitaliste ou une parabole confucéenne sur la confiance personnelle : en un mot, une centaine de cultures divisées par une langue commune. »

149 H. Paul Grice, *Studies in the Way of Words*, Cambridge (Mass.), Harvard University Press, 1989.

150 Jorge Luis Borges, *Obras completas*, Buenos Aires, Emece, 1974.

151 Pour le subliminal, on renvoie à Brian Key, *Subliminal Seduction* (voir 3.4). Pour le pédagogique, on peut songer à une publicité gouvernementale,

celle du Nouveau-Brunswick, qui affirme : « Enfin une publicité intéressante que vous regarderez plus d'une fois. » On y voit quatre esquisses de cétacés, baleine, rorqual, etc., qu'il faut mémoriser pour les reconnaître dans les activités touristiques réelles. *Grands Reportages*, mai 2002, p. 17. Cette publicité joue sur une pédagogie mémorisatrice et non productrice et vise, sur le plan géographique, le patrimoine plutôt que le développement d'une activité.

152 Hélène Bezençon, *Les confessions d'une mangeuse de lune*, Hull (Québec), Vents d'Ouest, 1995.

153 Raymond Jean, *La lectrice*, Paris, Livre de poche, 1986.

154 Dai Sijie, *Balzac et la petite tailleuse chinoise*, Paris, Gallimard, 2000.

155 À ce sujet, voir Wolfgang Iser, *L'acte de lecture*, Bruxelles, Mardaga, 1985.

156 Augusto Roa Bastos, *À contrevie*, *op. cit.*, p. 167.

157 *Ibid.*, p. 172.

158 C'est une visée que souligne Mario Vargas Llosa dans *La Chunga* (Barcelona, Seix Barral, 1980), où « what actually happens and what is imagined to happen are one continuous stream. » Nous traduisons : « [C]e qui se produit réellement et ce que l'on imagine qui arrive se retrouve dans un flux continu. » Dans cette pièce de théâtre, il arrive que les mots construisent les choses, les déplacent par une prise en charge où la fantaisie esthétisée transforme les grandes narrations, elles-mêmes des formes fantaisistes, mais figées dans des stéréotypes particuliers.

159 Certes, le roman comme transmission de savoirs nouveaux et dérangeants s'impose sur la planète, mais il fait face à des résistances notamment dans les sociétés fondées sur l'oralité et sur un vécu religieux traditionnel et belliqueux. On le voit au sujet du romancier somalien Nuruddin Farah qui publie la première fiction jamais publiée en Somalie en 1965, ce qui lui donne une figure d'opposant. Depuis, en insistant sur le fait que les hommes somaliens sont perdus dans le passé et que les femmes sont porteuses de paix et d'avenir, il est vu comme dangereux. Voir *Hier et demain*, Paris, Le Serpent à plumes, 2001.

160 Yann Martel, *Self*, *op. cit.*, p. 113.

161 *Ibid.*, p. 114.

162 Laura Esquivel, *op. cit.*, p. 12. Nous traduisons : « Mais ce qu'elle n'a jamais compris était que sa vengeance ne résidait pas dans le meurtre de l'enfant, mais dans le fait d'avoir commis un acte méritant la mort. »

163 C'est ce que souligne Kundera dans *L'insoutenable légèreté de l'être* (*op. cit.*), où le personnage (p. 15) ne pourra jamais savoir si sa vie aurait été meilleure s'il avait choisi de suivre Sabina aux États-Unis plutôt que de retourner avec Teresa, par exemple : « Tout est vécu tout de suite pour la première fois et sans préparation [...] einmal ist keinmal. » Nous

traduisons : « [...] Une fois n'est pas coutume. »

164 Il y aurait toute une recherche à faire sur la question de la réincarnation qui se manifeste de diverses manières dans le monde contemporain. On retient la publicité de Northern Ontario Canada qui affirme : « At least once in every lifetime... you need the ultimate summer vacation. » *Canadian Geographic*, mars-avril 2002, p. 91. Nous traduisons : « Au moins une fois dans chaque vie... vous avez besoin du suprême des vacances d'été. » Cet encouragement à faire du canoë dans le nord s'inscrit dans une vision de la vie dans ses multiplicités. Et si on ne se réincarne pas, de toute manière, on devrait vivre activement les différentes images de soi.

165 *Continental*, août 2002, p. 33. Nous traduisons : « Je ne pense pas que je prendrai jamais ma retraite — je m'attends à avoir au moins encore trois autres carrières excitantes. »

166 *Ibid.*, p. 255. Nous traduisons : « La ville de Gran Tenochtitlàn apparut devant eux et, la surplombant, la ville coloniale de Mexico. » Voilà qui est différent de Manora et d'Iturbe, les deux villes séparées de *À contrevie*. Toutefois, étant donné que Laura Esquivel parodie cette aspiration à la fusion, on saisit que les deux œuvres participent d'une problématique similaire.

167 Voilà qui rejoint l'optique de Ernesto Laclau (*op. cit.*) ou de Jocelyn MacLure et Alain G. Gagnon (*op. cit.*).

168 *Ibid.*, p. 255. Nous traduisons : « L'autre personne était elle-même. »

169 *Ibid.*, p. 264. Nous traduisons : « Les corps oublièrent les blessures de poignards, de balles, les entailles, les coups, la torture, les soufflets et ouvrirent leurs pores aux caresses et aux baisers. »

170 *Ibid.*, p. 29.

171 *Ibid.*, p. 181.

172 C'est celui qui est choisi par Yvon Rivard dans *Le bout cassé de tous les chemins* (Montréal, Boréal, 1993) comme on le voit dans ses commentaires face à un nationalisme trop territorialisant. Voir en particulier le chapitre intitulé « L'épreuve du regard », p. 161.

173 Yvon Rivard, *Les silences du corbeau*, *op. cit.*, p. 11.

174 Voir le lien avec la philosophie zen qu'on va retrouver plus loin (voir 4.12) par le biais de la conjonction des opposés dans une publicité de Samsonite. Voir aussi Patrick Imbert, « Yvon Rivard : l'écriture paradoxale », dans *Le roman contemporain au Québec* (1960-1985), Archives des lettres canadiennes, Montréal, Fides, 1992, p. 399-410.

175 Henri Meschonnic, *Modernité, modernité*, Paris, Gallimard, 1988, p. 225.

176 *Ibid.*, p. 16.

177 Il est bien certain que cette allusion rejoint un dessin connu, celui de Marc Demoulin représentant deux demi-corps d'homme et de femme

s'embrassant et dont le reste du corps, taille et jambe, est en forme de pince à linge.

178 *Forbes*, 29 mai 2000, p. 117. Nous traduisons : « Certains voient une pince à linge, un couple se donnant des baisers et s'embrassant, certains voient un antidote douloureux au ronflement, des draps volant sur une corde à linge un jour de brise de printemps, un alligator debout sur son arrière-train. »

179 *L'Espagne*, coll. dirigée par Pierre Minvielle, Paris, Larousse, 1987, p. 21.

180 *Vein/ti/tres*, jeudi 16 août 2001, p. 67. Nous traduisons : « Ce peuvent être les trompettes du groupe de James Brown, ou deux arbres taillés, ou les tuyaux d'échappement de Pierre Nodoyuna, ou deux toboggans, ou les Oxford de Madonna. » Même chose de la part de la même compagnie dans le numéro de la semaine précédente où l'on voit deux cercles reliés par une courbe : « Pueden ser los anteojos de John Lennon, o un yoyo, o un globo visto desde arriba, o el grillete de un preso, o un rulo del cantante de Simply Red » (*Vein/ti/tres*, jeudi 30 août, p. 57). Traduction : « Ce peuvent être les lunettes de John Lennon, un yoyo, un globe vu d'en bas, le cadenas d'un prisonnier ou une boucle du chanteur de Simply Red. »

181 *En Vuelo* (Aerolineas, Argentinas), novembre 2000, p. 15. Nous traduisons : « Quelle signification une porte a-t-elle pour vous ? Vous la voyez comme un obstacle ? Pesante et immobile ? Grosse ? Ou peut-être que toutes les portes s'ouvrent devant vous ? Elles cèdent et dès lors elles ne sont plus des portes, mais des entrées. Découvrez de nouveaux lieux. De continent à continent, d'un bord à l'autre. Là où vous faites du commerce. Que signifie une porte quand vous en possédez la clé ? »

182 *Ibid.*, p. 15. On retrouve la même publicité dans *Lufthansa Magazine* d'avril 2001, p. 23 : « A door. An obstacle ? Forbidding ? Or spacious. Inviting. Now with a mere gesture, you simply open the door that is hardly a door to you at all. On the journey ahead. Over land. Over sea. A door vanishes. For you have the key. The card is key. » Nous traduisons : « Une porte. Un obstacle ? Repousse-t-elle ? Ou est-elle un espace invitant ? Désormais, avec un simple geste, vous ouvrez tout simplement la porte qui est à peine une porte pour vous. En fonction du voyage prévu. Sur terre. Sur mer. Une porte disparaît. Vous en avez la clé. La carte est la clé. » L'image est différente, car, contrairement à celle de *En Vuelo*, la porte n'est pas entrouverte. La publicité s'adapte au contexte culturel, car en Allemagne une porte doit être ouverte ou fermée. Dans *Ícaro* (Varig), novembre 2001, p. 19, on prend connaissance d'un texte en anglais légèrement différent : « What is a door to you ? An obstacle ?

Heavy. Immovable. Thick. Or are all doors to you open? Yielding. Therefore, no doors at all. But entrances. Access. From ocean to ocean over countries and continents. Wherever you do business. Now what is a door, if you have the key? The card is key. » Nous traduisons : « Qu'est ce qu'une porte pour vous ? Un obstacle ? Pesant et immobile ? Épais ? Ou toutes les portes s'ouvrent pour vous ? Et cèdent. Ainsi, ce ne sont pas des portes, mais des entrées. Des accès. D'un océan à l'autre par-delà les pays et les continents. Où que vous fassiez des affaires. Maintenant que signifie une porte quand vous en possédez la clé ? La carte, c'est la clé. »

183 On verra un fonctionnement semblable avec la publicité de Samsonite recontextualisant le tao (la voie) du zen dans des réseaux multiples, mais tracés.

184 Robert Coover, *John's Wife*, New York, Simon and Schuster, 1996. Nous traduisons : « Les portes s'ouvraient devant lui et les obstacles tombaient. »

185 Pico Iyer, *op. cit.*, p. 259. Nous traduisons : « Je compris qu'en se glissant à moitié dans la porte ouverte il m'avait permis de sortir de l'autre côté. »

186 *Ibid.*, p. 264. Traduction : « une porte tournante ».

187 Ce type d'immigré est celui qui intéresse les nationalistes, car il est l'exemple même des malheurs qu'amène le déplacement.

188 Lise Boily, « On the Semiosis of Corporate Culture », dans *Semiotica*, n°s 1-2, 1993, p. 5-31.

189 *People*, 17 juin 2002, p. 79. Nous traduisons : « Vous avez une bouteille de vin vide. Une pièce de dix cents est placée à l'intérieur de la bouteille et le bouchon est inséré dans son col. Votre tâche est de faire sortir la pièce de dix cents sans retirer le bouchon ni casser la bouteille. COMMENT VOUS Y PRENDREZ-VOUS ? [...] Poussez le bouchon à l'intérieur. » Cette annonce est très populaire. Voir aussi *Gourmet*, 2 juillet 2002, p. 51. Bien sûr, toute une campagne est menée à partir de ces éléments. On retient le texte suivant : « Two men played chess. They played five games. Each man won three games. There are no ties. How is this possible ? They didn't play each other [...] Ford. No boundaries » (*Gourmet*, août 2002, p. 53-55). Nous traduisons : « Deux hommes ont joué aux échecs. Ils ont joué cinq parties. Chacun d'eux a gagné trois parties. Il n'y a pas de match nul. Comment cela est-il possible ? Ils n'ont pas joué l'un contre l'autre [...] Ford. Sans frontières. »

190 Néstor García Canclini, *La globalización imaginada*, *op. cit.*, p. 188. Nous traduisons : « de réduire à une marchandise le sens polysémique que possèdent les biens culturels ».

191 Daniel Castillo Durante, « Radiodiffusion culturelle et citoyenneté au Mexique », Primer encuentro nacional de profesionales de la radio

cultural y de servicio público, Conférence : « Los medios y la sociedad contemporánea », Universidad de Tlaxcala (Mexique), 27-30 octobre 2002, p. 6.

192 *Ibid.*, p. 7.

193 Autrement dit, on tend ici à voir certaines productions culturelles médiatiques comme une pratique interdisciplinaire qui joue souvent de l'interculturel et de l'interdiscursif. Ces productions couplées aux créations esthétiques comme les romans contemporains ou les spectacles comme ceux du Cirque du Soleil rejoignent les migrants intellectuels dont parle García Canclini. Ce sont des migrants épistémologiques réunissant les savoirs de l'art et de l'histoire, ce qu'on appelle le cultivé, avec les savoirs de l'anthropologie, ce qui est vu comme le populaire, avec ceux des études en communication, ce qui se nomme les cultures de masse. Voir Néstor García Canclini, *La globalización imaginada*, *op. cit.*, p. 215.

194 Patrick Bazin, « Toward Metareading », dans *The Future of the Book* (Geoffrey Nunberg, dir.), Berkeley, University of California Press, 1996, p. 154. Nous traduisons : « Le processus de métalecture menant à tenir compte de lui exacerbe les enjeux du savoir et du pouvoir. Ainsi, après le contrôle des matières premières, de l'énergie et des flux financiers, la maîtrise des flux de savoirs devient clairement le principal défi des prochaines décennies. »

195 « El FMI considera que Argentina tiene problemas por sobreeducación » (Cinco Congreso de Promoción de la lectura, Feria del libro Buenos Aires, 21 avril 2002).

196 Traduction : « Travailler pour [...] la lecture, c'est travailler pour l'éducation comme raison d'État. Car il n'y a pas d'éducation sans État. »

197 Étienne Balibar et Imanuel Wallerstein, *Race, Nation, Class, Ambiguous Identities*, Londres, Verso, 1991.

198 Jesús Martín Barbero, « Globalización comunicacional... », *op. cit.*, p. 29. Nous traduisons : « Les conditions d'inégalité entre nations, régions et États se poursuivent et même s'aggravent, mais elles ne peuvent être pensées en dehors de l'apparition de réseaux et d'alliances qui réorganisent les structures étatiques comme les régimes politiques et les projets nationaux. »

199 On le voit dans la remarque suivante de Giardinelli dans le même article : « [...] porque sólo los repitentes, los burros y los hijos de ricos — pero vagos — iban a las escuelas privadas. » Nous traduisons : « [...] car seuls les répétitifs, les ânes et les fils de riches — mais vagabonds — vont dans les écoles privées. »

200 « Radio Wayna Tambo, una apuesta por la diversidad », *Púlso*, 7-13 juin 2002, p. 20. Nous traduisons : « Nous pensons que notre intervention

politique a lieu dans le champ de la culture et que, sur le plan culturel, une des luttes pour l'hégémonie est celle qui correspond à l'hégémonie interprétative. »

201 En effet, la base de la capitalisation est le cadastrage et le don de titres de propriétés effectués surtout au XIXe siècle dans les pays maintenant du Premier Monde (voir 2.10). Il est encore tout à fait problématique en ce début de XXe siècle comme le démontrent les revendications réprimées des « sin tierras » (« sans-terre »).

202 Celle-ci est très bien construite dans *Púlso*. En effet, on trouve dans le même numéro un article très différent intitulé « Pluralismo en democracia : el modelo del disenso familiar ». On y explique les éléments de base de toute démocratie : partage et division du pouvoir, conflit permanent, etc.

203 « Radio Wayna Tambo, una apuesta por la diversidad », *Púlso* (La Paz), 7-13 juin 2002, p. 21. Nous traduisons : « scénarios urbains contemporains ».

204 Traduction : « L'Afrique ? La boxe ? La xénophobie ? »

205 Nous traduisons : « Celui qui le lit voit plus. »

206 D'autres différences peuvent être notées. Elles se manifestent aussi dans les préoccupations écologiques qui passent beaucoup plus souvent en Europe dans les publicités des magazines à grande diffusion. Ainsi, Suez Lyonnaise des Eaux nous montre une photo d'une baleine et nous dit : « Certains experts de la communication ne vivent pas sur la terre. Les baleines ont une bonne longueur d'avance sur nous dans les systèmes de communication du futur [...] La nature est une source inépuisable d'inspiration et d'observation. Elle nous aide à concevoir et à gérer efficacement des services aussi essentiels que l'énergie, l'eau, la propreté et la communication. » *Elle* (France), 19 juin 200, p. 79. Nous soulignons cependant que cela reprend les recherches de Bateson sur les dauphins financée par le gouvernement des États-Unis dans les années 1950.

207 Ce qui se traduit dans les publicités hôtelières par l'insistance sur les normes internationales avec comme divergence, du côté des Amériques, le fait que le stable est transportable et, du côté des civilisations plus anciennes, européennes ou asiatiques, l'insistance sur une stabilité locale perpétuée.

208 *Elle* (France), 1er juillet 2002, p. 36-37.

209 *EnRoute* (Air Canada), décembre 2001, p. 65.

210 *People*, septembre 1999, p. 44. Nous traduisons : « Homme ? Femme, est-ce important ? [...] Sure Ultra Dry vous garde plus sèche qu'aucun autre type, ainsi un HOMME FEMME HUMAIN se sent propre. » Voir aussi une publicité d'une page d'IBM dont il est impossible de déterminer si le

personnage humain est masculin ou féminin (*The Wall Street Journal*, mercredi 21 juillet 1999, p. B18).

211 Yann Martel, *Self, op. cit.*, p. 202.

212 Voilà qui rejoint aussi Augusto Roa Bastos : « Être en même temps, homme, femme, androgyne. Le sexe total retourné sur son envers ». *À contrevie, op. cit.*, p. 143.

213 Erving Goffman, *Stigmates*, Paris, Minuit, 1975.

214 Jerzy Kosinski, *op. cit.* Rappelons qu'il s'agit de l'histoire d'un homme qui a passé la première partie de sa vie cloîtré entre un jardin et la télévision. Il sort un jour et finit par conseiller les grands des États-Unis qui le trouvent génial grâce à leurs propres interprétations de ses phrases métaphoriques.

215 Gaétan Soucy, *La petite fille qui aimait trop les allumettes*, Montréal, Boréal compact, 1998, p. 70.

216 *Ibid.*, p. 70.

217 Michel Foucault, *Histoire de la sexualité*, Paris, Gallimard, 1976.

218 Voir Susan Struyker, *Trans : Changing Sex and Other Ecstatic Passages Into Postmodernism*, Oxford, Oxford University Press, 1998.

219 David Le Breton, *Anthropologie du corps et modernité*, Paris, PUF, 1992, p. 179.

220 Michel Maffesoli, *L'instant éternel, op. cit.*

221 Pico Iyer, *op. cit.*, p. 17. Nous traduisons : « La clé pour cette âme mondiale, selon Emerson, repose entièrement dans la perception : ce n'était pas tant que l'homme avait été exilé du Jardin, mais plutôt qu'il avait cessé de remarquer qu'il était tout autour de lui. »

222 *MacLean's*, 22 mars 1982, p. 9.

223 *USA Today*, vendredi 6 juillet 1990, p. A9. Nous traduisons : « Lisez les petits caractères [...] Ford a construit une compacte de première catégorie qui peut concurrencer les japonaises face à face. »

224 « Le message publicitaire », *Le Droit*, Ottawa, lundi 26 mars 1984, p. 35; « Advertising and marketing », *Ottawa Business News*, 17-30 juin 1989, p. 1-20.

225 *National Post*, jeudi 27 juillet 2000.

226 *The Globe and Mail*, mercredi 16 octobre 2002, p. R1. Nous traduisons : « La perspective est tout [...] L'égoïsme est la loi de la perspective en tant qu'elle s'applique aux sensations pour lesquelles ce qui est le plus près de nous apparaît grand et pesant tandis que la taille et le poids diminuent en fonction de notre distance par rapport aux objets. » Voir aussi « Macro-economics. Micro-analysis. A total perspective » : « Perspective is everything [...] The world is a comedy to those that think, a tragedy to those who

feel. Horace Walpole (1717-1797). Perspective is everything » (*The Globe and Mail*, 6 juillet 2002. p. B15). Nous traduisons : « La perspective est tout [...] Le monde est une comédie pour ceux qui pensent, une tragédie pour ceux qui sentent. Horace Walpole (1717-1797). La perspective est tout. »

227 *Ibid.* On souligne que Nietzsche est un « German Philosopher, Classical Scholar, Critic of Culture ». Nous traduisons : « philosophe allemand, humaniste, critique de la culture ».

228 « The Value of Humanities in Executive Development », *Sloan Management Review*, printemps 1991, p. 86. Nous traduisons : « Non seulement les médias entreprennent de transformer ces descriptions en nouvelles mêmes. De façon croissante, toute l'industrie semble consister en un jeu de réflexivité continuelle des médias au sujet d'eux-mêmes. »

229 *Wired*, septembre 1994, p. 158. Nous traduisons : « Quelqu'un peut-il mener une enquête critique au sujet de la guerre de l'information sans devenir un informateur pour celle-ci ? »

230 Cette conscience est vulgarisée dans les médias. Même si on utilise encore des termes composés avec le préfixe « méta », on saisit qu'il s'agit d'analyser des processus de production des codes : « [...] el punto de vista del metapensamiento o pensamiento de segundo orden, que analiza su proprio proceso circular [...]. » *La Nación*, mercredi 20 juin 2001, section 5, p. 6. Nous traduisons : « [...] le point de vue de la métapensée ou de la pensée d'ordre second qui analyse son propre processus circulaire [...]. »

231 Homi Bhabha, *The Location of Culture*, Londres/New York, Routledge, 1994. Nous traduisons : « Mais pour moi l'importance de l'hybridité n'est pas de tracer deux moments originaux à partir desquels le troisième émerge, mais plutôt le fait que, selon moi, l'hybridité est le "troisième espace" qui permet à d'autres positions d'émerger. »

232 Nous traduisons : « Il n'y a pas de lesbiennes ici. » Voir un exemple de ce type de régime dans le Honduras contemporain où le ministre des Relations extérieures a décidé d'interdire aux femmes de porter des mini-jupes et des jeans au travail (*Yahoo!* en espagnol, 5 mars 2002, Tegucigalpa, Reuters). Inutile de dire que les groupes féministes du pays protestent contre cette décision propre à un « système patriarcal médiéval ».

233 Katie King, *op. cit.*, p. 515. Nous traduisons : « politique de libération anticoloniale locale qui refuse l'institutionnalisation sociale étroite d'une quelconque formation culturelle particulière sous le terme de lesbienne ».

234 Monique Wittig, *The Straight Mind*, Boston, Beacon Press, 1992.

235 Voir à ce sujet : George Elliott Clarke, « Execution Poems », *Ellipse*, nº 67, p. 72-77.

236 Robert Coover, *op. cit.*, p. 8.

237 *Ibid.*, p. 8. Nous traduisons : « La femme de Jean essayant un chapeau. La femme de Jean rêvant. La femme de Jean [...] promenant son chien. »

238 Charles Sanders Peirce, *Writings of C. S. Peirce*, Bloomington, Bloomington University Press, 1982, 4 vol.

239 Robert Coover, *op. cit.*, p. 13. Nous traduisons : « Un hameçon pour vendre provenant du *racket* du divertissement aussi significatif que "léger" pour la nourriture santé. »

240 *Ibid.*, p. 9.

241 Il a vécu de 1779 à 1869.

242 Yann Martel, *Self*, *op. cit.*, p. 239.

243 Algirdas J. Greimas, *op. cit.*

244 David Ray Griffin *et al.*, *op. cit.*

245 Ces jeux pour déjouer le regard stéréotypé qui transforme l'identité en objet périphérique se manifeste aussi par exemple dans la chirurgie imposée par Orlan à son corps qu'elle mutile et transforme pour incarner le déplacement des rapports de désir qui sont des rapports de pouvoir tout autant que les rapports de rejet. Comme le souligne Linda Kauffman, « Orlan exposes the process of projection, production, distribution, and exchange [...] Parveen Adams calls Orlan "an image *trapped* in a woman's body" but it is Orlan who sets the trap, Orlan who upsets the tranquil categories of gender and genre » (*Bad Girls and Sick Boys*, Berkeley, University of California, 1998, p. 61). Nous traduisons : « Orlan révèle le processus de projection, de production, de distribution et d'échange [...] Parveen Adams appelle Orlan "une image piégée dans un corps de femme", mais c'est Orlan qui met en place le piège, Orlan qui renverse les catégories tranquilles de sexe et de genre. »

246 Ce caméléonage est fréquent dans le contemporain. Un personnage des *Silences du corbeau* de Yvon Rivard affirme qu'il « aimerait être une femme » (*op. cit.*, p. 218). Le roman de Laura Esquivel, *The Law of Love* (*op. cit.*), en un ludisme qui brise les catégorisations sémiologiques définissant les personnages, met en scène des personnages qui se réincarnent à travers les siècles et qui changent de genre.

247 Yann Martel, *Self*, *op. cit.*, p. 281.

248 Amin Maalouf, *Les identités meurtrières*, Paris, Grasset, 1998.

249 *Ibid.*, p. 183.

250 Voir Nancy Huston, *op. cit.*

251 Voir George Gilder, *op. cit.*, et aussi Jean-François Revel, *op. cit.*, p. 25.

252 Amin Maalouf, *op. cit.*, p. 183.

253 C'est cela que l'on va observer dans le livre suivant, dans les entrevues concernant les jeunes montréalaises dont un des parents n'est pas né au Canada et qui ont le teint plus basané que la moyenne. Leur lutte pour faire reconnaître leur identité québécoise dans le tiers, langue du parent non né au Canada, français et anglais, est un exemple de déplacement du dualisme français/anglais qui permet d'échapper au pouvoir de la langue de communication mondiale. Reconnaître le tiers, linguistiquement, culturellement ou autrement, c'est échapper aux rapports de pouvoir qui obligent soit à réagir contre l'anglais et la culture américaine, soit à passer par ses structurations.

254 Frederik Barth, *op. cit.*

255 Voir Amin Maalouf, *op. cit.*, p. 187.

256 *Elle* (Québec), 11 février 2002, p. 60.

257 Yvon Rivard, *Les silences du corbeau*, *op. cit.*, p. 21.

258 Augusto Roa Bastos, *Morencia*, Paris, Flammarion, 1980, p. 87.

259 Cette idée rejoint les réflexions de Wilhelm Reich cherchant les ancrages idéologiques dirigeant le désir et les relations sexuelles : *Sex-pol, Essays 1929-1934*, New York, Vintage, 1966.

260 C'est pourquoi un auteur comme Graham Huggan peut comparer Yvon Rivard, québécois, avec Marion Campbell d'Australie et faire surgir des points de rencontre intéressants. « Decolonizing the Map : Post-colonialism, Post-structuralism and the Cartographic Connection », dans *Past the Last Post* (Ian Adam et Helen Tiffin, dir.), Calgary, University of Calgary Press, 1990, p. 125-138. C'est aussi ce qui se passe à travers l'étude du cliché « pauvre mais propre » (Patrick Imbert, « Sémiotique, littérature et politique : pauvre mais propre », *Semiotica*, vol. 67, n°s 3-4, 1987, p. 245-263).

261 Fritjof Capra, *The Tao of Physics*, Londres, Wildwood, 1982.

262 Paul Watzlawick, *How Real Is Real ?*, New York, Vintage, 1977.

263 Distribué à Ottawa en mars 2002. Nous traduisons : « Le battement d'ailes d'un papillon dans une partie du monde peut finir par provoquer un ouragan dans une autre. »

264 Hélène Bezençon, *op. cit.*, p. 42.

265 *Ícaro* (Varig), juin 2002, p. 40-41. Nous traduisons : « Plus d'indépendance. Plus de choix. »

266 *Veja*, 30 septembre 1998, p. 62. Nous traduisons : « Dans le Brésil en émergence : par un processus intensif, des millions de familles sortent de la pauvreté et s'insèrent au milieu de la pyramide sociale. »

267 *USA Today*, jeudi 28 juin 2001, p. A9.

268 *Veja*, octobre 1998, p. 68-69.

269 C'est aussi ce que souligne Jean-François Revel (*op. cit.*, p. 32), commentant l'œuvre de Fukuyama : « Fukuyama veut dire non pas que l'histoire s'est arrêtée, ce qui serait absurde, mais que l'expérience a réfuté la conception hégélienne et marxiste de l'histoire, imaginée comme un processus dialectique qui doit nécessairement aboutir à un modèle final vers lequel l'humanité tendrait à son insu et indépendamment de son action depuis l'origine. » Dans l'optique « cannibale » inspirée par Oswald de Andrade, c'est aussi ce que soutient Herman Neira quand il montre qu'il n'y a pas de solution de continuité nécessaire pour qu'une civilisation se perpétue. Il pense aux autochtones des Amériques dont les monuments ont été effacés sous les constructions des églises. L'Amérique est la découverte de la discontinuité comme l'affirmait le narrateur des *Silences du corbeau* (*op. cit.*) : Herman Neira, « A Cannibalistic Model of Postmodernity », 1999, <hneira@uach.cl>].

270 Une dynamique analysée par Claudia Gronemann (*op. cit.*) dans *L'amour, la fantasia* d'Assia Djebar (*op. cit.*).

271 Domitila Barrios de Chungara, *op. cit.*

272 Chico Mendez, *Mon combat pour la forêt*, Paris, Seuil, 1990.

273 Yvon Rivard, *Le bout cassé de tous les chemins*, *op. cit.*, p. 42.

274 Jeremy Rifkin, *The End of Work*, *op. cit.*, 1995.

275 Don Tapscott (dir.), *Creating Value in the Network Economy*, New York, A Harvard Business Review Book, 1998.

276 *Forbes*, 15 mai 2000, p. 119 et 121. Nous traduisons : « Voir au-delà de l'époque du ou bien/ou bien [...] L'époque du Tout est là. [...] Vous allez avoir besoin de conseillers avec une vision de 360°, des ressources importantes, et qui répondent instantanément au changement en se débrouillant élégamment avec le chaos. » Il faut comparer ces slogans avec celui de la Banque Royale qui est inscrit directement dans le stable de la modernité visant à sécuriser : « Estuvimos a su lado en el pasado [...] y seguiremos estando con usted en el futuro. » Nous traduisons : « Nous étions à vos côtés dans le passé [...] et nous continuerons à vous suivre dans l'avenir. » Ce texte entoure deux photos de famille, celle des ancêtres et celle des jeunes avec un grand-père. On ajoute un texte explicatif : « El Royal Bank of Canada es la institución financiera número uno en nuestro país y uno de los bancos offshore más importantes del mundo, con una red de oficinas que abarca el globo entero. Comuníquese con uno de nuestros asesores para saber cómo podemos continuar sirviéndole en la gestión y preservación de su patrimonio [...]. » Nous traduisons : « La Banque royale du Canada est l'institution financière numéro un dans notre pays et une des banques *offshore* les plus

importantes du monde, avec un réseau de succursales qui couvre le monde entier. Communiquez avec un de nos représentants pour savoir comment nous pouvons continuer à vous servir dans la gestion et la préservation de votre patrimoine » (*Nexos* [American Airlines], avril-juin 2000, p. 13). Évidemment, dans un pays comme l'Argentine où l'instabilité n'est pas compensée par un pragmatisme efficace, ni par un positionnement économique ou politique fort, il est nécessaire de se présenter comme un générateur de stabilité.

277 Marie-Claude Gagnon, « Confidences d'une coureuse », *Géo Plein Air*, avril 2001, p. 64.

278 Autrement dit, dans les remarques de Marie-Claude Gagnon (*op. cit.*) se manifeste peut-être ce qu'Étienne Parent essayait de construire, la possibilité de manger du fruit de l'arbre de la connaissance sans être exilé du jardin d'Éden : la capacité à combiner droit au bonheur comme dans la Constitution des États-Unis et productivité sémantique.

279 *AmericanWay*, 15 mai 2000, p. 20. Nous traduisons : « Les concepts d'opposés complets à la fine pointe du VIe siècle chinois que sont le Yin et le Yang viennent se confondre pour créer un équilibre parfait. »

280 Voir Alfred Korzybski, *op. cit.*

281 Alan Watts, *op. cit.*

282 Hubert Benoît, *The Supreme Doctrine*, New York, Viking, 1959.

283 Cela se vérife aussi dans la publicité du Creative Group. On voit un cercle où se love la texture d'une cravate tenue par une pince à cravate tandis que dans l'autre partie se dynamise une autre texture en suivant le double mouvement du symbole Yin Yang tel qu'il se manifeste aussi dans le drapeau de la Corée du Sud. « Tie dye meets power tie. It's business but not as usual… » *Communication Arts*, mars 2002, p. 25. Nous traduisons : « La texture de cravate rencontre la pince à cravate. Ce n'est pas les affaires comme d'habitude… »

284 *Bangkok Post*, lundi 19 août 2002, p. 5. Nous traduisons : « Y a-t-il une harmonie entre l'ancien et le nouveau? Oui. Parce que même notre technologie de pointe est fondée sur des années d'expérience. »

285 *Forbes*, 29 mai 2000, p. 171. Nous traduisons : « Personne ne met les choses ensemble comme la Deutsche Bank. »

286 A. Fuat Firat et Aladi Venkatesh, « Postmodernity : The Age of Marketing », *International Journal of Research in Marketing*, n° 10, 1993, p. 244. Nous traduisons : « L'image ne représente pas le produit, le produit représente l'image parce que vendre le produit devient secondaire par rapport à la vente de l'expérience. »

287 *Advertising Age*, 5 novembre 2001, p. S21. Nous traduisons : « À notre époque, vendre quoi que ce soit signifie vendre des idées. »

288 Beatriz Sarlo, *op. cit.*

289 Michel Maffesoli, *L'instant éternel, op. cit.* : « Rapport au monde plus magique dans lequel les objets sont autant d'"intercesseurs", d'objets "transitionnels". Ils négocient, adoucissent, interviennent. C'est peut-être ainsi qu'il faut comprendre l'importance et le succès des "centres commerciaux", non pas comme simples lieux fonctionnels de vente, mais bien comme occasions de communion. » Ici, tout en reconnaissant la pertinence de ces remarques, nous allons dans une autre voie, en soulignant que l'objet est l'expression d'une affirmation culturelle par le choix qui le produit comme désirable, et ce choix est enserré dans un réseau de mots qui nous poussent à positionner nos discours les uns par rapport aux autres comme l'ont montré les publicités productrices de Xpedior ou de *La Tercera*.

290 *New York*, 12 août 2002, supplément sur l'éducation p. A5. Nous traduisons : « Vous êtes ici. Un des rares endroits aux États-Unis où la "culture" n'est pas dominée par la "consommation". Où le plus gros centre commercial est celui de l'intelligence. Des magasins d'idées. Des boutiques de créativité. Des points de vente d'inspiration. VOUS ÊTES ICI CHERCHANT UNE PENSÉE SEXY ET SUBVERSIVE EN 7 1/2 AA. Et vous trouvez des millions de styles. Feuilletez quelques pensées. Essayez une possibilité. Et soyez prêt à embarquer dans la course à l'achat de votre vie, mue par le cœur, l'intelligence et l'âme. C'est pour cela que vous êtes ici. C'est pour cela que nous sommes ici aussi. La nouvelle école. Choisissez vos cours. »

291 Jorge Amado, *Bahía de todos los santos*, Buenos Aires, Losada, 1980.

292 Daniel Castillo Durante, *Les foires du Pacifique*, Hull, Vents d'Ouest, 1998.

293 « On the Read again », *New York*, 12 août 2002, p. 90. Nous traduisons : « Nous avons accès à tant de choses que, d'une certaine manière, nous sentons le besoin de tout voir [...] C'est plutôt comme avec les livres. Nous sentons que nous devons tous les lire, ce qui fait que nous ne lisons bien aucun d'entre eux. »

294 Toute une recherche serait à faire sur la manière dont les mouvements qui contestent la mondialisation, comme le commandant Marcos, savent utiliser le discours du tourisme et le parodier pour faire visiter leurs lieux. De *Paris-Match* aux guides sur Internet, le guide touristique révolutionnaire fait recette, comme nous l'avons vu aussi plus haut au sujet des maoïstes au Népal (voir 3.5). L'auteur a aussi entendu parler d'un guide en préparation à Chicago pour ouvrir les touristes à l'Argentine en crise.

295 Entrevue dans *Le Monde*, 5 avril 2001, p. 14.

296 Jean-François Revel, *op. cit.*, p. 31.

297 *Der Spiegel*, octobre 1984, p. 303. Nous traduisons : « Le nouveau système de bureau AES 7200 rend l'impossible possible. »

298 *Forbes*, 3 avril 2000, p. 16. Nous traduisons : « Chez ABB, nous croyons que la chose la plus importante que nous construisons aujourd'hui est le savoir. Car le pouvoir qui va diriger les 100 prochaines années est le pouvoir des idées. »

299 Tom Peters, Jr. et Robert H. Waterman, *op. cit.*

300 Tom Peters, *Thriving on Chaos*, New York, Knopf, 1987.

301 En ce sens, il y a un abîme entre ces textes et ceux de la modernité économique libérale du XIXe siècle. Parent et Sarmiento visaient l'ordre et craignaient le chaos.

302 Tom Peters, *op. cit.*, p. 395. Nous traduisons : « Le paradoxe central, donc, auquel tous les dirigeants doivent faire face, est de promouvoir (ou de créer) une stabilité interne afin d'encourager la poursuite de changements constants. La vision doit être suffisamment claire (consistante, etc. — voir L2) pour encourager la prise de risque et le risque d'échec continuellement, sinon le fait de tester continuellement et de s'étendre et de tout améliorer — changer ne se produira pas ou pas assez vite [...] "Contrôler" selon les normes anciennes signifie "hors de contrôle" (rester en arrière) selon les nouvelles normes. »

303 *Forbes.com*, automne 2000, p. 105-113. Nous traduisons : « L'agilité de changer de direction rapidement [...] la stabilité de rester concentré sur vos forces de base [...] libérez votre entreprise. » Voir la publicité Compaq pour un ordinateur portatif : « How can something be both greater than and less than? » *The Financial Post*, 22-24 août 1998, p. 27. Nous traduisons : « Comment quelque chose peut-il être à la fois plus grand que et plus petit que? »

304 Tom Peters, *op. cit.*, p. 396. Nous traduisons : « 1. Plus de stabilité dans les buts/et l'emploi est nécessaire afin de s'occuper du moins de stabilité dans l'environnement; 2. plus de concurrence demande plus de coopération [...] 13. accélérer le taux de succès est lié à l'accélération du taux d'échec [...] 2. Réclamez de l'empirisme. Réclamez des tests difficiles, des tests rapides et des tests partiaux au sujet de tout, par tous (voir I-3) [...] 4. apprenez à aimer et à louer les échecs [...] 8. rendez les choses agréables [...] 9. donnez des promotions à ceux qui fonctionnent le mieux dans le paradoxe. »

305 Cette idée est exprimée aussi au sujet de l'éducation supérieure : « "Students will be able to shop around, taking a course from any institution that offers a good one [...] Quality education will be available to all. Students will learn what they want rather than what some faculty committee decided was the best political compromise. Education will be

measured by what you know rather than by whose name appears on your diploma." If the Internet can facilitate this kind of change, we can only say, Amen. » (*Forbes.com*, automne 2000, p. 54). Nous traduisons : « Les étudiants pourront choisir et prendre un cours dans n'importe quelle institution qui en offre un bon [...] Une éducation de qualité sera possible pour tous. Les étudiants apprendront ce qu'ils veulent plutôt que ce qu'un quelconque comité de professeurs aura décidé comme meilleur compromis politique. L'éducation sera mesurée sur la base de ce que vous savez plutôt qu'en fonction du nom de l'université qui est inscrit sur votre diplôme. Si Internet peut faciliter cette sorte de changement, nous ne pouvons que dire Amen. »

306 *Financial Post*, samedi 26 mai 2001, p. C18. Nous traduisons : « Offre d'emploi [...] Changer le monde. »

307 On voit bien la différence avec la situation de certains pays comme le Pérou et beaucoup de pays pauvres où, comme le mentionne Hernando de Soto, par le fait que les États n'ont pas accordé de titres de propriétés, le capital des pauvres reste à l'état latent et ne peut être le moteur de leur décollage économique, car ils ne peuvent emprunter dans des institutions financières. Dès lors, pour eux, il s'agit encore d'avoir accès à la révolution propre à la modernité au XIXe siècle, le droit à la propriété (voir 1.9).

308 *Forbes.com*, automne 2000, p. 85. Nous traduisons : « Votre ressource la plus précieuse est la connaissance dans la tête des gens [...] QuestOne peut vous aider à évaluer vos ressources clés en connaissances avec une précision encore jamais atteinte [...] Le temps c'est de l'argent [...] ou est-ce bien le cas ? Intégrons l'argent, les capacités et le temps. »

309 On voit aussi un fonctionnement similaire chez Carol Twigg et Michael Miloff, « The Global Learning Infrastructure », dans *Blueprint to the Digital Economy* (Don Tapscott, Alex Lowy et David Ticoll, dir.), New York, McGraw Hill, 1998, p. 179-201. Les auteurs présentent les paradigmes de façon binaire, mais pour les faire dévier vers le nouveau qui les infléchit vers une logique du tiers.

310 *The Globe and Mail*, samedi 10 août 1996, p. D4. Nous traduisons : « C'est l'équivalent postmoderne de la pierre philosophale (ou, en tout cas, quelque chose qui peut être échangé pour de l'or). »

311 *Fortune Technology Guide*, automne 2001, p. 79. Traduction : « On se souvient de Georges Perec en littérature pour ce qu'il n'a pas écrit. Son roman *La disparition* se distingue par ce qui manque dans ses centaines de pages : la lettre 'e'. Une des idées derrière cet exploit littéraire est que les contraintes formelles canalisent la créativité. Même si nous réservons notre jugement au sujet du livre, une philosophie pas très différente de celle de Perec semble être à l'œuvre pour les créateurs de machines

frappantes et pourtant puissantes, telles que le IBM ThinkPad X20 et le Omnibook 500 Hewlett Packard. Les concepteurs des ordinateurs portatifs à la fine pointe sont aux prises avec des contraintes pratiques qui sont au moins aussi difficiles à résoudre que les omissions que Perec s'est imposées. La nécessité pour les ordinateurs portatifs d'être petits et légers entre en conflit avec les demandes des professionnels pour des écrans et des claviers pleine grandeur. »

312 Le texte est publié sous le nom de Jean-Olivier Chénier, discrètement sans date par E. Demers à Montréal, et est intitulé *Le héros de Saint-Eustache*. Il est suivi de *La dernière lettre d'un condamné* de 1839.

313 Ces remarques annoncent celles de la dernière lettre de Chevalier de Lorimier, écrite à 11 heures du soir (Montréal, microfilms, p. 21) : « Le crime de votre père est dans l'irréussite. Si le succès eut accompagné ses tentatives, on aurait honoré ses actions d'une mention respectable. Le crime fait la honte et non l'échafaud. »

314 Karl Raimund Popper, *op. cit.*, p. 67.

315 La définition est impossible sur le plan identitaire aussi. Cela avait déjà été exprimé par Romain Gary dans *Pseudo* (Paris, Mercure de France, 1976), et est précisé par Pico Iyer (*op. cit.*, p. 24) : « The country where people look like me is the one where I can't speak the language, the country where people sound like me is a place where I look like alien, and the country where people live like me is the most foreign space of all. » Nous traduisons : « Le pays où les gens me ressemblent est celui dont je ne peux parler la langue, le pays où les gens s'expriment comme moi est un lieu où j'ai l'air d'un étranger, et le pays où les gens vivent comme moi est l'espace le plus étranger de tous. »

316 Voir un sujet similaire dans Patrick Imbert, « Mensonges et vérité ne sont pas antithétiques », dans *Les voies de la psychanalyse* (M. Gauthier dir.), Montréal/Paris, L'Harmattan, 1998, p. 169-188. On y voit que, s'il n'y a pas possibilité de dire la vérité, il est possible de pointer le mensonge. Le mensonge le plus fort est d'affirmer qu'on peut dire la vérité. Cela est envisagé par T.E. Martínez dans *El vuelo de la reina* (*op. cit.*, p. 106) : « El extremo major de la soberbia es creerse hijo de Dios. » Nous traduisons : « Le suprême de l'orgueil est de se croire fils de Dieu. » Cela est exprimé aussi dans l'entrevue avec William Shatner : « That nobody knows anything. Everybody has an opinion but it's not necessary any more valid. The only problem is, you have to live that before you learn it. Every generation rediscovers the truths, but by the time you rediscover them it's too late » (*EnRoute*, août 2002, p. 47). Nous traduisons : « Que personne ne sait rien. Tout le monde avait une opinion, mais elle n'est pas nécessairement plus valide. Le seul problème est que vous devez passer

à travers cela avant de l'apprendre. Chaque génération redécouvre les vérités, mais au moment où vous les redécouvrez, il est trop tard. »

317 Richard Rorty, *op. cit.*

318 Pierre Marcelle, *La démolition*, Paris, Denoël, 1985.

319 Don Delillo, *White Noise*, Harmondsworth, Penguin, 1998.

320 En un sens, ces ouvrages poussent plus loin la logique de Julio Cortazar qui, dans *Marelle* (Paris, Gallimard, 1968) donnait la possibilité de choisir les bifurcations de l'intrigue selon un schéma étudié par Claude Brémond (*Communications*, n° 8, Paris, Seuil, 1966). En effet, ici, il n'est pas question de contrôle individuel, mais bien d'indétermination.

321 Milan Kundera, *L'art du roman*, Paris, Seuil, 1990.

322 Albert O. Hirschman, *Deux siècles de rhétorique réactionnaire*, Paris, Fayard, 1990.

Conclusion

LES MIGRATIONS DISCURSIVES

> Aujourd'hui « vous êtes différents ». Il y a 20 ans c'était : « On est six millions. »[1]

Que soulignent tous ces jeux allant des déplacements géo-symboliques à la productivité sémantique et aux surprises du paradoxe ? D'abord que le discours postmoderne/postcolonial lié à la nouvelle économie rejoint ce que Karl Popper appelait « an abstract society[2] ». Par là, il entendait une société qui ne reposait plus sur un caractère organique, sur des relations contiguës, mais sur des relations choisies en dehors des accidents de la naissance, en dehors du fait de vivre dans telle famille ou sur tel ou tel territoire. Ces relations « abstraites » d'échange et de coopération fondent l'individualisme démocratique qui nous demande de mettre de côté en partie nos émotions premières pour établir des liens à distance. Cette situation qui a évolué au cours des siècles s'accentue de nos jours et se marque par les jeux discursifs intertextuels déplaçant les *a priori* philosophiques et les données épistémiques dont Popper discute et qui fondent les univers platonicien ou hégélien sur lesquels ont reposé les dynamiques d'invention des nations au XIXe siècle. Dans le rapprochement mondial transformant les relations géo-symboliques, la technologie alliée à de nouvelles pratiques discursives vulgarisées issues des langages spécialisés tendent à changer la culture des populations et ses repères.

Jusqu'ici, nous avons vu que le couple postmodernité/postcolonialité déplaçait les bases d'un essentialisme dualiste valorisant un élément de la polarité, ce qui fondait un univers diffusant des rapports de pouvoir particulier. Ce discours fonctionne à partir de paradigmes comme la référence à la vérité, la prédominance du mâle, la croyance en de grandes configurations stables, l'importance des autorités, la signification profonde et unique du texte. De nos jours, ces paradigmes et leur critique sont pris en charge par des discours fictionnels qui contribuent à en vulgariser leur remise en question, ou, en tout cas, certains aspects de celle-ci. On pense au roman *Le pique-nique sur l'Acropole* de Louky Bersianik. Dans cet ouvrage mêlant les différents genres, se pratique un humour où, à travers les histoires et les commentaires des personnages, nous reconnaissons certains discours, en particulier ceux qui font des femmes des êtres inférieurs soumis à la domination du mâle. On critique, par exemple, la supériorité de la maïeutique, de l'accouchement que représente la création poétique proposée par Socrate, qui se permet de placer selon une échelle de valeurs inférieures l'accouchement féminin. On discute du droit à la différence culturelle telle qu'elle se manifeste dans la clitoridectomie. À travers la fiction, un discours centralisateur est parodié grâce aux agents anthropomorphes que sont les personnages inscrits dans une narrativité diffusant une histoire que toutes et tous ont plaisir à suivre. Le plaisir littéraire ouvre aux surprises de la différence des discours en concurrence et à une forme positive de désorientation. La désorientation, au sens positif du terme, s'empare aussi de la planète : « To live in this pluralistic world means to experience freedom as a continual oscillation between belonging and disorientation[3]. » Cette idée est bien exprimée par le narrateur de Yann Martel dans *Self* : « Ils [les parents] étaient à la fois autour et au centre de ma vie[4]. » Quoi de plus enthousiasmant dans la reconnaissance de la personnalité de l'enfant que cette ubiquité pour donner une nouvelle sécurité transmettant le goût du risque et du franchissement des limites? Appartenir et être désorienté sont les deux éléments complémentaires qui se trouvent chez Tom Peters dans *Thriving on Chaos* et dans la publicité Agilera (voir 4.14). Cette publicité et d'autres nous font remonter aux philosophes nihilistes Nietzsche et Heidegger ainsi qu'aux pragmatistes Dewey et Wittgenstein « in demonstrating that being does not necessarily coincide with what is stable, fixed and permanent, but has instead to do with the event, with consensus, dialogue and interpretation [...][5]».

De manière similaire, on retient un passage des *Silences du corbeau* de Yvon Rivard. Il est beaucoup moins explicite que la critique des fondements platoniciens par Louky Bersianik. Néanmoins, il est tout aussi efficace dans sa capacité à entraîner un déplacement de significations en tenant compte du complexe. Il s'agit du passage[6] où Alex, parti de Montréal pour se ressourcer à l'ashram de « mère » près de Pondichéry et de Auroville, saisit son sentiment d'impuissance face à l'organisation pragmatique et rationnelle de son monde. Il tente de se convaincre que les choses vont changer et qu'il va cesser d'avoir peur des chiens ou des bordels, donc de sentir les autres comme une menace. Il continue en disant : « Je me sentais d'attaque et souhaitais même que l'obscurité lâche sur moi ses bêtes les plus redoutables[7]. » Ce souhait ne fait que reconduire la croyance en la menace, car être prêt à réagir à une attaque, ce n'est peut-être pas être impuissant, mais c'est croire qu'une attaque va survenir et que le monde est une menace permanente. Or, Alex cherche une forme de transformation qui lui permettra de vivre et de se vivre autrement. Il rencontre sur la plage, dans la nuit, une jeune Américaine avec qui il fait l'amour. Cette aventure agréable lui fait conclure : « Étienne avait bien raison : ce n'était pas le plaisir, mais la peur du serpent qui nous avait chassés du paradis[8]. » Alors en lui surgit une idée. Le monde n'est peut-être pas aussi antagoniste et n'a peut-être pas besoin d'être constamment dominé. Le mythe biblique de la lutte homme/monde tel qu'accentué par Descartes[9] commence à se diluer dans le comportement d'Alex. De plus, il est en passe de ne plus construire l'altérité avant tout comme une menace. Il est en train de devenir hybride, et partiellement biculturel. De retour à sa chambre, il conclut l'épisode par une parabole hindoue : « L'univers est une corde abandonnée dans un champ qu'un passant dans la pénombre prend pour un serpent[10]. » Il saisit que prendre l'univers pour un serpent est le problème. Ses capacités interprétatives gouvernées par la Bible et Descartes s'orientent désormais autrement. Penser que tout est une menace est se situer sur un vecteur d'exclusion. Il est nécessaire d'échapper à cette attribution pour promouvoir la reconnaissance de l'altérité. Cependant, il est nécessaire aussi de reconnaître ce qui, en l'autre, n'est pas acceptable. On le comprend à travers les dialogues et dans le dévoilement de l'escroquerie que constitue l'attitude de l'homme dirigeant la petite fille de l'ashram. La menace n'est donc pas omniprésente, mais elle peut aussi surgir de ce qui n'aura pas été bien analysé. La rencontre ne doit pas être innocente, mais au contraire tout à fait informée et empreinte de plusieurs scénarios possibles. Elle est bordée d'une crise potentielle comme dans l'image du surfeur en équilibre sur des flots de lave.

Ces romans remettent donc en question des *a priori* qui gouvernent une normalité de fonctionnement discursif dans les relations interpersonnelles. Ils produisent une mise en scène agréable, la quête de personnages qui tentent d'échapper aux stéréotypes. Même si les lecteurs n'ont aucune conscience ou aucune connaissance des fondements philosophiques de leurs activités discursives et culturelles, ces textes activent une réflexivité sur le savoir. Ils proposent l'entre-deux, c'est-à-dire des personnages qui vivent dans plusieurs modes de pensée, qui déplacent les significations et mettent en marche leur propre dynamique de transformation.

Le discours fictionnel, ouvert sur la reconnaissance de ce qui conduit à rejeter l'autre, est rejoint par nombre de discours institutionnels, médiatiques et de textes publicitaires vulgarisant la dimension plurisémique des textes. On pense par exemple à la Brookings Institution et à son rapport intitulé *Technology and Tolerance : The Importance of Diversity to High-Technology Growth*. Il est commenté par Martha C. Piper :

> The leading indicators of a metropolitan area's high-technology success are to be found in its levels of tolerance and cultural diversity. It concludes that diverse, inclusive communities are ideal for nurturing creativity and innovation. The study theorizes that people in technology-related businesses are drawn to places known for diversity of thought and open-mindedness, and that such a mix stimulates creativity and innovation[11].

Voilà qui rejoint les conclusions du Conference Board of Canada affirmant que, durant les trois décennies passées, les valeurs des Canadiens « have shifted from being materialistic to becoming post-materialistic ». Et Martha C. Piper de commenter : « that is, our values are moving away from the pursuit of material goods toward post-materialistic priorities — priorities rooted in the individual's aspirations to belonging, freedom, self-esteem and quality of life[12]. » Toutes ces aspirations sont liées directement au type de culture qui est pratiquée par la population, une culture fondée sur la production de significations liées au multiculturel des contextes, gage de la rencontre avec l'autre dans la connaissance et la reconnaissance fondant une qualité de vie tournée vers l'avenir et l'expansion des potentiels individuels et communs.

Ces potentialités se réalisent de plus en plus en fonction non d'un espace de cohérence territorial et culturel, mais selon des rapports étendus, organisés en fonction des intérêts professionnels, économiques ou intellectuels multinationaux. C'est ce qu'explore le projet des arts de la scène « Puerta de las Américas : Vivir la globalización[13] » de Mexico. Un réseau se superpose à un espace, ce que montrent bien aussi les publicités complexes liées aux compagnies nord-américaines, par rapport à celles qui définissent les rapports spatiaux en Amérique du Sud (voir 4.1). Dans ce cadre de compétitivité intense dans l'échange symbolique des signes, la population est de plus en plus formée à produire des significations différenciées[14] et à ne pas obéir aux fonctionnements statiques de certains discours dont les limites sont de moins en moins efficaces face à la multiplicité des contacts et des échanges.

Ce passage se manifeste dans les pratiques culturelles quotidiennes qui mènent à des repositionnements face à la reconnaissance de la différence dans la société canadienne multiculturelle. En effet, les politiques du multiculturalisme sont influencées par les divers aspects des changements culturels déplaçant les significations apportées par la mondialisation, la postmodernité/postcolonialité et le libéralisme économique. C'est pourquoi la loi sur le multiculturalisme qui a été mise en place en 1971 a changé plusieurs fois de manière significative. En 1971, on insistait sur la légitimité des racines culturelles des immigrants en rapport avec leur territoire d'origine, ce qui menait à vouloir préserver une culture statique et parfois folklorique, indépendamment de la contextualisation des nouveaux arrivants au Canada. Ce point de vue a été critiqué par plusieurs penseurs, parmi lesquels se trouvent Alberto Kurapel[15] et Neil Bissoondath[16]. Ce dernier a montré que toute cette conception était dualiste et menait à la ghettoïsation des cultures ethniques et minoritaires. Dès lors, en 1991, une nouvelle conception du multiculturalisme a été mise en place. Elle a débouché sur des programmes ayant pour but de promouvoir l'élimination des barrières sociales et l'intégration économique par la création de lois luttant contre le racisme et l'exclusion. Ces programmes ont été de nouveau modifiés en 1995 après la publication de nombreuses critiques par Bissoondath[17]. Cela a conduit à trois buts principaux : 1. la création d'une société juste et équitable; 2. la participation civique; 3. la reconnaissance des différences identitaires. Tout cela dans le but de promouvoir l'intégration, la contextualisation, l'interaction et la transformation, tout en retenant la diversité ethnique. Ces nouvelles politiques complémentent la Charte des droits et libertés et démontrent que les Canadiens, au lieu de se considérer d'abord liés à un territoire et à des cultures traditionnelles, sont de plus en plus tournés vers l'avenir des réorganisations géo-symboliques. Cet avenir permet des interactions culturelles fondées sur le fait que les buts pragmatiques sont partagés par le biais de la reconnaissance des textes de base et des politiques qui leur sont concomitantes. Une légitimité textuelle se superpose à l'allégeance territoriale. Elle nourrit une conversation constante entre les citoyens et entre ceux-ci et leurs représentants non seulement par le truchement des textes médiatiques ou esthétiques, mais aussi par l'intermédiaire des textes juridiques comme la Charte des droits. Cette conversation qui permet la discussion et la production de significations à partir de textes de base est ce qui mène à redéfinir régulièrement les accords et à se reconnaître en se réinventant au-delà des stéréotypes.

Pour parvenir à aller au-delà des stéréotypes, il faut admettre qu'on ne sait pas tout d'emblée de l'autre. Et que l'autre n'est pas forcément menaçant même si, parallèlement, on est conscient de la possibilité d'un effet de crise. *Les silences du corbeau* illustrent bien ce thème de la menace. Au sujet de la peur du serpent, on se rend compte qu'Alex ne critique pas la première partie de la phrase : « L'univers est une corde abandonnée. » Il reste accroché à la coupure homme/environnement et la situe dans une perspective dont l'existentialisme y est déplacé vers le ludisme zen. Il reste quand même nostalgique d'un monde qui aurait du sens indépendamment des significations qu'on peut produire. Il ne s'agit peut-être pas de menace, mais d'une absence qu'il lui est difficile à gérer. Dans cette absence gît une autre menace. Celle d'une nostalgie de la vérité comme le démontrent tous les autres personnages. Le roman tout entier et les interactions des personnages dans leurs limites nous font comprendre que, dans ce manque, dans cette quête de la vérité, peut resurgir une autre menace. Celle menant à une monosémie qui refuserait de voir que le monde est construit par les humains et leurs différences dans leurs interactions culturelles et pragmatiques quotidiennes.

La confrontation des discours issus de la modernité et de ceux liés à la postmodernité/poscolonialité, comme les comparaisons menées au long des chapitres de cet ouvrage entre les textes littéraires et médiatiques, nous indique qu'il est nécessaire de combiner le talent d'être différent et l'efficacité d'être concurrent. Comme le mentionne René Girard, nos interactions manifestent que nous combinons différence et concurrence. Ainsi que nous l'avons vu (4.11), la littérature fait réfléchir au sujet de la différence des concurrences, tandis que les discours médiatiques engagent dans la concurrence des différences. La littérature ne promet pas, elle fait rêver. Son impact est exprimé par une phrase de Monique Proulx dans *Les aurores montréales*, car la fiction produit l'inverse de ce que souhaite un des personnages du recueil de nouvelles : « Elle s'obstine à appeler promesses ce qui n'était que rêves partagés, elle l'accuse de mentir là où il jouait à inventer des choses impossibles. » En ce troisième millénaire balbutiant, les discours littéraires et médiatiques se saisissent de problématiques similaires dans la redéfinition des systèmes de valeurs et de la construction de l'autre. Mais ils ne coïncident pas. La littérature traite de la différence et de la concurrence en jouant de l'aléatoire. Les publicités et les textes économiques présentent différences et concurrence dans le retour à une forme de promesse de mieux-être dans le contexte de l'imprévu de la crise possible. La littérature fait rêver dans un univers qui, par-delà le spectacle participatif, maintient un référent indéniable, la mémoire de l'exclusion et de la disparition. Le seul référent indéniable pour elle est la reconnaissance du passage de vie à trépas. Dans le monde postmoderne, les publicités et les textes économiques jouent surtout d'un certain optimisme. Ils déplacent la promesse si importante dans la modernité vers un avenir collectif économico-consommateur-producteur qui peut, même à court terme, faire oublier le tragique de la disparition dans le chatoyant du spectacle et de la multiplicité. Mais la littérature, par les jeux sur la production de significations et la réflexivité menant au tiers, souligne l'hybridation des discours qui rapprochent promesses et rêves. Elle fait saisir que les promesses, comme la plupart des histoires officielles[18], sont des fictions qui parviennent à s'imposer par l'oubli généré par la promesse de mieux-être.

Dans la légitimité des déplacements géographiques et symboliques comme dans les rapports entre différences et concurrence, les discours spécialisés et les discours vulgarisateurs se complètent, même s'ils s'inscrivent dans un certain décalage temporel. La critique de Popper et sa diffusion datent des années 1950 et 1960, les jeux fictionnels surtout des années 1960 et ils se multiplient jusqu'au troisième millénaire. Quant aux jeux publicitaires à fonction productrice et réflexive, ils commencent dans les années 1990. Tous ces discours, d'une manière ou d'une autre, s'entrecroisent. Dans le contexte d'une planète où des centaines de millions de personnes éduquées voyagent, se développe un intérêt certain pour les bases des fonctionnements épistémiques[19]. Quantité de gens cherchent à parfaire leurs connaissances en lisant des ouvrages de vulgarisation économique, philosophique ou sociologique et parfois contribuent à faire d'un livre plutôt complexe un best-seller mondial. On ne pense pas ici aux ouvrages de Tapscott ou de Toffler, mais au livre de philosophie occidentale transformé en fiction grâce à l'échange de correspondance entre une petite fille et un homme âgé : *Le monde de Sophie* de Jostein Gaarder[20]. Vendu à six millions d'exemplaires et traduit dans une trentaine de langues, il démontre que les gens circulent dans des discours vulgarisés et spécialisés tout à la fois, afin de tenter de saisir les multiples images relationnelles d'eux-mêmes en déplacement constant. Le nomadisme discursif est un des éléments forts des cultures qui renforcent le côté « abstrait » des relations sociales pour établir des connexions nouvelles dans ce cerveau mondial qu'est la planète gouvernée par ses centres urbains. Ce côté abstrait s'explore en même temps dans un nouveau dialogue interculturel où l'altérité et ses complexités sont devenues un point de discussion incontournable.

Notes

1 *L'Actualité*, décembre 1986, p. 38.
2 Karl Raimund Popper, *op. cit.*, vol. 1, p. 175. Nous traduisons : « une société abstraite ».
3 Gianni Vattimo, *op. cit.*, p. 10. Traduction : « Vivre dans ce monde pluriel signifie ressentir l'expérience de la liberté comme une oscillation continuelle entre l'appartenance et la désorientation. »
4 Yann Martel, *Self, op. cit.*, p. 158.
5 Gianni Vattimo, *op. cit.*, p. 11. Nous traduisons : « en démontrant que l'être ne coïncide pas nécessairement avec ce qui est stable, fixe et permanent, mais que, au lieu de cela, il a à voir avec l'événement, le consensus, le dialogue et l'interprétation [...] ».
6 Yvon Rivard, *Les silences du corbeau, op. cit.*, p. 178-181.
7 *Ibid.*, p. 181.
8 *Ibid.*, p. 181.
9 Voir Milan Kundera, *L'insoutenable légèreté de l'être, op. cit.*, p. 363 : « Descartes a accompli le pas décisif : il a fait de l'homme "le maître et le possesseur de la nature". »
10 Yvon Rivard, *Les silences du corbeau, op. cit.*, p. 181.
11 Martha C. Piper, « Building a Civil Society : A New Role for the Human Sciences », Killam Annual Lecture, 24 octobre 2002, <www.hssfc.ca/francais/policyandadvocacy/briefsandstatements/pdf/2002killamlecture.

pdf> (reconstruit au moment de la publication). Nous traduisons : « Les premiers indicateurs du succès en haute technologie d'une région métropolitaine résident dans ses niveaux de tolérance et de diversité culturelle. Ils permettent de conclure que les communautés diversifiées et inclusives sont idéales pour que la créativité et l'innovation s'épanouissent. L'étude développe le fait que les gens dans des entreprises liées aux technologies sont attirés par des lieux connus pour leur diversité de pensée et leur ouverture d'esprit et qu'un tel mélange stimule la créativité et l'innovation. »

12 *Ibid.* Nous traduisons : « c'est-à-dire, nos valeurs s'éloignent de la poursuite des biens matériels pour aller vers des priorités postmatérielles — des priorités enracinées dans les aspirations individuelles à l'appartenance, à la liberté, à l'estime de soi et à la qualité de vie ».

13 Ce projet a été subventionné par le Consejo Nacional para la Cultura y las Artes (CNCA), Sari Bermúdez, et s'est tenu du 11 au 14 juin 2003 dans la ville de Mexico. *La Jornada,* mercredi 30 octobre 2002, p. A5.

14 « The key to growth is investment in education. Raising workers' education by one year raises gross domestic product by 9 per cent and better worker nutrition can increase productivity dramatically » (*The Globe and Mail,* samedi 10 août 1996, p. D4). Nous traduisons : « L'investissement dans l'éducation est la clé de la croissance. Élever le niveau d'éducation des travailleurs d'une année augmente le produit intérieur brut de 9 p. 100 et une meilleure alimentation des travailleurs peut accroître la productivité de façon spectaculaire. » Le tout est de savoir quel type d'éducation est profitable et comment combiner les différentes formes d'éducation. Il n'en reste pas moins qu'à travers les médias a lieu une vulgarisation de concepts menant à des transformations au plan du savoir.

15 Alberto Kurapel, *Station artificielle, op. cit.*, p. 16.

16 Neil Bissoondath, « A Question of Belonging : Multiculturalism and Citizenship », *op. cit.*

17 Neil Bissoondath, *Le marché aux illusions, op. cit.*

18 Cela est bien souligné dans le roman de Eco intitulé *Baudolino* (*op. cit.*) où rêves, promesses, fictions et mensonges ne sont pas clairement délimités. Les mensonges soutenus longtemps par des gens puissants finissent par s'imposer comme croyances.

19 Cela n'est pas évident quand on prend connaissance de la bibliographie de la mondialisation. Voir Marina Elbakidze, *Globalization : A Bibliography with Indexes,* New York, Nova Sciences Publishers, 2002. On constate avec surprise que, dans l'index par sujet, le mot littérature ne figure pas malgré des auteurs de best-sellers comme Pico Iyer (lui aussi absent) clairement

engagés dans un processus de réflexion au sujet de la mondialisation. De plus, sous le sujet culture, on ne trouve que relativement peu de références. Pourtant, toute une activité culturelle, littéraire et publicitaire liée à l'incitation à des changements culturels a lieu comme on a pu le voir par les très nombreux exemples cités dans notre ouvrage.

20 Jostein Gaarder, *Le monde de Sophie*, Paris, Seuil, 1995.

BIBLIOGRAPHIE

CRITIQUE ET ESSAIS

Amselle, Jean-Loup (1990). *Logiques métisses. Anthropologie de l'identité en Afrique et ailleurs*, Paris, Payot.

Andacht, Fernando (1997). « Media Coverage of the Unreasonable in the Land of Hyper-reason », dans *Semiotics of the Media. State of the Art, Projects and Perspectives* (W. Nöth, dir.), La Haye, Mouton de Gruyter, p. 801-815.

Andacht, Fernando (2001). *Un camino indisciplinario hacia la comunicaciòn : semiótica y medios masivos*, Bogotá, Ceja.

Anderson, Benedict (1991). *Imagined Communities : Reflections on the Origin and Spread of Nationalism*, Londres, Verso.

Angenot, Marc (1989). *1889 : un état du discours social*, Montréal, Le Préambule et Balzac.

Appadurai, Arjun (1996). *Modernity at Large : Cultural Dimensions of Globalization*, Minneapolis, University of Minnesota Press.

Area, Lelia (2002). « Politicas familiares : género y espacio doméstico en América latina », *Revista Iberoamericana* (Lelia Area *et al.*, dir.), volume spécial, IILLI, Pittsburgh University Press.

Area, Lelia (2002). « Travesía por la biblioteca de una nacíon "naciente" », <www.lehman.cuny.edu/ciberletras/v08/area.html>.

Area, Lelia et Mabel Morana (1994). *La imaginación histórica en el siglo XIX*, Rosario, UNR Editoria.

Ashcroft, Bill, Gareth Griffiths et Helen Tiffin (1989). *The Empire Writes Back : Theory and Practice in Post-colonial Literatures*, Londres, Routledge.

Austin, John Langshaw (1962). *How to do Things with Words*, Cambridge, Harvard University Press.

Bachelard, Gaston (1949). *La philosophie du non*, Paris, PUF.

Balibar, Étienne (1990). « Paradoxes of Universality », *Anatomy of Racism* (D. T. Goldberg, dir.), Minneapolis, University of Minnesota.

Balibar, Étienne et Imanuel Wallerstein (1991). *Race, Nation, Class Ambiguous Identities*, Londres, Verso.

Barth, Frederik (1969). *Ethnic Groups and Boundaries. The Social Organization of Culture Difference*, Bergen/Londres, Universitetsforlaget/Allen & Unwin.

Barthes, Roland (1960). *Mythologies*, Paris, Seuil.

Basteret, Vicomte de (1860). *De Québec à Lima*, Paris, (s.n.).

Bateson, Gregory (1972). *Steps to an Ecology of Mind*, New York, Ballantine.

Baudrillard, Jean (1972). *Pour une critique de l'économie politique du signe*, Paris, Gallimard.

Bazin, Patrick (1996). « Toward Metareading », dans *The Future of the Book* (Geoffrey Nunberg, dir.), Berkeley, University of California Press.

Beaudry, Hercule (1861). *Le conseiller du peuple*, Montréal, Sénécal.

Benoit, Hubert (1959). *The Supreme Doctrine*, New York, Viking.

Berlin, Isaiah (1988). « Le nationalisme : dédains d'hier, puissance d'aujourd'hui », dans *À contre-courant*, Paris, Albin Michel, p. 57-66.

Bernier, Ivan (dir.) (2000). « Mondialisation de l'économie et diversité culturelle : les enjeux pour le Québec », *Commission de la culture*, mars 2000, Secrétariat des commissions, bureau 3.29, Québec.

Bernstein, Basil (1971). *Class, Codes and Control*, Londres, Routledge and Kegan Paul, 3 vol.

Bersianik, Louky (1990). *La main tranchante du symbole*, Montréal, Remue-Ménage.

Bhabha, Homi (1984). « Of Mimicry and Man : The Ambivalence of Colonial Discourse », *October*, n° 28, p. 125-133.

Bhabha, Homi (1989). « Representation and the Colonial Text : A Critical Exploration of Some Forms of Mimeticism », *The Theory of Reading* (F. Gloversmith, dir.), Brighton, Harvester, p. 93-122.

Bhabha, Homi (1994). *The Location of Culture*, Londres, New York, Routledge.

Bilbao, Francisco (1920). *El Evangelio American y pagínas selectas*, Barcelona, Maucci.

Bissoondath, Neil (1993). « A Question of Belonging : Multiculturalism and Citizenship », dans W. Kaplan, *Belonging : The Meaning and Future of Canadian Citizenship*, Montréal/Kingston, McGill-Queens's University Press.

Bissoondath, Neil (1995). *Le marché aux illusions*, Montréal, Boréal.

Bittman, Ladislav (1981). *The Deception Game*, New York, Ballantine.

Blanchot, Maurice (1992). *The Step Not Beyond*, Albany, State University of New York Press.

Bohman, James (1998). « The Globalization of the Public Sphere », *Philosophy and Social Criticism*, vol. 24, n°s 2-3, avril, p. 203-218.

Boily, Lise (1992). « Corporate Culture : A Tool for Marketing the Meaning of Change in Organizations », dans *Marketing Signs* (Jean Umiker Sebeok, dir.), Bloomington, Indiana University Press, p, 92-102.

Boily, Lise (1993). « On the Semiosis of Corporate Culture », *Semiotica*, n°s 1/2, p. 5-31.

Bouchard, Guy et Yvan Lamonde (1995). *Québécois et Américains*, Montréal, Fides.

Bourdé, Guy (1974). *Urbanisation et immigration en Amérique latine*, Paris, Aubier.

Bourget, Mgr Ignace (1887). *Mandements, lettres pastorales et autres documents*, Montréal, Chapleau, 9 vol.

Bourne, Randolph (1916). « Trans-National America », *The Atlantic Monthly*, CXVIII, p. 86-97.

Brémond, Claude (1966). *Communications*, n° 8, Paris, Seuil.

Briceño-Iragorry, Mario (1951). *Mensaje sin destino*, Caracas, Bitácora.

Briceño-Iragorry, Mario (1994). *A People Crisis/Mensaje sin destino*, Caracas, Monte Avila.

Brohm, Jean-Marie (1992). « Pluralité des corps construits », dans *Le corps 1 : sociétés, sciences, politiques imaginaires* (J.-M. Brohm, C. Larrère et P. Lascounes, dir.), Paris, Belin.

Bruckner, Pascal (2002). *Misère de la prospérité*, Paris, Grasset.

Brunel, Gilles (1995). « Dédale dans les entrailles du Minotaure : l'organisation aux prises avec la postmodernité », *Communication*, vol. 16, n° 2, décembre, p. 88-105.

Brydon, Diana (1990). « The White Inuit Speaks : Contamination as Literary Strategy », dans Ian Adam et Helen Tiffin, *Past the Last Post*, Calgary, University of Calgary Press, p. 191-203.

Capra, Fritjof (1982). *The Tao of Physics*, Londres, Wildwood.

Castells, Manuel (1999). *Information Technology, Globalization and Social Development*, Lausanne, United Nations Research Institute for Social Development.

Castillo Durante, Daniel (2000). *Los vertederos de la postmodernidad : literatura, cultura y sociedad en América Latina*, Ottawa/Mexico, Dovehouse Editions Canada/Universidad Nacional Autónoma de México.

Castro-Gómez, Santiago (1996). *Crítica de la razón latinoamericana*, Barcelone, Puvill.

Castro-Klarén, Sara (1999). « Mimicry Revisited : Latin América, Post-colonial Theory and the Location of Knowledge », dans A. et F. de Toro, *El debate de la postcolonialidad en Latinoamérica*, Francfort/Madrid, Vervuert/ Iberoamericana, p. 137-164.

Certeau, Michel de (1980). *L'invention du quotidien*, Paris, UGE-10/18.

Certeau, Michel de (1982). *L'histoire, science et fiction dans la philosophie de l'histoire et la pratique historienne aujourd'hui*, Ottawa, Presses de l'Université d'Ottawa.

Certeau, Michel de (1987). *Histoire et psychanalyse : entre science et fiction*, Paris, Gallimard.

Césaire, Aimé (1955). *Discours sur le colonialisme*, Paris, Présence africaine.

Chalk, Frank et Kurt Jonassohn (1990). *The History and Sociology of Genocide*, New Haven-Londres, Yale University Press.

Chanady, Amaryll (1998). *Entre inclusion et exclusion : la symbolisation de l'autre dans les Amériques*, Paris, Champion, 1998.

Chanady, Amaryll (2003). « Entre hybridité et interculture : de nouveaux paradigmes identitaires à la fin du deuxième millénaire », dans *L'interculturel au cœur des Amériques* (D. Castillo Durante et P. Imbert, dir.), Ottawa/Winnipeg, Université d'Ottawa/Université du Manitoba/Legas, p. 21-34.

Chardin, Jean (1983). *Voyages de Paris à Ispahan*, Paris, Maspero, (1re édition 1686).

Charlevois, François-Xavier (1744). *Histoire et description générale de la Nouvelle-France.*

Chauveau, Pierre Joseph Olivier (1876). *L'instruction publique au Canada*, Québec, A. Core.

Chénier, Jean-Olivier (Louis Fréchette) (18—). *Le héros de Saint-Eustache*, Montréal, E. Demers.

Clifford, James (1997). *Routes, Travel and Translation in the Late Twentieth Century*, Cambridge, Harvard University Press.

Colin, Amy (2000). *Im Gegenlicht des Todes : Poetik der jüdischen Identität in der multikulturellen Bukowina*, Munich, Fink Verlag.

Combe, George (1835). *The Constitution of Man*, Boston, Chase and Nichols.

Combe, George (1856). *Lectures on Phrenology*, New York, Wells.

Combe, George (1974). *Notes on the United States of North America*, New York, Arno.

Comité de Santa Fe (1980). *Las relaciones interamericanas : escudo de la seguridad del nuevo mundo y espada de la proyeccion del poder global de Estados Unidos*, Buenos Aires, p. 65-113.

Comité de Santa Fe (1990). *Una estrategia para América Latina en la década de 1990*, Buenos Aires, p. 115-157.

Couillard, Marie (2000). « Médéric Lanctôt : une voix dissidente gommée par l'Histoire », dans *Croire à l'écriture* (Y. Lepage et R. Major, dir.), Orléans, David, p. 94-108.

Couillard, Marie et Patrick Imbert (1995). *Les discours du Nouveau Monde au XIXe siècle au Canada français et en Amérique latine/Los discursos del Nuevo Mundo en el siglo XIX en el Canadá francófono y en América latina*, Ottawa, Legas.

Couillard, Marie et Patrick Imbert (1996). « Canada, Argentine et Amérique latine au XIXe siècle », dans *Revue internationale d'études canadiennes* (« Le Canada dans les Amériques »), printemps, nº 13, p. 71-93.

Couillard, Marie et Patrick Imbert (1997). « L'influence des États-Unis sur l'élaboration des systèmes d'éducation au Canada au XIXe siècle et sa mise en perspective avec l'Argentine : contribution à l'invention des nations en Amérique », *Québec Studies*, nº 23, printemps-été 1997, p. 82-94.

Couillard, Marie et Patrick Imbert (2000). « Les déclarations de principe au XIXe siècle au Canada français et leur portée dans les Amériques », *Québec Studies*, nº 28, automne 1999/hiver 2000, p. 81-97.

Couillard, Marie et Patrick Imbert (2000). « L'invention des Amériques : de barbarie/civilisation à oisiveté/travail », *Revue canadienne de littérature comparée*, vol. 27, nº 3, septembre 2000, p. 437-461.

Courtois, Stéphane (1997). *Le livre noir du communisme*, Paris, Robert Laffont.

Cremin, Lawrence (1957). *Horace Mann : The Republic and the School*, New York, Columbia University Press.

Cuccioletta, Daniel (dir.) (2001). *L'américanité et les Amériques*, Québec, Presses de l'Université Laval.

Cuccioletta, Daniel (2001). *Le grand récit des Amériques* (D. Cuccioletta, J.-F. Côté, F. Lesemann, dir.), Québec, Presses de l'Université Laval.

Debray, Régis (1992). *Vie et mort de l'image : une histoire du regard en Occident*, Paris, Gallimard.

De Lauretis, Teresa (1977). « Interview with Umberto Eco », *Canadian Journal of Research in Semiotics*, vol. IV, nº 3, p. 55-58.

Delledale, Gérard (1990). « Peirce dans l'histoire de la pensée. La philosophie américaine et la nouvelle philosophie universelle », dans *Versus*, nº 55-56, p. 29-40.

De Lorimier, Chevalier (1839). *Lettre du 12 février 1839*, Montréal, microfilms.

Derrida, Jacques (1972). « Structure, Sign and Play », dans *Discourse of the Human Sciences in the Structuralist Controversy : The Language of Criticism and the Sciences of Man* (R. Macksey, et E. Donat, dir.), Baltimore, Johns Hopkins University Press, p. 257-272.

Derrida, Jacques (1984). *Otobiographies*, Paris, Galilée.

Derrida, Jacques (1988). *Limited Inc.*, Evanston (Ill.), North Western University Press.

De Soto, Hernando (1990). *The Other Path : The Invisible Revolution in the Third World*, New York, Harper and Row.

De Toro, Alfonso (1992). « El productor "rizomorfico" y el lector como "detective literario" », dans *Jorge Luis Borges* (K. A Bühler et A. de Toro, dir.), Francfort/Madrid, Vervuert/Iberoamericana, p. 133-168.

De Toro, Fernando (1995). « From Where to Speak? : Post-modern/Post-colonial Positionalities », dans *Borders and Margins*, Francfort/Madrid, Vervuert/Iberoamericana, p. 131-148.

De Toro, Alfonso (1997). « The Epistemological Foundations of the Contemporary Condition : Latin America in Dialogue with Postmodernity and Postcoloniality », dans *Latin American Postmodernism* (Richard A. Young, dir.), Atlanta, Rodopi, p. 23-36.

De Toro, Alfonso (1999). « La postcolonialidad en Latinoamérica en la era de la globalización. Cambio de paradigma en el pensamiento teórico-cultural latinoamericano? », dans *El debate de la postcolonialidad en Latinoamérica* (A. et F. de Toro, dir.), Francfort/Madrid, Vervuert/Iberoamericana, p. 31-77.

D'Haen, Theo (1998). « Post-scripts : Postnational Identities in Contemporary North American Fiction », *Roman contemporain et identité culturelle en Amérique du Nord/Contemporary Fiction and Cultural Identity in North America* (Jaap Lintvelt *et al.*, dir.), Québec, Nota Bene, p. 29-43.

Dion, Robert (1997). *Le moment critique de la fiction*, Montréal, Nuit blanche.

Dirlik, Arif (1994). « The Postcolonial Aura : Third World Criticism in the Age of Capitalism », *Critical Inquiry*, nº 20, p. 32-40.

Docola, Silvia (1995). « William Perkins : un Canadiense proyectando ciudad/region : Rosario 1858/1874 », dans *Les discours du Nouveau Monde au XIXe siècle au Canada français et en Amérique latine/Los discursos del Nuevo mundo en el siglo XIX en el Canadá francófono y en América latina* (M. Couillard et P. Imbert, dir.), Ottawa, Legas, p. 192-211.

Doubrovsky, Serge (1989). *Le livre brisé*, Paris, Grasset.

Eco, Umberto (1988). *Sémiotique et philosophie du langage*, Paris, PUF.

Einstein, Albert (1979). *Comment je vois le monde*, Paris, Flammarion.

Elbakidze, Marina (2002). *Globalization : A Bibliography with Indexes*, New York, Nova Sciences Publishers.

Encyclopaedia Universalis (1990). Paris, Éditions universitaires de France.

L'Encyclopédie : notes et fragments (1966), (Maurice de Gandillac, trad.), Paris, Minuit.

L'Espagne (1987). Coll. dirigée par Pierre Minvielle, Paris, Larousse.

Etzioni, Amitaï (1968). *The Active Society*, New York, The Free Press.

Etzioni, Amitaï (1983). *An Immodest Agenda*, New York, McGraw Hill.

Even-Zohar, Itamar (1996). « The Role of Literature in the Making of the Nations of Europe : A Socio-Semiotic Examination », *AS/SA*, n° 1, <www.epas.utoronto.ca:8080/french/as-sa/ASSA/-No1/IEZ1.html>, p. 1-20.

Fairclough, Norman (1995). *Critical Discourse Analysis : The Critical Study of Language*, Londres, Longman.

Fanon, Franz (1968). *Les damnés de la terre*, Paris, François Maspero.

Farmer, Paul (1999). *Infections and Inequalities : The Modern Plagues*, Berkeley, University of California Press.

Ferguson, Marjorie (1992). « The Myth of Globalization », *European Journal of Communication*, vol. 7, n° 1, mars 1992, p. 60-69.

Fichte, Johann Gottlieb (1968). *Addresses to the German Nation*, New York, Harper and Row.

Fisette, Jean (1996). *Pour une pragmatique de la signification*, Montréal, XYZ.

Forget, Danielle (2003). « Identités et argumentation transdiscursive au Brésil », dans *L'interculturel au cœur des Amériques* (D. Castillo Durante et P. Imbert, dir.), Ottawa, Université d'Ottawa/Université de Winnipeg/Legas, p. 51.64.

Foucault, Michel (1976). *Histoire de la sexualité*, Paris, Gallimard.

Fowler and Wells (1859). *New Illustrated Self Instruction in Phrenology and Physiology*, New York, O. S. and L. N. Fowler.

Fuat Firat, A. et Aladi Venkatesh (1993), « Postmodernity : The Age of Marketing », *International Journal of Research in Marketing*, n° 10.

García Canclini, Néstor (1992). *Culturas híbridas*, Buenos Aires, Sudamericana.

García Canclini, Néstor (1995). *Consumidores y ciudadanos*, Mexico, Grijalba.

García Canclini, Néstor (1999). *La globalizatión imaginada*, Buenos Aires, Paidos.

Gastaldo, Édison (2002). *Pátria, Chuteiras e Propaganda : o brasileiro na publicidade da Copa do Mundo*, São Paulo, Annablume.

Geertz, Clifford (1983). *Local Knowledge : Further Essays in Interpretive Anthropology*, New York, Basic Books.

Giddens, Anthony (2000). *How Globalization Is Reshaping Our Lives*, New York, Routledge.

Gilbert, Anne (1999), « La nature comme légitimation », dans *Dislocation et permanence* (C. Andrew, dir.), Ottawa, Presses de l'Université d'Ottawa, p. 39-60.

Gilder, George (1981). *Richesse et pauvreté*, Paris, Albin Michel.

Girard, René (1978). *Des choses cachées depuis la fondation du monde*, Paris, Grasset.

Gleick, John (1991) *La théorie du chaos : vers une nouvelle science*, Paris, Flammarion.

Goffman, Erving (1975), *Stigmates*, Paris, Minuit.
Goldschläger, Alain (1993). « Le mensonge : présentation théorique », dans *La pensée et les hommes*, p. 9-18.
Goldschläger, Alain (1994). « Mensonge et révisionnisme », dans *Carrefour*, vol. 16, n° 1, p. 38-50.
Greimas, Algirdas (1966). *Sémantique structurale*, Paris, Larousse.
Grenier, Hélène (1996), « Les étrangers sous le Régime français », dans *Les marginaux, les exclus et l'autre au Canada aux XVIIe et XVIIIe siècles* (André Lachance, dir.), Montréal, Fides.
Grice, H. Paul (1989). *Studies in the Way of Words*, Cambridge (Mass.), Harvard University Press.
Griffin, David Ray, John B. Cobb, Jr., Marcus, P. Ford, A.Y. Pete Gunter et Peter Ochs (1993). *Founders of Constructive Postmodern Philosophy : Peirce, James, Bergson, Whitehead, and Hartshorne*, New York, State University of New York Press.
Grisé, Yolande et Jeanne d'Arc Lortie (1987). *Les textes poétiques du Canada français 1600-1867*, Ottawa/Montréal, Fides.
Grivel, Charles (1973). *Production de l'intérêt romanesque*, La Haye, Mouton.
Gronemann, Claudia (2002). *Postmoderne/Postkoloniale Konzepte der Autobiographie in der französischen und maghrebinischen Literatur*, Hildesheim, Olms Verlag.
Groulx, Lionel (1934). « Vivre », dans *L'Action nationale*, novembre 1934.
Habermas, Jürgen (1974). *Theory and Practice*, Boston, Beacon Press.
Hall, Edward T. (1973). *The Silent Language*, New York, Anchor.
Handelman, Susan (1982). *The Slayers of Moses*, Albany, State University of New York Press.
Hannerz, Ulf (1997). « Borders », dans *International Social Science Journal*, Oxford, Blackwell/Unesco, n° 154.
Harris, Marvin (1987). *El desarrollo de la teoria antropologica. Historia de las teorias de la cultura*, Madrid, Siglo XXI.
Hartz, Louis (1968). *Les enfants de l'Europe : essais historiques sur les États-Unis, l'Amérique latine, l'Afrique du Sud, le Canada et l'Australie*, Paris, Seuil.
Hassoun, Jacques et Wasjbrot, Cécile (1991). *L'histoire à la lettre*, Paris, Mentha.
Heath, Joseph (2002). *La société efficiente : pourquoi fait-il si bon vivre au Canada ?*, Montréal, PUM.
Heiddeger, Martin (1995). *The Fundamental Concepts of Metaphysics* (W. McNeill et N. Walker, trad.), Bloomington, Indiana University Press.
Heisenberg, Werner (1961). *Physique et philosophie*, Paris, Albin Michel.
Hepple, Leslie W. (1992). « Metaphor, Geopolitical Discourse and the Military in South America », dans *Writing Worlds : Discourse, Text and*

Metaphor in the Representation of Landscape (Trevor J. Barnes et James S. Duncan, dir.), Londres et New York, Routledge, p. 80-92.

Herder, Johann Gottfried (1967). *Sämtliche Werke*, Hildesheim, Gohms.

Hirschman, Albert O. (1990). *Deux siècles de rhétorique réactionnaire*, Paris Fayard.

Hobsbawm, Eric J. (1975). *The Age of Capital 1848-1875*, Londres, Cardinal.

Hobsbawm, Eric J. (1992). *Nation et nationalisme depuis 1780*, Paris, Gallimard.

Holt, John (1970). *How Children Fail*, New York, Dell.

Hottois, Gilbert (1984). *Le signe et la technique. La philosophie à l'épreuve de la technique*, Paris, Aubier.

Huggan, Graham (1990). « Decolonizing the Map : Postcolonialism, Post-structuralism and the Cartographic Connection », dans *Past the last Post* (Ian Adam et Helen Tiffin, dir.), Calgary, University of Calgary Press, p. 125-138.

Huggan, Graham (1992). « Orientalism Reconfirmed ? », dans *Canadian Literature*, printemps 1992, n° 132, p. 24-33.

Illich, Ivan (1971). *Deschooling Society*, New York, Harper and Row.

Imbert, Patrick (1983). *Roman québécois contemporain et clichés*, Ottawa, Presses de l'Université d'Ottawa.

Imbert, Patrick (1985). « Monseigneur Bourget essayiste », dans *L'essai au Québec*, Montréal, Fides, p. 318-324.

Imbert, Patrick (1987). « Sémiotique, littérature et politique : Pauvre mais propre », *Semiotica*, vol. 67, n°s 3-4, p. 245-258.

Imbert, Patrick (1989). *L'objectivité de la presse*, Montréal, Hurtubise HMH.

Imbert, Patrick (1992). « Yvon Rivard : l'écriture paradoxale », dans *Le roman contemporain au Québec* [1960-1985], Archives des lettres canadiennes, Montréal, Fides, p. 399-410.

Imbert, Patrick (1993). « Intertexte, lecture/écriture canonique et différence », *Études françaises*, vol. 29, n° 1, p. 153-168.

Imbert, Patrick (1994). « Peace and War : Public Language, Specialized Language and the Media », *Semiotica*, vol. 99, n°s 1-2, p. 29-51.

Imbert, Patrick (1995). « Il n'y a même plus de censure », dans *Discours social/Social Discourse*, hiver-printemps 1995, vol. 7, n°s 1-2, p. 153-168.

Imbert, Patrick (1995). « Le processus d'attribution », dans *Les discours du Nouveau Monde au XIXe siècle au Canada français et en Amérique latine/Los discursos del Nuevo Mundo en el siglo XIX en el Canadá francófono y en América latina* (M. Couillard et P. Imbert, dir.), Ottawa, Legas, p. 43-60.

Imbert, Patrick (1998). « Mensonges et vérité ne sont pas antithétiques », dans *Les voies de la psychanalyse* (M. Gauthier dir.), Montréal/Paris, L'Harmattan, p. 169-188.

Imbert, Patrick (1998). *The Permanent Transition*, Francfort/Madrid, Vervuert/Iberoamericana.

Imbert, Patrick (2000). « Critique littéraire, lecture canonique, prise en charge de la différence et exclusion », dans *Croire à l'écriture* (Y. Lepage et R. Major, dir.), Orléans (Ontario), David, p. 179-194.

Imbert, Patrick (2002). « Le plagiat et la construction des Amériques : relecture de Maurevert et de Borges à partir de Claude Mathieu », *Voix et images*, vol. XXVII, nº 81, printemps, p. 523-539.

Imbert, Patrick (2003). « Pointer le mensonge dans le cadre de "la guerre sainte" et de "la justice infinie" », *La pensée et les hommes*, nº 50.

Imbert, Patrick (en préparation). *Mondialisation et déplacements identitaires dans les Amériques : de la violence du stéréotype à la singularité des voies multiples.*

Ipola, Emilio de et Liliana de Riz (1982). « Un juego de cartas politicas », dans *América latina : ideologia y cultura* (D. Camacho *et al.*, dir.), San José (Costa Rica), Flacso.

Irazusta, Julio (1963). *Influencia económica británica en el Río de la Plata*, Buenos Aires, Eudeba.

Iser, Wolfgang (1985). *L'acte de lecture*, Bruxelles, Mardaga.

Jacquard, Albert (1978). *Éloge de la différence*, Paris, Seuil.

Jakobson, Roman (1963). *Essais de linguistique générale*, Paris, Minuit.

Jameson, Fredric (1991). *Postmodernism or the Cultural Logic of Late Capitalism*, Durham, Duke University Press.

Janov, Arthur (1970). *Primal Scream*, New York, Dell.

Jencks, Charles (1977). *The Language of Postmodern Architecture*, New York, Rizzoli.

Jencks, Charles (1989). *What Is Postmodernism ?*, Londres/New York, Academy Editions/St. Martin's Press.

Johnson, Wendell (1972). « Words and Not-Words », dans *Mass Media and Communication* (C. S. Steinberg, dir.), New York, Hastings House, p. 28-43.

Kauffman, Linda (1998). *Bad Girls and Sick Boys*, Berkeley, University of California Press.

Keable, Jacques (1985). *L'information sous influence*, Montréal, VLB.

Key, Brian (1972). *Subliminal Seduction*, New York, Signet.

Kibédi-Varga, Aron (1986). *Littérature et postmodernité*, Groningen, CRIN.

King, Katie (1996). « Global Gay Formations and Local Homosexualities », dans *A Companion to Postcolonial Studies* (H. Schwartz et S. Ray, dir.), Oxford, Blackwell.

Korzybski, Alfred (1933). *Science and Sanity*, New York, The International Non Aristotelian Library.

Krysinski, Wladimir (1981). *Carrefour de signes : essais sur le roman moderne*, La Haye, Mouton.

Kuhn, Thomas S. (1972). *La structure des révolutions scientifiques*, Paris, Flammarion.

Kundera, Milan (1990). *L'art du roman*, Paris, Seuil.

Kürtosi, Katalin (à paraître). « From Sagamos to Nanabush : Stage Representations of Natives in Canada ».

Kymlicka, Will (1999). « Building a Modern, Pluralist, Distinct Society in Québec » dans <www.mri.gouv.qc.ca/la_bibliotheque/willkym_an .html>.

Laborit, Henri (1976). *Éloge de la fuite*, Paris, Gallimard.

Laclau, Ernesto (1990). *New Reflections on the Revolution of Our Time*, Londres, Verso.

Laclau, Ernesto (1996). *Emancipación y diferencia*, Buenos Aires, Ariel.

Lafargue, Paul (1992). *Le droit à la paresse*, Castelnau-le-Lez, Climats.

Laing, Ronald D. (1969). *The Politics of the Family*, Toronto, CBC.

Lakoff, George et Mark Johnson (1980). *Metaphors We Live By*, Chicago, Chicago University Press.

Lamartine, Alphonse de (1849). *Le conseiller du peuple*, Paris, Gosselin.

Lamennais, Félicité Robert de (1920). *Paroles d'un croyant. Divers écrits pour le peuple*, Paris, Lutétia.

Lamonde, Yvan (1991). *Territoires de la culture québécoise*, Québec, PUL.

Lanctôt, Médéric (1872). *L'association du capital et du travail par le président de l'Association des ouvriers du Canada*, s.-é.

Lang, George (1995). « Trajets parallèles et destins divers du voyageur canadien-français et du bandeirante brésilien », dans *Les discours du Nouveau Monde au XIXe siècle au Canada français et en Amérique latine/Los discursos del Nuevo mundo en el siglo XIX en el Canadá francófono y en América latina* (M. Couillard et P. Imbert, dir.), Ottawa, Legas, p. 123-130.

Lasch, Chrisopher (1995). *The Revolt of the Elites and the Betrayal of Democracy*, New York, W.W. Norton.

Lavater, Jean-Gaspard (1845). *Essais sur la physiognomonie*, Paris, Havard.

Lebreton, David (1992). *Anthropologie du corps et modernité*, Paris, PUF.

Lemert, Charles (1997). *Postmodernism Is Not What You Think*, Malden (Mass.)/Oxford (R.-U.), Blackwell.

Lerat, Christian (1997). « A-t-on jamais vu un bon sauvage? La réponse des littératures canadiennes », dans *Mythes et réalités transatlantiques*, Talence, Éditions Maison des sciences de l'homme d'Aquitaine, p. 122-132.

Lévinas, Emmanuel (1961). *Totalité et infinité ; essai sur l'extériorité*, La Haye, Nijhoff.

Lévy, Jacob T. (2001). *The Multiculturalism of Fear*, Oxford, Oxford University Press.

Lippman, Walter (1922). *Public Opinion*, New York, Macmillan.

Lipset, Seymour Martin (1991). *Continental Divide : The Values and Institutions of the United States and Canada*, New York/Londres, Routledge.

Locke, John (1967). *Deuxième traité du gouvernement civil*, Paris, Vrin.

Lord, Carnes et Barnell, Frank Barnell (1989). *Political Warfare and Psychological Operations*, Washington (D.C.), National Defence U.P.

Lowenthal, Mark M. (1985). « The Burdensome Concept of Failure », dans *Intelligence Policy and Process* (Maurer/Tunstall/Keagle, dir.), Boulder et Londres, Westview Press, p. 43-56.

Lowrimer, Rowland et Eleanor O'Donnell (1992). « Global Restructuring in Publishing : Issues for Canada », dans *Global Restructuring : Canada in the 1990s, Canadian Issues/Thèmes canadiens*, vol. XIV, p. 129-143.

Lyotard, Jean-François (1979). *La condition postmoderne*, Paris, Minuit.

Maalouf, Amin (1998). *Les identités meurtrières*, Paris, Grasset.

McLuhan, Marshall (1968). *Pour comprendre les médias*, Montréal, Hurtubise HMH.

MacLure, Jocelyn et Alain G. Gagnon (2001). *Repères en mutation : identité et citoyenneté dans le Québec contemporain*, Montréal, Québec Amérique.

Maffesoli, Michel (1982). *L'ombre de Dyonisos*, Paris, Méridien/Anthropos.

Maffesoli, Michel (2000). *L'instant éternel*, Paris, Denoël.

Maffesoli, Michel (2002). *Du nomadisme*, Paris, Livre de poche.

Manifeste d'annexion (1849), s. é.

Manning, Erin (2002). *Ephemeral Territories : Cross-cultural Representations of Nation, Home and identity*, Minneapolis, University of Minnesota Press.

Marcuse, Herbert (1960). *Vers la libération*, Paris, Minuit.

Mariatégui, José (1973). *Siete ensayos de interpretación de la realidad peruana*, Lima, Amanta.

Marmier, Xavier (1851). *Lettres sur l'Amérique*, Paris, Bertrand (traduites au Mexique : *Cartas sobre la América*, Mexico, imprenta del Universal, 185-, 2 vol.).

Marmier, Xavier (1890). *Récits américains*, Tours, Mame.

Martín Barbero, Jesús (1999). « Globalización comunicacional y descentramiento cultural », dans *La dinámica global/local* (Rubens Bayardo et Mónica Lacarrieu, dir.), Buenos Aires, Ciccus/La Crujia, p. 24-49.

Martín Barbero, Jesús et Sonia Muñoz (1992), *Televisión y melodrama*, Bogota, Tercer Mundo.

Mason, A. Wallace, (1888). *Signs of Character*, Toronto, A. W. Mason.

Mato, Daniel (1999). « Sobre la fetichización de la "globalización" y las dificultades que plantea para el estudio de las transformaciones sociales contemporaneas », *Revista venezolana de Análisis de Coyuntura*, vol. V, n° 1, janvier-juin 1999, p. 129-147.

Mattelart, Armand (1976). *Multinationales et systèmes de communication*, Paris, Anthropos.

Mattelart, Armand et Hector Schmucke (1983). *L'ordinateur et le Tiers-Monde*, Paris, Maspero.

Maurer, Alfred C., Marion D. Tunstall et James M. Keagle (1985). *Intelligence Policy and Process*, Boulder (Colo.), Westview Press.

Mendès, Chico (1990). *Mon combat pour la forêt*, Paris, Seuil.

Memmi, Albert, (1963). *Portrait du colonisé*, Montréal, Éditions du Bas-Canada.

Meschonnic, Henri (1988). *Modernité, modernité*, Paris, Gallimard.

Mignolo, Walter (1999). « Human Understanding and (Latin) American Interests — The Politics and Sensibilities of Geohistorical Locations », dans *A Companion to Postcolonial Studies* (H. Schwartz et S. Ray, dir.), Oxford, Blackwell, p. 66-83.

Milat, Christian (2002). *Robbe-Grillet alchimiste*, Orléans (Ontario), David.

Minc, Alain (1993). *Le nouveau Moyen Âge*, Paris, Gallimard.

Monteagudo (1812). « ¡Energia, Americanos! Energia », *Gaceta de Buenos Aires*, 10 janvier 1812, p. 93.

Montesquieu (1994). *De l'esprit des lois*, *Œuvres complètes*, Paris, Gallimard.

Morgan, Nicole (1994). « La chanson de Gavroche », dans *Mensonge et désinformation*, n° 8 spécial de *Carrefour*, vol. 16, n° 1 (dirigé par P. Imbert), p. 25-38.

Moser, Walter (2003). « Le baroque : pour faire et défaire des identités culturelles », dans *L'interculturel au cœur des Amériques* (D. Castillo Durante et P. Imbert, dir.), Ottawa/Winnipeg, Université d'Ottawa/Université du Manitoba/Legas, p. 101-118.

Mouffe, Chantal (1992). *El retorno de lo político : comunidad, ciudadania, pluralismo, democracia radical*, Buenos Aires, Paidos.

Mueller, Thomas (1998). « Hotelgeschichte und Hotelgeschichten », dans *Natur, Räume, Landschaften* (B. Krause et U. Scheck, dir.), Munich, Judicium Verlag, p. 32-43.

Murphy, Raymond (1988). *Social Closure : The Theory of Monopolization and Exclusion*, Oxford, Clarendon Press.

Neira, Herman (1999). « A Cannibalistic Model of Postmodernity », <hneira@uach.cl>.

Paine, Thomas (1945). *The Complete Writings of Thomas Paine*, New York, Citadel.

Paré, François (1994). *Les littératures de l'exiguïté*, Hearst/Ottawa, Nordir.

Parent, Étienne (1847). *Du travail chez l'homme*, Montréal, Institut canadien, 23 février 1847.

Paterson, Janet (1993). *Moments postmodernes*, Ottawa, Presses de l'Université d'Ottawa.

Pavie, Théodore (1838). *Souvenirs atlantiques*, Paris, Bossange.

Peirce, Charles Sanders (1982). *Writings of C. S. Peirce*, Bloomington, Bloomington University Press, 4 vol.

Peters, Thomas J. (1987). *Thriving on Chaos*, New York, Knopf.

Peters, Thomas J. et Robert H. Waterman (1982). *In Search of Excellence*, New York, Harper and Row.

Piglia, Ricardo (1998). *Conversación en Princeton* (A. Diaz Quinones, dir.), Princeton, Princeton University Press.

Polanyi, Michael (1967). *The Tacit Dimension*, New York, Anchor Book.

Polanyi, Michael (1989). *La logique de la liberté*, Paris, PUF.

Popper Karl Raimund (1963). *The Open Society and Its Enemies*, New York, Harper and Row.

Postman, Neil et Charles Weingartner (1969). *Teaching as a Subversive Activity*, New York, Dell.

Poteet, Maurice (1987). *Textes de l'exode*, Montréal, Guérin.

Poutré, Félix (avec Lanctôt, M.) (1862). *Échappé de la potence : souvenirs d'un prisonnier d'État canadien en 1838*, Montréal, Sénécal.

Propp, Vladimir (1970). *Morphologie du conte populaire*, Paris, Seuil.

Rajotte, Pierre (1991) *Les mots du pouvoir ou le pouvoir des mots*, Montréal, L'Hexagone.

Ramos, Julio (1989). *Desencuentros de la modernidad en América latina. Literatura y política en el siglo XIX*, Mexico, FCE.

Readings, Bill (1996). *The University in Ruins*, Cambridge, Harvard University Press.

Reich, Wilhelm (1972). *Sex-Pol*, New York, Vintage.

Revel, Jean-François (2002). *L'obsession anti-américaine*, Paris, Plon.

Rhyne, Elisabeth (2001). *Mainstreaming Microfinance : How Lending to the Poor Began, Grew and Came of Age in Bolivia*, Bloomfield (Conn.), Kumarian Press.

Ricœur, Paul (1992). *Oneself as Another*, Chicago, Chicago University Press.

Rifkin, Jeremy (1995). *The End of Work*, New York, Putnam.

Rifkin, Jeremy (2000). *The Age of Access*, New York, Putnam.

Riggins, S.H. (1997). *The Language and Politics of Exclusion : Others in Discourse*, Londres/New Delhi, Sage/Thousand Oaks.

Rizzo, Adriana (1999). « Las huellas de lo cercano en el horizonte simbolico global. Un análisis en discursos televisivos locales », Ponencia III Endicom, *Encuentro de docentes e investigadores del MERCOSUR*, Universidad Nacional de Río Cuarto, novembre 1999, CD Rom.

Rizzo, Adriana (1999). «Lo público y lo privado» dans *Discursos locales* (Mabel Grillo-Silvina Berti et Adriana Rizzo, dir.), Río Cuarto (Argentina), Universidad Nacional de Río Cuarto, p. 153-293.

Rizzo, Adriana (2003). « Exclusion sociale et exclusion de l'immigrant en Argentine aux temps de la globalisation. Leurs traces dans les discours médiatiques », dans *L'interculturel au cœur des Amérique* (D. Castillo Durante et P. Imbert, dir.), Ottawa/Winnipeg, Université d'Ottawa/Université du Manitoba/Legas, p. 143-166.

Rochat, Denise (2001). « Le corps dérobé : handicap et condition postmoderne dans *Homme invisible à la fenêtre* de Monique Proulx », *Québec Studies*, n° 31, printemps-été, p. 112-115.

Rockland, Michael Aaron (1970). *Sarmiento's Travels in the United States in 1847*, Princeton, Princeton University Press.

Rorty, Richard (1989). *Contingency, Irony, Solidarity*, Cambridge, Cambridge University Press.

Rose, Margaret (1991). *The Post-modern and the Post-industrial*, Cambridge et New York, Cambridge University Press.

Rousset, Jean (1962). *La littérature de l'âge baroque en France*, Paris, José Corti.

Routhier, Adolphe Basile (1871). *Causeries du dimanche*, Montréal, Beauchemin et Valois.

Ruesch, Jürgen (1972). *Disturbed Communication*, New York, Norton.

Rushdie, Salman (1987). *The Jaguar Smile : A Nicaraguan Journey*, Londres, Pan Books.

Ryerson, Stanley Bréhault (1968). *Unequal Union*, New York, International Publishers.

Saïd, Edouard (1987). *How the Media and the Experts Determine How We See the Rest of the World*, New York, Pantheon.

Sala-Molins, Louis (1987). *Le code noir*, Paris, PUF.

Salazar Bondy, Sebastián (1977). *Lima la horrible*, Mexico, Era, [1964].

Sapir, Edward (1967). *Anthropologie*, Paris, Seuil.

Sapir, Edward (1968). *Selected Writings in Language, Culture and Personality*, Berkeley, University of California Press.

Sarlo, Beatriz (1994). *Escenas de la vida posmoderna*, Buenos Aires, Ariel.

Saul, John Ralston (1995). *The Unconscious Civilization*, Concord (Ontario), Anansi.

Saussure, Ferdinand de (1968). *Cours de linguistique générale*, Paris, Payot.

Savan, David (1988). *An Introduction to C. S. Peirce's Full System of Semeiotic*, Toronto, Victoria College, (Toronto Semiotic Circle).

Searle, John (1969). *Speech Acts : An Essay in the Philosophy of Language*, Londres, Cambridge University Press.

Shapiro, Michael J. (1997). *Violent Cartographies : Mapping Cultures of War*, Minneapolis, University of Minnesota Press.

Shumway, Nicolas (1991). *The Invention of Argentina*, Berkeley, University of California Press.

Simpson, Jeffrey (2000). *Star Spangled Canadians : Canadian Living the American Dream*, Toronto, HarperCollins.

Sing, Pamela (1999). « Exiguïté et rapports à la langue de l'autre : comment écrire lorsqu'on est Franco-Albertain », dans *La création littéraire dans le contexte de l'exiguïté* (Robert Viau, dir.), Québec, MNH, p. 51-60.

Soljenitsyne, Alexandre (1974). *L'archipel du goulag*, Paris, Seuil, 3 vol.

Souchier, Emmanuel (1992). « La publicité comme détournement du politique », dans *Communication et langages*, n° 93, p. 37.

Spivak, Gayatri (1985). « Reading the World : Literary Studies in the 1980's », dans *Writing and Reading Differently* (Atkins et Johnson, dir.), Kansas City, University Press of Kansas, p. 112-123.

Stock, Brian (1983). *The Implications of Literacy*, Hamden, Princeton University Press.

Struyker, Susan (1998). *Trans : Changing Sex and Other Ecstatic Passages Into Postmodernism*, Oxford, Oxford University Press.

Stuart, James (1833). *Three Years in North-America*, Édimbourg, R. Cadell.

Tapscott, Don (1998). *Creating Value in the Network Economy*, New York, A Harvard Business Review Book.

Tapscott, Don et Art Caston (1995). *Paradigm Shift*, New York, McGraw Hill.

Tavernier, Jean-Baptiste (1981). *Les six voyages de J.-B. Tavernier, écuyer, baron d'Aubonne, qu'il a fait, en Turquie, en Perse et aux Indes, pendant l'espace de quarante ans, 1676*, Paris, Maspero.

Taylor, Charles (1998). *Les sources du moi*, Montréal, Boréal.

Taylor, Edward (1958). *Primitive Culture*, New York, Harper.

Teran, Oscar (1986). *En busca de la ideología Argentina*, Buenos Aires, Catálogos.

Todorov, Tzvetan (1982). *La conquête de l'Amérique*, Paris, Seuil.

Toffler, Alvin (1970). *Future Shock*, New York, Bantam.

Toro, Fermin (1960). « Europa y America », dans *La doctrina conservadora*, Caracas, Ediciones commemorativas des sesquicentenario de la independencia (1re édition 1839).

Touraine, Alain (1992). *Critique de la modernité*, Paris, Fayard.

Trigo, Abril (1997). *¿Cultura uruguaya, culturas linyeras ?*, Montevideo, Vintén.

Twigg, Carol et Michael Miloff (1998). « The Gobal Learning Infrastructure », dans *Blueprint to the Digital Economy* (Don Tapscott, Alex Lowy et David Ticoll, dir.), New York, McGraw Hill, p. 179-201.

Valcárcel, Javier Lasarte (1994). « Tu no eres el : dualidad y ambigüedad en las representaciones del otro », dans *La imaginación histórica en el siglo XIX* (L. Area et M. Morana, dir.), Rosario, UNR Editoria, p. 153-165.

Van Dijk, Teun (1993). *Elite Discourse and Racism*, Newbury Park (Calif.), Sage.

Varela, Julio Cabrera (1991). « La reproducción del sistema ideológico nacionalista », dans *Revista Española de investigaciones sociologicas*, avril-juin, p. 113-135.

Vargas Llosa, Mario (1997). « Le nationalisme et l'utopie », dans *Les enjeux de la liberté*, Paris, Gallimard, p. 65-72.

Vargish, Thomas (1991). « The Value of Humanities in Executive Development », *Sloan Management Review*, printemps 1991, p. 83-91.

Vasconcelos, José (1966). *La raza cosmica*, Mexico, Espasa-Calpe.

Vattimo, Gianni (1992). *The Transparent Society*, Baltimore, Johns Hopkins University Press.

Viau, Robert (1988). *Les fous de papier*, Montréal, Méridien.

Virilio, Paul (1995). *La vitesse de libération*, Paris, Galilée.

Volney, Constantin François (1803). *Tableau du climat et du sol dans les États-Unis d'Amérique*, Paris, Courcier.

Wahnich, Sophie (1997). *L'étranger dans le discours de la Révolution française*, Paris, Albin Michel.

Wakefield, Edward Gibbon (1967). *England and America*, New York, A. M. Kelley, (1re édition 1834).

Watts, Alan (1957). *The Way of Zen*, New York, Vintage.

Watzlawick, Paul (1989). *La réalité de la réalité*, Paris, Seuil.

Weber, Max (1967). *L'éthique protestante et l'esprit du capitalisme*, Paris, Plon.

Whorf, B. L. (1969). *Linguistique et anthropologie*, Paris, Denoël.

Wittig, Monique (1992). *The Straight Mind*, Boston, Beacon Press.

Woods, Tim (1999). *Beginning Postmodernism*, New York, Manchester University Press.

Yannuzzi, Maria de Los Angeles (1995). *La modernización conservadora*, Buenos Aires, Fundación Ross.

Zizek, Toma (1993). *Tarrying with the Negative : Kant, Hegel and the Critique of the Ideology*, Durham, Duke University Press.

DOCUMENTS SUR LA TOILE

Descarpentries, J.-M. : <www.esa.upmf-grenoble.fr> (26 avril 2000)

Dictionnaire du Web, Éditions Dalloz; entrée « Nouvelle économie, économie numérique, netéconomie », 2001 : <www.cerna.ensmp.fr>

Harribey, J.-M. <cfeytout.free.fr/lisboa_ses/net_eco/nouvelle_economie.htm> Mot de passe nécessaire à la date de publication.

Piper, Martha C. (2002). « Building a Civil Society : A New Role for the Human Sciences », Killam Annual Lecture, 24 octobre 2002, <www.hssfc.ca/francais/policyandadvocacy/briefsandstatements/pdf/2002killamlecture.pdf>, site reconstruit depuis.

FICTION

Aguinis, Marcos (1991). *La gesta del marrano*, Buenos Aires, Planeta.

Aguinis, Marcos (1996). *La conspiración de los idiotas*, Buenos Aires, Editorial Sudamericana, 1996.

Alfonso, Antonio d' (1990). *Avril ou l'anti-passion*, Montréal, VLB.

Allende, Isabel (1991). *The Story of Eva Luna*, New York, Bantam.

Amado, Jorge (1980). *Bahía de todos los santos*, Buenos Aires, Losada.

Andrade, Oswald de (1982). *Anthropophagies*, Paris, Flammarion, (1re édition 1928).

Anouilh, Jean (1952). *Antigone*, Paris, La Table ronde.

Aubert de Gaspé, Philippe, fils (1837). *L'influence d'un livre*, Québec, Cowan, (censuré et réédité par H.-R. Casgrain sous le titre *Le chercheur de trésors*, 1864, 1878, 1885, 1937, 1974).

Aubert de Gaspé, Philippe, père (1863). *Les anciens Canadiens*, Québec, Desbarats.

Baldwin, James (1995). *The Fire Next Time*, New York, The Modern Library.

Barrios de Chungara, Domitila (1981). *Si on me donne la parole...*, Paris, Maspero.

Baudelaire, Charles (1968). « Exposition universelle 1855 », *Œuvres complètes*, Paris, Seuil, p. 361-370.

Beigbeder, Frédéric (2000). *99 F*, Paris, Grasset.

Bersianik, Louky (1979). *Le pique-nique sur l'Acropole*, Montréal, VLB.

Bezençon, Hélène (1995). *Les confessions d'une mangeuse de lune*, Hull (Québec), Vents d'Ouest.

Bibaud, Michel (1848). *Biographie des Sagamos illustres*, Montréal, Lovell.

Bibaud, Michel (1858). *L'Iroquoise*, dans *Bibliothèque canadienne*, Montréal, Grat et Bourguignon.

Borges, Jorge Luis (1974). *Obras completas*, Buenos Aires, Emece.

Botton, Alain de (2002). *The Art of Travel*, Hamish Hamilton/Penguin, Londres.

Bucay, Jorge et Silvia Salinas (2000). *Amarse con los ojos abiertos*, Buenos Aires, Del nuevo extremo, 2000.

Caillois, Roger (1960). *La méduse et cie*, Paris, Gallimard.
Calvino, Italo (1969). *Le baron perché*, Paris, Gallimard.
Calvino, Italo (1985). *Palomar*, Paris, Seuil.
Calvino, Italo (1988). *Si par une nuit d'hiver un voyageur...*, Paris, Seuil.
Campbell, Marion (1985). *Lines of Flight*, Fremantle, Fremantle Arts Centre Press.
Camus, Albert (1954). *La peste*, Paris, Gallimard.
Carpentier, Alejo (1956). *Le partage des eaux*, Paris, Folio.
Castaneda, Carlos (1974). *Journey to Ixtlan*, New York, Simon and Schuster.
Castillo Durante, Daniel (1998). *Les foires du Pacifique*, Hull (Québec), Vents d'Ouest.
Chamberland, Paul (2000). *En nouvelle barbarie*, Montréal, L'Hexagone.
Chauveau, Pierre Joseph Olivier (1973). *Charles Guérin*, Montréal, M.-A. Guérin.
Clarke, George Elliott (2002). « Execution Poems », *Ellipse*, nº 67, p. 72-77.
Coover, Robert (1996). *John's Wife*, New York, Simon and Schuster.
Cortazar, Julio (1968). *Marelle*, Paris, Gallimard.
Coupland, Douglas (1998). *Girlfriend in a Coma*, Toronto, Harper Collins.
Crevel, René (1966). *Le clavecin de Diderot*, Paris, Jean-Jacques Pauvert.
Dellilo, Don (1988). *Libra*, Harmondsworth, Penguin.
Delillo, Don (1998). *White Noise*, New York, Penguin.
Djebar, Assia (1995). *L'amour, la fantasia*, Paris, Albin Michel.
Ducharme, Réjean (1973) *L'hiver de force*, Paris, Gallimard.
Dumas, Jacqueline (1989). *Madeleine and the Angel*, Saskatoon, Fifth House Publishers.
Echeverria (1986). *El Matadero : La Cautiva*, Madrid, Catedra.
Eco, Umberto (1982). *Le nom de la rose*, Paris, Livre de poche.
Eco, Umberto (2000). *Baudolino*, Paris, Grasset.
Esquivel, Laura (1990). *Como agua para chocolate*, México, Planeta.
Esquivel, Laura (1996). *The Law of Love*, New York, Crown.
Farah, Nurrudin (2001). *Hier et demain*, Paris, Le Serpent à plumes.
Freyre, Gilberto (1992). *Terres de sucre*, Paris, Quai Voltaire.
Fuentes, Carlos (1973). *Tiempo mexicano*, Mexico, Cuadernos J. Mortiz.
Fuentes, Carlos (1986). *Le vieux Gringo*, Paris, Gallimard.
Gaarder, Jostein (1995). *Le monde de Sophie*, Paris, Seuil.
García Márquez, Gabriel (1968). *Cent ans de solitude*, Paris, Seuil.
García Márquez, Gabriel (1995). *El general en su laberinto*, Buenos Aires, Planeta.
Gary, Romain (1966). *Les mangeurs d'étoiles*, Paris, Folio.
Gary, Romain (1976). *Pseudo* (pseudonyme : Émile Ajar), Paris, Mercure de France.

Gary, Romain (1981). *Vie et mort d'Émile Ajar*, Paris, Gallimard.
Gauthier, Louis (1967). *Anna*, Montréal, CLF.
Gorostiza, Carlos (1999). *Vuelan las Palomas*, Buenos Aires, Planeta.
Huston, Nancy (1999). *Nord perdu*, Montréal, Leméac/Actes sud.
Iyer, Pico (2000). *The Global Soul*, New York, Vintage.
Jean, Raymond (1986). *La lectrice*, Paris, Livre de poche.
Kerouac, Jack (1972). *Sur la route*, Paris, Folio.
Kokis, Sergio (2000). *Les saltimbanques*, Montréal, XYZ.
Kosinski, Jerzy (1971). *Being There*, New York, Harcourt Brace Jovanovich.
Kundera, Milan (1984). *L'insoutenable légèreté de l'être*, Paris, Gallimard.
Kurapel, Alberto (1993). *Station artificielle*, Montréal, Humanitas.
Kurapel, Alberto (1999). *Teatro-Performance*, Montréal, Humanitas.
Lacombe, Patrice (1972). *La terre paternelle*, Montréal, HMH, (1re édition 1846).
Laferrière, Dany (1986). *Comment faire l'amour avec un nègre sans se fatiguer*, Montréal, VLB.
Laferrière, Dany (1990). *Cette grenade dans la main du jeune Nègre est-elle une arme ou un fruit ?*, Montréal, VLB.
Laferrière, Dany (2000). *Le cri des oiseaux fous*, Outremont, Lanctôt.
Laing, Ronald D. (1972). *Knots*, Harmondsworth, Penguin.
Lemelin, Roger (1948). *Les Plouffe*, Québec, Belisle.
Marcelle, Pierre (1985). *La démolition*, Paris, Denoël.
Marchesseault, Jovette (1990). *Le voyage magnifique d'Emily Carr*, Montréal, Leméac.
Martel, Yann (1996). *Self*, Toronto, Knopf (éditions en français : 1994, Montréal, XYZ; 1998, Montréal, Boréal).
Martel, Yann (2002). *Life of Pi*, Toronto, Vintage.
Martin-Chauffier, Gilles (1998). *Les corrompus*, Paris, Livre de poche.
Martínez, Tomás Eloy (2002). *El vuelo de la reina*, Buenos Aires, Alfaguara.
Micone, Marco (1982). *Gens du silence*, Montréal, Québec Amérique.
Ollivier, Émile (2001). « Et me voilà otage et protagoniste », *Boutures*, vol. 1, no 2.
Page, Patricia Kathleen (1997). « The Permanent Tourists », dans *The Hidden Room*, Erin (Ontario), The Porcupine's Quill, vol. 1.
Paz, Octavio (1972). *Le singe grammarien*, Paris, Flammarion.
Poulin, Jacques (1984). *Volkswagen Blues*, Montréal, Québec Amérique.
Proulx, Monique (1993). *Homme invisible à la fenêtre*, Montréal, Boréal/Seuil.
Proulx, Monique (1996). *Les aurores montréales*, Montréal, Boréal.
Richardson, John (1979). *Wacousta*, Toronto, Press Porcépic, (1re édition 1832).
Rivard, Yvon (1986). *Les silences du corbeau*, Montréal, Boréal.
Rivard, Yvon (1993). *Le bout cassé de tous les chemins*, Montréal, Boréal.

Roa Bastos, Augusto (1982). *Morencia*, Paris, Flammarion.
Roa Bastos, Augusto (1994). *La veille de l'amiral*, Paris, Seuil.
Roa Bastos, Augusto (1996). *À contrevie*, Paris, Seuil.
Robbe-Grillet, Alain (1984). *Le miroir qui revient*, Paris, Minuit.
Rolin, Oliver (1998). *Méroé*, Paris, Seuil.
Roy, Gabrielle (1945). *Bonheur d'occasion*, Montréal, Pascal.
Roy, Gabrielle (1993). *Rue Deschambault*, Montréal, Boréal compact p(1re édition, Beauchemin, 1955).
Rubin, Jerry (1973). *Do It*, Paris, Seuil.
Rytkhéou, Youri (2000). *L'étrangère aux yeux bleus*, Paris, Actes Sud.
Sarmiento, Domingo F. (1934). *Facundo*, Paris, Stock.
Sarmiento, Domingo F. (1986). *Facundo*, Barcelona, Planeta.
Scliar, Moacyr (1990). *Max and the Cats*, New York, Ballantine.
Sijie, Dai (2000). *Balzac et la petite tailleuse chinoise*, Paris, Gallimard.
Soucy, Gaétan (1998). *La petite fille qui aimait trop les allumettes*, Montréal, Boréal compact.
Soupault, Philippe (1927). *Histoire d'un Blanc*, Paris, Sans Pareil.
Spiegelman, Art (1973). *Maus*, New York, Pantheon Books.
Spiegelman, Art (1986). *Maus II*, New York, Pantheon Books.
Styron, William (1979). *Sophie's Choice*, New York, Random House.
Vargas Llosa, Mario (1980). *La Chunga*, Barcelona, Seix Barral.
Vásquez Montalbán, Manuel (1995). *Panfleto desde el planeta de los simios*, Barcelona, Grijalbo.
Yourcenar, Marguerite (1980). *Mémoires d'Hadrien*, Paris, Folio.

QUOTIDIENS, MAGAZINES ET SITES D'INFORMATION

Advertising Age (États-Unis)
Affaires universitaires/University Affairs (Canada)
Air Canada Boutique (Air Canada)
American Way (American Airlines)
Architectural Digest (États-Unis)
Backbone (Canada)
Bangkok Post (Thaïlande)
Brújula (Santa Cruz, Bolivie)
Business Week (États-Unis)
Canadian Geographic (Canada)
Clarín (Argentine)
Communication Arts (États-Unis)
Continental (Continental Airlines)
Cosmopolitan (États-Unis)
Der Spiegel (Allemagne)
Diario Puntal (Argentine)
Die Welt (Allemagne)
El Deber (Santa Cruz, Bolivie)
El Mensajero (Gatineau, Canada)
Elle Canada (Canada)
Elle Décoration (France)
Elle France (France)
El Mercurio (Chili)

El País (Espagne)
En Route (Air Canada)
En Vuelo (Aerolinea Argentinas)
Escala (Aero Mexico)
Europa News (Europe)
Expansion (Mexique)
Figaro Magazine (France)
Forbes (États-Unis)
Forbes.ASAP (États-Unis)
Forbes.com (États-Unis)
Foreign Affairs (Canada)
Fortune (États-Unis)
Fortune Technology Guide (États-Unis)
Gazeta Mercantil (Brésil)
Géo (France)
Géo Plein Air (Montréal, Canada)
Gilder Technology Report (États-Unis)
Gourmet (États-Unis)
Grands Reportages (France)
Harper's Magazine (États-Unis)
Hommes (Air France)
Ícaro (Varig, Brésil)
Istoc (Brésil)
Japan Pictorial Magazine (Japon)
Job Boom Le Magazine (Montréal, Canada)
L'Actualité (Montréal, Canada)
La Croix (France)
La Hora (Chili)
La Jornada (Mexique)
La Nación (Argentine)
La Prensa (Panama)
La Presse (Montréal, Canada)
La Razón (La Paz, Bolivie)
La Tercera (Chili)
La Voz del Interior (Argentine)
Le Devoir (Montréal, Canada)
Le Droit (Ottawa, Canada)
Le Magazine (Canada)
Le Monde (France)
Le Monde diplomatique (France)
Le Monde diplomatique/El Dipló (Espagne)
Le Nouvel Observateur (France)
Les Affaires (Montréal, Canada)
L'Express (France)
Lufthansa Magazine (Lufthansa)
Manière de voir : Le Monde diplomatique (France)
Maclean's (Toronto, Canada)
Mercado (Argentine)
Mercado rural (Argentine)
New York (États-Unis)
Nexos (American Airlines)
Noticias (Argentine)
O Globo (Brésil)
Ottawa Computes (Ottawa, Canada)
Ottawa Magazine (Ottawa, Canada)
People (États-Unis)
Pregón (Jujuy, Argentine)
Púlso (La Paz, Bolivie)
Quarta Feira (Brésil)
Quest (États-Unis)
Quinta Feira (Brésil)
Recto-Verso (Montréal, Canada)
Revista Mercado (Brésil)
Self (États-Unis)
Seychelles Review (Seychelles)
Sloan Management Review (États-Unis)
Solidarités (Montréal, Canada)
Sports Illustrated—Women (États-Unis)
Thailand Aktuell (Thaïlande, en allemand)
The Economist (Angleterre)
The Financial Post (États-Unis)
The Financial Times (Angleterre)

The Gazette (Montréal, Canada)
The Globe and Mail (Toronto, Canada)
The Miami Herald (États-Unis)
The National Post (Canada)
The New Yorker (États-Unis)
The Observer (Angleterre)
The Ottawa Business Journal (Ottawa, Canada)
The Ottawa Citizen (Ottawa, Canada)
The Ottawa Magazine (Ottawa, Canada)
The Ottawa X Press (Ottawa, Canada)
The Wall Street Journal (États-Unis)
USA Today (États-Unis)
Vein/ti/tres (Argentine)
Veja (Brésil)
Vie des arts (Montréal, Canada)
Vogue (États-Unis)
Wired (États-Unis)
Yahoo en espagnol
Yahoo News